U0463796

元世祖

忽必烈传

曹金洪◎编著

团结出版社

图书在版编目（CIP）数据

忽必烈传 / 曹金洪编著. -- 北京：团结出版社，
2015.8（2023.1重印）
ISBN 978-7-5126-3730-6

Ⅰ. ①忽… Ⅱ. ①曹… Ⅲ. ①忽必烈（1215～1294）
—传记 Ⅳ. ①K827=47

中国版本图书馆CIP数据核字(2015)第176305号

出　　版：团结出版社
　　　　　（北京市东城区东皇城根南街84号　　邮编：100006）
电　　话：（010）65228880　　65244790（出版社）
　　　　　（010）65238766　　85113874　　65133603（发行部）
　　　　　（010）65133603（邮购）
网　　址：http://www.tjpress.com
E-mail：zb65244790@163.com（出版社）
　　　　　fx65133603@163.com（发行部邮购）
经　　销：全国新华书店
印　　刷：唐山楠萍印务有限公司

开　　本：650毫米×920毫米　　16开
印　　张：25
字　　数：320千字
版　　次：2016年1月　　第1版
印　　次：2023年1月　　第3次印刷

书　　号：978-7-5126-3730-6
定　　价：68.00元

前　言

　　悠悠几千年，纵横五万里，站在中国文明辽阔而又源远流长的历史天幕下，仰望着令无数人叹为观止的帝王将相的流光溢彩的天空，尽阅朝代更迭的波澜起伏，无处不闪耀着先人用心、用生命谱写的辉煌。

　　封建帝王将相是历史的缩影，自嬴政以来，秦皇汉武，唐宗宋祖……他们或以盖世雄才称霸天下，或以绝妙文采震烁古今，或以宏韬伟略彪炳史册，或以残暴不仁毁灭帝业，铸就了一部洋洋洒洒长达两千余年的封建帝王史……

　　恍然间，我们看到了"千古一帝"秦始皇"横扫六合"的雄伟身姿；大汉朝开国皇帝刘邦从"市井无赖"到"真龙天子"的大变身；汉武帝刘彻雄赳赳地将中华带上顶峰的威风场景；光武帝刘秀吞血碎齿战八方，于乱世中成就霸业的冲天豪情；乱世枭雄曹操耍尽"奸计"，玩转三国的高超智慧；亡国之君隋炀帝的骄纵狂妄；唐高祖李渊率众起义、揭竿而起，建立唐王朝的惊天伟业；唐太宗李世民玄武门兵变的狠辣果断；一代女皇武则天勇于创造命运的步步惊心；宋太祖赵匡胤"杯酒释兵权"的聪明睿智；元世祖忽必烈以蒙古铁骑横扫欧亚大陆的英雄豪迈；一代天骄成吉思汗开创铁血王朝的钢铁毅力；"草根帝"朱元璋从"乞丐"到"皇帝"的辛酸血泪；清太祖努尔哈赤以十三副铠甲起兵，开辟锦绣前程的创业史；大清王朝第一帝皇太极夺取江山的谋略手段；少年天子顺治为爱妃做到极致的痴心情意；清军入关的第二位皇帝康熙除权臣，平叛逆，锐意改革的天才谋略；最富争议的皇帝雍正的精彩人生；乾隆皇帝钟情于香妃的风流韵事；慈禧太后将皇帝与权臣操纵于股掌之间的惊天手段；历代名相为当朝政务呕心沥血，助帝王打造繁荣盛世……

在浩瀚无边的中国历史长河之中，帝王将相始终是核心人物，或直接或间接地掌控着历史的舰舵，影响着历史的进程。虽然他们已是昨日黄花、过眼云烟，但查看他们的传奇人生，研究他们的功过是非，仍然可以让读者借鉴与警醒！

即便如此，很多人依然会"坚定"地摇着头回答："NO！"因为在他们看来，"历史、帝王将相"等于"正统、严肃"，这些东西早被当年的历史考试浇到了冰点！尽管明知"读史可以使人明智"，也再没有耐心去研读、探索那些"枯燥"的历史了。其实，历史并不是课本上那些无聊的年份表，帝王将相也不是人物事件的简单罗列。真实的帝王将相的生活要丰富得多，有趣得多。

为了解决这个问题，让读者心甘情愿地"抢读"历史，本套图书精心挑选了在历史上影响力颇大的帝王或名相，突破了枯燥无味、干巴巴的"讲授"形式，以一种幽默诙谐的语言，用一种立体的方式将一个帝王或名相的多样性与丰富性展现在广大的读者面前。

全书妙语如珠，犀利峥嵘，细述每个帝王或名相的政治生活、历史功绩、家庭生活、情感轶事等，充满了故事性、知识性与趣味性，让读者在轻松愉悦的享受中体味人生的变化莫测；在"观看历史大片"的过程中收取成功的法门秘诀。

为了保证书稿的质量，编辑工作者查阅了大量的相关资料与文献，并且专门请教了很多长期从事历史教学与研究的专家学者。不过，由于时间与精力有限，如果本套图书存在些许错误，敬请广大的读者朋友们批评指正。

"古人不见今时月，今月曾经照古人"，与浩瀚的宇宙相比，人类的生命短暂得微不足道。因此，在这有限的时光中，我们要尽一切可能多学知识，少走弯路，让我们的人生变得更加绚丽多彩！

目　录

忽必烈传

HUBILIEZHUAN

第一章
出生帝国　接受磨炼

我们都知道"一代天骄，成吉思汗"，能够称之为天骄的人其实并不只有他一个，或许蒙古人骨子里就具有这种不服输、挑战世界的天性。随着成吉思汗的去世，一望无际的蒙古草原上并没有就此没落，而是出现了新一代的骄子。

元太祖十年（1215年）八月的一天，在漠北草原上的一个蒙古包里，几位蒙古族的妇女和一名接生婆正围在一个产妇的旁边忙碌着。不一会儿，就从产房里传出了一个婴孩的哭声，众人赶紧围过去观看，原来是一个生得黑黝黝的男孩，大家喜不自胜，赶紧将这一消息告诉了等候在蒙古包外的男人们。男人们听了，也高兴得手舞足蹈起来。没错，出生在这个黄金家族的男婴，就是将来鼎鼎有名的元世祖忽必烈。

所谓的"黄金家族"还是有来历的。

据说，蒙古民族本来是有共同的祖先的。一个受天命而生的孛儿帖赤那，翻译为苍色的狼，后来他娶了受天命而生的豁埃马阑勒，翻译为惨白色的鹿，两个人生了一个儿子，为他取名为巴塔赤罕。

巴塔赤罕的第十传人是朵奔篾儿干，朵奔篾儿干娶了美丽漂亮的阿阑豁阿，两个人在草原上的生活十分和谐美满。但好景不长，朵奔篾儿干在妻子生下第二个儿子以后就去世了。阿阑豁阿后来受到圣光的照耀，又生下了三个儿子，分别是不忽合答吉、不合秃撒勒吉和索端察儿。蒙古人认为这三个儿子的出身都是纯洁的蒙古人，而且后来的蒙古可汗大都出生于这个家族，因此该家族被蒙古尊为"黄金家族"。伟大的"成吉思汗"也是该黄金家族的后人。

1204年，成吉思汗完成了统一蒙古高原的大业，随后就制定了"忽里台"。"忽里台"又作"忽邻勒塔""忽里勒台""库列尔台"等，

是大聚会的意思。成吉思汗统一蒙古之后，将其变为决议国家事务和推选大汗的一种聚会方式。在 1206 年的忽里台上，成吉思汗被蒙古贵族推举为全蒙古的大汗，大蒙古国也正式建立起来。

成吉思汗统一蒙古以后，并没有把主要的精力用于本地区的经济建设或者文化发展上，而是继续对外发动战争，首选的战争目标就是中原地区的金朝。

说起蒙古和金朝的战争，也是由世仇引起的。原来，成吉思汗的祖父俺巴孩汗在担任蒙古部的首领时曾经被塔塔儿人偷袭捉住，然后就被押送到金朝，金朝的皇帝竟然残酷地将其杀害了。从那时起，蒙古后人就发誓与金朝势不两立。后来，金人一直侵犯蒙古帝国，经常掳掠蒙古人，将他们作为奴隶进行贩卖。金世宗害怕蒙古有一天强大起来会对自己的统治构成威胁，每三年就会对蒙古进行一次大规模征战，避免蒙古强大。金朝这样的做法，更加重了两国的仇恨。

虽然两国有如此大的仇恨，但在金世宗、金章宗的统治时期，金朝势力强大，蒙古力量薄弱，因此只能采取退避政策，不敢轻举妄动。直到成吉思汗统一蒙古，金章宗完颜璟也因病去世。金朝和蒙古的力量对比才发生了变化。金章宗虽有众多妃嫔，却没有生育一个儿子。金章宗去世，只好将皇位传给了其皇叔完颜永济，也就是卫绍王。

说起完颜永济，他本人优柔寡断、懦弱无能、遇事很少有自己的主见，算是金朝的一位昏庸君主，因此成吉思汗很看不起他，同时也让他找到了翻身的契机。1209 年，卫绍王即位，按照惯例，蒙古的领导人应该向金朝君主朝贺，但成吉思汗怎会对自己厌恶的人屈膝呢。成吉思汗不但不拜，反而认为攻金报仇的时机已到，于是下定了决心要与金朝决裂，来个先发制人，派兵攻打金朝。

元太祖六年（1211 年），成吉思汗发动了攻金战争。他带领蒙古士兵一路过关斩将，接连夺取了金朝大部分土地，并迅速逼向了金朝的首都，也就是当时的大都，今天的北京。

卫绍王面对蒙古大军如此猛烈的攻势，在崇庆二年（1213 年）的时候紧急起用胡沙虎为右副元帅，率领武卫军五千人在中都城北驻守，以防止蒙古军队破城而入。胡沙虎本就是个无赖，他不但不进行防守，反而成天作乐。一天，卫绍王派使臣进行劝诫，没想到被他打死。胡沙虎为了躲避金朝的法治，起兵叛变，直接杀死了卫绍王，积极准备起自己称帝的事情。但金朝内部没有人同意他当皇帝的决定。经过商讨，大家决定让卫绍王的儿子完颜珣在即位，也就是后来的金宣宗。

金宣宗即位之后，面对蒙古大军咄咄逼人的攻势，自知无力抵抗，直接派出了使者与蒙古议和。

成吉思汗带领蒙古大军连年征战，虽然连连获胜，但也人马疲惫，有意暂时休养生息，所以就同意了金朝的求和，同时提出了很多苛刻的条件，金朝全部同意。

蒙古军队退走以后，金宣宗仍然心有余悸，害怕蒙古军队再次南下进攻。贞祐二年（1214年），便把都城迁到了汴京，也就是现在的河南开封。

成吉思汗听说金宣宗改迁了都城，认为金朝缺乏议和诚意，于是再次发兵南下。

这次的蒙古大军经过一段时间的休养，更是所向披靡，迅速占领了元大都。但成吉思汗知道金朝经营多年，根基稳固，一时难以灭亡，于是便在该地设置机构进行管理，自己则带领军队回了漠北。就在这时，下一代天骄——忽必烈诞生了。

忽必烈是成吉思汗的儿子——拖雷的第四个儿子，也就是成吉思汗的孙子。当时，在蒙古部落中也流行着一夫多妻制，每一个男人都能供养多个妻子。忽必烈是拖雷的正妻唆鲁禾帖尼的儿子。

说起唆鲁禾帖尼，也是一个比较传奇的女性，她共生有四个儿子，即长子蒙哥、次子忽必烈、三子旭烈兀、四子阿里不哥。如果按拖雷正妻所生的儿子进行排序的话，那忽必烈则排行老二。

唆鲁禾帖尼是克烈部首领王汗的兄弟扎合敢不的女儿。成吉思汗统一蒙古各部之后，看到扎合敢不的三个女儿都很美丽，便将他的大女儿阿必合娶作自己的妻子，将他的二女儿和三女儿都给了自己的儿子。唆鲁禾帖尼就是成吉思汗赐给幼子拖雷的三女儿。

当成吉思汗见到刚出生的忽必烈时，看到他黑黝黝的皮肤，高兴地说道："我们的孩子皮肤都是火红色，这个孩儿的皮肤却黑黝黝的，显然像他的舅父们。"随后成吉思汗便告诉唆鲁禾帖尼，让她为小忽必烈找一个好的乳母。正好赶上乃蛮部落的撒鲁黑将要生产，于是便把小忽

必烈交给了这个温顺而又充满智慧的乳娘。

撒鲁黑心地善良，对待忽必烈就像对待自己的亲生孩子一样，尽心竭力地照顾和抚养他。在她和母亲的教导下，小忽必烈表现地非常懂事，不但听话，而且孝顺有礼。就这样平静地生活了三年，忽必烈的爷爷、父亲和叔叔们又要开始新的战争了。原来是打听蒙古的反叛者古出鲁克消息的人带回了有关他的消息。成吉思汗从密探那里得知古出鲁克逃到了西辽境内。而且已经夺得了西辽政权，成为了西辽的可汗。

成吉思汗一听，非常生气，决定带领大军剿灭西辽。

于是，成吉思汗将自己的军队分成两部分，一部分由木华黎率领偏师骚扰金朝，另一部分由自己率领去攻打西辽。

元太祖十三年（1218 年），成吉思汗派遣大将哲别率领着二万蒙古军征伐西辽。哲别的军队作战迅猛，很快古出鲁克就战败了，在巴达哈伤山将其擒杀，西辽灭亡。

成吉思汗杀死了古出鲁克，也算是了却了自己心头的怒气，正在这时，西辽西边势力比较强大的花剌子模国派出使臣与蒙古进行商议。成吉思汗认为此时不宜作战，于是在中都接见了巴哈丁使团，同时表示愿意与花剌子模进行友好互通，使双方能够保持和平友好的关系。

巴哈丁使团回国之后，花剌子模就派出了一个商队前来与蒙古进行贸易。作为回礼，成吉思汗也派出了一股商队前往花剌子模。但当蒙古商队到达该国境内时，该国的统治者摩诃末的异母弟弟亦纳勒出黑见到商队带来这么多从来未见过的财物，对其垂涎欲滴；于是便在摩诃末跟前说蒙古商队的坏话，说其并不尊重摩诃末。摩诃末相信了亦纳勒出黑的鬼话，竟然下令将商队的人全部处死，财货全部没收。只有一名蒙古商人侥幸逃脱，逃到了蒙古将这一消息报告给了成吉思汗。

成吉思汗听到这一消息，既愤怒又自责，但他还是竭力遏制着自己的冲动，派出本国的使团对摩诃末进行责问，并且要求其交出真正的凶手。但摩诃末不但不认错，甚至将成吉思汗派去的蒙古使臣杀害了，并将其中的两名使臣剃掉胡须，然后将其驱逐出了本国的边境。

成吉思汗听完了两位使臣的叙述，更是震惊，再也抑制不住自己的愤怒，气得眼泪直流。为了发泄自己的情绪，他一口气登上了附近的一座山头，脱下帽子，以最虔诚的方式跪在山顶，为那些死去的国民祈祷。一直在那里哭泣了三天三夜才下山。

下山之后的成吉思汗平复了自己的心情，重新部署兵力，调整作战计划，亲自率领诸子以及二十万蒙古大军，杀向了花剌子模。最终将其灭掉了，同时进入了南俄罗斯，获得全面胜利。公元1224年，成吉思汗带领着自己的蒙古大军凯旋而归。

忽必烈也一点点地长大，此时已经十岁了。蒙古民族本就是一个善于骑马射猎的民族，因此该族中无论男女，都从小练习骑马射箭的技能，因此个个都骑马如飞。忽必烈在母亲唆鲁禾帖尼等人的精心培育下，不仅骑马射箭各项技能都非常精湛，而且小小年纪就孝顺有礼，懂得尊敬别人，是一个具有优秀道德品质的孩子，因此当地的大人们都非常喜欢他。

这天清晨，忽必烈和兄长蒙哥便骑马出去了，他们事先约定，谁先打到野兔，谁就任四兄弟的首领。

一望无际的大草原，青草如毯，鲜花绽放。碧蓝的天空上飘着朵朵白云。轻风吹来，花枝摇曳，十分美丽。

两个少年，像草原上两只雄鹰，肩搭弓箭，坐骑骏马，正寻觅着隐身在草丛中的猎物。忽然，不远处传来沙沙的声音，蒙哥催马而出，朝声响处奔去。忽必烈略一思忖，便打马朝蒙哥去的侧方过去，他让马放慢脚步，寻到一个土岗边，下马，埋伏下来，并悄然搭开弓箭，等待猎物。

这时，蒙哥已经拍马驰出几百米了，受惊的野兔听见声响传来，便飞快地向着忽必烈这方向逃来。待野兔进入射程之内后，忽必烈轻舒右腕，箭如飞般直射入了野兔的右眼，野兔来不及哼叫一声，便倒在草地上死了。

这时，蒙哥也拍马赶到了，他见忽必烈已将野兔挂在了马鞍边，正以得意的眼睛望着自己，蒙哥生气地大叫道："骗子！是我先发现野兔的！"

忽必烈笑着说："可是，是我先射死它的。"

蒙哥的脸憋得通红，又不知该说些什么，拍马上前，伸手就要抢。忽必烈一个鹞子翻身，跃上马背，打马向家跑去。蒙古包帐外，母亲正坐在木几旁喝奶茶。见两兄弟飞也似地打马到跟前，嗔怪道："怎么跑

忽必烈传

的这么急呢，快坐下休息一下。"忽必烈对母亲极为尊重，顺从地坐下了。

可蒙哥依旧很生气，他急切地把刚才发生的事情告诉母亲唆鲁禾帖尼。"他夺走我的猎物，不是好汉所为，您一定要管教一下忽必烈，还我一个公道。"唆鲁禾帖尼看着生气的蒙哥说："野兔并不是你射杀的，怎么算是你的猎物呢？"蒙哥张张嘴，又低下头气呼呼地说道："是我先追赶的。"唆鲁禾帖尼又问忽必烈道："那只野兔既然是蒙哥先发现的，你为何要先出箭呢？"

忽必烈一本正经地说："我没有别的意思，只是想借这次猎兔告诉您一件事。"

唆鲁禾帖尼饶有兴致地看着忽必烈问道："难道这件事你得到了什么启发吗？"

忽必烈站起身，把兔子交到蒙哥手中，说："我们是兄弟，彼此间不应分什么你我。你在前边追赶野兔，我在后边堵截，这说明如果我们兄弟团结，就会成就大事。"忽必烈又向母亲道："我只是证实了这个道理，并让兄弟们都明白这个道理。这样，祖父的汗位传到我们这一辈时才不会大权旁落。"

唆鲁禾帖尼心中高兴极了，看着一脸庄严的忽必烈，禁不住热泪盈眶，那是喜悦的泪水啊，她伸手把两个儿子揽到怀中："忽必烈说得对，只要你们兄弟团结一心，共同对外，我们的家族就会长盛不衰。忽必烈，你小小年纪便如此持重，难怪你祖父最疼爱你了，别辜负了他的期望才对。"

忽必烈用手轻握住了蒙哥的手，蒙哥也点点头，只是轻而坚决地从忽必烈的手中抽出了自己的手。

忽必烈经常听人们给他讲祖父成吉思汗征战的故事，这让幼小年纪的他对自己的父辈产生了无限的崇敬仰慕之情。然而，自他懂事以后，忽必烈还没有真正见到过自己的祖父，根本就不知道他长什么样子，只是从人们的口中得知祖父高大、威严。因此，忽必烈非常想见一见自己的祖父。

成吉思汗西征班师的消息传到蒙古草原，留居蒙古草原的亲属们便忙忙碌碌准备前往迎接。忽必烈和弟弟旭烈兀听说祖父要回来了，也吵吵嚷嚷着要去，于是，大人们破例带上了这两个孩子。

一行人走到乃蛮境阿拉马克委之地，见到了成吉思汗班师而回的军队，双方都十分高兴。在一次围猎中，忽必烈援弓搭箭，将一只飞跑的野兔射倒在地，旭烈兀则射到了一只山羊。按照蒙古人的风俗，儿童第一次在行猎中射获野物时，要举行称之为牙黑剌迷失的隆重仪式，儿童要以初猎禽兽之血染在长者拇指上。仪式开始后，忽必烈轻轻地捧着成吉思汗的手，很有礼貌地将野兔的鲜血涂在成吉思汗拇指上。轮到旭烈兀拭指时，他紧紧地抓住成吉思汗的大拇指，使成吉思汗颇为反感，说道："这个坏蛋要将我的手指掐断了……吾为尔耻之。"成吉思汗对旭烈兀粗鲁的行为给予批评，同时，对忽必烈恭谨有礼的行为给予高度赞扬。

十岁的忽必烈，以其特有的礼貌和聪明，赢得了成吉思汗的喜爱，也赢得了其他父祖们的赞扬，成为成吉思汗最为赏识的一个爱孙。

成吉思汗称雄蒙古之后，南方的两个主要政权西夏和金朝看到日渐强大的蒙古力量，极度恐慌。成吉思汗先是率大军攻取了金朝中都，随后又三次攻打西夏，西夏也惧于蒙古铁蹄的威猛而奉上美女金银。但是，成吉思汗胜利归回漠北草原后，西夏又同金朝缔结联盟，联合抗蒙。成吉思汗闻之，不顾自己已经年老体弱，在元太祖二十一年（1226年）亲率大军，分两路攻打西夏。蒙古军骁勇善战，并久经沙场，作战经验极其丰富，西夏根本不是对手，在蒙军围城半年后，西夏末帝李睍投降，西夏从此不复存在了。

成吉思汗因年迈体衰，有一次从马上摔下来后，便抱病在床。成吉思汗自知再难康复，只得将灭金的抱负交与继位者了。

按照蒙古族的习俗，成吉思汗应该把汗位传给幼子拖雷，但必须经过忽里台仪式的选举认可，方能生效。成吉思汗思考虑再三，把拖雷叫到了自己的帐前。

"拖雷，你知道我的身体难以康复了，我们应该考虑汗位的继承人了。"成吉思汗对拖雷开门见山地提出了问题。

拖雷在父亲卧床不起的这些日子里，这个问题就一直萦绕在脑际。他管理着大蒙古国的账目、军务等多项繁杂事务，他在大蒙古国中，地位就像汉族王朝中的宰相一样，管理的事务很多。他知道父亲很亲近、器重自己，传位给他似乎是水到渠成的事。

哪知成吉思汗的话却出乎拖雷的意料，只听成吉思汗缓缓说道："拖雷，我知道你在平时最辛劳，管的事也最杂乱，按习俗你继汗位也是顺理成章的，但是……"成吉思汗顿了顿话题，拖雷明白父亲要讲明白了。果然，成吉思汗接着道："但是，窝阔台似乎更合适些。术赤、察合台均为一介勇夫，做将尚可，统率还嫌不稳。窝阔台有勇有谋，如果他继承了汗位，又能得到你的辅佐的话，我便可以放心地去了。"

拖雷听到这里，明白了父亲心里早已决定将汗位留给三兄窝阔台了。他张嘴想说什么，被成吉思汗抬手制止住，随后说："我这一生拼杀奔波，征服部落无数，从塔塔儿到西夏，经历战争难以计数，但我有一个心愿未了，金朝一直在与我大蒙古国对立，我多想征服这个最富裕的金朝。但长生天已不让我再征战了，但继承汗位的人一定要征服金朝！你管理事务能力很强，但统军打仗还缺乏经验，而且军中的将领们恐也难听你调动。窝阔台继承了汗位，有你佐助，一定会完成我未竟的大业。拖雷，我的财产你都继承了，为了父亲，你可不可以不要这个汗位，帮助窝阔台呀？"

拖雷从未见过父亲这样平心静气地同别人说过话。成吉思汗平素极有威严，一言九鼎，从不允许别人说个不字，若是有时应得慢了，便会遭到他的责骂，甚至丢掉性命。今天听到父亲这番话，拖雷不由得一阵感动，他啜泣着应道："我听父亲的。"

成吉思汗满意地点了点头，说："由你担任监国，负责召开忽里台，辅助窝阔台登上汗位。你放心，我一定会叮嘱他善待你的。你去吧。"成吉思汗由于身体病弱，加之一下子说了这么多话，周身感到十分疲惫。

拖雷转身刚要离去，成吉思汗又说道："拖雷，你的儿子忽必烈绝非等闲之辈，你一定要倾心培养，他将来一定是成就大事业的风云人物。"

拖雷道："可是……"

成吉思汗明白拖雷话中的意思，说道："可是无法从你这里继承汗位是吗？别着急，现在他年纪尚小，将来长生天会降大任于他的，未来大蒙古国的希望就寄托在他身上呢。你若亏待他，我定不饶你！"成吉

忽必烈传

HUBILIEZHUAN

思汗说完，自己合目休息了。

拖雷迈着沉重的步伐走出帐外，心里仿佛打翻了五味瓶，不知是什么滋味，不知是为失去本可继承的汗位而痛苦，还是为父亲对忽必烈的未来前瞻而欣喜。拖雷最不能理解的是父汗成吉思汗说是因自己继承了财产，便不能再继承汗位了，倘若继承了汗位，纵然让出目前的财产又何妨，大汗还会没有财产吗？拖雷陷入了深深的痛苦之中。

成吉思汗病逝后，监国拖雷主持了丧仪，随后就着手准备召开忽里台的工作，以推举并认可成吉思汗遗言中提出的窝阔台。这准备工作持续已达两年之久，汗位虚悬的态势使得蒙古诸王十分不安。人们纷纷猜测拖雷是否要违父命，自己称汗。蒙古诸王对拖雷的猜测并不是没有道理的。本应属于拖雷的汗位不给了，还要拖雷主持大会，来帮助窝阔台成为新汗，从拖雷角度来讲，确实一时难以接受。因成吉思汗的病故，原先草原上一些存有异心的蒙古王开始发起了小规模的反叛行动，窝阔台、术赤他们要不时地去出击镇压一下。这种纷乱的局面给拖雷缓开忽里台大会，提供了一个不错的借口，拖雷也想借此机会好好想一想这个问题。

这时，忽必烈已经长成一个健壮的少年了。他每天夜晚都要缠着父亲讲打仗的事情，几个月下来，祖父和父亲经历的战役他都已耳熟能详了，而且还常发表一些对战役的评述，其观点的深刻、精辟，很令拖雷惊喜。拖雷常在私下跟妻子说："几个儿子中唯忽必烈像我。"妻子笑着说道："我看忽必烈比你更多了一分机智与果敢。"拖雷点头赞许。

拖雷在认识忽必烈的机智与果敢的同时，又发现了儿子的缜密思维与远大抱负较自己更胜一筹。

有一天早晨，拖雷刚起床，兄长窝阔台的手下就牵着两匹马向他住的蒙古包走来。

"王爷，窝阔台王爷派遣在下给您送来了几件稀罕的物件。"下人恭敬地将驮着两大包东西的马牵了过来。

拖雷一时想不出个所以然来，不知窝阔台葫芦里卖的什么药，便说道："既然是稀罕的物件王爷怎么不自己留着？"下人回道："回王爷，这些东西是在赤不斤的帐内缴获的，有两柄嵌玉宝刀，还有一些银器和玉器，窝阔台王爷让我转告您说他是遵从父汗的旨意办的。"

拖雷瞪了下人一眼，冷笑道："我父汗的什么旨意？"

"窝阔台王爷说大汗生前吩咐过，说有什么都要跟拖雷王爷分享。"

"哼！我——"拖雷话刚出口，站在一旁的忽必烈赶紧插言道："多谢伯父记挂着我们。你回去吧，就说我父王收下东西后非常高兴。"

"是。"

见下人走了，拖雷极不高兴看着忽必烈解开包袱，道："你太放肆了，竟敢替我做主收下这些东西！"忽必烈取出一柄宝刀，道："父亲，这是不是一把很锋利的兵器？""是。""那用它杀人一定很容易吧？""当然。"拖雷面色十分沉重。

忽必烈放下刀，又问道："父亲，您可知世上有一种比刀更厉害的杀人武器吗？""怎么？你想教训我吗？"拖雷看起来真的生气了。

忽必烈跪下，仰望着父亲，道："父亲，流言是天下最尖锐的武器呀！您想，如若我们不收下这些礼物，窝阔台王爷肯定会心生疑虑，就会放出流言，说父亲想自己称汗。那样他就会有理由来加害我们了。"

拖雷"哼"了一声，一时还转不过弯来："你小小年纪，懂什么！"

忽必烈急道："父亲，术赤、察合台、窝阔台三位伯父都各据一方，除了有自己的封地外，还都有自己的兵马，而我们却只有财富和封地。父亲，一旦刀兵相向，我们又岂是对手？"

拖雷踱了几步，转身拉起忽必烈，又问："怎么，你害怕他们了吗？"忽必烈挺起胸膛，回道："孩儿不怕，孩儿只是考虑年小力薄，难助父亲一臂之力。"

第二章

错失汗位　父亲逝世

拖雷明白了忽必烈话中的含意，他是说蒙哥他们哥几个还小，没有经过战事历练，而且自己手下的亲军太少，没有办法同三位兄长抗衡。拖雷轻轻一叹，道："正因为如此，我才按兵不动，静观其变呢。"

唆鲁禾帖尼在一旁接着道："总这么拖着也不是办法呀，忽必烈说得对，流言也能杀死人，别人会说我们不守信用，违背父汗的遗愿呢。"

忽必烈点头道："父亲，我们蒙古人讲究的是一个信字，一个义字，若是我们背负了这个污名，在大草原上就很难有立足之地了。"

拖雷面色凝重地道："我从来没有想过要违背父汗的旨意，只是连日来战事不断，加之有几个王爷兴风作浪，才推迟了忽里台会议。当然要说我心有不甘，那也是实情。"

忽必烈抓住父亲的手，放在自己的肩上，道："父亲，您看我的肩膀是不是坚硬宽阔？"拖雷露出自豪的笑意，点点头。

"那父亲就放心吧。用不了多久，我就会长大成人，我的肩膀就能驮起万重山峰。"

拖雷看着自己有出息的儿子，开心地笑了。

窝阔台心里非常郁闷，因为他巴望着早一天登上汗位，那样他登高一呼，整个大草原都将为之应和，但拖雷怎么不遵父亲旨意召开忽里台会议呢？他急于想登上汗位，父汗在临终前与他密谈时，曾告诉他："如果想在汗位的宝座上坐稳，须得二人力助，一是拖雷，一是耶律楚材。"并分析两人的情况道："耶律楚材为一契丹人，深受汉儒文化熏陶，他信奉君君臣臣，会忠心耿耿辅佐任何一个汗王的，拖雷手中有财富和封地，不宜强迫，拖雷为人仁厚，会屈从于良信与忠诚，你要善待他，感动他，这样他才会尽心尽力帮助你。"

不久，窝阔台把耶律楚材请到了自己的帐内。

"耶律先生，我乃行军之人，恐是无法担当父汗留下的汗位。"窝阔台首先投石问路，先屈尊降贵，谦虚地向耶律楚材道。

耶律楚材跟从成吉思汗多年，深深折服于成吉思汗的雄才伟略，他得到成吉思汗的密嘱，要扶窝阔台登汗位。他明白窝阔台请自己来此的目的，沉吟一刻道："我明白您的意思，我会尽快去找察合台与拖雷，您放心吧。"

窝阔台轻舒一口气，又道："我无法支撑没有你帮助的局面，事成与否，希望你留在我的帐前。"

耶律楚材听出了窝阔台话中的许诺，便急忙起身找拖雷去了。

拖雷接受了耶律楚材的劝说："您必须帮助窝阔台当大汗。蒙古族是个骁勇、崇尚英雄的民族，违背父命会被人们视为小人行为。您肯定不想失去大家对您的尊敬与崇尚，忠诚的名誉是无价之宝，望您三思啊。"

迫于各方面的压力和形势所趋，经过一番筹备以后，1229 年，在成吉思汗始兴的鄂嫩河和克鲁伦河的蒙古中心地区隆重召开了忽里台。这时，术赤已死，在拖雷和察合台等人的"推戴"和"支持"下，窝阔台被选为大汗，正式即位。窝阔台就是元太宗。

成吉思汗将汗位交给了窝阔台，没有交给拖雷，无论是按照汉人的皇位继承习惯，还是按照蒙古人汗位的继承习俗，作为拖雷次子的忽必烈都将失去汗位继承权。但幼年忽必烈的聪明和才智，博得了成吉思汗的赞誉，成吉思汗对幼年忽必烈仍然寄予厚望。据 17 世纪蒙古族历史学家萨囊彻辰在《蒙古源流》一书中记载，成吉思汗临终时曾说："幼年忽必烈之言，足使吾人注意。其言谨慎，汝辈尽应知之。彼将有一日据吾宝座，使汝辈将来获见一种命运，灿烂有如我在生之时。"不知这段神话式的预言是真是假，但有一点是可以相信的，那就是幼年忽必烈的才能已经得到了成吉思汗的赏识，这种所谓神话式的预言，随着历史的发展，也就变成了毋庸置疑的事实。

成吉思汗戎马一生，统一蒙古，灭掉西辽、西夏、花刺子模等，就是没能实现灭金夙愿，深为遗憾。临死前，他留下遗言说："金精兵在潼关，南据连山，北限大河，难以遽破。若假道于宋，宋金世仇，必能许我，则下兵唐（今河南唐河）、邓（今河南邓县），直捣大梁（今河南开封）。金急，必征兵潼关。然以数万之众，千里赴援，人马疲弊，虽至弗能战，破之必矣。"这确实是一个很好的灭金战略。

窝阔台即位之后，遵照成吉思汗的"临终遗言"，制定了具体的灭金战略计划。

1231年，窝阔台兵分三路，大举攻金。他自己亲率中路军经山西进驻郑州；斡赤斤率左路军进兵山东；忽必烈的父亲拖雷率领右路军按照成吉思汗的遗言，从宋地陕西借道，由唐、邓进入金境。三路大军约定，来年春天会师大梁。拖雷所率右路军一路过关斩将，自凤翔渡过渭水，连破宝鸡、大散关（今陕西宝鸡西南），进入宋境。接着，沿汉水东下，进入金邓州境，兵锋直指大梁。

金人听说拖雷已经迂回包抄过来，急忙调潼关守将完颜合达率精兵堵截。拖雷留一军牵制金军，主力分道杀向大梁。金哀宗又急令完颜合达援救大梁，拖雷则派出军队不断扰袭，使金军不得休息，疲惫不堪。1232年初，在钧州（今河南禹县）西北的三峰山大战中，拖雷把金军打得大败，金军精锐部队几乎全被消灭。

接着，拖雷率军北上与窝阔台会合，共攻大梁。由于大梁城防坚固，一时难以得手。三月，窝阔台留下大将速不台继续包围大梁，自己则与拖雷北返。

蒙古军包围大梁，一围就是七八个月。十二月，金哀宗再也忍受不住粮尽援绝的痛苦煎熬，偷偷逃往归德（今河南商丘）。接着，又逃往蔡州（今河南汝南）。

穷途末路的金哀宗，眼看国家无望，只好硬着头皮派遣使者到宋朝求援说，"蒙古灭国四十，以及西夏，夏亡及于我，我亡必及于宋。唇亡齿寒，自然之理。若与我联合，所以为我者亦为彼也"。然而，金人的高谈阔论丝毫没有打动宋人之心，仍然遭到了宋人拒绝。

这时，蒙古也派遣使者请求宋朝协助灭金，宋人提出灭金之后收回河南之地等条件，蒙古人没有表示反对，宋人答应即刻出兵。

蒙古包围蔡州，三个多月，还是攻不下来，眼看粮食不多，难以继续围城。正在危急时刻，宋朝大将孟珙带领二万大军和三十万石粮食赶到了，马上就要挨饿的蒙古军顿时有了精神，与宋军南北呼应，共同

攻城。

金军哪里抵挡得住这般猛攻，1234年初，外城已被攻破，金哀宗一看大势已去，急忙传位于内族完颜承麟说："我身体肥重，骑马不便。你平日矫捷，又有谋略，万一能活着逃出去，一定要继续树起金国这面旗帜，使国家不能至此灭亡，我的心愿就满足了。"完颜承麟即位大礼还未行完，南城已被宋军攻破。接着，蒙古军攻破西门。金哀宗眼看难逃一死，不愿做阶下之囚，含泪上吊而死。完颜承麟也被蒙古乱兵所杀。统治一百多年的金王朝，至此灭亡。蒙宋联合灭金以后，宋人赵范、赵葵、全子才等人谓"非扼险无以为国"，提出"守河拒关"，收复东京开封府（今河南开封）、西京河南府（今河南洛阳）、南京应天府（今河南商丘）的建议。宋廷因在蒙宋联合灭金时曾提出收回河南等条件，便在没有同蒙古商量的情况下，于端平元年（1234年）派遣赵葵、全子才率军北上收复三京之地。

这时，蒙古军主力北还，河南空虚，宋军很快进占开封，接着进兵洛阳。蒙古闻讯后，派兵来攻，宋军由于粮饷不济，兵败而退。宋军于端平元年出兵三京之地，史称"端平入洛"。1235年，窝阔台召集蒙古宗王、贵族大会，以宋人"端平入洛"为借口，决定大举攻宋。

窝阔台派遣次子阔端率领西路军进攻四川，派遣三子阔出率领中路军进犯汉水流域和长江中下游，派遣宗王口温不花率领东路军入侵江淮。三路大军杀入宋地，所过之处，烧杀抢掠，对宋人着实蹂躏一番。直至1241年窝阔台暴死，攻宋战争才暂告一段落。

在蒙古灭夏、灭金和伐宋的动荡年代里，忽必烈已从十二岁长到二十七岁。在这段时间里，忽必烈是否也参加了灭夏、灭金和伐宋的战争，史书中没有明确记载，我们不得而知。但有一点是清楚的，那就是1252年忽必烈初次被任命为方面军统帅时，就表现出卓越的军事才能，这说明1252年之前，忽必烈不但掌握了各种武艺，且精通军事指挥知识，并有很高的指挥艺术。毫无疑问，忽必烈的军事知识及其指挥艺术都是这一阶段学会的。

这一时期，忽必烈不但深入地学习了各种武艺及各种军事知识，也学习了蒙、汉文字等文化知识，特别是在父母的培育和影响下，形成了坚忍不拔的顽强性格和顾全大局的宽广胸怀。

忽必烈的父亲拖雷是一个在成吉思汗亲自培养和熏陶下成长起来的英勇善战的军事统帅，常跟从成吉思汗出征，成吉思汗视他为"那可儿"（意为伴当），人们尊称他为也可那颜（意为大官人）。1213年拖雷从成吉思汗伐金，亲率中路军攻入河北山东等地。1219年从成吉思汗西征，攻陷不花剌、撒麻耳干等地，1221年单独率领一军进入呼罗珊境内，攻陷马鲁（今土库曼共和国马里）、你沙不儿（今伊朗尼沙普尔）、也里（今阿富汗赫拉特）等地，成为蒙古族人民心目中的英雄。

后来，在汗位争夺斗争中，拖雷虽然有心继承汗位，但还是遵从成吉思汗旨意，顾全大局，违心地拥戴窝阔台为大汗。窝阔台继位之后，分兵伐金。拖雷率右路军在三峰山大败金军以后，与窝阔台军会合。不久，即与窝阔台北返。北返途中，窝阔台突然患病，百般调治，不见好转，只好请来萨满巫师为他祈祷。

萨满巫师用大碗盛水，口念咒语为窝阔台驱邪，然后用念过咒语的水来擦洗窝阔台的病体。正在这时，拖雷前来探视。拖雷看到窝阔台病重的样子，心中更是又是心疼，又是焦虑，上前端起那碗被念过咒语的水，诚挚地向上天祷告，希望上天能饶恕窝阔台，并作出承诺，他愿意用自己的生命换取窝阔台的健康。祷告完毕，拖雷一口气将那碗洗病的咒水喝了下去。

说起来也巧，拖雷喝了那碗巫水以后，没几天窝阔台的病就有了好转，但正像拖雷祷告的那样，自己用生命换取了窝阔台的健康。所有的人都相信拖雷是代兄赎罪而死，因此对他忠君友爱的自我牺牲精神都感到十分敬佩。

虽然拖雷的死让忽必烈母子都陷入了悲痛，但在忽必烈幼小的心灵里，自己的父亲是一个忠君爱国的志士。忽必烈为自己拥有这样一位受所有蒙古人民敬重的英雄而感到自豪。在他的心里，自己的父亲英勇善战，忠君爱国，父亲的优良品质一直激励着他将来也要成为一位像父亲那样的英雄。这对忽必烈最终形成"度量弘广"的性格起到了很大的作用。

父亲死后，忽必烈的母亲唆鲁禾帖尼就承担起了抚育儿子的重任。唆鲁禾帖尼不同于普通的蒙古妇女，她极为聪明能干，具有坚定、谦逊，知羞耻，护贞洁的高贵品质。她喜欢自己的儿子，教导他们要有道

德，懂礼貌，不允许他们兄弟之间发生任何争吵。

忽必烈非常热爱自己的母亲，母亲的勤劳、勇敢、聪明、智慧、谦逊、善良对忽必烈影响很大，特别是母亲顾全大局的度量和胸怀，深深地印在了忽必烈的脑海中。

唆鲁禾帖尼经常劝说自己的子女们一定要以大局为重，不论何时都要团结在一起，这样拖雷部族才会看到希望。尤其是蒙哥，作为拖雷的长子，有团结、带领兄弟姐妹的义务。

拖雷去世后，族人们对拖雷家族越来越疏远了，先后多人偷着掠走马匹羊群，离开了拖雷一系的封地，去寻求更有实力的靠山去了。无可奈何之下，唆鲁禾帖尼只有带着忽必烈这一群人回到怯绿涟河，以打猎捕鱼为生。但唆鲁禾帖尼不论到哪里，都始终叫蒙哥、忽必烈、阿里不哥和旭烈兀四兄弟背着箭袋。唆鲁禾帖尼自己也拿着一个箭袋，里面有五支金箭，这是拖雷给她留下的传家之宝。加上拖雷和妾生的一子末哥，忽必烈知道他们现在是五兄弟了。唆鲁禾帖尼把五兄弟叫到帐中，她讲起先祖孛端察儿临死时，曾分给他们每人一支箭，叫他们折断，每个人都是应手而断，孛端察儿又把这束在一起的五支箭拿出来，叫他们拗折，结果没有一个人能够折断。于是孛端察儿对五个儿子道："你们就是这五只箭，分开来一定容易折断，只有合在一起，才不会被人折断。你们五兄弟要牢牢团结在一起，这样外人才不敢欺负，将来才能成就大事。"唆鲁禾帖尼又把这个祖宗遗训告诫儿子们："你们要记着父亲的荣耀，要为拖雷王爷复仇，一定要把部族的人拢住，不要分散。"

"如果部族的人不肯拢在一起，应该怎么办呢？"蒙哥问。唆鲁禾帖尼只是握着忽必烈的手，并不理会蒙哥。蒙哥想起拖雷教他的战歌："杀尽头颅千万颗。"在他的心目中，竟然认为凶杀也是团结力量的一个办法，那就是不服从不团结者便杀。

拖雷王爷庶子末哥还有一个妹名叫婉君，蒙哥第一个拿他这个庶妹开刀。有一天，正当蒙哥带领阿里不哥、忽必烈、旭烈兀还有婉君打猎时，忽然一阵惊天雷雨，他们只好躲到一个大池边的灌木林之内。就在这时候，一条耀人眼目的金色大鲤鱼，突然在池中高声一跃，不偏不倚，正好落在蒙哥和婉君中间的地方。蒙哥随手抓住，叫弟妹们快送回家中去。因为蒙哥知道这条金鱼能卖很好的价钱，这样，未来几天就不用为生计犯愁了，可是，当他去领着母亲唆鲁禾帖尼回来时，却发觉这条金色大鲤鱼不见了。全家兄弟姐妹都感到非常吃惊。蒙哥察言观色，已知道是婉君偷了这条鲤鱼。婉君已经把这条鲤鱼拿去卖了，而且用来买了许多女人用品，蒙哥一声不响，把婉君哄到帐外树林中，挽起弓箭，一箭把她射死了。

唆鲁禾帖尼知道这件事后，对蒙哥加以责骂，但蒙哥非常平静地对母亲唆鲁禾帖尼说："婉君这样做，是不把咱们一家人当人，将来大家还不被她害死？就是父王再生，也不能容忍她，何况她从来不服从我这个长兄的吩咐？我决不能容忍咱们族里有这样一个另怀异心的人。"蒙哥说完之后，竟然从腰间拔出家传的宝刀，把刀向空中挥舞，目光逼人，在忽必烈、阿里不哥、末哥身上扫来扫去，大声喝："抗我者将被杀之！"

忽必烈见此情景，心中不禁泛起了一阵寒意。

唆鲁禾帖尼也吓了一跳，她似乎也不敢说些什么，只是感到蒙哥如真能成为汗王，这岂不是她教子有出息吗？她应当高兴才是，但她嗫嚅着说："蒙哥，不管你怎么说，你这样做，引起了全家的不安，也给黄金家族的人笑话，我不知道你怎样在家中立足？蒙哥，你最好到外边去避一避。"

蒙哥点了点头，却皱着眉头说："父王已死，人人都不与我们往来，我到哪里去？真好笑，他们都像怕我们似的躲着我们，难道我缠着他们不成？"

唆鲁禾帖尼说："你父王死后，家族之中的人都不愿与我们亲近，但你长大了，总要闯天下。""那我就与忽必烈一块出去。"蒙哥说着，望了一眼忽必烈。

末哥扯一下忽必烈的衣袖："是雄鹰就应去广阔的蓝天飞翔，好男儿志在天涯。"忽必烈明白了末哥的意思，他答应蒙哥愿跟他一块出去。

唆鲁禾帖尼说："蒙哥，拖雷王爷在世时曾为你订下一门亲事，对方是咱们蒙古人，来自一个盛产美女的地方。"

"弘吉刺部？"包括忽必烈在内的几个男儿差不多是异口同声地问唆鲁禾帖尼。

唆鲁禾帖尼微笑一下说："是的，与兴安岭西边弘吉刺部首领的女

第二章 错失汗位 父亲逝世

儿订的亲。如果他们还没有忘记我们，我想，你是应该去那里娶亲的，你已经长大成人，到娶亲的年龄了。"

这几句话燃起了蒙哥的希望，他决定与忽必烈一起立即就动身去那里。二人骑上马，朝着兴安岭进发。

蒙哥与忽必烈的全部所有物，也就只有三匹马，那捆装着替换衣服的革裹行囊绑在马背上，看起来轻飘飘的，让人看上去禁不住生出一种哀怜。

蒙哥对忽必烈道："我这样去见我未来的岳父，他会不会看不起我呢？这可怎么办？"

忽必烈说："不会的。"

正当兄弟二人言语之时，天空之上忽然发出一阵尖锐的怪啸。一只双翼蔽天的大雕正朝着他们头上飞过来，看起来那巨爪铁喙的目标，竟是兄弟二人身后的从马。蒙哥忽然开颜地笑了笑："忽必烈，这就是我送给丈人的礼物。"只见蒙哥闪电似的已经扳弓在手，铁臂弓弯个满月，高喝一声："着！"跟着便是一声巨雕的哀鸣震满山野，连忽必烈的马也吓得竖起前蹄长嘶。蒙哥此时满怀得意，一跃下马，看准巨雕坠下所在山林，就在前边小路，便示意忽必烈翻身下马，徒步过去拖取。然而，当他们进入路口之时，突然发现在草丛之中，几十支弓箭正对他们兄弟二人。待兄弟二人回看时，林中到处都是弓箭手，都在向他们瞄准。

正当蒙哥和忽必烈满腹狐疑之时，小路拐弯处，已同时闪出三个大汉，为首的一个，不是别人，正是赤亦速不花，正在向兄弟二人冷笑："你们一家人也许都会记得拖雷王爷在世时对我家的不好。"

蒙哥和忽必烈想起速不花是个趋炎附势的小人，都觉胸中怒火如焚。他们兄弟二人这时却身处重重包围之中，只要一发作，马上就会死无葬身之地。

忽必烈见蒙哥发呆，便立刻抱拳含笑道："速不花叔叔，许久不见，我们一家人都想着你哩！"这时，速不花却哈哈大笑："你们一家人真的如此想念我？是不是念念不忘，想要我的性命？"忽必烈道："您千万不要听那些传言，我们何曾说过这种话呢？"只见速不花沉着脸说："我听你们乞颜族人说，在我走后，你们兄弟几个人曾经对天立誓，将来如果兴起，第一件事，就是要把第一个离去的部族首领速不花杀掉，我现在等着你们兄弟把我抓回去哩。"

蒙哥早已惊得时而点头，时而摇头。忽必烈此时哪敢承认，只好摇头道："我们兄弟没发过这样的誓，我们兄弟也不敢抓叔叔。"

这时，只听速不花说："此事是我亲自听说的，为免后患，饶你们不得，既然你们兄弟抓不得我，我倒要抓你们了。"

忽必烈说："老叔，我们毕竟是自己人，当年我父亲待你不薄，你凭良心自问，我们一家没有对不住您的地方啊！"

速不花一阵冷笑："什么良心不良心。"说着回过头去，随后抓起蒙哥手中的大雕。蒙哥想说："这是我的东西，你不要动。这时候只见速不花刀闪寒光，大雕的头已经被砍了下来。蒙哥说："这是我的东西，你怎么能霸占？"

速不花说："什么你的东西，连你兄弟二人的性命都在我手上，我看你还是闭上你的鸟嘴吧。"蒙哥生平憎恨自己的东西为人掠夺，他满腔怒火，禁不住大喝一声："速不花老狗，你……"可是，蒙哥的刀还没拔出来，已经被成群的大汉击倒在地。

忽必烈被速不花提起来摔到地上。从此以后的几天中，忽必烈和蒙哥就像两头被困的熊，被速不花锁在特制的木笼中，任由观看的人指手画脚地嘲笑。

"就是这两个乳臭未干的浑小子，他们发誓要消灭我们，真是不自量力！"然后大家就是一阵嘲骂之声。对于忽必烈和蒙哥来说，一阵阵嘲骂他们都要忍住。因为他们明白，这不是他们兄弟二人反抗的时候，反抗只能招来灾祸。

在囚笼中，兄弟二人已困坐数日，这一天中午，正当兄弟二人打盹的时候，忽然远处传来了一阵呼喝之声。这声音呼喝起来，有如地动山摇。"这究竟是怎么一回事？"忽必烈和蒙哥还在想时，平日给他们兄弟二人送食物的老者走了过来。食物之中多了块奶酪。忽必烈和蒙哥都感到奇怪，因为这许多天来，他们兄弟二人所能吃到的只是最粗糙的东西，所以忍不住对那块奶酪看了一看。

这时，老者低声说道："快点吃了它，否则我和你们兄弟二人都不方便。"机灵的忽必烈示意蒙哥，真的三下两口就把那奶酪吞吃了。忽

必烈说:"多谢公公,可不知道何故今天赐我们兄弟二人如此大的奶酪?我兄弟二人真要谢谢您老人家。"

老者左右偷看一下,看没人在旁边,这才叹一口气说:"今天我们族里人会举行一年才有一次的摔跤大会。"蒙哥问:"摔跤大会?"老者点了点头。

忽必烈说:"既是族人一年一度的盛会,跟着一定还有赛马大会,只是不知道我们却与此事何干?"老者叹一口气说:"我听说他们回头要找你们兄弟二人去角力,我怕你们兄弟二人劳累体力不够,所以才给你们一些吃的,希望你们多些气力。"

蒙哥问:"和谁角力?"忽必烈也非常惊骇。因为蒙哥和忽必烈都知道,当地所产的牛,都是野蛮无比。忽必烈问:"和牛角力?"老者点了点头,说:"正是,所以你们兄弟二人要小心。"说完,便匆匆地走开了。就在那老者走开不久,一批泰亦赤兀惕部的壮汉已经嘻嘻哈哈地走过来,打开笼子,松开蒙哥和忽必烈的脚链,却把两副重甸甸的像犁耙似的大锁架到兄弟二人头颈上。

蒙哥和忽必烈被推到广场之上,一个武士上来松开忽必烈颈上的锁。速不花站在高台之上,对忽必烈阴险地笑了笑。忽必烈感到心里吹过一阵冷气,只见速不花拍了拍掌,对众人高声喊道:"族人们,我们接下来的这场角力表演,就是一头大公牛与乞颜少年忽必烈的争斗,大家可别忘了欣赏。"人群之中一阵狂呼。一匹硕大无比的大公牛被牵了出来,随即有人在牛背与忽必烈颈上搭了好几根粗壮的绳子。

然后就有人对忽必烈喊道:"忽必烈,你和公牛,各自背占一方,你得用力扯,把公牛扯过中间的白线,就是你赢了。今天晚上有一顿好吃的东西给你吃,如果你给公牛扯过了白线,哼,我们就让公牛把你拖着走一里路。"忽必烈看了看地面那些凹凸不平的沙砾,也不禁打了一个冷颤。但他明白,除了听从和死拼之外,再也没有别的道路可走。忽必烈只好低下头,暗自运力。突然之间,钟声一响,众人已经在狂呼乱叫。

忽必烈望一眼蒙哥。蒙哥也望一眼忽必烈。

兄弟二人差不多同时叹一口气。大公牛吃了一鞭,拼命往前走,忽必烈也就只能背对着大公牛,拼命向自己这一方扯。粗绳和木枷擦过忽必烈的肩，先是皮破，继而流血，甚至磨到胛骨。忽必烈忍受剧痛，咬紧牙齿，一点儿也不敢松懈，拼命向前拉。忽必烈一定要胜过蛮牛，如果战不胜蛮牛，他就得赤裸着身子，给狂奔的蛮牛在沙碛上拖上一里路，那准是一片血肉模糊。

忽必烈凭着求生意志，也凭着那老者送饭时送给他的一块奶酪，他竟然胜了。这头狂牛，在狂勇的忽必烈舍身拉扯之下，后脚一趴，身子伏到地下，就像气力尽失，再也起不来了，任由忽必烈把它像拖耗子一样，一直拖到那条白线上。牛在哀叫，人群之中，竟然有人喝起彩来，速不花却是脸色陡变，把头一摆，于是忽必烈也像垂死的牛一样，被拖回笼中蒙哥的身边。

蒙哥流泪了。

忽必烈感到剧烈的痛楚，这种剧烈的痛楚使他昏迷过去。忽必烈有一种蹬天蹋地之感，他在心中发誓：有来日定复仇，有机缘定成人上人。沉沉的黑夜中，忽然一阵冷水，从他的头上直泼下来，使忽必烈骤然清醒许多，他还以为是下雨，随手抹一把脸，张开眼来。朦胧的星月底下，忽必烈见蒙哥正目光直直地望着一处。忽必烈顺着蒙哥的目光望过去，竟然看到一个十分丰满的少妇。

蒙哥一愣，马上就来了精神，哑着嗓子问道："你是谁？"

"嘘！"那少妇把一只食指放在唇间，然后低声说："我是速不花小妾，因为你兄弟二人了不起，所以我来救你们。""救我们？"忽必烈也来了精神。

忽必烈望了望脚镣和粗重如橼的木枷，苦笑着摇一下头："你怎么可能救我们兄弟二人呢？"少妇马上说道："不是现在，是明天。我刚才听说速不花父子正在商量，明天赛马大会时，要用绳子将你们兄弟二人拴在马后，与骑马的人一块奔跑，而这匹马，却是全兴安岭最好的马，只要你们兄弟二人能够骑得上去，就没有任何人能追上你们。"速不花的小妾如此这般说了之后，似乎在蒙哥和忽必烈心上点了明灯一样。兄弟二人用感激的目光，一直目送着速不花小妾的背影，蒙哥说："忽必烈，有朝一日，我消灭速不花，一定娶她为妻。"蒙哥说这话时，发现忽必烈的目光也是动情的，这令蒙哥老大的不高兴。

次日一早，太阳刚露头，赛马大会便已开始，这是一个最能展露蒙

古英雄气概的大会。许多骑功超卓的青年男子，都在赛马大会上显露他们的骑技。有人能弯身到马背下射箭，有人能够从一匹飞驰的马背上飞跃到另一匹马背上。最顽劣的马匹在他们胯下只能成为绝对驯服的奴隶。甚至少女也是双足踏在飞驰的马背上，更加呈现了她们矫健婀娜的青春美姿。那美妙的腰肢，也不知道会引起多少男人的目光，一直把他们的目光拉弯。

多美的马背少女呀！这正是蒙古尚武精神的最高表现。在他们的心目中，骏马是胯下的战友，也是可以愚弄的奴隶。而每逢赛马的盛会，也要找一些奴隶来加以愚弄，甚至如忽必烈和蒙哥这种不可愚弄的奴隶，一样也要加以虐待，以博全场的欢笑。生死关头，蒙哥和忽必烈都睡得很香。但兄弟二人在甜美梦中，却已被人扯了起来，并且解下桎梏，只用一根绳子拴着他们的脖子，把他们推向赛马大会的广场上。兄弟二人的出现，引起一阵骚动，似乎每一个人都惊奇于忽必烈经过一场折磨之后，何以还能够如此神采奕奕，双目闪闪，尤其是族中的少女，还不时对兄弟二人发出一阵阵爱怜的叹息。她们总觉得这样对待兄弟二人真是不公平。这时，速不花又走上台子，他大声说："族人们，我们今天的赛马大会，还有一个特备的花样，是我们最好的骑士，蒙哥和忽必烈，他们要与我们的马赛跑。"这时，大家反而都屏住气息，好一会儿，才有几个男人发出一阵怪叫。因为任何人都知道，这所谓的赛跑，实际上就是惩罚不听话的俘虏的一项酷刑。跑不上一会儿，俘虏就会被拖在沙砾之上，最后只剩下一团模糊的血肉。

人们担心着忽必烈和蒙哥。

忽必烈和蒙哥也从人们眼中看出惊恐，他们心里也有些怕。

兄弟二人这时已被拴在马后一丈余处，他们神色木然。忽必烈只是半眯着眼，在打量着马上速不花儿子的身段，心想，这小子曾和我父王拖雷王爷一块玩耍，他儿子时常被我打成滚地葫芦，可是现在人家父子二人强壮多了，也威风多了，原因就是他手中有兵马呀。

突然之间，响起一阵锣声，忽必烈看到蒙哥已被马拖得狂奔，他自己也感到颈项间一阵抖动，已经不容他考虑什么，赶快拔腿便跑。

蒙哥在前面跑得飞快，忽必烈必须像他那样狂奔。

忽必烈有时觉得赶不上，他就必须舍命把前边的绳子向自己身体这边拉，以便自己有加速的余地。但这种倒拉，在马匹飞驰之时，得用上极大的力，所以很快就扯破了手掌。马匹愈跑愈快，还掺杂着马背上速不花儿子得意的呼啸声。

蒙哥已有倦意，忽必烈在其后为他加油："哥哥，只有朝前跑。"

忽必烈眼看蒙哥再也支撑不住了，但马匹这时却正向沙砾的一处陡坡之上跑去，放缓了脚步。

蒙哥对忽必烈回头喊一句："弟弟，我们会活下去。"

就在两匹马上到坡顶之时，蒙哥和忽必烈都精神一振，把绳一收，兄弟二人发狂也似的比马儿跑得还快。

忽必烈和蒙哥兄弟二人飞身一跃，都已上了马背，闪电似的夺过绳子，双足一夹，一声断喝，他们的胯下马匹已经如箭脱弦，如星赶月，瞬间即消逝得无影无踪。

速不花等看见情况不妙，也派马匹去追，哪里还来得及？

忽必烈和蒙哥兄弟二人在茫茫荒野之中，二人四目血红，差不多同时振臂大呼："速不花，我们会用千万只箭把你射穿，把你千刀万剐，把你碎尸万段，把你全族人灭掉。"兄弟二人这一呼，真是天鸣地应，四面震荡，声音久久始散。兄弟二人四下望了望，他们商议一番，还是决定按母亲所言去弘吉剌的牧地，他们要去找那里的酋长，找到那位指腹为婚的人儿再说。这时的兄弟二人已是一无所有，蒙哥只穿一条破裤子，还是满身伤痕。忽必烈也身无长物。正在兄弟二人踌躇之间，蒙哥忽然笑了："我骑着的马匹不正是最好的礼物？还有你的坐骑，忽必烈，对吗？"忽必烈说："是的，大概弘吉剌部也找不到这样好的马儿。"

第三章

蒙哥结亲　掌管部族

穿过兴安岭向西时，多的是藤蔓和参天大树，满地叶子。

忽必烈和蒙哥耐心地用叶子编成两件特别的斗篷，二人各自披在身上，他们觉得这个样子一定还很英武。

走了近十日，兄弟二人身上的伤都复原了，他们到了弘吉剌部。蒙哥未来的岳父波拿拉赤酋长一见这两个少年十分健硕，自然十分欣喜。

忽必烈说："波拿拉赤酋长，我兄长的坐骑叫汗血赤骝马，望您老人家笑纳。"波拿拉赤酋长很愉快地接受了，他向兄弟二人回赠两匹宝马，另外，还回赠两把宝刀。蒙哥和忽必烈都非常满意，更使蒙哥满意的是与他结亲的是刚健娴淑的波拿拉赤的女儿令改公主。令改公主也很喜欢蒙哥，三天之后，二人成了亲。

忽必烈也非常喜欢令改这个嫂子，但他更敬重波拿酋长的武功之才，他便认老酋长为师，暂时住在弘吉剌部，潜心习文尚武。在成吉思汗征服草原诸部、统一蒙古的过程中，弘吉剌部是归顺成吉思汗较早的部族。弘吉剌部是出美女的部族，所以成吉思汗有过"我的子孙要娶弘吉剌部的女人为妻"的话，他自己的斡耳朵里也曾有过数不清的弘吉剌部的女人。

忽必烈在弘吉剌部的日子是平静的。波拿族长很是喜欢蒙哥这个女婿，对他们兄弟俩整日嘘寒问暖，照顾得十分周到。二人除了白天领着弘吉剌部小伙子们练练骑射外，并无它事。到了晚上，蒙哥就迫不及待地跟令改公主缠绵去了，只剩下忽必烈寂寞地望着天上的星星，挂念着不儿罕山的娘亲。忽必烈几次催促哥哥回去，蒙哥都舍不得令改，敷衍道："回去也是衣食无着，你在这里又能习文，又能练武，过些天再说吧。"

波拿族长看出了忽必烈的心思。说实话，他对拖雷的这两个儿子，倒是更看中忽必烈一些。在上次弘吉剌部的射猎行动中，他示意由兄弟俩总领一切安排。结果，他不仅领略了蒙哥的猛悍，更是对忽必烈的沉着缜密的筹划赞不绝口。在射猎得胜的酒宴上，波拿族长曾高擎酒碗，大声叹道："伟大的太阳汗，伟大的成吉思汗，您把蒙古组成了一家，更是拥有蒙哥这样的勇士，拥有忽必烈这样足智多谋的子孙，何忧汗国不能万世兴盛！"

正由于弘吉剌部素有出美女的名声，故而免不了有一些其他部族的人常来骚扰、抢夺女人。弘吉剌部人口不多，在周围蔑儿乞惕等部族中，算是势力较弱的一支，波拿族长有心留住忽必烈兄弟二人，希望他们能护卫弘吉剌人的安全。波拿族长还没有想好怎样把自己的心思说给忽必烈听，就发生了一件事，让他死了这条心。

波拿族长的侄女玉罕是个漂亮的姑娘，今年刚满十六岁，高高的身材，大大的眼睛，是弘吉剌部的一朵鲜花，常有不少小伙子向她献媚示意，但玉罕心比天高，她发誓一定要嫁给一位大英雄。忽必烈兄弟二人在速不花处受到折磨、又顽强地逃脱的故事深深地打动了她，尤其是忽必烈的胸有成竹、沉着坚定，更是让她的内心充满了钦佩与爱慕。

一天，吃过晚饭后，玉罕见蒙哥一头扎进令改姐姐的帐内不再出来，她便悄悄地走向了忽必烈的蒙古包。忽必烈正仰面躺在草地上，望着繁星闪烁的夜空沉思，听见脚步声，便欲起身。

玉罕上前按住他的肩膀，问道："看什么哪，这么出神。"

"是玉罕呢，没什么，我正想去睡觉。"

"蒙哥有姐姐陪着，自然是早睡晚起，你一个人又着什么急？"玉罕打趣道。忽必烈笑笑，没有作声。

玉罕伏下身，紧挨着忽必烈坐下，又问："忽必烈，你为何不娶亲呢？"

忽必烈只觉得一个柔软、芳香的身体这么近地贴着自己，有些不好意思，他轻轻地向边上移动了一下。玉罕见他这样，调皮地笑道："怎么？怕我吃了你？"

忽必烈的脸有点发烧了。他已经是个大小伙子了，对异性的憧憬与好奇是早就有过的事了，见玉罕这么问，他有点心虚。

玉罕又问："你怎么不说话？连速不花的折磨都不怕的人，会怕我一个小姑娘？"忽必烈仍旧笑着，不说话。"我倒要看看，你是不是一个没长舌头的雄狮。"玉罕调笑着，弯下身子，俯在忽必烈胸前，露出了一口珠贝般的玉齿。

忽必烈看着晃在自己眼前的这张鲜活、灿烂的笑脸，嗅着玉罕散发的怡人体香，他不由得心跳不止，有些晕眩。

玉罕伸出两只小手，抚着忽必烈的脸颊，又问："那天射猎时，你面对扑上来的群狼都脸色不变，怎么现在脸倒发烫起来，是不是怕我吃了你？小心！我要吃掉你了。"说着，玉罕张开了红嫩的小嘴，吻上了忽必烈的脸颊，一边吻，一边还小鸟般用牙齿轻啄着。

忽必烈先是感到双颊一阵酥软，一阵痒痛，接着心如撞鹿，浑身的血像是沸腾了一般，他不由得张开了双臂，搂住了玉罕，同时也急促地回吻着她。

玉罕娇喘着，仰面倒下，把忽必烈搂到胸前，轻问道："你是雄鹰，可否在这里筑巢，你是雄狮，可否在这里停下脚步。"玉罕是说要忽必烈留在了弘吉剌，娶自己为妻。

被青春的情欲点燃的忽必烈沉浸在欢愉的亲吻中，还准备解开玉罕的衣袍，闻听此话，忙乱的手不由得停了下来。

玉罕睁开俊美的双眼，又问："你说话呀，能否答应我？"

忽必烈索性坐了起来，用手拍拍自己的头，静静地沉思起来。

玉罕的心里溢满了幸福，还期待着忽必烈的海誓山盟，却见他兀自坐了起来，不由得有些不悦："怎么？你不喜欢我？我还不够好看？"

忽必烈的心里正倒海翻江般地斗争着，他无法抗拒玉罕那鲜活、美丽的身体，可他更无法挣脱自己心中要发誓复仇、光大家族的信条，他怎么能留在弘吉剌部呢？他怎么能忘了远在不儿罕山受尽艰辛的母亲呢？他不能，而且要马上回去！

当玉罕向波拿族长哭诉忽必烈不喜欢自己时，忽必烈也想出了催蒙哥返家的办法。她知道令改嫂嫂通情达理，便把自己的想法告诉了嫂嫂，请她去劝劝蒙哥。令改公主深明大义，爽快地答应了。

令改美好的胴体使蒙哥暂时忘掉一切，几乎两年时间他都是沉浸在疯狂的肉欲之中，甚至波拿族长带领全族人出动大会猎，他都是紧紧地把令改抱在怀中。令改却不曾因爱与欲而沉溺，相反地，她却一天比一天沉默。

这种沉默，使蒙哥感到不安，在一次无声的做爱之后，蒙哥终于忍不住问："我可爱的公主，当我们新婚之初，每次我们欢好，你都热烈地呼叫，为何现在却半点声音都没有了，你甚至显得厌厌的，莫不是你已经不喜欢我了？"

令改没有回答，她只是紧紧地搂紧蒙哥，侧着脸儿，摇了摇头。蒙哥又继续追问："那为何？"好半晌，令改才幽幽地道："你一定要听我说吗？"蒙哥连忙说道："是的，好好告诉我吧。令改，只要你有什么心事，一定要说出来，如果不告诉我，那我们还算什么恩爱夫妻呢？"

这时，令改软软地叹了一口气说："就算是再恩爱的夫妻，也不是一天到晚搂着玩的，你是个堂堂男子汉大丈夫，难道除了这些，就没有别的事要做了吗。"

只是这一说，已使蒙哥倏然坐了起来，他讷讷地说："是，是的，爱妻所言极是。"令改对他嫣然一笑。少年夫妻十分恩爱，令改说："你父王拖雷是个人人敬仰的大英雄，而你现在却沦落得家在荒山，自己投奔他人，连累忽必烈也屈居在此处。说老实话，做你的妻子很难过。"

蒙哥脸上一红，跟着便俯下身来，压在令改酥软软的胸脯上，甜甜一笑："我可爱的令改，你已经一语惊醒梦中人，你的丈夫的确大器不成。可是，从明天起，你的丈夫却要因为你的鼓励而成为一个草原英雄。"令改听过之后，显然也充满了激动，紧紧拥吻着蒙哥。稍顷，蒙哥也狂叫起来。

次日上午，蒙哥和忽必烈跟波拿酋长告别，兄弟二人离开了弘吉剌部。速不扎目前拥有草原最大的部落之一，兄弟二人计筹一番，决定暂在他的营中历练带兵之术。二人拍马直奔速不扎营地。

速不扎望着蒙哥和忽必烈献过来的宝刀，摇一下头笑道："我的两个侄儿，你们简直就是天神化身，拖雷王爷在世也远不及你们兄弟二人威风。"

忽必烈苦笑道："我和我哥怎能和我父王相提并论，今日，咱们兄弟二人来投奔老元帅，母亲唆鲁禾帖尼还在不儿罕山以打猎为生，苦呀！"

速不扎摇一下头："不会的，侄儿。"速不扎说着神秘莫测地笑了笑。他崇敬忽必烈的先祖是一代天骄，是名扬草原的大英雄。现在，各部之间正进行无休止的部族征战，正所谓时势造英雄，谁能断定忽必烈不能一统天下呢。他的先祖次第削平群雄，统一各部，在他的授意下，创制了蒙古文字，发展了文化，颁布了大札萨。他非常练达，知人善任，不问出身，不计前仇，量才录用。速不扎望着忽必烈和蒙哥，他突然升起一种欲望，如果将他们留在这里多好啊。这里东经兴安岭与东北相连，西以阿尔泰山为界至中亚细亚，北自贝加尔湖一带直至西伯利亚，南越阴山山脉，到万里长城与宋金相连，西南与天山山脉、塔里木盆地毗邻的广大地域，这便是他们的属地。忽必烈记得蒙哥曾对他说起不论何时都要记住为家族复仇。眼前，尽管速不扎对他充满善意地微笑着，但他一点儿也不动心，只记得是来暂时寄人篱下的。蒙哥也是，任凭速不扎巧舌如簧，兄弟二人只是坚持暂住于此，绝不与速不扎攀亲。

忽必烈和蒙哥便在速不扎大营住了下来，起初，速不扎也不委他们什么职任，只是闲养似的让兄弟二人待在大营。忽必烈在速不扎大营有意识地寻访长者智者，特别是速不扎的军师兀朝晖给他讲了不少森林部落与草原部落的往事。忽必烈想起来都会热血沸腾。现在，他和蒙哥寄住在速不扎帐下，大丈夫有志难伸，令他时常喟然长叹。每当忽必烈叹息之时，蒙哥便劝他："咱们眼下能有一口饭吃，已经不错。"

"兄长，我们的家族已经有过辉煌的战绩，我们要为先祖争光才是，"忽必烈说，"眼下速不扎正是用人之际，也许是你我兄弟建功立业的机会到了。"

恰逢速不花来犯，千军万马发出地动山摇般的声响，突然向速不扎部袭来。

这次的袭击令速不扎措手不及，他急令亲眷各自乘马逃跑。忽必烈跋涉淹没膝盖的泥泞，通过难行的深山老林，登上不儿罕山隐藏了起来。掠夺速不扎家产的速不花得意忘形地扬鞭策马而去，听到速不花兵马离去的声音，忽必烈下山，正好看到速不扎捶胸顿足，仰天痛哭，正巧蒙哥和阿术也策马过来了，三人差不多是同声问速不扎是怎么回事，速不扎发誓道："巍峨的不儿罕山啊，你像保护虱子一样护了我，我实在惊恐不已，从此我每天早晨向你祈祷，每天祭祀你，子子孙孙永志不忘。"速不扎把腰带挂到脖子上，向着太阳行九拜礼，把奶酒洒向大地，向着九重天进行祈祷。速不扎认为腰带和帽子象征着个人的自由意志，因此解腰带脱帽冠以表示崇敬。在召开会议之时表示赞成者亦脱帽，速不扎老妻被速不花夺去，他被夺妻之恨所驱使，决意借助蒙哥、忽必烈、阿术这三个年轻人的力量复仇，于是，对三个人封官许愿。

阿术是札答兰氏族出身，同忽必烈一样有神话般的祖先孛端察儿，因而与忽必烈有血缘关系，忽必烈儿时曾与阿术一块铸髀石，阿术曾把一个钻孔大鹿角骨箭头送给忽必烈，他们在斡难河的冰层上投掷玩耍，建立了兄弟情谊，阿术家也能算得上一个贵族，二人英雄惜英雄。在皓月之夜，二人互相拥抱，发誓一定要干一番大事。速不扎此次命他们和蒙哥一起分兵去袭速不花，他们决定突击。

忽必烈、阿术、蒙哥率军进抵勤勒豁河畔，乘夜暗扎结木筏渡河。

蒙哥第一个领兵冲进速不花阵营，忽必烈和阿术二人也争先恐后领兵紧紧跟在蒙哥后面，一番血战，速不花落荒而逃，仅以身免，沿薛凉格河逃往巴儿忽真峡谷去了。速不扎老妻幸被留下。速不扎大喊着她的名字，追击逃敌，随即在一辆准备逃跑的车中发现了她。她此时正侧耳倾听速不扎呼唤，忙下车奔来。速不扎欣喜之极，夫妻团圆。

此战获得许多重要战利品自不必说，速不扎还把速不花所部及三百多名蔑儿乞惕人，连同其子孙全部斩尽杀绝，其余的妇女、孩子，可做妻室的做妻室，可做奴隶的带回各自的蒙古包做了奴隶。战争以速不花惨败告终，留下了两个悲剧。其一是速不花的儿子认为羞愧难当，带几名俘虏逃进密林，继而不知去向。比这事更麻烦的是速不扎老妻疯了，人们都以为她是被别的男人用过的人。速不扎受不了这样的打击，因为他爱他的老妻，他也疯了，也像他老妻一样跳舞狂歌。

"我要执掌这支军队。"蒙哥见到速不扎疯狂的样子说道。"大哥，这不是夺权吗？"忽必烈显得举棋不定。"这确实是一个很好的时机，"阿术说，"既然主帅因一个老妇人而失智，以后怎能领兵打仗？"

"所以我才要接过帅印。"蒙哥的眼中露出凶光。"我和阿术应当为大哥当左右先锋，"忽必烈说，"不过，就怕我和阿术年少，会有人认为少不更事。"

"如果计划成功，我要把速不扎老帅人马调整一番，不然的话，他们不光认为你们少不更事，还会认为我无功受禄。事实上此役是靠咱们三人拼杀才胜的。"

"是这样的，"忽必烈说，"我和阿术将尽全力支持大哥。"

蒙哥怀着夺权的野心去见速不扎，未料到速不扎却说："蒙哥啊，我们靠山下马驻下来吧，牧马者寻草喂马，我们依水下马驻下吧，好让牧羊人找水解渴。"

蒙哥听了，不晓此话含意，静悄悄地沉默着，请教忽必烈和阿术这是什么意思，但在二人未回答之前，他幡然悟道："人们说速不扎喜新厌旧，现在大概是讨厌我们了。恐怕他要加害我们，我们不能下马宿营，最好离他远些。弟兄们，我们连夜起程吧。"忽必烈和阿术认为蒙哥的话有理，没有宿营，连夜前进。途中，三人经过泰亦赤兀惕部，当夜逃往母亲的住处。

既然蒙哥误会速不扎离去，他便和忽必烈还有阿术三人回到了自己的家，在一次众人集会之上，蒙哥向苍天祈祷，在恍惚之中暗示神的旨意说，我们是神圣的孛端察儿娶的姑娘所生，我们的祖先与速不扎的祖先本是同一个，是一胎所生，我们没有离开速不扎，我是传达神的旨意，我亲眼看到一头健美的乳牛告诉速不扎，经天神示意，权卫降旨，要蒙哥我为王，君临国土。这是神旨，不可违。

阿术听蒙哥如此自吹自擂，不服气地对忽必烈说："忽必烈安答，我宁愿保你为王，让你君临国土。"忽必烈说："不可，蒙哥是我兄长，我要保他为王。"

"神旨不能违背，"阿术说，"那我也请来神谕，如何？"

"这都是定数，"忽必烈说，"我们家族能有蒙哥为王，足矣。"

蒙哥果然当仁不让地成为部族联合之长，但这并不是所有人的心愿，也不是所有的人都衷心拥护，他们只是打算把年轻的蒙哥推上来，当作一把随时可以挥舞的剑。

蒙哥的誓言极其鼓舞人心，他们对蒙哥说："做了我们的头领，到战场上我们率先突入敌阵，掠来的美女和异邦容颜美丽的女犯以及优良的马匹都献给您，蒙哥！出场打猎之时，猎得的狩猎物连肠带肚包括心都裹起来献给您，若是在山峰之上猎得猎物连腿带肉都包起来献给您。

战时如果违背了您的命令，您可以拆散我们的妻室，割下我们的头颅，抛弃在大地之上。如果平时不遵守协议而破坏了它，您可以把我们的家属发落到人烟绝迹之地。"

在这里把游牧国家战时、平时的君臣关系，用朴素的语言说明一番，真是感人。蒙哥既被立为族长，便在忽必烈议奏之下筹建斡耳朵制度。箭筒士揣带箭筒，在蒙哥大帐四周值勤。巴鲁乞、保尔兀儿臣、司厨，早晚供应蒙哥膳食。还有牧马、牧羊之人，负责放牧管理骟马。

扯儿必监督帐内人事及驻地动静情况。带刀士从事警戒，还有阿朵乞掌管放牧管理马群。指挥远箭手，像箭矢一样随时指挥去征讨去巡营。最后，忽必烈和阿术说到自己头上的事，蒙哥说："你们俩，在我除了影子没有兵马之时，你们成了影子安抚我，我永远不忘。你们二人始终跟着我。"

拖雷一系的族人们总算有了盼头，拖雷的儿子们终于长大了，终于有了保护他们的能力。草原上的人们崇尚勇猛，而蒙哥不但打仗一马当先，而且面黑体壮，吃肉喝酒都豪爽异常，很得族人的尊重。

族人们渐渐地对蒙哥服从了。

窝阔台汗一直忙着征宋抗金，草原上倒也没什么风波再起。忽必烈和蒙哥除了有时抵抗一下游牧来犯的小股人马之外，就是习武，日子过得还算平静。

族里有一个马夫叫赤剌台，四十多岁，妻子早年病故，他日夜思念妻子，身体每况愈下。忽必烈见他一人带着十五岁的女儿云珠过日子，很是艰难，便让他专门负责给蒙哥和他喂马，算是照顾他。而且忽必烈听说赤剌台的妻舅是速不花手下的一个头目，忽必烈知道自己的羽翼未丰，不想把速不花得罪，对赤剌台的照顾也有点这个因素。

赤剌台是个耿介直爽的汉子，为人豪放，对令他佩服的人一腔热血，而对他看不起的人则是嫉恶如仇。忽必烈对他好他记在心上，而且忽必烈的母亲也心疼云珠从小没了娘，常给云珠缝缝补补，所以赤剌台对忽必烈一家是感恩戴德。

赤剌台有个毛病是嗜酒如命，而且常常是喝到一醉方休。有一天他又喝醉了，蒙哥吩咐他备马出去，他没有反应。蒙哥当时很生气，抢起马鞭抽了他一下。被鞭子抽醒后的他自知是自己失职理亏，就忍了下

来，没有反抗。但从此他便对蒙哥有了看法，尤其是蒙哥对部族的任何人都颐指气使，赤剌台很是看不惯。

就在赤剌台半醉半醒地过着日子时，他的女儿云珠悄然长大了。

云珠出落得是千娇百媚，高挑的身材，纤细的腰肢，乌黑的长发，大大的明眸，尤其是那丰满的胸脯，无不迸放着一股青春鲜活的气息。云珠性情温婉，不善言语，平时除了做些家务，便是到忽必烈的母亲那里做点针线活。整个族里的人都夸云珠是个好姑娘，而年轻小伙子们也都睁大了眼睛，想找机会跟云珠拉上关系。

赤剌台自然知道姑娘长大了，也知道那些小伙子们为何常请他喝酒。但云珠是他的眼珠子、心头肉，他当然不能轻易地把姑娘嫁出去，他准备给女儿找个好婆家。

有天晚上，赤剌台破例没有喝酒。他把云珠叫到身边，抚着女儿的长发道："云珠，你有着灵鹿般轻盈的身体，有着天上星星般明亮的眼睛，你可看清了谁是值得你依靠的心上人？"

云珠的两颊飞上了两片红云："父亲嫌我多余了？"

"哪儿呀，我巴不得你在我身边侍奉我呢。"

"那云珠就侍奉您一辈子。"

赤剌台笑道："混话，哪有女儿不出嫁的。你若没有心上人，父亲为你选一个。"

云珠身子一扭："不，我不离开父亲，我走了，谁给父亲洗衣做饭？"

"我还不老，自己能行。前几天你舅父来过，他说速不花的儿子威猛无比听说了你的名字，想娶你哪。"

云珠开始时以为父亲只是随便说说而已，没想到父亲已有了人选，云珠急了，忙道："父亲，云珠不嫁。"

"不行！"赤剌台有点生气了，都怪自己平日太娇宠她了，一点儿也不听话。

"父亲，云珠不离开我们部族。"

"那……部族中，难道你相中什么人了？"云珠怕父亲真把自己许给速不花的儿子，索性点了点头。

赤剌台欣喜地追问道："是谁？"

"是忽必烈！"云珠情急之下，脱口而出。

"忽必烈？"

赤剌台先是吃惊，继而笑道："好！忽必烈是个好人，讲义气，讲道理，不错。"

赤剌台这才明白女儿为什么总是喜欢去唆鲁禾帖尼那里，原来是心里有了忽必烈。他高兴女儿有眼光，选中了草原上最最通情达理而又不失刚猛的雄鹰，他在帐内来回走了几圈，又停住，疑惑地问："忽必烈也喜欢你吗？"

云珠总是到唆鲁禾帖尼那里，开始是因为她在那里感受到了她从小便失去的母爱，后来，随着跟这个家庭的交往，她发现唆鲁禾帖尼很听她的二儿子忽必烈的话。她曾问过唆鲁禾帖尼这个问题，唆鲁禾帖尼便把忽必烈小时候的一些事讲给她听，讲毕，又道："我的这个儿子刚猛赛过草原上的雄狮，论心智，那机敏的羚羊也比不过。"

自此以后，云珠便开始注意起了忽必烈，并渐渐地喜欢上了他。但云珠素来内向，不善言辞，再加上偷偷地爱上了他，所以每逢忽必烈跟她说话的时候，她都是心如鹿撞，张口结舌，无法自然地交谈。每逢这种时候，忽必烈总是伸出大手，抚摸她的头道："云珠，你太胆小了，简直像只玉兔一样。"

忽必烈对她的抚摸，总能让她的头火辣辣地烧上几天，刚退去热潮，便又会发生一次。后来，云珠见忽必烈总戏称自己是一只胆小的玉兔，便把父亲猎得的野兔皮收起来，精心地给忽必烈缝制了一副手套，她想把这副手套送给他，借此来表达自己对他的爱慕，同时也暗喻自己就是一只玉兔，把自己送给他。

那个晚上，当她忐忑地拿着手套走进唆鲁禾帖尼的帐内时，正逢忽必烈独自躺在毛毯上睡觉。她有些迟疑是走还是留：想走，可忽必烈强壮的身体闯入眼帘，不舍得离开；想留，又怕忽必烈醒来，无法应对。正犹豫着，阿里不哥走了进来。

云珠忙问："阿里不哥，你母亲呢？"

阿里不哥坐在毛毯上回道："去邻家了。"

云珠转身欲走，忽必烈醒了："云珠，有事么？"

"没……没事，我……"

云珠又无法说出完整的一句话了，她扫了一眼忽必烈英武的面孔，低下了头，又抬起头，摇了摇手中的兔皮手套。

阿里不哥见了，一跃而起，伸手拿过手套，问："云珠姐姐，这可是送给我的？"

云珠搓着衣角，点点头，又摇摇头，不知怎样回答。

忽必烈笑道："那就谢谢你了，还有什么事吗？"

云珠点点头，又马上摇摇头，跑出了大帐。

一路上她的泪水止不住流，她不怪忽必烈不解她的情谊，只怪自己没有胆量向他倾诉衷肠。面对父亲的问话，她无法回答，她从没问过忽必烈是否喜欢自己。

赤刺台见女儿不说话，眼泪却流了下来，忙道："别急，明天我去问忽必烈就是了。"

"不！我自己去问，您不要管。"

"好！不管，我不管。"赤刺台高兴地笑了，笑得那么开心。

可谁知第二天晚上，等着她的是一个晴空霹雳！第二天晚上的天有点阴沉沉的，云珠收拾完家务，早早地准备休息了。可赤刺台心里有事存不住。他捺不住性子问女儿：

"你今天去问忽必烈了吗？"

"没有。"

"那还不快去。"

云珠嘟囔道："你没见天要下雨了。"

"快去吧，早知道信儿，我早点心安，快去。"在赤刺台的催促下，云珠只得慢腾腾地起身，走出了蒙古包。到了帐外，天就开始下起了小雨、黑得伸手不见五指。云珠迟疑了一下，想回去，又烦父亲的唠叨，只得冒雨向唆鲁禾帖尼的大帐走去。

唆鲁禾帖尼是拖雷王爷的正妻，她的蒙古包自然较常人的华丽、宽大些。云珠来到帐外，只见里边悄无声息，门帘边上透出了几缕微弱的灯光。云珠知道唆鲁禾帖尼不会睡这么早，想必是在做针线活儿呢。

云珠撩帘儿进去，见整个蒙古包内只有蒙哥一人，他正坐在木案边喝酒呢。云珠见唆鲁禾帖尼没在，忽必烈也不见踪影，她跟蒙哥打了声招呼，转身想走。

蒙哥喝了不少酒，已有了几分醉意，昏暗的灯光下，见云珠走了进来，他使劲睁开眼睛，只见被雨水淋湿的衣袍下，云珠凹凸有致的身子纤美极了。他不由得说道："云珠，坐一会儿吧，我母亲带阿里不哥出去了，马上会回来的。"

云珠顿了顿，想说什么，又闭上嘴，听话地坐在案边。"外边下雨了，天挺冷的，你喝些酒暖暖身子吧。"

云珠低着头，摇摇手，表示不喝。蒙哥笑道："好一个羞怯的丫头！抬起头来，喝一杯。"一向温顺的云珠抬起头来，接过酒杯，喝了下去。

喝了酒的云珠，脸颊上飞起了两朵红霞，大眼睛忽闪着，抿了抿鲜红的嘴唇，又低下了头。蒙哥凝视着眼前这个娇弱俊美的女孩，有些把持不住了。他整天东打西杀，没留意自己的部族中竟有如此艳丽的女孩。他不由自主地拉住云珠的手，道："看你的手多凉，脱掉湿衣服烤一烤吧。"

云珠依旧摇着头。蒙哥提高声调："你怎么不说话？我让你脱掉外衣。"

云珠抬头看了看面目红赤的蒙哥，心里掠过一丝惊恐，她仿佛感到了什么。欲站起身回家去。"坐下！"蒙哥使劲一拉，把云珠又拽到大案边。云珠没坐稳，在蒙哥的拉扯下，身子一歪，倒在了蒙哥的怀里。

不期然怀里有了一个美貌的女子，蒙哥不由自主地伸出双臂搂住了云珠。云珠满脸通红，挣扎着欲站起身来。蒙哥笑了："云珠长大了，长成大姑娘了。"

边说，边用嘴去亲吻着云珠红润、娇嫩的脸蛋儿。云珠有些急了，她撕扯着，愤道："你太放肆了，让我回家！"

蒙哥脸一沉："怎么，你敢骂部族的主公？小姑娘，我看你不听话。"

蒙哥一边说，一边用手撕开了云珠的衣襟，云珠丰满的乳房颤动着跃入了蒙哥的眼帘。蒙哥只觉得浑身燥热，血脉贲张，他再也忍不住了，一边用手揉捏着，一边把云珠压在了身下……

赤剌台见女儿去了很久仍不回来，又见天在下雨，有些担心，便准备去找女儿回来。他刚出家门，便见女儿一路小跑着回来了。女儿进到帐中，一头栽倒在毛毡上，痛哭起来。

忽必烈传

HUBILIEZHUAN

　　赤刺台见状，急忙上前问道："怎么？忽必烈不喜欢你？"云珠一边哭，一边摇头。赤刺台又问："那他不想娶你？"云珠又摇摇头。"到底是怎么了，你说话呀！"云珠抬起身，指了指自己被撕扯坏的衣襟。

　　赤刺台一见，就明白了，他急道："他糟蹋了你？"云珠抽泣着："是蒙哥，他……他欺负了我。"赤刺台站起身，抓起一把刀，就要冲出去。

　　云珠一把抱住父亲的双腿，哭道："不要去，父亲，他是部族首领，你斗不过他。"

　　赤刺台在女儿的劝阻下，心境稍微平静了下来。他安慰着女儿睡下后，自己打算明天去找唆鲁禾帖尼，把这件事告诉她，要让她把女儿娶过去，蒙哥不能白糟蹋了云珠。云珠嫁给蒙哥也不错，虽然他没忽必烈好。第二天清晨，赤刺台醒来后，不见女儿忙碌着烧饭的身影，也没什么动静，他走出蒙古包一看，不由得大叫一声，昏厥在地。

　　云珠用一根带子把自己挂在了马厩里！

　　赤刺台在部族亲友的帮助下，掩埋了女儿。他在女儿死后的一段日子里沉默着，没有说过一句话，他的心里在酝酿着一件报仇的大事。

　　唆鲁禾帖尼不知事情的真相，只是尽力在生活上帮助他，忽必烈也常宽慰他几句，而罪魁祸首蒙哥却一直没有露面。蒙哥在听闻云珠被自己奸污后上吊自尽了，心里着实忐忑了一阵子。他倒不是怕赤刺台会跟自己大打出手，他自信自己的力气，他只是怕母亲会责骂他，怕部族人会看不起他，也怕妻子令改公主不高兴。他知道那天是自己喝多了酒，也怪那姑娘长得太可人儿了。后来，见没有什么动静，他便猜测云珠没把这事告诉任何人，他放心了，也把这事放在了脑后。

　　就在云珠死后一个月的一天夜里，速不花的一干人马偷袭了蒙哥部族，掳走了不少的马匹和衣物，还放火点着了蒙哥的大帐。等忽必烈他们赶来时，速不花一伙儿仗着人多势众，依旧是得胜而去。有人在夜幕中看见了赤刺台的身影，是他带路把速不花的人马引到了蒙哥的帐前。

第四章

争夺汗位　蒙哥上台

蒙哥知道这是赤剌台在为云珠向自己复仇。他只能多派人马，日夜巡视封地，加强警戒。蒙哥有了想离开母亲出去闯荡一下的念头。

忽必烈母子几人在纷乱的征战中，艰难地生存着。忽必烈愈来愈感觉到手中没有军队的日子太难熬了，有一天，他把自己的感受跟蒙哥说了，蒙哥也颇有同感，马上备好了食物，与母亲告别，踏上了追随窝阔台汗的征程。

唆鲁禾帖尼明白儿子的举动是正确的，是明智的，但她又难免为儿子担忧。在蒙哥走后的一段日子里，她整日以泪洗面，不思茶饭。忽必烈看在眼里，急在心上。吃罢晚饭，他坐在了母亲面前，温婉地道："母亲，哥哥会照料好自己的。"

唆鲁禾帖尼红着眼圈道："你父亲刚刚故去不久，族人都对我们这一系的财物部民虎视眈眈，我更担心的是他们的蓄意欺负呀。"

忽必烈笑道："量他们不敢明目张胆地打压忠于窝阔台汗的人。再说，哥哥日后手中掌握了军队，咱们的境况会日益好转的。"

唆鲁禾帖尼的泪水又流了下来。

忽必烈示意旭烈兀和阿里不哥出去，自己坐在母亲面前，"母亲，我已成人，我明白你的心。父亲死得很英勇，很值得，他为我们这一系争来了忠臣的荣誉，这在大蒙古国内钩心斗角的环境中很重要，这是我们兄弟同母亲的护身符，母亲尽可放心我们这系今后的安危。"

唆鲁禾帖尼抬头看了看忽必烈，叹道："你们兄弟四人，只有你真的明白我的担忧，你父亲的死因……"忽必烈赶紧打断母亲的话："母亲勿言。"起身走到帐外，巡视一番，又回来坐定，盯着母亲的眼睛坚定地说："母亲的意思我明白，而且已经有人在怀疑父亲是死于他人陷

害之手，我向您保证一定会有水落石出的一天，但恳请您再不要提起，会惹大祸的。"

唆鲁禾帖尼抚了抚忽必烈的肩头，点头道："孩子，你是我的主心骨儿，以后有事多给我出出主意。蒙哥执意要随窝阔台汗去争战，你怎么看？"

忽必烈道："我们有忠臣的'护身符'，不会有事的。是骏马就要奔驰在草原，是勇士就要拼杀在战场，蒙哥和我都应该在战场上去得到历练。""可是，我担心……"

"不仅是得到经验，而且会逐渐掌握军队，会逐渐赢得人心与声望。"忽必烈向母亲点了点头。唆鲁禾帖尼看着忽必烈闪射着坚毅目光的双眸，终于轻舒了一口郁闷在心头许久的忧虑。

一天晚上，当唆鲁禾帖尼正与几个儿子吃饭的时候，来了一位窝阔台汗的使者。使者向她递上了大汗的诏书，诏书中要求唆鲁禾帖尼嫁给他的大儿子贵由。

蒙古族有一个古老的习惯，当家族中的已婚男子死后，为了使其遗孀不受孤独及无法养家，可以由该家族中的其他男性再迎娶其遗孀，这种男性可以是丈夫的兄弟，也可以是丈夫的侄辈。窝阔台让唆鲁禾帖尼改嫁给自己的儿子贵由，一可以显示他遵从习俗，照料弟妻的一面，二也可以使拖雷一系的财产不至流落到他人手中，可谓周到至极了。

唆鲁禾帖尼接过诏书后，先看看回来探望她的蒙哥，蒙哥低下了头，回避了母亲的问询的眼神，唆鲁禾帖尼又看了看忽必烈，忽必烈没有说话，只是紧攥着拳头，把牙咬得吱吱直响，两眼直逼着母亲的脸。唆鲁禾帖尼向忽必烈轻轻地点了一下头，转向使者道："我怎么敢违背诏书呢？但我一定要把拖雷的四个儿子养大成人，我心里早已向拖雷做过了保证。拖雷死得很伟大，很有意义，我怎么可以离开他的孩子而去呢？请向窝阔台汗转达我的意思。"

唆鲁禾帖尼为了更好地教育自己的孩子们，不让孩子们在精神上受到任何伤害，于是便很有礼貌地拒绝了窝阔台的提议。这件事，提高了唆鲁禾帖尼的声誉，被蒙古人看成是高出成吉思汗母亲诃额仑的伟大女性。忽必烈兄弟们也很受感动，对自己的母亲更加尊敬了。

贵由得知唆鲁禾帖尼的回话后，未予坚持，窝阔台也只好作罢。

夜已很深了，唆鲁禾帖尼仍坐在蒙古包外，凝视着高悬在夜空的明月，无法入眠。忽必烈悄然坐在母亲面前，陪母亲沉浸在复杂的心绪中，良久无语。"多美的夜色啊，多少个夜晚，我都是守坐在帐外，一边听着你们四个睡觉的鼾声，一边盼着你的父亲归来。"

"父亲顾及蒙古大局，他将永远被善良的人所怀念。"

"是啊，可是他先走了，真不知我还能扛多久，不知还有什么事会发生。""我会跟母亲一起承担的。我推想，不久就会有别的事情发生的，母亲，只要我们能忍下一时，待来日我和蒙哥闯下一番天地之后，就会雨过天晴了。"

果如忽必烈所言。不久，窝阔台与宗亲商量，擅自下诏把原来属于拖雷的迷勒都思部落中的两千人军队赐给了自己的儿子阔端。拖雷部属的首领们愤愤不平，纷纷诉于唆鲁禾帖尼说："这两千迷勒都思人军队，按照成吉思汗的诏敕是属于我们的，而合罕把他们给了阔端，我们怎能允许此事发生，违背成吉思汗的诏令呢？我们要把此事禀告于合罕陛下！"唆鲁禾帖尼从大局出发，也从保护自己孩子的角度出发，劝慰这些首领们说："你们的话是公正的。但是，我们继承的和自己取得的财产之中并无不足，什么也不缺；军队和我们，同样全都是合罕的，他知道他在做什么，我们要服从他的命令。"各位首领听了这话，默默地点了点头。唆鲁禾帖尼以其绝顶的聪明和才智，维护了窝阔台的权威和宗亲们的团结，也保全了自己及忽必烈等儿子们。

忽必烈就是在这种动荡年代懂得了隐身和积蓄力量，同时也变得更加成熟了。

窝阔台在位时，"曾选定脱列哥那哈敦（即乃马真皇后）所生的第三个儿子阔出为大位的继承者和皇太子"。可阔出没有继承汗位的福气，1236年死于征宋军中。窝阔台由于特别喜爱阔出，就把阔出的长子失烈门抱养在自己的大帐中，并有意将汗位传给他，曾说过"失烈门将成为大位的继承者和他的继任人"。

窝阔台死后，由其遗孀脱列哥那权任监国。脱列哥那想改变窝阔台的遗愿，废黜失烈门，改由自己的长子贵由继位。

贵由曾在蒙古第二次西征期间的一次庆功宴会上同西征统帅拔都发生争执，结下了仇怨。

拔都是术赤次子，钦察汗国的创建人，很有势力。由于他的抵制，选举大汗的忽里台迟迟不能召开。

1246年，脱列哥那在没有拔都与会的形势下，强行召开忽里台。

史书中没有明确记载忽必烈是否参加了这次会议，但据"唆鲁禾帖尼和她的儿子们最先到达"等记载分析，忽必烈和兄长蒙哥等都参加了这次会议。

会上，争夺汗位的斗争十分激烈，有人提出，失烈门曾是窝阔台生前指定的继承人，应该继承大位。也有人提出，成吉思汗曾一度提到窝阔台次子阔端可为汗位继承人，主张选举阔端为汗。由于脱列哥那主持和操纵大会，最后宗王们以失烈门年幼、阔端体弱多病而予以否定，强行通过了选举贵由为汗的决定。

忽必烈与母亲、兄弟参加了这次大会，虽然也表示支持贵由为汗，但终于看到了前任大汗所指定的继承人可以不算数这一事实，又激起了他（她）们争夺汗位的念头。

本来，拖雷是有权继承汗位的。如果拖雷继承汗位，忽必烈和蒙哥也就有了继承汗位的权力。结果，汗位转到窝阔台一系手中。忽必烈母子眼睁睁地看着贵由登上大汗之位，心里很不好受。在大会争夺汗位的斗争中，他们浮想联翩，对拖雷之死也渐渐产生了怀疑。

会后，唆鲁禾帖尼决心帮助自己的儿子蒙哥夺取大汗之位，忽必烈也表示热烈支持。

为了达到这一目的，唆鲁禾帖尼决定利用拔都和贵由的矛盾，进一步拉拢拔都，以壮大自己的势力。

贵由即位之后，对敢于公开无视大汗权威的拔都恨之入骨，决心予以铲除。1248年春，贵由以蒙古本土和林（今蒙古鄂尔浑河上游东岸哈尔和林）的气候不宜疗养自己的疾病为由，要去原来的封地叶密立（今新疆额敏）养病，实际上是想偷袭拔都。

唆鲁禾帖尼知道他的仓促出行，并非别无用意。她便暗中派遣一个急使去对拔都说："请做好准备，贵由汗已率领大军向你们那边推进。"

拔都接到密报，对贵由恨之入骨，立即整顿军队东来迎敌。

三月，贵由来到横相乙儿之地（今新疆青河东南），"这时他的大限已到，没有给他从那里再往前走的时间，他就死去了"。人们一直以为贵由病死，但《鲁不鲁乞东游记》（又译作《卢布鲁克行记》）却记载了这样两种传说："关于贵由之死，我未能获悉任何明确的说法。安德鲁修士说，他是由于服用了给他的某些药而死去的，一般怀疑这是拔都干的。但是，我听到的却是另一个故事。贵由曾经召拔都前来朝见，以对他表示臣服，拔都当即举行了盛大的仪式，启程出发。然而，拔都和他的部下非常害怕，因此派他的一个名叫思梯坎（即昔班）的兄弟先行。当思梯坎到达贵由那里，并且正要向他献盏时，发生了争吵，他们两人互相把对方杀死了。"看来，贵由是死于拔都之手。

由于唆鲁禾帖尼给拔都送去了密信，拔都特别感激唆鲁禾帖尼及其儿子蒙哥、忽必烈等人，认为她（他）们是对自己最好的人。为了报答她（他）们的"恩情"，贵由死后，拔都就主张立蒙哥为汗。他以长兄身份召集诸王到钦察汗国东境的阿脱忽剌兀召开忽里台，选举新汗。窝阔台系和察合台系诸王反对选举蒙哥为汗，以会议不在蒙古本土举行为理由，拒绝参加会议。他们只派八剌和帖木儿作为代表，观察会议动向并记录会议结果。

拔都在术赤和拖雷两系诸王到会的形势下，提议选举蒙哥为大汗。八剌当场反对说："窝阔台合罕曾经决定以其孙失烈门为汗位继承人，这是大家都知道的事。如今失烈门仍然健在，却又另选他人，将置窝阔台汗的遗命于何地？"声色俱厉地指责众人违背了窝阔台汗的意旨。

忽必烈与庶弟木哥听了这话，立即反驳说："窝阔台合罕的意旨，谁敢违犯？然而，前此立贵由为汗，就是脱列哥那与你们违背合罕的意旨干出来的。要说违背合罕的遗命，首先是你们，你们还能归罪于谁呢？"

拔都又进一步揭露贵由的罪状，说他违背札撒，不听取诸兄弟意见，而擅自杀害了成吉思汗的幼女按塔仑，因此，汗位不应再属于他们。兀良合台也说蒙哥"聪明睿智，尽人皆知"，主张推选蒙哥为汗。于是，大会通过了选举蒙哥为汗的决定。按照蒙古传统惯例，诸亲王不到会，选汗不能算数。为了让窝阔台系和察合台系诸王心服口服，拔都又决定来年在蒙古本土重新召开忽里台。窝阔台系和察合台系诸王再次抵制，拒不参加会议。这样，选汗大会又拖延了两年。

1251年夏，拔都不顾窝阔台系和察合台系诸王的反对，在蒙古本

第四章 争夺汗位 蒙哥上台

忽必烈传

土的怯绿连河（克鲁伦河）和斡难河（鄂嫩河）河源的阔帖兀阿阑地方强行召开大会。拔都因为有病，不能亲自与会，特委托其弟别儿哥主持大会。

大会在术赤系和拖雷系诸王及一部分窝阔台系和察合台系诸王参加的情况下，按期举行。别儿哥让忽必烈坐在大会会场，"并让全体都听从忽必烈的话"。又让忽必烈的异母弟末哥站在门旁守卫，让忽必烈的同母弟旭烈兀"站在司膳和卫士们前面，不让任何人说出或听到不适当的话"。在别儿哥的精心安排和忽必烈等人的帮助下，蒙哥顺利地登上了大汗的宝座。按照惯例，新汗被推选出来以后，全体参加者要欢宴庆祝，于是，宗王们兴高采烈地饮宴起来。

这次大会，窝阔台的孙子失烈门（阔出之子）、脑忽（贵由之子）、忽秃黑（合剌察儿之子）没有参加。选举大汗以后，他们三人率领军队赶来，企图以祝贺为名，在诸王欢宴时袭击杀死蒙哥。

就在失烈门他们向蒙哥汗逼近的时候，蒙哥汗的鹰夫克薛杰因为丢失了一头骆驼，到处寻找，遇上了失烈门他们的军队和马群，在帮助一个儿童修车的时候，发现了车中的武器和军事装备，了解到了失烈门他们的阴谋。然后飞驰赶回，向蒙哥汇报了这一消息。

蒙哥得知这一消息，急忙派遣大将忙哥撒儿领兵三千出迎，出其不意，逮捕失烈门、脑忽、忽秃黑三王及其所率领的叛军叛将。在如何处理这些政敌的问题上，蒙哥一时拿不定主意，耐心征询大臣们的意见，当他征求到马合木·牙剌洼赤的时候，马合木·牙剌洼赤为他讲了一个故事。马合木·牙剌洼赤说："当马其顿王亚历山大征服了世界上大部分国家时，他的大臣和贵族们纷纷要求独立自主，不愿听从他的指挥和调动。亚历山大没有办法，就派使者去问亚里士多德。亚里士多德领着使者来到花园，吩咐人们把根大而深的树挖掉，然后种上一些弱小的树。别的什么也没有说。使者回来以后说，亚里士多德什么也没有回答。亚历山大问使者看到什么没有？使者就把上述之事重复一遍。亚历山大听后，高兴地说，亚里士多德已经给了回答，而你却不懂得。于是，亚历山大处死了那些专横跋扈的豪强，而将自己的儿子安排到他们的位置上。"

蒙哥听了这个故事，恍然大悟，立即处死叛乱首领七十七人。接着又处死了贵由汗皇后斡兀立海迷失及贵由亲信大臣镇海等人，将失烈门等三王发配军前效力，巩固了自己的汗位。在忽必烈等人的帮助下，蒙哥终于夺得和巩固了汗位。从此，汗位转到拖雷一系手中。

1251 年 6 月，蒙哥登上蒙古国汗位。接着，幸运之神又随之降临，忽必烈奉汗兄之命担起了总领漠南的重任。

总领漠南期间，忽必烈在延请四方文学之士的基础上，形成了一个号称"金莲川幕府"的谋臣侍从集团。这个谋臣侍从集团，对忽必烈总领漠南乃至以后打造元帝国的人生历程，产生了重大的推动作用。

"金莲川幕府"，其名源自于忽必烈奉命总领漠南军国庶务后的驻牧开府地点。该驻牧地在原金桓州附近的金莲川。

此地因夏季盛开美丽的金莲花，金世宗时由曷里浒东川易名为金莲川。这批藩邸谋臣侍从随而被称为"金莲川幕府"。

幕府侍臣有：刘秉忠、赵璧、王鹗、张德辉、张文谦、窦默、姚枢、许国桢、郝经、许衡、廉希宪、商挺、刘肃、宋子贞、王恂、李昶、徐世隆、李德辉、张易、马亨、赵良弼、赵炳、张惠、李冶、杨奂等。

这些人都是中州精英和贤能智士。他们大部分是较长时间留在漠北或漠南金莲川藩邸，一小部分汉地名士或因年迈即召即归，并不久留。他们地域种族各异，技能职业有别，学术派别林立，志趣主张也大多不同。他们大体可分为邢州术数家群、理学家群、金源文学群、经邦理财群、宗教僧侣群及王府宿卫群等若干群体。他们分别从自己的学术志趣出发，阐扬各自的政治思想，希望为忽必烈所采用，竭力在总领漠南的施政中留下一些属于己方主张的印痕。

邢州术数家群，这一群体的领袖是刘秉忠，成员主要有王恂、张文谦、张易、马亨等。

刘秉忠是邢州邢台人，于 1242 年随禅宗海云法师北上拜见忽必烈，留守于漠北。

刘秉忠学贯于儒、佛、道三教，尤其是"通晓音律，精算数，善推步，仰观占候，六壬遁甲，《易经》象数，《皇极邵氏》之书，无所不知"。

刘秉忠不仅"学术通神明，机算若龟策"，而且娴熟治国之道。到

漠北之初，刘秉忠曾经屡次上书献策，"皆尊王庇民之事"。但忽必烈最欣赏的是其"阴阳术数之精，占事知来，若合符契"，而且有所谓"唯朕知之，他人不得与闻"的神秘约定。

据说，刘秉忠与忽必烈"情好日密，话必夜阑，如鱼得水，如虎在山"，这也是其他藩府旧臣无法企及的。

王恂是中山安喜（今属河北定州）人，曾经拜学刘秉忠于邢州紫金山。以算术而闻名在藩府担任太子伴读。

张文谦是邢州沙河（今河北沙河）人，与刘秉忠自幼是同窗好友，"年相若，志相得"，早年受刘秉忠的影响，"洞究术数"。

此后，又与许衡等交结，潜心义理之学。他被忽必烈"擢置侍从之列"，司教令笺奏，日见信任。

邢州术数家群的成员，多数是刘秉忠的同乡、同窗或门人，并且是由刘秉忠荐举进入藩邸幕府圈的。学术上也以阴阳术数为主。因为刘秉忠的缘故，邢州术数家群在藩邸幕府中称得上是最早投靠忽必烈、最受忽必烈信任的。

理学家群，这一群体主要由窦默、姚枢、许衡三位北方著名理学家组成。

窦默是广平肥乡（今河北肥乡）人，最初以行医为职业，后来又专心学习伊洛性理之书，一度隐化大名，与姚枢、许衡朝暮讲习，1249年应召于漠北，首以三纲五常为言。忽必烈对此说有所感悟，亦称："人道之端，无大于此。失此，则不名为人，且无以立于世矣。"窦默又说："帝王之道，在诚意正心，心既正，则朝廷远近莫敢不一于正。"

忽必烈对此颇感兴趣，一日三次召见与之交谈，奏对皆称旨，自此，对窦默敬待礼加，不令暂离左右。窦默是理学家群中最早进入忽必烈藩邸的。曾奉命教授太子真金的姚枢、许衡皆由他举荐。

姚枢是营州柳城（今辽宁朝阳）人，曾从赵复处得程、朱二子性理之书，潜心研读，后成北方理学领袖之一，于1250年投靠忽必烈，上治国平天下及救时弊之八目三十条，"本末兼该，细大不遗"。姚枢所言讲究现实，也比较注重这位蒙古宗王的认同接受程度。忽必烈惊奇于他的知识渊博，有什么事情都要去咨询他，视姚为藩邸的主要谋臣。

忽必烈虽然对空言性理的理学不太感兴趣，但窦默、姚枢二人"诚结主知"，一直受到格外的眷顾和信赖。

至于许衡，因其被举荐的时间较晚，起初仅奉王府令旨教授京兆，又兼性情古怪，所言迂腐空洞，藩邸时期的忽必烈并不喜欢他。尽管许衡在理学家群中学术造诣是最高的。

金源文学群，这一群体大多数是前金朝辞赋进士出身，率以诗赋文章相标榜。王鹗是这一群体的领袖，成员主要有徐世隆、李冶、刘肃、宋子贞、李昶等。

王鹗是开州东明伶（今山东东明）人，金正大状元。1244年召赴漠北藩邸，忽必烈对他格外优待，每一次晋见，都赐予他座椅，从不直呼他姓名，而是恭敬地叫他状元。他曾给忽必烈讲修身齐家治国平天下之道，常常到深夜。忽必烈颇为所论而感动，说："我现在虽然没有立即施行，但怎能知道以后就不能施行呢？"王鹗向忽必烈所举荐的多是金朝的辞赋文士。忽必烈还命令近侍阔阔、廉希宪、柴祯等五人以王鹗为师，学习汉文化。

徐世隆是陈州西华（今河南西华）人，金正大进士。他"古文纯正明白"，"诗歌则坦夷浏亮"，"四六则骈俪亲切"。1252年徐世隆北上，见忽必烈于日月山帐殿，以孟子"不嗜杀人者能一之"说，劝忽必烈不要去征伐云南。

李冶是真定栾城（今河北栾城）人，金末进士。他收藏图书极多，人曰：聚书环堵。以做文章为乐，"经为通儒，文为名家"。1257年，随使者北谒，也是忽必烈问以治道的汉文士之一。

其他属于此群体的刘肃、宋子贞、李昶等，也都是喜好文学诗赋的进士出身。

以上王鹗、徐世隆、李冶三人进讲治道时，言必称孔孟纲常，就很能说明问题。

不过，他们在崇尚标榜诗赋文章的同时，兼学兼通的多是传统的孔孟儒术，而非程朱的性理之学。

经邦理财群，这个群体的人员，通常以治国经邦为直接任务，或喜好谋划经略，或善于理财会计。郝经、赵璧是其代表人物。

郝经是泽州陵川（今山西陵川）人，金朝亡后，侨居保定，充世侯张柔家塾教授。郝经虽然"上溯洙泗，下迨伊洛诸书，经史子集，靡

不洞究"，但又强调"不学无用学，不读非圣书"，"不为利益拘"，"不作章句儒"，立志"务为有用之学"，"以复兴斯文，道济天下为己任"。所以他平时不去理会朝政，常在家中治学。

应召赴藩邸后，郝经充任重要谋臣，上下千年，旁征博引，援据古义，为忽必烈进献许多救治时弊的良策。忽必烈极喜其所言，凝听忘倦，在日后的施政中多有采用。

赵璧为云中怀仁（今山西怀仁）人。1242 年被忽必烈召至漠北驻地，是忽必烈最为亲近的汉人侍从之一。

忽必烈让自己的王妃亲自为他缝制衣裳，派他驰驿出使八方，前去招聘名士王鹗、姚枢等人。还命其学习蒙古语，在马背上替忽必烈译讲《大学衍义》。

忽必烈称赵璧为秀才，那是因其颇善于草拟表章文檄，且教授蒙古生徒儒书。

然而，他"刻意吏学，以经济为己任"，后又"经画馈运"，"手校簿书"，忽必烈任命其为中书右丞，平章政事，制书中亦有"素闲朝政，久辅圣躬，柱石庙堂，经纶邦国"之语，所以更像是一位经邦理政的机敏儒吏。

除此以外，"能理财赋""调军食"的李德辉；"博学有经济器"的张德辉；文武才兼备、"有经济略"的商挺；被忽必烈命为抚州长、"城邑规制，为之一新"的赵炳；担任邢州安抚司和陕西宣抚司幕官的赵良弼；"尽通诸国语"、后任治国用司副使的张惠；出身察必皇后斡耳朵媵人，又与李德辉"偕侍潜邸"的阿合马等，也基本属于这一群体。

宗教僧侣群，这一群体的代表人物主要是吐蕃萨加派僧师八思巴、禅宗僧人海云、太一道教大师萧公弼等。

此群体人数不甚多，但对忽必烈的个人宗教信仰，以及日后元王朝的宗教政策和治理吐蕃，影响却颇大。

王府宿卫群，顾名思义，这一群体是由忽必烈王府怯薛宿卫士组成。如廉希宪、董文用、董文忠、贺仁杰、阿里海牙、许国桢、谢仲温、姚天福、高天锡、谒只里、昔班、阔阔等。

这些人都来自不同的种族，他们有着不同的肤色和语言，但都负责王府平时的生活服侍和护卫工作。

除廉希宪以外，王府之中的宿卫大多不会发表自己的政见主张，也很少参与藩邸的治道问答。但这并不影响他们在忽必烈心目中的地位，他们始终是忽必烈最信赖的藩邸人员。

以上的六个群体，只是根据他们的基本特征而进行了粗略划分。但事实上，这六群体当中的部分人员在志趣流派等方面都会有一定程度的交叉或复合。然而，这六种类型或群体的划分，使我们对"金莲川幕府"的构成以及内部人员与忽必烈的关系一目了然。但不可否认的是幕府内制度还不够完善，这种粗略的划分有一定的局限性。

忽必烈对"金莲川幕府"的形成及其内部人员的态度也相对比较理智，他知道幕府之中的这些人所持的主张和所怀的目的各不相同：有的希望能够通过这个机会获取更多的赏赐；有的希望能借助这个机会免除本派门人的劳役赋税；有的则希望能够抓住这个机会大展宏图，施展自己的才华，借此改善民众的生活，实现中国统一；还有的主张以华化夷，促使蒙古文化与汉文化逐渐融合。

此时的忽必烈，对这些人大致是礼贤下士，兼容并蓄，没有明显地抑此褒彼，以多听多问为主，择其有用有益之处而从之。即使是对个别不友好、不合作的人，也不发怒、不失礼。

"金莲川幕府"的形成，是忽必烈主动吸收汉法制度，与中原士大夫实行政治联合的一个良好的开端。它加强了忽必烈为代表的蒙古贵族与汉族士大夫之间的彼此沟通和认同，对忽必烈履行其总领漠南的使命，也发挥了极其深刻而积极的影响。

由于这些士大夫中有相当一部分来自汉地世侯幕僚属吏，"金莲川幕府"的形成，又在一定程度上密切了忽必烈和汉地世侯之间的联系。

从长远来看，它又为元帝国的建立提供了必要的政策方略、社会支持以及官员储备。

中统至元间，这些幕府侍从"布列台阁，分任岳牧"，成为忽必烈政权的最主要班底。他们有关汉地统治方式的一系列理论，也为忽必烈君临整个华夏描绘了一幅行之有效的政治蓝图。

简而言之，此蓝图主要包括以下两方面内容：一是以汉法治汉地；二是原有蒙古制度参考汉地等先进方式予以变通，以适应一君统治南北

两方的形势需要。之后，忽必烈总领漠南以及其建立元朝的整个政治生涯，基本上都是基于这幅蓝图得以实践和发展的。

蒙哥初即汗位时，忽必烈便以皇太弟身份日侍圣驾，开始涉猎汗廷决策圈。他论奏时务之急，为汗兄出谋划策。

对皇弟忽必烈的上奏，蒙哥汗基本是言听计从，予以施行。而这些奏言多为藩邸谋臣刘秉忠和张文谦一手策划和拟定。

不久，蒙哥汗降诏："凡军民在赤佬温山南者，皆听皇弟忽必烈统辖领治。"这是忽必烈总领漠南之初的管辖范围和权限内容。

蒙哥汗这样安排，是为了让其亲弟弟忽必烈替他执掌漠南军政大权，从而对付窝阔台系、察合台系诸王等敌对势力。

忽必烈及其王府官属更是为之欢欣鼓舞，大排宴席而庆之。唯有王府文臣姚枢沉默寡言，显得心事重重。

忽必烈觉得事出有因，宴会结束时，急忙询问："顷者诸人皆贺，汝独默然，岂有意耶？"姚枢回答道："今天下土地之广，人民之殷，财赋之阜，有加汉地者乎？军民吾尽有之，天子何为？异时廷臣间之，必悔见夺。不若唯手兵权，供亿之需，取之有司，则势顺理安。"

忽必烈一听，顿时大悟，深知虑所未及，未曾远谋，马上派人以姚枢的意见上奏，并获得蒙哥汗的批准。于是，忽必烈的权限和使命，就由军民兼领缩小为唯掌军事了。

自请唯掌军事，使蒙哥汗与忽必烈的权力冲突没能过早发生，从而也给忽必烈在总领漠南期间干一番事业带来了异常宝贵的机会。

另外它还说明：总领漠南的忽必烈已经十分成熟干练，他身旁的谋臣侍从也都是能臣智士，绝非等闲之辈。

在选择驻屯地点上，忽必烈也善于听取部下的正确建议，不拘泥于草原游牧的传统，从而作出理智的决策。

刚开始受命总领漠南时，忽必烈对木华黎孙霸突鲁说道："今天下稍定，我欲劝主上驻跸回鹘，以休兵息民。何如？"

霸突鲁答道："幽燕之地，龙蟠虎踞，形势雄伟，南控江淮，北连朔漠。且天子必居中以受四方朝觐。大王果欲经营天下，驻跸之所，非燕不可。"

忽必烈听此言，非常感慨地说："非卿言，我几失之。"

忽必烈将回鹘（畏兀儿）当作首选驻屯地，因为该地是突厥后裔栖居之处，在风俗和生活方式上与蒙古人都极为相似。

而"幽燕之地"，在辽、金两朝一直是国都和政治中心，木华黎国王受命经营汉地和燕京行台断事官设立后，该地在极短时间内便成为蒙古帝国在汉地的大本营。

当忽必烈听到霸突鲁陈述驻屯幽燕更有利于经营中原和江淮等广大区域之时，便不再留恋或拘泥于回鹘（畏兀儿）地和蒙古草原游牧民的亲和性，毅然改变原来的主意，最终选定幽燕一带为自己的驻屯地。

1256年，忽必烈命刘秉忠占卜选择金桓州东、滦河北之龙岗，修筑开平城，以作为大军在漠南的固定驻所。开平，北连朔漠，南制中原，地理上十分适合于忽必烈总领漠南的政治军事需要。

忽必烈执掌漠南军事以后，对漠南的民事刑法，也予以极大关注。

其实，蒙哥汗新任用的燕京等处断事官牙鲁瓦赤和不只儿负责管辖漠南汉地的财赋司法。两人上任当天便诛杀二十八人。其中一名偷盗马匹的犯人，本已施杖刑而被释放。恰巧有人献上环刀，不只儿下令追回已释放者，亲执环刀而斩之。

忽必烈得知此消息后，严词指责道："凡死罪必详谳而后行刑。今一日杀二十八人，必多非辜。既杖复斩，此何刑也？"不只儿听完，惊愕得说不出一句话来。

还有一次，王府侍臣赵璧竟然敢在蒙哥汗驾前申斥燕京断事官牙鲁瓦赤以旧印妄请复用。还提议说："请先诛近侍之尤不善者。"事后，连忽必烈都说："秀才，汝浑身是胆耶！吾亦为汝握两手汗也。"

这些事情都充分说明，那段时期总领漠南的忽必烈与燕京断事官之间的关系，已经多多少少有些紧张了。

不久，依照蒙古帝国惯例，藩邸近侍孟速思也在忽必烈位下担任燕京行台断事官。

忽必烈远征大理途经六盘山时，许多地方官闻讯陆续赶来晋见，多为就自己"官资之崇卑，符节之轻重"，请求忽必烈开恩庇护。

只有延安路兵马使袁湘面陈本路军户困乏之弊，并就之提出了相应的革除办法。忽必烈采纳了袁湘的意见，并给予极大赞扬。而对其他官

吏言私不言公的做法，一概责备训诫。巩昌总帅汪德臣也来禀告新城益昌赋税徭役免除等事宜，忽必烈亦给予了批准。

　　如此一来，总领漠南的忽必烈在陕甘一带，也留下了体恤百姓疾苦和秉公不徇私的好声誉。

忽必烈传

HUBILIEZHUAN

第五章

远征大理　接纳汉儒

宪宗二年（1252年），蒙哥大汗命令忽必烈率兵远征大理。这是忽必烈总领漠南后承担的第一次重大军事征伐活动。依照总领漠南军国重事的使命，忽必烈负责经略征伐的目标是整个南部中国。然而，十余年来蒙古军对南宋的进攻，因在江淮和四川遭到顽强抵抗而显得举步维艰。

阔端大王对吐蕃的征伐却连连告捷，西藏已逐步划入蒙古军队的控制范围。远征大理，从西南包抄夹攻南宋控制区长江中游，便成为经略南部中国战略计划的重要组成部分，而且是与征服吐蕃相辅相成的部分。另外，雄踞西南三百余年的段氏大理国，此时由于国君段兴智孱弱，大臣高氏专权，国势已走向衰落。这又是蒙古军发动远征的一个天赐良机。

夏六月时，忽必烈正式授钺专征。

当晚，忽必烈宴请各部属侍从，姚枢趁机给他讲起宋太祖遣曹彬取南唐未尝杀一人的故事。第二天清晨上路，忽必烈兴奋地在马鞍上向姚枢大声喊道："汝昨夕言曹彬不杀者，吾能为之，吾能为之！"

七月，远征大军由漠北栲牙祭旗出发。遵照蒙哥汗的旨意，全军军事由速不台子大将兀良合台节制管领，忽必烈负责居上统辖。

征云南大军人数达十万之多，主要由兀良合台的蒙古千户军、诸王抄合、也只烈所部军、汉军及王府侍从等组成。

随同忽必烈远征的侍从主要有：刘秉忠、姚枢、张文谦、廉希宪、贺仁杰、董文用、董文忠、许国桢、赵秉温、郑鼎、解诚、贾丑妮子、李儿速等。董文用、董文忠兄弟负责督办粮草，赞襄军务。其兄长董文炳则自率义士四十六人，尾随其后，受到忽必烈的犒劳和褒奖。

忽必烈令姚枢等侍臣不离其左右，临行前还特意把原先姚枢教授皇子真金的任务转交给留在北方的窦默。

冬十二月，浩浩荡荡的大军渡过黄河。

第二年春，经原西夏盐、夏二州。夏四月，出萧关，于六盘山驻军。

京兆鄠县人贺贲修建房屋时从毁坏墙垣中获白金七千五百两，以"殿下新封秦，金出秦地，此天以授殿下"为由，持其中五千两呈献忽必烈以助其军。

某军帅怨贺贲不先禀告而直接献银，将贺贲逮捕入狱。忽必烈得知此消息，十分恼怒，下令捕捉该军帅欲杀之，后念其勋旧家世而饶其性命。由此可见，忽必烈对远征大军将帅的生杀予夺有着极高的权力。而主动呈献白金的贺贲，后受到忽必烈的任用和提拔，其子贺仁杰也应召进入了忽必烈宿卫。

二十年后一日，忽必烈将贺仁杰召至御榻前，拿出白金五千两，对他说："此汝父六盘山所献者，闻汝母来，可持以归养。"

贺仁杰推辞不收，忽必烈不允。这足见忽必烈念念不忘臣下旧日之贡献，且能予以适当报答，体现了他较高的信誉和十足的人情味。

蒙哥汗三年（1253年）八月，忽必烈率大军至临兆，九月，到达忒剌。随后，大军兵分三路，兀良合台率西路军，诸王抄合、也只烈率东路军，忽必烈亲自统率中路军。

四川中南部大部分地区仍被南宋所控制，三路蒙古军队只能从吐蕃东部等人迹罕至的地区绕道而行，一路上艰难跋涉，部队行进缓慢。

途经雪山时，山路曲折盘旋，包括忽必烈在内，都必须"舍骑徒步"。因忽必烈患有足疾，不得不由随从郑鼎等背负而行。遇敌军据险点扼守，郑鼎等奋不顾身，力战而护之，受到忽必烈赐马三匹的奖赏。

十月，蒙军过大渡河，又在山谷中行进两千多里，忽必烈率领的劲骑部队走在队伍最前列。

进入大理境内后，大军行至金沙江畔，忽必烈无限感慨地立在江边巨石之上，俯视波涛汹涌的金沙江水。许久，经随从提醒，才乘马回归军队。

蒙古军队乘革囊和木筏渡过金沙江，陆续攻下了顽固自守的许多寨栅。

冬十二月，忽必烈所率中路军率先包围大理城。兀良合台的西路军也在攻取龙首关后，抵达大理城下。

大理城倚点苍山，傍洱海，倚仗得天独厚的天然地理条件，相当坚固，极难攻克。开始时，忽必烈曾派玉律术、王君候、王鉴三人为使者，劝说大理归降，却都有去无还，音信全无。

大理国王段兴智与权臣高祥背城出战，以失败而告终。忽必烈下令攻城，并亲自登上点苍山临视城中战况。

当夜，大理守军节节溃败，段兴智和高祥率众逃跑。忽必烈命大将也古领兵追击，高祥被擒杀于姚州。

蒙古军入城后，忽必烈说："城破而我使不出，计必死矣。"遂令姚枢等搜访大理国图籍，搜访时发现了三个使者的尸体。

掩埋三个使者遗体时，忽必烈又命令姚枢撰文致祭，以表哀思。另各赐民户数十，以抚恤死者家属。

见使者被杀，忽必烈非常愤怒，一度想屠城以泄怒。侍从张文谦、刘秉忠、姚枢等劝谏说："杀使拒命者，其国主尔，非民之罪。"忽必烈接受了他们的意见，这才免去一场杀戮。

还让姚枢尽裂所携之帛为帜，书写止杀之令，分插公布于街衢。

如此一来，蒙古军士便都不敢进城抢掠，大理城民众的身家性命及官民财产才得以保全。

1244年春，忽必烈班师北还，留兀良合台统兵戍守，又以刘时中为宣抚使，继续经略抚治云南。

之后不久，被俘归降的大理国王段兴智面觐蒙哥汗。在其协助之下，蒙古军队较快地征服了云南全境。

忽必烈远征大理的成功，使蒙古帝国疆域又向西南扩展了一大块，称得上蒙古征服南部中国一次较大的胜利。

它完成了对南宋的战略性迂回包抄，同时也打开了向南亚、东南亚扩展的通道。

远征大理的成功，使云南"衣被皇朝，同于方夏"，纳入了蒙古王朝的直接统治，加强了云南"新民"与蒙、汉等民族之间的联系，促进了多民族统一国家的发展和壮大。

第五章 远征大理 接纳汉儒

忽必烈传

远征大理的成功，使忽必烈成为蒙古征服东方的大赢家。它不仅使忽必烈在艰苦的征战中经受了剑与火的庄严洗礼，也向其家族乃至整个大蒙古帝国显示了他卓越的军事征服才能。

这对忽必烈在后来的汗位争夺中能赢得相当多蒙古诸王贵族的拥戴，起到了无法估量的作用。

二十多年后，忽必烈本人对征伐大理之行，一直记忆犹新。忽必烈感慨万千地说："昔从太祖饮水黑河（班朱尼河）者，至今泽及其子若孙。其从征大理者，亦朕之黑河也，安可不录其劳？"忽必烈对当年随从征伐大理的旧臣，都给予了极其丰厚的赏赐。

1304年，元廷还命令在忽必烈曾经登临俯视大理城中激战的点苍山崖上镌刻"平云南碑"，以纪念半个世纪以前世祖远征大理的伟大功业。

这天清晨，李璮醒来，就听到院中传来了喜鹊的欢叫声。他伸了伸懒腰，向正在梳洗打扮的夫人道：

"夫人，院中喜鹊造访，今天一定有喜事临门吧。"

李夫人一边梳着长发，一边说道：

"如今天下大乱，烽烟四起，哪里会有什么喜事。"

李璮起身下床，笑着说：

"夫人美貌依旧，不就是喜事吗？"

李夫人喜滋滋地听着，高兴地笑了。

夫妻二人说笑着，到客厅就座，准备吃早饭。

李璮是山东潍州人，父亲李全曾在金朝末年起兵反金，是山东红袄军的头领。在金宣宗兴定二年（1218年），李全归顺了南宋，封为京东路兵马副都总管。十年后，李全审时度势，又归顺了蒙古，任山东淮南行省长官的职务。在元太宗三年（1231年），李璮世袭接任了父职，改称为益都行省官职，专制山东数十年，家存万贯金银，手下数万兵马。

李璮不仅继承了父亲李全的职位，同时也继承了父亲趋强避弱、唯利是图的性情，只要是有利于自己势力的壮大，翻云覆雨，朝秦暮楚。几十年来，李璮就这般摇摆于蒙、宋之间，邀功讨爵，从中渔利。

自蒙古蒙哥汗即位以来，忽必烈主理漠南一带的政务。忽必烈自然看出了李璮的真实想法，但忽必烈并没有戳穿李璮，而且经常派人到益都来拜访李璮，每次都会带上一批珍玩为礼。

这天，李璮一家刚坐下吃早饭，忽必烈派来的人就叩门了。

家仆开门后，忽必烈的近侍扎察走了进来。

"李大人，"扎察稽首道，"忽必烈殿下差我来问候大人。"

李璮道："殿下可好？"

扎察恭敬地回道："殿下很好。近日有人送给殿下一帧字画，殿下说李大人学识渊博，能欣赏这字画的真髓，就连忙差我给大人送来了。"说着，扎察递上了画轴。李璮连声道："我李璮一介乡民，能得殿下垂爱，深为不安与荣光。我李璮一定忠于蒙哥汗，一定听凭忽必烈殿下差遣。"

送走了扎察，李璮刚欲解开画轴，看看是哪位名家的墨宝，李夫人疾步走了进来，一把夺过画轴，几下子就撕了个粉碎。

李璮叹道：

"我知道你恨蒙古人，这字画无罪呀。"

李夫人秀丽的双眸盈满了泪水，泣道：

"我们是熟读过圣人之书的人，岂能在蒙古那些野蛮之人的膝下称臣呢？"

李璮坐在椅子上，端起茶杯，呷了一口，道：

"夫人，我山东虽然土地肥沃，我手下虽有兵勇数万，我家中虽有万贯财产，但比起蒙古人手下的大片疆域来，比起南宋的富裕江南来，又算得了什么！我既没有南下攻宋的财力，也没有抵御北边来犯的实力呀！"

李夫人回道：

"那为何不投靠南宋，一起抗蒙。我们毕竟同是汉人子孙。"

李璮道：

"如今的南宋，已经不是父亲归顺时的南宋了。现在的南宋朝廷软弱，腐败盛行，早就犹如一株被蛀空的大树，灭亡是迟早的事。我再糊涂，也不会去依附这样一个昏聩的朝廷的。"

李夫人听罢，也点了点头，又道：

"那蒙古就可以依附吗？"

李璮又道：

"目前的蒙古铁骑无数，一统天下是势在难免。除非是他们蒙古内部内讧，否则，仅靠外力恐天下无人可撼。"

李瓒又转向夫人道：

"忽必烈三番五次地派人来送重礼，我又怎能总让人家空手而归呢？"

李夫人闻之色变，急道：

"你是想……"李夫人用手一指在旁边玩耍的小禾。

李瓒点了点头。

"不行！小禾是我的心头肉，跟我的亲生女儿一般，我不能让你把她送给忽必烈。"李夫人站了起来，嚷道。李瓒道："忽必烈是人中之龙，不会久居殿下之位。你等着吧，一旦忽必烈壮大了势力，一定会收拾蒙哥汗的。收拾完了蒙哥汗，就该轮到收拾我们、收拾南宋了。到那时，别说小禾，就是你我、就是我麾下的几万兵勇，都会成为他的刀下之鬼。"

李夫人听着，不由得打了个冷战，颤声问道：

"那小禾就能阻止他做这些事情吗？"

"当然不能。"

"那你把小禾送去又有何用。"

"用处大了。"

"你说说。"

李瓒见夫人态度有了转变，遂和颜悦色地道：

"小禾侍奉在忽必烈身边，凭小禾的美貌与学识，定会赢得忽必烈的欢心。小禾一可以时常劝慰忽必烈少些杀气，放弃嗜杀举动，二可以让忽必烈相信我李瓒的忠心，可以善待我及我手下的几万兵勇。小禾是以一人之身，换回了无数条濒于死境的生灵啊。再说，忽必烈风华正茂，说不定小禾会爱上他的。"

李夫人的面色苍白，嘴中喃喃道：

"我的花骨朵一般的小禾就这样羊入虎口了？"

李瓒冷冷一笑：

"还有大禾呢。让她们两人同去，也是个伴儿。"

李夫人神情恍惚，站起身欲走，不想眼前一黑，一头栽倒在地上。

李瓒一见，赶紧从地上抱起夫人，口中大声叫着：

"大木、小木、大禾、小禾，快来，你们母亲昏倒了！"

一时间，李府上下，一阵忙乱。

自成吉思汗时代起，几代蒙古汗王多次踏入中原，先是灭掉了金王朝，继而时时进入中原腹地，对南宋政权虎视眈眈。尽管成吉思汗、窝阔台、贵由、蒙哥几位汗王都没有驻守中原，但数十载的征战，也与中原的地方武装进行了多次接触，蒙古军队的勇猛善战威慑了大部分的中原地方武装，中原的地方势力纷纷归附了蒙古，李瓒的父亲李全就是其中的一位。

正是由于蒙、金、宋之间几十年的争斗，使中原百姓饱尝战乱之苦，地方上有钱有势的乡绅为了捍卫家园，保住财产，纷纷建立了各自为战的地方武装，仅河北、山东一带，这些地方武装就不下几十支，多的有数万人，少的也有千余人，李瓒就是这些地方势力中较大的一支。

从成吉思汗到蒙哥汗，几十年的漫长历程，让这些汉人世侯不仅财力得到了膨胀，其武装势力也极度扩张。而且兵勇们多年操练武艺，个个都是当时的悍将，作战能力不容低估，也不能忽视。

忽必烈早已洞察到了这种局面，而且敏锐地认识到对这些盘踞中原日久的军事力量绝不能硬性征伐，只能以抚代征。忽必烈很早就与这些汉人世侯进行着亲密的联络，像史天泽、张柔以及李瓒这些势力较大的世侯，忽必烈更是嘘寒问暖，关怀备至。忽必烈期望着有一天这些势力能成为自己的御用军队，最起码，不会成为敌对势力。

但忽必烈同样清楚，与这些汉人世侯之间的关系纯粹是相互利用的互利关系，如果手中没有实力，纵是自己当了汗王，也难以驯服这些人。忽必烈沉下心来，等待着自己掌握天下的时机，为这个时机的早日到来，忽必烈尽心地周旋于世侯之间。

李瓒是假意归附忽必烈，其实，忽必烈也是揣着明白装糊涂。

忽必烈是何等聪慧，他早已把李瓒假意归附的本意看得一清二楚，但他需要把已经安抚李瓒这一特大喜讯报告蒙哥，所以他不揭穿李瓒的阴谋。

蒙哥得知忽必烈已收服山东李瓒，心中十分高兴，他把自己宠爱的美女派到漠南，算是对忽必烈的奖赏。

这一天拂晓，忽必烈的四弟阿里不哥的帐外传来了"咚咚"的敲门声。

下人连忙出屋，把一个身体粗壮、满脸胡须的汉子领进了阿里不哥的寝宅。

"王叔，你可真早啊。"阿里不哥一边打着哈欠，一边打着招呼。

"殿下，如今蒙哥汗入主和林，而忽必烈又坐守漠南，你也是拖雷监国的嫡子，你就不想干点什么吗?"来人叫兔拔哥，论辈分是阿里不哥的远房叔叔。

阿里不哥叹道："我原来以为忽必烈会跟蒙哥汗争斗一番，抢汗位呢，谁知……"兔拔哥微微一笑，低声道："你本想坐收渔利，可没打起来，对不对?"

"为了汗位，忽必烈怎肯甘居漠南? 我不相信，说什么我也不相信，"阿里不哥说，"忽必烈在伪装。"

"忽必烈在伪装什么?"兔拔哥说，"他和你一样，都很忠于蒙哥呀! 话又说回来，即使忽必烈不如你忠于蒙哥汗，你也要在蒙哥汗面前讲清楚。"兔拔哥和阿里不哥在一番密谋之后，来到蒙哥汗大帐。"蒙哥汗，忽必烈是万万不能用的。"兔拔哥说。"那是为何呢?"蒙哥想听听他的意见。"叔父说得很对，"阿里不哥说，"蒙哥大汗，您是我和忽必烈的哥哥，我是站在真理的立场说话，叫帮理不帮亲，并无丝毫攻击忽必烈之意。"

"我也没说你要攻击忽必烈。"蒙哥汗说。

"现在还没有，"阿里不哥说，"不过，将来会有的。"

"为什么?"蒙哥汗想笑，他觉得阿里不哥莫名其妙。

"大汗，阿里不哥的意思是他只要说出他的本意，就会有人认为阿里不哥是在攻击忽必烈。"兔拔哥说。

"会有这么回事吗?"蒙哥汗很豪气地大笑起来。

"不要笑，我的贤侄!"兔拔哥说，"阿里不哥说的是实话。"

"什么实话?"蒙哥汗问。

"他是说他若坚持真理，就会有人挑拨你们兄弟的关系，"兔拔哥说，"阿里不哥是指漠南那些人。"

"漠南?"蒙哥汗心中一惊，漠南一直是他心中的痛，"漠南那里怎么啦？他们那几个人还能翻天不成？"

"能翻天，也能换地，"阿里不哥说，"刘秉忠、王社教、龙广天书、沈元帅，他们那几个人还不能吗？"

"不能，"蒙哥汗说，"任凭忽必烈身边猛士如云，也抵不过我漠北五十万兵马，况且他还不敢。"

"大汗何以见得他不敢？"兔拔哥说，"大汗您太粗心了。您想，既然您是大汗，漠南那些人为何只知有忽必烈，不知有您这个蒙哥大汗呢？"

其实，蒙哥汗从内心讨厌他这个叔父兔拔哥。现在，海山家族中的人除兔拔哥之外，还有一位叫九九妹。九九妹不似她的哥哥兔拔哥，她在漠北潜修武功。蒙哥汗早知他们兄妹是有些野心的。妹妹想统治武林，哥哥想独步黄金家族。但是，好在蒙哥汗多有耳目，对汗帐之外的事多有了解。蒙哥汗是个很有心机的人，从内心不放心任何人。耳目多也是蒙哥汗治军的一大特色，蒙哥汗很有信心治理好他的孛儿只斤氏的武士，也很有信心统治漠南漠北。他认为忽必烈会听他的话，漠南也没有胆量闹独立。

蒙哥汗也是个功名心很强的人，他少时多与忽必烈不和，还不是因为有强烈的功名心。蒙哥汗是当仁不让，他从来就不相信忽必烈会甘心落后于他，也不相信他忽必烈有什么三头六臂。但是，蒙哥汗总是以兄弟情谊为重，不想兄弟为仇。

忽必烈总是以唆鲁禾帖尼为念，以她想为自己所想。唆鲁禾帖尼也是从内心深处对忽必烈十分喜爱，眼下漠南之势如日中天，这也是最令唆鲁禾帖尼头痛的事，她也知道蒙哥汗会从内心妒忌忽必烈，甚至是排挤打击忽必烈，所以，她居漠北以来，就一直注重对蒙哥汗以德教之，蒙哥汗多少也有些感动。这一次，蒙哥汗在汗殿之上听兔拔哥和阿里不哥一番挑拨叙说之后，心中乍起一股怒气，他真的有些恨忽必烈了。

帐外，夜色迷蒙，明月高悬，帐内，灯火通明，酒肉飘香。忽必烈正在同刘秉忠、察必等持斛对饮，仆人斟酒上菜，颇为忙碌。

忽必烈斜倚在锦几边，嘴里一边嚼着吱吱冒油的烤肉，一边惬意地道："美酒佳肴，挚友倾谈，没有血腥，没有争斗，如此的生活真是神仙般的享受。"

"是啊，但愿从此再没有人类相互厮杀的战争。"刘秉忠盯着劈啪爆响的油灯，心里翻腾着。

"怎么可能，宋尚未被灭，蒙哥汗不会收手，而且我们蒙古人生来善战好动，不甘安分，这种日子恐难长久。"察必一袭轻纱罩身，灯光下白皙的面孔上不无忧色。

"那就灭掉宋后再过这种日子好了，"忽必烈接道，"蒙哥汗即位后，恐怕在短时间内不会急于出兵宋朝，他要安内务为先。而我，也要趁此机会，多听先生讲些兵书及汉人文化，希望先生多多传授才是。"

"察必夫人现在已是学识满腹了，不妨多听听她的建议。"在忽必烈忙于助蒙哥汗争位的这段日子里，察必经常听刘秉忠讲学讲诗，她天资聪慧，常能举一反三，刘秉忠的话确是事实，现在的察必已经是一位学识不凡的人了。

"先生面前，我岂敢班门弄斧。"察必笑着退到一边。

"大蒙古帝国连年征战，版图已扩大到了汉人地区，我们也曾目睹了汉人统驭国家的方略和成绩，但宗亲内总有人排斥汉人文化，像直新义，就多次责备我与先生交往过密，唯恐我被汉化。其实，如果我们汲取了各个民族的精髓后，再来营建我们大蒙古帝国，又有何不好呢?"忽必烈叹道。

"你说得对，"刘秉忠接过忽必烈的话题道，"汉人文化博大精深，蒙人多是喜欢其中的医律、占卜、天文历法等一小部分，其实，汉人经营民事政策和弘扬百姓学习文化的做法才是汉人文化的精华。蒙古民族善游猎漂游，故而自古至今，没有留下什么治理地方庶务的经验，你想想看，蒙哥汗现在驻扎的和林是大蒙古汗王的驻地，和林的繁华比得上汉人的一个小城镇吗? 比得过中都吗? 货币在中原地区早已流行多年，而蒙区还在用以物换物的方式进行贸易，这是落后，是观念的落后，是闭塞的落后啊。"

"所以说，我想先在漠南这里开一开学习汉学的先河，"忽必烈点头道，"通商通贾已经开始了，而且我想让先生设几个讲学堂，不仅改一改蒙古贵族不习文字的习惯，更主要的是借此推广汉人治理地方庶务的政策。"

"我一定尽力，而且我会说服我的同仁一起努力。在不久之后，我相信你的举动定会吸引众多的有识之人来辅佐的。"刘秉忠笑着说。

这时，阿术巴特尔掀开帐帘，走了进来。

"蒙哥汗动手了。"他向忽必烈报告。

"噢？说说看。"

"蒙哥汗在和林处死了失烈门帐下的七十多个头目，并且将失烈门遣发汉地充军，而且把合扎合孙及野里知吉都交给了拔都，拔都也都把他们斩杀了，并且，蒙哥汗让失烈门的母亲也溺水而亡。"阿术巴特尔一口气报告了近日蒙哥汗血洗窝阔台系及察合台系的情况。

"好，你坐下喝酒吧。"忽必烈挥了挥手。

"怎么会这样？手足相残，相煎太急呀，"察必听后，双眸盈满了泪水，"先生，汉人在争夺权势时，也会如此残忍吗？"

"是的，自古权力之争不乏血腥。像唐时李世民，也是在血洗玄武门后，才登上了盛唐帝位的。皇帝的龙榻是用血肉铸成，没有哪个人能改变这些。"刘秉忠长叹一声回答道。

"所以说，蒙哥的举动本在我意料之中，他目前最想要的就是大家都威慑于他的掌控之下，"忽必烈接着说道，"凡事成功都要有代价，这样做长生天都会谅解。"

察必看着忽必烈迸射着杀气的眼神，不禁打了一个寒战。

她凝望着跳动的灯芯，陷入了深深的思索之中。

她暗下决心，要鼎力帮助忽必烈殿下，要鼎力传播儒学文化，要让忽必烈在成大事的征程中，尽量少些血腥，少些杀戮。

忽必烈认真听取了刘秉忠的建议，决心创出一番轰轰烈烈的事业来。

忽必烈办事干练迅速，他马上部署得力人士到河南、山东一带抚治。一段时间后，中原一带一改往昔田地荒芜、日闭城门的旧貌，在忽必烈整顿吏治，奖励农桑、减税减赋后，呈现出了民安于劳作，官勤于公务，粮草丰收，商贸繁华的太平景象。而且在处理庶务的同时，忽必烈在中原地区合理地部派军队，打压街霸乡霸，不仅保障了百姓的生活稳定，而且收编了一大批地主武装，如史天泽、刘黑马等都投靠了忽必烈，这些力量在忽必烈以后的军事行动中立下了不少战功。忽必烈的一系列举措，不但得到了汉地百姓的拥戴，而且极大地提高了他在汉地的

声誉，爱民礼贤之名被到处颂扬。忽必烈在治理汉地的过程中，不仅扩张了自己的财力、物力、军力，而且得到了上至汉地地主、中至文人贤士、下至黎民百姓的拥护和支持。

高剌互赤策马奔驰在夜幕中的燕京大道上，心情真是好极了。

他这几年春风得意，好事连连。他本是忽必烈的一个远房亲戚，从小跟忽必烈一起玩耍，长大后又跟着忽必烈鞍前马后，忠心不二，很得忽必烈的信任。

在云珠姑娘自尽后，速不花偷袭蒙哥营帐的那场战乱中，恰逢忽必烈正患脚疾。忽必烈跟来敌打杀时步伐有些跟不上，就在一个汉子举刀向忽必烈砍去时，高剌互赤及时赶到，用身躯挡住了忽必烈。忽必烈平安无事，而高剌互赤的上臂却被砍了一个三寸长的口子，鲜血直流。从那以后，忽必烈对他更是信赖有加，干什么事情总要把他带在身边。

一天晚上，当他回到自己家里，准备睡觉时，见妻子坐在一边低泣。

高剌互赤的妻子芸唆尼一边哭，一边问丈夫：“你对忽必烈王爷那么忠心，王爷对你又如何？”

高剌互赤有些茫然，回道：“好呀，你这是怎么了，快哄孩子睡觉吧。”

芸唆尼问丈夫：“王爷对你好，还是对那群汉人好？”

“对我好，对汉人也……好。”

“你是用血向王爷尽忠的人，而那些人成天靠一根舌头就把王爷哄住了，有权有钱，你不觉得生气吗？”

“少废话！有你吃，有你喝，多什么嘴！”

高剌互赤有些不悦，一头倒在毛毡上睡下了。

高剌互赤是个憨直的汉子，做事从来是性情所使，从未想过什么事，可今天，妻子的一番话，让他睡不着了。他佩服忽必烈王爷，愿意为王爷出生入死，可是他有些看不惯王爷对那些汉人们的优厚赏赐，这些汉人个个长衫飘飘的，不染纤尘，见面合十打揖，酸气十足，像只老鸹一般，整天在王爷耳边聒噪。他们有何本事，臂不能拉弓搭箭身不能跃马挥戈，王爷对他们是又封官又赏金的。不行，明天我也要跟王爷要官做。

忽必烈一听高刺互赤的话，有趣地笑了。但他知道高刺互赤是个直爽的汉子，跟着自己鞍前马后十余载了。自己现在主理漠南政务不妨给他一个官做，也算报答了当年他的救命之恩。

忽必烈先是封了他一个管财的小吏，没想到高刺互赤公正无私，做得有模有样。半年后，忽必烈又升迁他为主理汉地财赋的断事官。

断事官是成吉思汗在当年颁《大札撒》时就提到的官衔，主理是非案件的判罪等。高刺互赤上任后，兢兢业业，还算称职。但是，随着他在燕京的时间越长，他开始变了。

蒙哥汗即位之后的一段时间里，他忙于诛杀家族中的反对者，放松了对中原宋国的征战，同时他为了安慰拉拢一些军中大将，便封了一大批黄金家族的大小王爷们到汉地各府各州任职。这些人自恃身有战功，又是成吉思汗的后人，在地方上飞扬跋扈，欺男霸女，肆意妄为。

有一天，住在燕京的忙刺要在家中宴请在燕京蒙古诸王，因高刺互赤位居断事官要职，又是忽必烈面前的大红人，故而也被请到了府上。

初春的燕京仍是寒风侵骨，高刺互赤打马疾驰到了忙刺府门前。只见忙刺府门红灯高悬，院门大开，院内人声鼎沸，灯火通明。高刺互赤下马之后，跨进了正房的大厅。

厅内中央有一大长几案，案上摆满了山珍海味，酒杯斟满了琼浆玉液，十几位蒙古王爷分坐在几案两旁，正一边吃喝一边观看着大厅东侧的舞蹈表演。高刺互赤与一干人打过招呼后，也坐在几案边，喝起酒来。

边喝酒，他不由自主地也跟其他人一样把头扭向了东侧。只见有三位身披透明白纱的汉女正在跳着一种舒缓的舞蹈。她们随着乐曲轻摆腰肢，时急时缓，时进时退，忽如狂风般旋转，忽如闪电般倒地，让人疑是飞鸿在蹁跹，又似灵鹿在奔跑。直让人看得眼睛都来不及眨一下。高刺互赤端着酒杯的手停在空中，忘记了喝酒。

当他微醉着骑马回家时，他心中还在琢磨着。

他从不知道人还可以有这种活法，还可以有这种快乐，还可以有这种享受。他的眼前依旧浮现着几位汉女那玲珑剔透的身姿，那艳丽多姿的舞蹈。他几十年的人生中，从没有想过女人的美会带给他如此大的震撼，妻子老了，妻子还在忽必烈王爷的藩王属地，自己这些日子在燕京

独卧空房，怎么就没想到汉女呢？

第二天，他向仆人李柱道："你看我只身来到燕京，身边连个倒茶的人都没有。"

李柱忙道："小的失职，我这就给您找个佣人。"

高剌互赤点头："只是要年轻一些的。"

侍从李柱答应着，复又问："大人是说找个女的？"

"不能太丑。"

李柱明白了，主人不是嫌没人斟茶倒水，而是想要女人了。他忙答应着操办去了。

当晚高剌互赤回到家中时，见房中亮着灯，李柱笑着说："大人，我用五两银子给您买了个佣人，您休息吧。"说着李柱关上门，走了。

高剌互赤走进内房，果见屋内坐着一个绿衣女子。女子侧身坐在床边，手中拿着针线，仿佛在绣花。女子听见动静，赶紧起身施礼："婢女玲儿见过大人。"

高剌互赤一边上下打量着女子，一边坐在椅子上。只见这个玲儿小巧的个头儿，纤细的腰肢，面目清秀，看上去年纪也就十六七岁。他从没用这种直愣愣的目光注视过妻子以外的任何女人，见玲儿在自己的打量下羞红了脸，他也忍不住脸上发烧。他咳了一声，想说什么，可又找不到合适的话，就又闭上了嘴。

玲儿见主人不说话，以为是一天公务劳累了，便又道："大人是否饿了？要不要吃饭？"

高剌互赤终于找到了话茬儿，点头道："先给我倒盆热水，我洗洗脸就吃。"

"哎。"玲儿清脆地答应着忙碌起来。

他一边坐在桌边吃饭，一边看着玲儿像只绿蜻蜓般地给自己斟酒、盛饭。他突然觉得这间屋子仿佛有了暖意，仿佛跟昨天大不一样了。他招手道："你坐下。"

玲儿放下手中的酒壶走过来，温顺地坐下了。"吃饭。""玲儿不敢和主人同桌吃饭，等一会儿我侍奉大人睡下我再吃不迟。"

高剌互赤心中不禁发出一股怜惜之意。这玲儿跟自己的女儿差不多大，却这么懂事乖巧，招人心疼。他的脸色不禁放松了些，话语也多了起来："这个家就只有你我两个人，不要太过生分。再说我一个人吃饭也冷清了点儿，以后就跟我一同吃。"

玲儿见主人如此温和，便听话地端起了饭碗。一边吃，一边不时地给主人倒酒，夹菜。

高剌互赤有点儿眩晕的感觉了，他仿佛又回到了十年前新婚的日子里，那时他与妻子也是这般亲热地一起吃饭。只不过妻子没有玲儿这般清秀、这般小巧。他透过模糊不清的醉眼，看到玲儿鲜嫩的红唇一张一合，似乎在说着什么，但他听不清了，他只感到玲儿笑了，笑时一双凤目弯成了月牙，一排珍贝般的玉齿轻轻开启着。他放下酒杯站起身来，一个趔趄，差点栽倒在地。是一个柔软的臂膀扶着他走到了床边，帮他脱下了靴子，褪去了衣衫。绿色的、泛着漠北大草原野花清香的影子在他身边忙碌着，他像火一般烧灼的血脉再也不听话了，他一把就将这个绿色的精灵搂在了怀里。

在玲儿到家中的第二个月，李柱瞅了个空子，在高剌互赤耳边低语了几句后，二人一同走进了一个杂耍班子。原来是李柱见主人对玲儿过了新鲜劲儿，把又一个女孩送进了主人的怀抱。

如此这般几回下来，高剌互赤真正地掉进了温柔陷阱，再也没多少精力去处理政务了。而且他玩女人需要大把的银子，他开始或明或暗地接受一些犯案人的黑钱了。俗话说拿了人家的手短，他花了当事人的钱，办起案来自然难保公正无私。渐渐地，这些事情传到了忽必烈的耳中。忽必烈没有做出反应，直到有件事情轰动了燕京。

那天，高剌互赤在审案时，一口气判了二十八人死刑，因一案犯是个盗马贼，被当庭杖责五十后，准予开释。恰逢此刻有一个人进来献上一把祖传宝刀，高剌互赤为了试一试这把宝刀是否锋利，竟用刀把这个盗马贼的头颅砍了下来。目睹高剌互赤肆无忌惮地草菅人命，整个燕京都为之动容。民众们纷传断事官是一个杀人不眨眼的魔王。

刘秉忠最先得知了这个消息。在每天清晨例行的藩王府的朝见时，刘秉忠把这件事告诉了忽必烈。忽必烈听后，沉着脸半天没有言语。

郝经看看面色阴沉的忽必烈，想了一下，上前说道："当年成吉思汗曾向丘处机道长询问长生不老的秘诀，丘道长说：'有卫生之道，而无长生之药，节敌止杀，外修阴德，内固精神，恤民保众，才是长生的

第五章 远征大理 接纳汉儒

妙方。'当时大汗也深以为然。如今高剌互赤为试刀锋，而妄杀百姓，已经在民间引起反响，如若姑息，那我们追求的治国平天下的目标怎能实现，又何谈长生！"

姚枢也道："中国兵法的精要就是'不战而屈人之兵'，更何况是面对一个手无寸铁的百姓，请王爷重裁才是。"

忽必烈点头道："纵是判了死罪的人，也要给人家申冤的机会，高剌互赤一天之内诛杀二十八人，其中必有屈死之士，他对一个小小的贼寇先杖复砍，真是可恶之极。把高剌互赤叫回来吧，我要好好地处理他。"

忽必烈顿了顿，道："我更担心的倒是这些散布于各州府的王爷们呀。他们的生活荒淫豪奢，竞修府邸，为祸乡里。不除不足以安民心。"

刘秉忠心中窃喜，他想自己多年来的努力今天终于看到成果了，他感到忽必烈摒弃了凶暴，选择了文明与仁儒的治世观念。一边是那么多无辜的百姓，一边是跟着自己征战多年，有着赫赫战功的心腹大将，在公允与私情、凶残与文明之间，忽必烈显示了自己的帝王风范，他从容而自然地选择了文明与公正，而且更深一步地预测出将要发生的类似事情。刘秉忠显得有些激动，就连声音都夹杂了些许颤抖，又给忽必烈献上了釜底抽薪的一计。

刘秉忠认为忽必烈大可以利用自己是可汗的弟弟这一身份，在加上自己手中掌握着主持漠南的政务军事大权，为何不将那几位臭名昭著的蒙古大将分遣到兴元戍守，那么被留下来的几员大将自然会明白事理，也一定会有所收敛。然后忽必烈再派出几位自己信任的人到各府上任，那这件事情也就迎刃而解了。忽必烈感觉这是个好办法，就同意了刘秉忠的建议。

第六章

大汗去世　汗位悬空

　　就在忽必烈兴致勃勃全身心投入发展农商的时候，蒙哥可汗清除异己的举动也完成了，于是他又致力于大举征宋的战争。蒙哥汗为了能够对宋形成迂回包抄的形势，命令忽必烈率领蒙军征伐云南，牵制住宋朝的西南方向的军队。忽必烈得到命令，集合兵力，同兀良合台祖孙儿三人及阿必失哈等大将，将带领的蒙军分成三路大军，直趋云南。

　　忽必烈率领蒙军是中路军，他同刘秉忠及吹见哗等人同行，一路上经大雪山，渡过大渡河，又穿行了二千余里的山谷地，与兀良合台带领的蒙军汇合后，直逼云南的重镇大理。大理国将自己的国都定在太和城，大理国王段兴智和权臣高祥、高和等兄弟听闻蒙古军已经兵临城下，一时竟拿不出对策，乱了手脚。

　　这是元宪宗三年（1253 年）的冬天。冬日的漠北草原万物凋零，寒风劲吹，大雪两日一下，五日一飘，气温非常低，冬日的草原上一片寂静，不见了夏日草原野兽奔跑，鸟鸣花开的景色。而大理的冬日则与漠北迥异，依旧温暖的阳光照射在忽必烈驻扎的帐顶，四周无数的鲜花竞相绽放，高大的椰树枝叶繁茂，不少椰果仍高悬在枝杈上，远处青山碧水，绿意葱茏。忽必烈坐在帐外，沉浸在一片秀丽景色之中。刘秉忠陪坐一旁，也在欣赏着这美轮美奂的南国风光，过了一会儿他长叹一声："泛舟碧湖，吟诗把酒，正是绝佳的诗情画意之地呀。"忽必烈把目光从远处拽回，应道："是啊，疆土之大，瑰丽风光之无限，真非漠北草原可比。"

　　"您是否也被这景致所迷醉？其实长江南岸，宋都之地，则又是另一番景色。这里山水天琢，那里则有无数工匠巧夺天工般建筑了无数的楼阁亭台，气度恢弘，更是华丽无限。"

"所以说，我们任重如山呀，"忽必烈叹道，"漠北外边的世界之美、之沃，我非常喜爱，而且住砖房瓦屋想必一定很舒适。"

"对，您不妨在漠南兴建一处城垒，接受汉人文化的同时，接受些汉人享乐的方式也不为过呀。"

"可以，此番征服云南后，你便着手办此事。"

"遵命。"刘秉忠应道。

忽必烈信手摘下坐边的一株野花，放到鼻前嗅了嗅，又道："可惜，这人间仙境将面临一场血肉搏杀呀。"

"我们可以尽量避开杀斩之举，派到太和城的特使如果能让段氏受降就好了。"

"我估计凶多吉少，几日来尚无消息，而且一路走来，瘟疫瘴气让我损失了不少兵马，此番段氏战也罢，降也罢，我绝不能无功而返！"

忽必烈在途中损失很大，他心痛自己力量的削弱，故此说道。

"但军队如果在进城前严明军纪，不滥杀无辜的话，会减少我们攻城的难度。"刘秉忠试图劝告忽必烈。

"怎么讲？"

"讲军纪，不滥杀，一能约束军队的涣散之风，二能得到百姓的支持，三能削减军队的嗜杀之习。古来常胜之师均遵此训。"

忽必烈听后，没有立刻回答，半晌，才道："好吧，就试一试。"

忽必烈派往太和城劝降的三位使者被段兴智斩杀在城墙上，并吊尸向城外的蒙军示威。忽必烈大怒，下令马上攻城。由于忽必烈接受了刘秉忠的劝告，特传令军队进城不得掳掠百姓，不得抢掠商号，故而军队在城内得到了百姓的认可与粮草帮助。这是蒙古军队多少年来没有过的事情，忽必烈在此事上深深感到了为百姓安宁着想，百姓就会无私回报，这一点对他以后登上汗位后的治国起了巨大的影响。而忽必烈的军队不杀不抢的军风亦被当时及后人传为了美谈。

忽必烈手下的将士见到三个劝降的使者尸体被高悬在城墙之上，头颅也被砍下，不知去向，都气红了眼，纷纷要忽必烈下令屠城。

忽必烈耐心地对将士们道："这都是段兴智及高氏兄弟所为，与百姓无关，不可迁怒于无辜之人。"攻下大理，忽必烈令军队饮酒庆贺，并嘉奖立功将领。一时间，大理城内酒肉飘香，欢声鼎沸。酒毕，忽必烈回到帐内就寝。李小禾殷勤地帮他宽衣解带，扶忽必烈躺在枕上，然后，自己紧挨着他躺了下来。

李小禾的干爹李璮被忽必烈平抚时，李小禾遵母命，为了让忽必烈不采用杀光的举措，主动投到忽必烈的帐中，以身相许。李小禾是一位识文断字的大家闺秀，不仅容貌出众，更难得她有一身琴棋书画的技艺，而且举止优雅，温柔似水，颇得忽必烈的欢心，此次南征，忽必烈割舍不下对她的迷恋，索性带着她和妻子察必一起来到了云南。

忽必烈乘着酒兴，搂着李小禾温软的肢体，不禁涌起欢娱之念。他转过身来，拧了一把李小禾的脸蛋儿，悄声说道："普天之下，最香的食物是酒，最美的食物是女人，难怪男人们钟情声色。"

正在此时，听闻察必来到，忽必烈不禁坐起披衣，令道："让察必进来。"

察必掀帘进了帐篷，见李小禾正往身子上穿衣服，边穿边惊慌道："请恕小禾无礼，我马上起来招待别乞。"

蒙古诸王的妻女均称别乞，李小禾只是忽必烈收在帐内的女人，并无名号身份，李小禾按汉人妻妾的礼数，自然是低察必一等，所以她见察必深夜探帐，以为是她醋意难平，专门找她的麻烦的，故而有些惊慌失措。

察必扫了一眼李小禾，心里叹道："纵我是女人，看到这天仙般的尤物，也不禁心意迷乱，难怪藩王为之迷醉。"她抬手止住李小禾道，"不必多礼，我只是有事跟藩王谈，你休息吧。"

忽必烈一向敬重察必，他知道察必不是心胸狭窄之人，深夜到来，定是有急事。他挥手冲李小禾道："你去吧。别乞有事。"

李小禾赔笑道："是。"便起身出帐，临走时，一丝幽怨袭上了眉梢。察必坐下后，严肃地道："我是为今晚宴会之事而来。"她见忽必烈询问地望着自己，便接道："宴席间，你对速不台的态度太严厉了，我怕会有不好的后果，而且兀良合台在席间颇为恼怒子聪先生，我很担忧。"

忽必烈听到察必这番话，披衣起身，在帐内踱了几步，回答："不会吧？速不台祖孙三代都在我军中效力，而且都是忠勇之士。晚上我对他严厉了些，我倒不是怀疑他会有什么逆反之举，只是因为我统领军队

后，帐下尽是战功赫赫的人，我意在告诫他们不可轻视我而已。"

"目前蒙哥汗统治着大蒙古帝国，如果你一直能受到重用，速不台三辈人自不会不听调遣，但如果你与蒙哥汗有了什么矛盾时，速不台会站在你这一边吗？"

"这个，我没把握。"

"所以说，你得尊重速不台。"

"有理，速不台诚信侠义，让他听命远远不够，更重要的是要他忠心不二。"忽必烈点点头，用赞许的目光看了看察必："别乞，你很聪明，想得非常周到。"

"我……我只是多听了子聪先生讲解汉史诗文，哪里是聪明。"察必得到夸奖，有些不好意思。

"是啊，我可听说你经常跟子聪先生在一起聚合。"忽必烈笑着揶揄道。

察必忙接过话题："我只是去学习，可没跟什么禾苗、荷花的在一块寻乐子。"

忽必烈看察必急得涨红了脸，哈哈大笑起来："怎么，你倒吃起醋来了？好，我就让你醋个够！"

忽必烈一边大笑，一边把察必拽到怀里。

察必一边用手挡住虬须满腮的忽必烈，一边道："藩王，不要，你不要太累了。"

忽必烈听到察必体贴入微的话语，看着她欲拒还迎的羞涩，禁不住撕开了察必薄薄的衣襟……

拖雷是公元1232年死于返回漠北途中的。有关他的死因，《元史·睿宗传》及《元朝秘史》《史集》说，拖雷是替窝阔台汗饮"巫觋（男巫师）被除衅涤之水饮焉"，而后遇疾身亡的。甚至有人推测窝阔台汗在巫水内下毒而使拖雷死亡。这种推测有一定的道理。拖雷死亡前后，窝阔台汗与拖雷系的关系确实有些蹊跷。波斯史家拉施德说，一次，唆鲁禾帖尼向窝阔台汗索要一名商人被拒。唆鲁禾帖尼哭诉道："我的心爱的人为谁做了牺牲？他替谁死了？"窝阔台听毕，马上满足了唆鲁禾帖尼的要求，并表示歉意。很明显，窝阔台汗在拖雷死亡一事上是愧对唆鲁禾帖尼的。

拖雷的妻子唆鲁禾帖尼，是克烈部王罕的侄女。她富有远见，聪慧过人。拖雷死后，唆鲁禾帖尼继续掌管他麾下的军队、部众及分地，并抚育忽必烈、蒙哥、旭列兀和阿里不哥四个儿子。

虽然窝阔台降诏：拖雷所辖的军队与部众，都听从其妻唆鲁禾帖尼节制与号令，但他对拖雷系掌管的成吉思汗六十多个蒙古千户一直非常嫉妒，常常想方设法给以肢解或变相剥夺。

有一天，窝阔台汗未与宗亲商议，擅自将拖雷系所辖的逊都思二千户和雪你惕一千户拨给自己的儿子阔端。这件事发生以后，拖雷麾下的万户长与千户长大哗，扬言："这两千速勒都思人军队，按照成吉思汗的诏敕亦是属于我们的，而合罕把他们给了阔端，我们怎能同意此事并违背成吉思汗的诏命呢？"唆鲁禾帖尼冷静地对待这件事，感到不能因之与窝阔台汗对抗。她耐心说服那些喧闹的万户长与千户长："你们的话是公正的，但是，我们所继承的与自己取得的财产之中并无不足……军队与我们，同样全都是合罕的……我们要服从他的命令。"最终，唆鲁禾帖尼平息了这场风波，维系了对窝阔台汗的服从与和谐。

一波未平，一波又起。不多时，窝阔台汗派使者送来了欲令唆鲁禾帖尼再嫁皇子贵由的诏旨，目的是想让皇子贵由借收继孀居之婶娘，全面接管拖雷系的军队与部众。

这次唆鲁禾帖尼始终坚持自己的立场。她虽然首先声称："怎么能违背诏令呢？"接着又以"我有一个愿望：要抚养这些孩子，把他们带大"为辞，婉言谢绝，让窝阔台的计谋未能得逞。

唆鲁禾帖尼对子女的教育非常精心、严格。她恪尽做母亲的责任，教儿子们懂得德行和礼貌，不容许他们之间为小事发生任何争吵，不容许他们违反或变动律令与札撒。在窝阔台汗和贵由汗逝世后，诸王纷纷滥发牌符征敛财物，她与她的儿子们却严守札撒，没有那样做。她还特意为幼子阿里不哥请来真定汉族名士李架，担任"讲读"。后来，她的四个儿子蒙哥、忽必烈、阿里不哥、旭烈兀相继做了第四、第五任大汗与伊利汗，这离不开她平日的严格教育。

窝阔台汗逝世后，汗位继承再次发生争执。窝阔台汗曾遗言以皇孙失列门为继承人。另一名垒子阔端也志在必得。临朝称制的脱列哥那皇后则力主亲生子贵由继承汗位。机智的唆鲁禾帖尼觉得贵由继承汗位不

可逆转，遂积极赞同脱列哥那皇后的意见，以保持拖雷系在贵由汗即位后的权益与有利地位。

她注意爱护与赏赐属下部民，对诸王贵戚也多有馈赠恩惠，备受拥戴和赞誉。当贵由汗秘密西去征伐术赤之子拔都时，唆鲁禾帖尼马上派人暗中通知拔都有所防备。她或许感到：在察合台系和窝阔台系因拥戴窝阔台而友情日笃的情况下，结好术赤系宗王对拖雷系大有好处。

唆鲁禾帖尼以其智慧聪颖，巧妙地运用了拖雷系的实力与诸王之间的派系矛盾，从而使自己的儿子们在新一轮汗位争夺中处于有利的位置，为汗位最终向拖雷系的转移打下了坚实的基础。

蒙哥汗是拖雷的嫡长子，小时候被伯父窝阔台代养抚育，窝阔台还为他迎娶妻室，分配部民。一直到拖雷死后，蒙哥才回到母亲身边。窝阔台汗对蒙哥极为钟爱和器重，认为他才堪大用。多年后，蒙哥的确成为成吉思汗之后又一位杰出的大汗。

贵由汗死后，唆鲁禾帖尼认为拖雷系问鼎蒙古汗位的时机已到。她主动让长子蒙哥以探病的名义赶赴拔都所在的钦察草原营地。

拔都为术赤子之，也是术赤兀鲁思的继承人。他曾因长子西征时和贵由争吵而与其结下深怨。推选贵由汗的忽里台贵族会议举行的时候，他又以脚疾为由拒不出席，导致前述贵由汗的兴师问罪。这时，拔都公开反对窝阔台后裔继承汗位，而属意于蒙哥。

拔都在自己的营地里举行了一次小型忽里台贵族会议。参加这次忽里台贵族会议的察合台系、窝阔台系宗王较少，他们或者只派自己的代表，或者借口萨满巫师不允许久留，很快离开。

当拔都亲自提议推选蒙哥为新的大汗之时，贵由妻海迷失的使者八剌出来发难说："昔太宗命以皇孙失烈门为嗣，这是众所周知的事情。今失烈门故在，而议欲他属，将置之何地耶？"因窝阔台与贵由即汗位时，都曾让出席忽里台的宗王贵族立下日后汗位必须在窝阔台后裔内传承的誓言，八剌的话当然就有其相当重的分量。蒙哥庶弟末哥当场反驳道："太宗有命，谁敢违背。然前议立定宗，由皇后脱列忽乃与汝辈为之，是则违太宗之命汝等也，今尚谁咎耶？"八剌无话可说。参会的人商定：来年在怯绿连河的蒙古本土召开全体宗王参加的忽里台会议，正式拥立蒙哥登汗位。

会议之后，拔都又特意命令其弟别儿哥带领一支大军护送蒙哥返回蒙古本土。

因窝阔台后王的抵制，新的忽里台贵族会议两年后才在阔帖兀阿阑之地举行。这次忽里台会议，正式推选和拥戴蒙哥为第四任大汗。蒙哥的三位弟弟分别担当了维持忽里台秩序的任务：末哥负责守卫帐殿门户，阻拦宗王那颜们的出入；忽必烈负责指挥全体与会宗王贵族的行动；旭烈兀则站在司膳与卫士们前面，维护会场秩序。

依仗拖雷系强大的军事实力，凭借唆鲁禾帖尼母子的机智干练和拔都大壬的全力支持，蒙哥做了第四任大汗。

忽必烈在漠南的这段日子，并没有停止战事，先是铲平了山东小股叛民，接着又接到了大汗的指令，出漠南，围邓州。邓州有十万金兵驻守，战斗很是激烈，就在邓州战事正酣的时候，一件事情突然发生了。

窝阔台大汗死了。元太宗十三年（1241年），窝阔台大汗死在了征宋的途中。

就在窝阔台大汗实施联宋抗金后，宋先是应允，继而反悔，窝阔台一怒之下，下令挥军伐宋。耶律楚材及一些老臣曾劝说大汗不可四面出击，大汗不听，结果在未攻宋之际，死在睡梦中了。

窝阔台在位时，曾选定由乃马真皇后所生第三子阔出继任汗位，但阔出先于父汗死去，于是，窝阔台又有意把汗位传给阔出的幼子失烈门。但窝阔台死后，由其遗孀乃马真皇后监国，皇后废黜了失烈门，欲立长子贵由继任汗位。皇后先后罢免了耶律楚材、镇海等一些旧臣，企图为贵由即位理清障碍。

自太宗十三年（1241年）窝阔台汗死后，由于汗位悬而未定，漠北草原群龙无首，陷入了互相抢掠的境况。太子贵由为了早日登上汗位，四处活动，拉拢手中控有军队的宗王们。

蒙哥能征善战，首先成了贵由拉拢的目标。贵由主动向蒙哥示好，委蒙哥以重任。

蒙哥受到太子贵由的重用，贵由很快把不儿罕山之地的军政大权全部交给他。这样，他便更容不下有与他意志不符者。蒙哥动辄挥金如土，包括唆鲁禾帖尼在内皆不敢言。唯忽必烈常直抒己见，似乎抱着此处不留爷，自有留爷处之意。

蒙哥果然动怒了。

忽必烈与下属龙广天书意气相投，龙广天书更是巾帼不让须眉，常交天下豪杰，漠南漠北无不随势附之。来投其父沈元帅者有之，来投龙广天书门庭谈文论武者有之，一时间，龙广天书成为忽必烈面前举足轻重的人物。王社教、文灿、万尊东三人最先结盟而至。忽必烈听龙广天书谈到三兄弟都是人中龙凤，当下便要约见。上自天文地理，下至国事民情，三人口若悬河侃侃而谈。忽必烈心中大悦。

早有蒙哥心腹去报知忽必烈新纳三兄弟，蒙哥怒问忽必烈："为何私下结盟？"忽必烈当下心头吃惊不小，但表面上仍是和颜悦色，只是推说是三个落拓之人而已。蒙哥满腹狐疑地望一眼忽必烈，不再追问。但忽必烈却着实吓了一跳，回去长吁短叹，察必问其故，他便和盘托出。

察必说："不如早日离去。长此以往，难免兄弟争斗。"

在蒙哥军中的这段时间内，由于蒙哥手中握有重兵，所以，尽管汗位虚而未定，但是他支系的宗亲们没人敢小看蒙哥及其家人。忽必烈除了偶尔出去打个小仗外，多数时间是跟妻子察必和手下的部属们谈天说地，日子过得倒也舒心。

龙广天书是一位跟察必年龄相仿的女子，早年从师全真教门下，与子聪相识。当她听说子聪跟社教均已投奔了蒙古的忽必烈，便也一路打听，到了漠北。龙广天书从小习文练武，总是一身男人装束，体态矫健，满面英姿。到漠北不久，便与察必成了好友。二人经常在一起说笑，龙广天书给察必讲述中原及江南的风土人情，察必介绍蒙古的风俗习惯给龙广天书听，不久，二人成了无话不谈的朋友。

忽必烈呢，也是整天跟子聪他们在一起。子聪从中原到江南，从南宋到辽金，向忽必烈介绍着天下形势，也从古到今、从孔孟之道到佛、道宗教等一股脑儿地讲给忽必烈听。

这些知识或者说见闻令忽必烈大感新鲜与有趣。他原先接触的人不外俘虏未杀的匠工、医卜等，如今子聪先生从天文地理到中原历代帝王的兴衰演变均一一清晰道来，忽必烈的眼前恍若洞开了一扇窗户，看到了大草原之外的令他有些眼花缭乱的世界。他如饥似渴地接受着知识的同时，也被汉儒文化的博大精深所深深震撼。在这时，忽必烈才知道除了用刀剑去征服敌人外，还有一种更厉害、更有效的武器，那就是拥有知识后所孕育的"术"——统御术、谋略术、识人术，等等。他越发看中他身边的这些汉人儒士了。

所以，当蒙哥飞扬跋扈到令人难以容忍时，子聪亦劝他应"忍一步海阔天空"，他采纳了这个意见，率领手下的兵马及几位汉儒离开了蒙哥。当然，忽必烈离开的借口是"我要杀了速不花，报昔日之仇"。蒙哥巴不得他离去，少一个敢跟他叫板的人。

月色淡淡，东方微明，坐拥三千帐的忽必烈回到大营，而且马上把最精锐的伯颜所部调到离不儿罕山很远的岸边，对他说到："伯颜，你时常对我说，想报答我对你的知遇之恩，明天你就报答吧。"

伯颜已成为忽必烈帐前最重要的一员大将，他曾和阿术一起受命潜到蒙哥身边，是忽必烈最忠勇的四大将军之一，另外三位是阿术、沈元帅和廉希宪。

"主公要我怎样？"伯颜说，"只要您一声令下，我可以赴汤蹈火。主公，自投奔你以来，就想着建功立业。"

忽必烈只是冷冷地说："不许速不花的兵马渡过不儿罕山脚下的港河沿。"

"港河沿？"伯颜问，"就是在大顾和照庄之间的港河沿吗？"

"是的，"忽必烈点了一下头，"你且去那里，阿术将在三座楼、平坊、成凹、桥子、尚楼、沉堂寺那一带配合你。"

杀速不花是忽必烈离开蒙哥的借口，同时也是他一个未了的心愿。

就在忽必烈分兵布阵圆满之时，有信使来报说速不花来了。忽必烈大惊，他正有意去攻打速不花部，怎么这个时候他会突然驾临呢？阿术主张把速不花杀掉，忽必烈不允，他说，到时再见机行事。就这样说着，速不花就来到了帐内。

忽必烈说："阿术，给我宰一千头羊、一千头牛、一千头骆驼送过来，就对部下说，是速不花的世侄忽必烈慰问他的部队的。去吧，一定要办好。"

阿术附在忽必烈耳畔说："王爷，速不花此次前来，不是朋友，是要来杀我们的呀，我的王爷！"

忽必烈轻声说："让他们吃了喝了，我们就像宰牛一样，用牛马换回他们的血肉之躯，还不合算？"阿术微笑着走了。

忽必烈和速不花都在虚情假意地寒暄着，但没人感到不自在。

"尖利的刀刃宰在牛羊身上，我的兵士就要美餐一顿。"速不花说，"真不知要怎样感谢贤侄的好意。""该我谢您！"

"谢我？"

"想当初如果不是您老人家留我性命，我怎么会羽翼丰满呢？"忽必烈笑着说，"总想报答您老的恩情。"

"贤侄，这几年眼见着你有出息，我真高兴呀！"速不花说，"真是应了中原人说的一句话哟！"

"什么话？"

"长江后浪推前浪，一浪更比一浪强，"速不花说，"子侄，你和蒙哥都是我看着长大的。想当年，拖雷监国在世时，对我这个山大王手下留情，我就一直感恩不尽，并对你母亲说过要扶掖你们兄弟成才。"

"多谢前辈扶持，才使我兄弟羽翼丰满，"忽必烈说，"方才我命阿术出去宰牛杀羊，就是聊表谢意。"当阿术把劳师礼物送到阵前，忽必烈和速不花也走了过来。

忽必烈来到阵前，并没有任何战备的阵式，只是非常恭敬地对速不花说："侄儿知道叔叔听了别人的谗言，是前来教训侄儿的，侄儿今日的一切，都是得自叔叔。叔叔喜欢拿些什么东西回去，尽管拿去好了。尽管拿，能拿多少就拿多少，侄儿说什么也不会抵抗的，请叔叔派人前来掠取。"

"是叫我采抢吗？"速不花有些不悦，但又想不出更好的话。

忽必烈说："我的意思是你如果喜欢，尽管拿去。"

速不花听了，亦觉赧然，便暗示他几个贴身部下不要轻举妄动。

但是，速不花的儿子奕剌合却忍不住了，他立刻高声叫道："既然忽必烈将军如此识相，财物任我们掠取，那么我就让部下到库里去拿了！"

这么一说，对速不花来说，正是一个致命的打击。

速不花所有的部众，一听说可以掠取忽必烈的财物，立刻便乱作一团，欣喜若狂似的纷纷抢着向忽必烈的库帐冲过去，完全没有了阵式。

而忽必烈的铁骑，则已到帐后布下了天罗地网。

抢财物的一大群人，才涌进帐中，则像进入阿鼻地狱一样。

惨叫。狂号。

被带着火焰的利镞插入体内，痛得在地上乱滚一气。哭爹喊娘，一阵惨不忍睹的景象，令人触目惊心。他们高声痛呼，声音十分凄绝，犹如凄厉的鬼叫。

速不花十分惊诧，他马上叫号角手吹动了撤退的号角，数以万计的人，抢着向斡难河逃去，根本就没有了队形。忽必烈并不派人追赶，只是笑了笑。

忽必烈很开心。逃去的速不花在路上痛骂忽必烈的狡猾，过了一会儿，他又痛骂儿子奕刺合。可是，骂声未完，大队人马早已陷入伯颜布下的钢铁重围。伯颜这条大汉，依然是他以往的作战风格，身先士卒，从不畏死。

伯颜骑在一匹高大的枣红色马上，往来冲杀，只要是他的箭所到之处，先是带头的一个眉心中箭下马，然后大批蒙古兵就趁着后面的人惊魂未定，狂呼大叫，一路冲杀过去。逃到斡难河的，几乎就如伯颜向忽必烈许下的誓言一样，没有一个可以生还过河。只有跪在地上的得以留下了性命。因为忽必烈一再吩咐，不许杀降。

士兵们在相互厮杀。

不儿罕山脚下血流成河。

速不花在众将护拥下冲过斡难河，向不儿罕山遁去。

忽必烈大获全胜，他高兴地举起了他本人的帅旗，仰天长呼："蒙哥，咱们又胜了一仗！"

这时，伯颜策马驰到忽必烈面前，满面羞愧地说："主公，我没有抓到速不花和他的一些军将。"

伯颜跪下来了，他难过得几乎要流下眼泪！

忽必烈哈哈大笑，他拉起伯颜，拍了拍他的肩说："好样的，别泄气！伯颜，这正是你另一个立功的机会。"

"主公，"伯颜说，"我还有立功的机会？末将罪该万死。"

"胜败乃兵家常事呀！"忽必烈笑着说，"一切都过去啦！"

"末将罪该万死，"伯颜说，"在下一时大意，让那老贼跑了。"

"这不能怪你，"忽必烈说，"机会多多，我会给你的。"

伯颜满腹狐疑地望了望忽必烈一眼："我还有机会？"

忽必烈一本正经地说："是的，伯颜！你应该知道，速不花他们此次在这里大败，最有可能逃到哪里？""漠南？"伯颜说，"主公是说速不花会逃到漠南去？"

"是的。"

"那我们就追过去！他跑到漠南，我们就追到漠南！"

"对。"

"在漠南摆开战场。"

"把速不花的人都杀死，消灭得一干二净，然后，我们在那里驻兵养兵，等待大汗的召用。"

"主公高见。"

"这正是我和子聪先生早已谋期好的，"忽必烈说，"眼下速不花已无路可逃，漠南已是唯一能去的地方。"

"主公，我现在明白了！"伯颜笑了笑，"主公真英明。"

"伯颜！"忽必烈拉住伯颜的手，亲切地说道，"此次攻打漠南在即，对你来说，你说是不是有机会？"

伯颜尴尬地笑了笑："主公，如此说，将来要是有这机会，主公须得让我先大干一场，立功补罪。"

忽必烈点了点头："伯颜！你至今还未娶老婆。"

"谁肯嫁给我这个丑汉子，"伯颜说，"主公，我太丑了。"

忽必烈见伯颜有几分自惭形秽，拍了一下他的肩，笑了。

伯颜猪肝似的脸上，这时变成了深紫色。

忽必烈说："伯颜，别泄气，我要你在今天一个晚上讨好几个女人！"

"主公赐给我？"

"对。自先祖创业以来，主公都有权赐女人给下属，"忽必烈说，"去吧，跟廉希宪一块去吧。"

廉希宪来了。

忽必烈附耳对廉希宪轻言几句，廉希宪转身离去，不一会儿，他已经带来四个女人，一齐站在伯颜面前。

伯颜笑了。

忽必烈拍一下伯颜的肩说："伯颜，你可别忘了弓箭哟!"

果然不出忽必烈所料，狼狈逃亡的奕刺合和他的父亲速不花，逃到了漠南之地。逃入到那里之后就不停地招兵买马。

还有益州的千户李璮，他由漠南向胶南发展，在胶州渤海一带网罗大金遗民，劝说他们向蒙古人复仇。李璮说，要先发制人，把追来的蒙古人先行荡平，再活捉几个蒙军元帅。但就在李璮准备趁乱扩大势力、攻打蒙古人之时，一件令蒙古人和金人遗民感到奇怪的事情发生了。一天晚上，正当忽必烈独处大帐的时候，左右急急前来报告："速不花那边带一队人马深夜悄悄朝这里奔过来，像是怕被人发现似的。"

此时，忽必烈已经拥有一支善战的军队，而且也拥有了一块不小的地盘，蒙哥他们也没有干涉过他的行动。忽必烈听后感到奇怪："来人是从漠南而来，那漠南目前正是速不花所在之地，难道他斗胆敢先行出兵?"

忽然，前面的兵马亮出了一面标志着归降的旗子。

忽必烈当下备了战马，亲自迎上前去，他要看一下这时奔过来的都是些什么人，为何深夜而来。

那一小队兵马像是突然加快了步伐，看上去步子特别快，像飞一样，嗖嗖嗖掷地有声，奔腾而来。

忽必烈有些戒心，他举弓在手，但很快就把弓箭重放了下来。

此时，忽必烈听到一阵莺声呖呖："忽必烈，我是速不花的妃子耶律美，现在特来找你，有急事。"

忽必烈什么都没有说，他静观眼前这一队人马，她们已滚鞍下马，而且清一色都是耶律美的奴婢侍女。忽必烈不再多言，只是笑了笑，便把耶律美引到自己的大帐中，并且关上帐门。没有人敢进去。

帐内被羊脂巨烛映照得很亮，忽必烈看清了耶律美的容貌，依旧是一个矫健婀娜的绝色美人。

忽必烈笑道："耶律夫人，你刚才说找我有急事。"

耶律美撩了撩头上的秀发，忽然间竟掉下了两颗泪珠，幽咽道："王爷，速不花垂垂老矣，真没想到李璮会背信弃义，用兵夺取漠南许多重镇。"

"他夺了漠南重镇?"

"嗯。"

"那速不花叔叔为何不出兵痛击？"忽必烈笑道，"那李璮他为何会反呢？"

"只是说他笼络人心为了迎击蒙古人，不知怎的，他的手下竟然连我们漠南的地盘一块占了，"耶律美说，"那李璮并不制止他的部下，似乎还怂恿他的部下这么做。速不花患了大病啦！"

"速不花病啦？"

"嗯。"

"那现在一定是奕刺合主政漠南？"忽必烈道，"奕刺合还是有些才干的，他会把漠南治理好的。"

"不，现在只有忽必烈王爷您能救我和速不花。"

"您这么说，是认为我一定会帮你们的忙，我会给你们这个面子。"忽必烈说，"不过，你是个女人，路上又那么多匪徒，真不该让你来呀！"

耶律美这时却是脸上一红："王爷，你，你是要过我的，一定会帮我们的忙，因为我和你有过交往，对吗？"

忽必烈一把把她抱起，低声说："可爱的美人儿，你的事就是我的事，请你放心。但你究竟是太疲劳了，你得休息一个晚上。耶律美，你明天再回去吧，一切不用担心。"

这时，耶律美用充满感激的双眼柔情地望着他，情不自禁地凑上了两片红唇，就像一团欲火，烧向忽必烈的脸庞。耶律美的形体是如此婀娜刚健，可是，当她躺在忽必烈怀中时，却柔得像一团软化的玉脂。忽必烈左手用一用力，把耶律美扳了过来，面对面，双手托着耶律美丰满的地方。耶律美的一双手，就像是两根不可解开的藤，缠住了忽必烈的脖子。一天马上的奔波，耶律美的身上多的是汗味，但忽必烈嗅着时，却只觉得十分醉人。于是，忽必烈用手扯开了耶律美那根围腰的丝带，口中喃喃地说："耶律美，你真是一个小妖精，我不能总是这样抱着你吧，你松一下手，让我动一动。"

耶律美却摇一下头，沙哑着嗓子说："王爷，我现在是不能松手的。无论如何也不能松开你的手呀！"忽必烈伏在耶律美的肩上轻轻咬了一口说："耶律美，为何不能松开我的手呀！为何？"

耶律美娇笑着说："王爷，我没有洗身上，松开你的手，你就会让我去洗澡的。告诉你，王爷，我是最讨厌洗澡的女人。"

忽必烈用手捏了耶律美一下说："美人儿，洗澡就没有味道了，我是非常喜欢你的。"

耶律美娇笑道："我就是不喜欢洗澡，那你就看着办吧！"

忽必烈说："也好，如果洗澡就没有味道了，我喜欢。此时你正是风尘中的样子，也是那风尘味，天下难得呀！"

耶律美索性扭动着身子，不断地把身体压向忽必烈感到最难受的地方。

忽必烈不能再说话，索性双手把耶律美一抛，抛到了虎皮褥中。

正当忽必烈虎视眈眈地盯着漠南，正与耶律美巫山相会时，此时的察必正在漠北分娩。此刻，察必正躺在帐内，美丽的脸因痛苦而扭曲着。唆鲁禾帖尼心痛万分，实在不忍心心爱的儿媳察必受那么大的罪。察必开始嚎叫起来。

汗水已浸透了察必的衣衫，一头乌发也宛如水洗一般，黏在胸前，她正经历着分娩前的阵痛。

唆鲁禾帖尼擦拭着察必额上的汗水，轻声说："察必，你不要太紧张。"

"是的，婆母。"察必对唆鲁禾帖尼努力地微笑一下。

随着一声震耳欲聋的炸雷响起，"呱呱"一声，一个黑黑的、粗壮男婴坠落到了这个篷帐。

"哦，是个男婴。"唆鲁禾帖尼对察必笑了笑。

"这就好，这就好，"察必连声自语着，脸上溢出由衷的笑意，"他的父亲忽必烈还在漠南呢！"

唆鲁禾帖尼说："我会马上让阿里不哥去漠南告知忽必烈，让他得知自己有了一个儿子。这是一个好消息呀！察必，察必，你真幸福！"

"是的，婆母。"察必对唆鲁禾帖尼微笑一下。

"那我们给这个孩子取个什么名字呢？"唆鲁禾帖尼说。

"全凭婆母的意思，您就给他取个名字吧！也好让阿里不哥到漠南告知忽必烈呀。"察必说。

"不如就叫真金吧，"唆鲁禾帖尼说，"真金是好马之意，但愿这孩

子长大后能像一匹宝马一样驰骋在草原。现在，我们拖雷家正是需要人的时候。"

"真金，好，多么好听的名字啊，"察必说道，"希望真金真的可以成为一匹好马，可以像他的父亲一样驰骋沙场、纵横草原。"真金出生在了漠北草原的黄金家族。这时，他的父亲正在悄然有序地扩张自己的势力，壮大自己的队伍。

自从去年在漠北拥有了自己的地盘后，忽必烈愈加感到拥有人才比拥有金钱更为重要。他四处招贤纳才，网罗精英，为扩充自己的势力准备着。

第七章

崇尚汉制　欲推蒙哥

　　窝阔台汗去世之后的几年时间里，忽必烈一直都在潜心学习汉儒知识，在暗中扩大文才武士队伍，羽翼渐丰。

　　乃马真皇后在这几年的时间里一直在打理漠南的政事，同时为贵由继任大汗而寻找契机。然而，乃马真皇后的威望还没有达到足以控制全局。

　　首先，忽里台的召开就受到了拔都的百般阻挠。

　　拔都是成吉思汗长子术赤的次子，是钦察汗国的创建人，他十分骁勇善战，得到了很多人的拥戴，同时战功卓著，势力、影响力都是一般人不能比拟的。拔都如此强烈地反对贵由即位，一是因为认为乃马真皇后违背了窝阔台的意愿，二是因为他平素与贵由有过节，这也是主要原因。

　　那还是在窝阔台西征的时候。当时参战的不乏年轻的宗亲后生，像蒙哥、拔都、贵由、别哥等，窝阔台审其能力及参战经验，任命拔都为统帅。蒙哥他们倒无意见，但贵由认为自己是大汗之子，不担任统帅有碍面子。于是在途中总是冷言冷语地嘲讽拔都，在一次诸将的酒席上，拔都首先喝干了碗中的酒，贵由大怒而起。摔掉酒杯叫道："我不能喝没人敬的酒！"言罢，带着随从起身便走，边走边叫着："是好汉战场上见，没能耐就当个老鼠在地上打洞算了，硬充什么雄鹰！莫非你还真能上天不成！"

　　拔都在一干将士面前受到了侮辱，自然不会善罢甘休，他告状到了大汗面前。窝阔台自然一番安慰，并令贵由当众给拔都道歉，此事才算了结，但二人的仇就此结下了。

　　拔都挟旧怨，怎会高兴贵由上台，于是在他的干涉下，忽里台一直

没有召开，而大蒙古国的汗位一直空了五年，在这五年间，一直由乃马真皇后监国。这五年，大蒙古国黄金家族的权力角逐日渐激烈，各个派系之间的矛盾也越发明朗化了。

忽必烈一直在静观着事态的发展。

作为拖雷一系，忽必烈感到有些身单力孤，只有蒙哥和他各统一方，而蒙哥只以善战著称，忽必烈在五年期间，几次与母亲分析局面，谋求保身及拓展势力的良策。

阿里不哥长大了。他面色青黑，两颊颧骨高耸，略显黄色的眼珠凶悍不羁，魁梧的身体像铁塔一般。唆鲁禾帖尼也给他娶了一位顺从听话的妻子。但他心中仍是无法忘记美丽的察必，每当他看到忽必烈跟察必一块出入，一起说笑时，他的心中就会燃起冲天的嫉火。

在乃马真打理漠南政事的这段时间，蒙古大军放慢了向宋金腹地的掳掠，开始了诸位蒙古王之间的摩擦和内讧。忽必烈家族的人们遵从拖雷王爷正妻唆鲁禾帖尼女主人的话，在拖雷的兀鲁思（属地）里，循规蹈矩地过着平静的日子。但阿里不哥却总是捺不住性子，平时不是烂醉如泥，就是殴打妻儿，横行部族。忽必烈多次教训不果，就连一向疼爱小儿子的唆鲁禾帖尼也不得不出面斥责，他才稍有收敛。

一天中午，忽必烈正在家中休息，忽听察必说："你醒一醒，子聪先生有急事找你。"

忽必烈睁开眼睛，见刘秉忠一脸焦急的样子站在面前。他知道刘秉忠平素持重温和，喜怒难得形于色，今天恐是有大事情发生了。忽必烈忙问："子聪先生，出事了？"

因刘秉忠经常给他讲说天文、地理、律历等知识，故忽必烈私下称他为"先生"。

刘秉忠抹一把汗，道："王爷，不好了，阿里不哥要杀海云大师。"

"噢？为什么？"

"海云大师偶经阿里不哥的帐前，因有狗上前狂吠，海云大师用拂尘赶了一下那只狗，阿里不哥就急了。说海云大师是登门挑衅于他，他要维护蒙古王的尊严，正嚷着要杀海云大师呢！"

"胡闹！"

忽必烈一听大怒，急忙穿衣下地，跟刘秉忠一道匆匆地向阿里不哥的行帐跑去。

察必见他二人走了，便也急忙把真金交给下人，奔出帐外，去找婆母唆鲁禾帖尼去了。她知道阿里不哥一直恼怒忽必烈，唯有婆母的话他才听。

这位海云大师原是燕京有名的禅学大师，俗姓宋，是山西人，自幼出家修为持重德高，曾被金宣宗赐号为通元广慧大师。在元太祖十四年（1219 年），成吉思汗帐前大将攻克山西岚谷宁远时，海云大师在家乡被俘。成吉思汗慕其名，特地将他请到漠南，得到礼遇。开始时，成吉思汗礼遇海云大师的目的是想以此告之天下人，我一蒙古汗王也尊重汉地的德高之人。后来在与海云大师的接触中，成吉思汗很是钦佩大师博大精深的禅学理念，便在一些事情的处理上，逐渐地征求一下大师的看法。在元太宗七年（1235 年），窝阔台汗差官选试天下僧道时，就是让海云大师任庆寿寺住持的。可以说海云大师在漠南、漠北极为受人尊敬。刘秉忠就曾师从于海云大师。

有一回，忽必烈曾同刘秉忠一起就佛学的一些问题，请教于海云大师。

忽必烈问："请问佛法的最高精神是什么？"

海云大师答曰："宜稽古审得失，举贤错枉，以尊主庇民为务。佛法之要，孰大于此？"

忽必烈又道："子聪已经给我讲过'得民心者得天下'的道理，关键是如何才能做到这一切呢？"

海云大师拈须大笑："这要求助于儒。大王如若广求天下大贤硕儒，何愁解决不了治乱兴亡之事呢。"

说毕，他指了指刘秉忠。

这些话对忽必烈触动极大。他在以后的日子里果然是更加废寝忘食地听刘秉忠讲天讲地，讲古讲今。

当刘秉忠跟忽必烈赶到阿里不哥的帐前时，却见阿里不哥正在桌边与海云大师交谈着什么。刘秉忠大为吃惊，疑惑不解地道："刚才这里还是硝烟四起，怎么眨眼的工夫就风平浪静了？"

阿里不哥抬头见忽必烈来了，便向海云大师点点头，转身进帐去了。临走，还瞪了忽必烈一眼。

海云大师当然知道忽必烈是来干什么的，他起身，双手合十，道："老僧感谢王爷前来救险。"

刘秉忠问："大师，怎么风和日丽的？"

海云大师"呵呵"一笑：

"我只是告诉他，我这拂尘是大汗所赠而已。"

忽必烈摇头道："不对，阿里不哥天不怕，地不怕，怎惧这一柄拂尘。"

"我还告诉他，我正要去给察必夫人讲经。"

刘秉忠开怀大笑起来："怎么，大师也懂得凡尘之事？"

忽必烈也笑了："忤逆子，真是不成器。"

一番风波过去了，但刘秉忠却感触颇深，在当晚与忽必烈的长谈中，他叹道："我子聪真是庆幸，遇到了王爷这样明智之人。"

"为何有此感慨？"忽必烈问道。

"以海云大师这般德高之辈，都赢不来阿里不哥的尊重，大汗的威名不能令其就范。我子聪只不过多读了几本书，就得到王爷的如此信任，可谓庆幸，不是吗？"

"自我祖父起，都是靠马背上的拼杀争得了今天的成就，我也深信没有征战就不能扩大蒙古的版图，但是，我纵是赢得天下，就能赢得天下人之心吗？"忽必烈饮下一杯酒，像是自言自语，又像是问刘秉忠。

"古人曾有'马上取天下，不可以马上治天下'的古训，"刘秉忠道，"王爷问得好呀。"

"王爷问什么问得好？"

随着一串笑声，赵璧跟张德辉走了进来。

赵璧是中原一带有名的大儒，听说蒙古的王爷忽必烈礼遇有贤之士，便应邀来到了忽必烈的幕帐。他精通蒙古文，是忽必烈了解、领会汉人统治经验的一根拐杖。忽必烈很喜欢他，给予了他很多经济上的支持与帮助。

而张德辉是刘秉忠的旧识，也是应邀来到忽必烈幕帐做幕僚的。

赵璧见察必夫人也在帐中，便连忙向前施礼道："夫人，您给我缝制的这件衣袍合身极了。"

忽必烈与蒙古其他藩王的最大区别，就在于他是最有思想、最先系统深入地了解汉儒文化的第一个人。自成吉思汗时代起，蒙古人向来轻蔑汉人的礼节繁杂，男人没有阳刚威猛之势。成吉思汗较为尊重道教丘处机，也不过是想从丘处机那儿觅得长生不老丹术，后来倚重的耶律楚材，也仅是因为耶律楚材精通星象占卜。至于其他的王爷们用汉人多是让汉人为他们制造弓矢武器，或治病救人。像忽必烈这般如饥似渴地接触、接纳乃至推崇汉儒文化的，可以说是蒙古诸王中的第一人。

忽必烈不仅接纳了许多汉儒理念，他还极为尊重汉儒贤士。当赵璧只身来到草原后，忽必烈怕他单薄的身体经不住草原的凛冽，特命察必亲手为赵璧缝制新衣，可谓是问寒问暖，关怀备至了。

察必笑笑说："先生风度翩翩，自是穿什么都好。"

张德辉坐定后，问道："王爷有何疑惑吗？"

忽必烈沉思道："我跟子聪正在谈哪。我们蒙古人原先扬起皮鞭，放牧的是牛羊，而如今放眼望去，会有数不清的农人在等着我们治理，这是一；现在汗位虚悬，家族内讧纷起，祖父用血汗打拼来的帝国已经濒于分裂的边缘，如果没有一位强权的巨人来统御的话，大蒙古国将不堪设想，这是二；现今我有分封的一片兀鲁思，可以衣食无忧，但自你们的嘴中，我得知了中原的广袤和江南的秀美，我怎甘心不去游历一番天下美景呢？这是三。近日来，我萦绕心头的就是这三个问题。"

赵璧点头道："王爷果是心思缜密之人。目前王爷面临的几个问题都让在下想到了。我来破这其一。"

赵璧站起身，在帐内踱了几步后，缓缓地道："古人有修身、齐家、治国、平天下的古训，可谓是儒学的精华。王爷已逐渐进入儒学佳境，'修身'自是不在话下，而察必夫人明理通达，真金小王爷聪慧烂漫，'齐家'轻而易举。治国嘛，宋是国，金也是国，我们这个小兀鲁思又何尝不是国呢？王爷不妨把这块兀鲁思作为试剑石，尝试一下赢得民心民意的感觉。'平天下'嘛，这跟王爷的第三个问题有关，还是请德辉兄说说罢。"

张德辉也不推辞，应道："孔子早已死了多年，为何他的品性还在呢？因为圣人与天地同始终，无往而不在，王爷如能行圣人之道，王爷就是圣人，圣人的品性自然就在我们围坐的帐中。"

忽必烈点点头，心中有些快慰，张德辉的这番话未免有恭维之意，

但也不无道理。

赵璧又用手一指几案上的银盘，道："创业的君主，如同制作此盘的人，应该精选良工，规划铸范，以畀子孙。但还需要谨厚的人来掌管，才能永世保用。否则不仅有缺损之虞，还有被窃之忧哇。"

忽必烈应道："这正是我的第二个忧虑。"

"先汗创下了大蒙古国，谁有谨厚的品性呢？"张德辉接着道，"王爷不应有半点怀疑，这个人不是别人，正是王爷您呢。纵览蒙古诸王，拔都在遥远的西边乐不思蜀，蒙哥一味骄横难成气候，马乃真皇后一介女子又怎能长期掌控草原。王爷挺身而出的时候不远了。"

刘秉忠也插嘴道："十年磨得锋利剑。王爷首先要耐得住寂寞，等待渔翁得利的时候再出手。中原也好，江南也罢，都是可望而又可即的。"

忽必烈"哈哈"大笑起来：

"与君一席话，胜读十年书哇。察必，上酒！我要跟几位先生痛饮一回！"

忽必烈从几位汉儒那里得到了不少治国谋略。但他与汉人走动紧密的举动也引起了一些王爷的轻蔑，只是由于黄金家族目前争夺汗位的行动已经到了白热化程度，故而倒也没引起人们激烈的谴责。突然有一天，忽必烈及家人收到了召开忽里台的通知。

久虚的汗位令黄金家族的人们垂涎不已，成吉思汗之弟斡赤斤首先耐不住寂寞，带兵开始向皇后驻地进发。乃马真皇后一边派人安抚，一边怕夜长梦多，便急于召开忽里台，强行推贵由即位。

唆鲁禾帖尼接到诏书后，心中七上八下，没有主意，便把蒙哥和忽必烈叫到了帐内共议。蒙哥首先说道："母亲，我们不能出席忽里台。乃马真皇后违背汗命，另推贵由，是不对的，再说拔都与贵由积怨深厚，拔都不但不会去，而且还会迁怒于支持贵由的人的。"

"是啊，我就是基于此，才有所顾虑的。忽必烈，你说去还是不去？"

忽必烈没有回答母亲的问话，而是面向蒙哥问道："你在拔都钦察战中是否给了拔都很大的帮助？你跟拔都是否如人们传言般，真的亲如同胞兄弟？"

蒙哥有些得意，道："是的，拔都常说在他军中唯有我是兄弟。"

忽必烈长出一口气道："那就好，母亲，我们参加忽里台。"

"你是说……"蒙哥有些明白了。

"是的，现在察合台一系也在盯着汗位，他们这一系的力量更有潜力，我们不妨助贵由即位，至于术赤一系的拔都，不会为难我们，除了有你与他的交情外，而且在日后，我们还可以多做些帮助拔都的事情。"

唆鲁禾帖尼明白了忽必烈高瞻远瞩的考虑。的确，察合台一系的子孙人才辈出，如若汗位转到他们一系的话，恐怕别人再难以染指，而贵由这种有才干的人物不多，战功显赫的也不多，日后也许会衰落。

唆鲁禾帖尼点点头道："好吧，我们到时候都去就是了。忽必烈，你与速不台的关系如何？"

忽必烈明白母亲是在提醒自己，速不台也是颇有势力的人，而且功劳多多，他冲母亲点头道："非常好，他的孙子就在我的帐前。"

"很好！"母亲笑了。

贵由如愿继承了汗位。他即位后，对蒙古军队进行了一系列的改编。先是任命野里知吉带为征西军统帅，继而又从诸王的部队中抽出了百分之二十交给野里知吉带统管，并特别委派野里知吉带统辖全蒙古军及各征服国，任何人都不得违命。

这些举措出台了，贵由汗的理由是更好地管理军队，光大父亲的事业，但将如此重的权力交给一个宗亲以外的人，自然会引起诸王的反感及恼怒，尤其是速不台这些老将帅的不忿。贵由汗安排部署好蒙古国外围的军事力量后，便于 1248 年率军西行。行前，特地下诏感谢唆鲁禾帖尼在忽里台的帮忙，而且说自己身体不适合住在本地，准备西行。

忽必烈从母亲手中接过诏书，心中疑团顿生。

唆鲁禾帖尼看着儿子，问道："你是否也感到有些不对？"

忽必烈皱皱眉："他为何偏向西呢？拔都的钦察汗国正在西方，而且恰好最近有拔都患病的消息传来。母亲，我从社教那里听到过一个汉人谚语，叫鹬蚌相争，渔翁得利。"

唆鲁禾帖尼明白忽必烈的意思："好，选几匹快马，赶紧通知拔都就是了。"

使者回复传信任务完成后，还带来了一个出乎人们意料但又在忽必

烈预测当中的消息：贵由汗死了！使者遵从女宗主唆鲁禾帖尼及忽必烈的吩咐回忆道：

　　"我把信传给拔都王以后，拔都考虑了半天，才开始部署军队，他率了一支精锐将士向东出迎。在遇到贵由汗的人马后，拔都首先尊称大汗，并述说自己是因身体不佳才没有出席忽里台，并坚决表示以后听从大汗调遣，并说自己是宗族中这一辈中年龄最长的，今后一定遵从汗命，给其他兄弟做表率，还说自己年纪大了，身体不好，请大汗考虑派人管理钦察汗国的事务。贵由大汗听后大笑不已，便安营扎寨，与拔都喝酒庆宴。可是贵由大汗却在饮酒不久，倒在帐内死了。"

　　"那贵由大汗的随侍呢？"忽必烈问道。

　　"外边的统领根本不知道帐内发生了什么，天亮以后，拔都的大部队已经控制了局势。"

　　忽必烈听到此，沉吟半晌，便叫道："吹见哗！"

　　吹见哗正在帐外候命，听到传唤，马上进来。

　　"你送使者回去吧。你回去好好休息几天。"忽必烈先是对吹见哗嘱咐几句，而后又安抚着使者。

　　使者告辞出去，忽必烈又叫住吹见哗道："把事情办完后，马上复命。"言罢，右手用力向下一挥，"明白。"吹见哗冲忽必烈眨眨眼，走了出去。

　　唆鲁禾帖尼没有阻止忽必烈灭掉使者活口的行为，她知道事关重大，不容点滴闪失。

　　"又将是一阵暴风雨啊！"忽必烈长叹一声。

　　果如忽必烈所言，贵由汗的死在大蒙古国又搅起了一场权力的争夺大战。

　　察合台一系首先蠢蠢欲动。贵由死因诡秘，而且突然，并没有留下由谁继承汗位的话，他们开始策划由他们一系来接汗位。

　　忽必烈得到这一消息后，心里很乱，他左思右想不得要领，索性起身，来到了子聪的帐内。

　　子聪帐内书几上平放着几本书，一本半开，子聪正在读书。"我知道您会来的，坐吧。"

　　忽必烈坐下后，轻叹一声："我的心里有些乱，找先生来理顺一下。"

子聪哑然一笑："你不是心乱，是有些心不甘。"

"此话怎讲？"

"你其实很明白，目前的局势下，你们拖雷一系一直没有动静，不参与察合台系的举动，说明你心中早有计策，但又不甘于此。"

忽必烈叹道："是呀，现在出手是最好的机会，但出手又是为了谁呢？"

"当然是为了拖雷一系，而后才能说是为了蒙哥，并且，最后，则是为了你自己。"

"是啊，"忽必烈见子聪坦言，便也直说道，"蒙哥比我从军时间长，战功也立得比我多，但我的能力并不比他低，尤其是常从先生这里听讲兵书，知识也长了不少。但拖雷系出面的人只能有一个，我考虑再三，决定推蒙哥。其中原因有三：一是他的声望目前暂比我高；二是母亲在宗系中有影响力，母亲会首选他的；三是他与拔都的交情很深。"

"所以说你不要做时机尚不成熟的事，你如果鼎力推蒙哥，宗亲会对你的气度胸襟有一个较高的认识，你也会得到蒙哥的信赖和感激。世事多变，你在以后的日子里掌了重兵，可以有更多历练的机会和……"子聪语出一半，便不再下言。

"与先生一席话，我心窗洞开了。"

"是你自己已经洞开了，不过只是我听见了开窗的声音。"子聪言罢，二人哈哈大笑。

接下来的事情便按部就班地开始行动了。忽必烈先是主动跟母亲和蒙哥表明了自己推蒙哥为汗的心迹，继而马上派密使到钦察汗国拔都处去传递消息，又与速不台在酒宴上达成了共识。于是一个拔都召集的忽里台就要开始了……

拔都很感激拖雷一系冒死给他传信的举动，又念及与蒙哥的友情，便以长兄的身份邀请诸王到钦察汗国开忽里台，推举蒙哥为新汗。

窝阔台系和察合台系诸王反对蒙哥当汗，以钦察汗国不在蒙古本土为由，不予参加，只派了八刺作为代表，目的是看看动静及选举结果。

术赤系和拖雷系的人参加了忽里台。会前，忽必烈做了周详地安排：他让旭烈兀和阿里不哥分别站在八刺面前，伺机行事，又让母亲在

第七章 崇尚汉制 欲推蒙哥

会上一定抢先发言，并事先与主持会议的别哥商量好，适时阻止有可能提反对意见的诸王发言，同时，忽必烈派选了百名身体强壮的兵士分站帐外，以造成威慑之势。

拔都召集的忽里台在钦察汗国通过了推蒙哥为汗的提议，为了让这个提议也能得到其他宗亲的认同，拔都又命令自己军队回到蒙古，同时在蒙古国又召开了一次忽里台。窝阔台系及察合台系诸王因为忌惮蒙哥强大的部队以及拔都大兵压境的威胁，只能点头认同了推举蒙哥为新可汗的提议。

真是世事难料，在拖雷失去了继承汗位的机会之后，在忽必烈和其母亲的精心策划和拔都的鼎力协助之下，汗位即将再回到拖雷系。

第八章

兄弟齐心　正式上位

唆鲁禾帖尼听到蒙哥回来的消息，赶快通知其他的家人："蒙古的大汗回来了！"在托雷的家里这是第一个将蒙哥称为大汗的人。而这个人就是蒙哥的母亲。

察必立即把拖雷家的子侄和妻妾全都召集了过来，他们各自穿戴上最好的衣服。因为那时的蒙古还没有特别规定的官吏和命妇的等级服饰，他们只是穿戴得比一般人好些罢了。他们纷纷向唆鲁禾帖尼表示祝贺，一家人喜气洋洋。

"察必，你们赶紧给我也装扮一下呀！"

对啊，现在唆鲁禾帖尼已经是大汗的母亲了。如果按照汉人的说法，她已居于至高无上的太后之位。但是要怎么穿戴才好呢，成吉思汗的大札撒上也没有这方面的规定。但时间不能等了，外面的人已经来催问：大汗什么时候可以来拜见母亲？

"察必，你就把尽可能好的服饰拿出来，为母亲打扮一下，"忽必烈说，"也不必太奢华了，只要显得庄重、高贵、威严、慈祥就行。"

察必想了想，就照忽必烈的话去做了。她是个见多识广慧眼秀心的才女，现在在她的心里已装着了一个老王后的形象。只一会儿她就把老太太装扮好了，大家围过去一看，不由得交口赞赏。唆鲁禾帖尼原是突厥克烈部族人，在年轻时就是草原上的美人，人虽老了但仍有当年的余韵。这时更显得仪态大方，庄严中透露着慈祥，典雅中洋溢着仁爱。仆妇们忍不住又向她礼拜起来。

忽必烈说："察必，你要记住，以后，王侯诰命就照这样装扮，当然在等级上应该略有差别才好。"

察必斜了他一眼。忽必烈明白：她的意思是说，你不要妄自尊大，

现在蒙古已经有了大汗，你越俎代庖好吗？

这时，外面又隔帘问道："大汗可以进来拜见母亲吗？"

唆鲁禾帖尼点点头。仆妇们就拉起门帘，风尘仆仆的蒙哥进来了。他跪倒在唆鲁禾帖尼面前，大声道："孩儿蒙哥拜见母亲……"

唆鲁禾帖尼向下面探探身子，说："现在你是蒙古国的大汗了，以后不用行这样的大礼。还像过去那样躬躬身就行了。"

"谢母亲。"蒙哥站起来，家人送来木椅，伺候他坐下。

其实，这比起汉族在这样的场合的礼数已经简单多了，即使这样简单的礼节也是在窝阔台时才有所规定的。

蒙哥刚坐好，忽必烈就跪到他的面前，极为敬重地说："忽必烈拜见大汗，愿大汗福寿安康，万事顺心！"

蒙哥赶紧把忽必烈扶了起来，激动地说道："二弟，不要这样。在拔都的忽里台上，是兄弟你为我争得了汗位。现在这汗位还没有坐牢，还望二弟帮我！"

"我一定尽力。咱们同心携手把汗位夺回咱家，绝不能再让它失掉！"忽必烈说，"这汗位本来就是属于咱们父亲的，属于咱们拖雷家的！"

几个在一旁的兄弟也同声这样说，并向大汗行礼。

接着，家中的各个斡耳朵的妻妾，拖雷一系的将军和千户、百户们也络绎不绝地前来拜见祝贺，一直热闹了很久。

唆鲁禾帖尼说："蒙哥，你带来的拔都的军队在哪里？"

"在外面呢，"蒙哥说，"他们来的人很多，吃的，用的，住的都是事儿……"

"那不要紧，我们这家当还能够接待好他们！"太后说，"拔都是咱们的恩人，他的人马都是贵客，咱们要热情相待！"她安排心细的阿里不哥去经管这件事。

说着，拔都的两个弟弟别儿哥和不花帖木儿进帐来了。他们向景仰已久的唆鲁禾帖尼叩头。太后得体地受了礼。

"我的好侄儿，"她亲热地拉着他们的手说，"咱们离得远了，不能时常见面，其实我们是至亲骨肉。拖雷王爷在世的时候，咱们两家关系就很好，他多次向我们提起他的术赤大哥，说他是直爽、热情、骁勇善战，为蒙古国立下了天大的功劳！至今，都记得他说的咱们两家的那些相亲相爱的故事。蒙哥的事，得到你们兄弟的帮助支持，我们世代子孙都会牢记你们的恩情的！即使蒙哥坐了大汗位，也得指望着你们兄弟的大力相助……"并立刻吩咐设宴给他们接风洗尘。

别儿哥和不花帖木儿也极感动，他们的母亲死得早，父亲在二十多年前也病亡了。难得有位长辈对他们说这样关切的话。他们紧挨着唆鲁禾帖尼坐着，就像她的一对儿子。

招待两位钦察王子的宴会，成了一个紧张的军事会议。他们一边喝酒吃肉，一边兴奋地谈论着。从帐篷顶上吊下的大油灯，照着他们一张张油光光的脸。他们谈的是将要举行的追认蒙哥为蒙古大汗的忽里台大会。这次大会的通知早在蒙哥还未回来时就下达到诸王的斡耳朵了。各派系都表示要来参加。因为这几个月形势有了很大的变化，黄金家族大都看出来：拖雷一家在汗位的争夺中注定要胜出了！

别儿哥把头巾拿下来往地上一摔说："这个忽里台得由我主持，因为在有实力的黄金家族中，我那死去的老父亲辈分最高，要蒙哥出任蒙古大汗又是我哥拔都提出来的，我现在代表的就是我哥！"

"好，就是这样！"

"主持会议非你莫属！"

"谁也代替不了你，我的王爷！"

几张宴会桌上的人都欢呼起来，他们都望着魁梧的别儿哥。他脸盘很阔大，眼睛像是从牛头上移过来的，又大又凶。头顶光光的，灯影在上面闪烁着。只在，后脑勺儿下才有一根细细的小辫儿。他右手举着一块硕大的肉骨头，不时地啃上一口，连他翘在嘴唇两边的小胡子也沾满了油腥。

蒙哥说："别儿哥，你是这次忽里台的统帅，我们都得听你的！"

"蒙哥，"别儿哥说，"你说得好。等这次忽里台后，你再做你的大汗吧。在这次会上，我得指挥一切，就像指挥一场战争！"他把肉骨头朝桌子砸下去。轰的一声，所有的杯盘都跳了起来，有几只小些的酒杯滚到地下摔碎了！

他的豪气和霸气吸引了帐篷内所有的人。大家都像着了魔法似的呆望着他。

"我们是必胜无疑的,"他扳着他的大粗指头数,"论军队的数目,以拖雷家最多,现在又加上我和不花帖木儿带来的钦察的健儿们,别的宗系谁人能敌?他们在这儿是有一些军队,可是带兵的都是些小狗熊,他们裤裆里的鸡巴都挺不起来,还能够和我们作对?可以说整个大蒙古国已经在我们手中了。他们在会上服服帖帖还可以,要是乱说乱动,我就要把他们的脖子像扭小鸡脖子似的扭断!"由于他的乐观的粗话和生动的比喻,还有他的两手的动作,惹得大家都笑起来。

坐在别儿哥对面的忽必烈端起一大碗酒举过头顶向别儿哥致敬。他说:"我蒙哥大哥有拔都哥哥的大力支持,有二位王爷的带兵保驾。看来是万无一失了。我们兄弟一定听从你的调遣。可是将要到会的蒙古各系王爷都是些不受约束的人,我们也要有所准备……"

蒙哥也是这样想,他朝忽必烈点点头。

不花帖木儿笑笑:"你们过虑了吧,他们如果想来捣乱的话,这时就该有动静了。说实在的,我还巴不得他们来呢。要不,我和别儿哥千里迢迢地来一趟,兵不血刃地就回去,那太没意思了!"

不花帖木儿是个五短身材的汉子,他那横阔的脸上,两眼隔得很宽,显出一股野性。人们忘不了他在随拔都西征时,屡次带兵屠城的事。他曾在部队中开展杀人比赛,拔都几次地派人去阻止他都不听。大家看着他那端着酒杯的大手,似乎还看到上面沾着血迹。

蒙哥皱了皱眉头,忽必烈知道大哥的心事。他想顺利地夺取汗位,却不愿在黄金家族中大开杀戒。他明白要巩固自己的地位,甚至将来开拓疆土,都要依靠黄金家族的兄弟们为他出力。

"别儿哥王爷,不管怎样,我们要做到有备无患。"

"你说得对,忽必烈,"有勇有谋的别儿哥想了想说,"你们听我安排。忽必烈你坐在大会会场,我让全体与会者都听你的话。那些拥护咱们的人,你就让他们滔滔不绝,那些心怀叵测的人你就叫他们免开尊口。小弟末哥……"

"末哥在。"一旁的饭桌边站起一个二十几岁的年轻人,两只眼睛炯炯地望着别儿哥。他是蒙哥和忽必烈的异母弟弟。他崇拜蒙哥但和忽必烈最亲,一直像尾巴似的跟随着他。不久前,忽必烈还让他和自己的儿子真金一起跟大儒士子聪、王鹗和姚枢学习。

"末哥，对蒙古国来说，对你大哥来说，这次忽里台都是至关重要的。"别儿哥端详着这个身体修长，灵活矫健的孩子，看样子他对末哥印象是很好的。"我给你个活儿干。你给我守住斡耳朵的大门，不让一个身带刀枪的人进来。"

"末哥遵命！"末哥用还有点孩子气的嗓音应道。

"好，我的小弟。你蒙哥大哥即位后他会论功行赏的！"

接着别儿哥又安排忽必烈的三弟旭烈兀"站在司膳和卫士们的面前，不让任何人说出或听到不适当的话。"命令阿里不哥和不花帖木儿带兵警戒外围。

他回头对蒙哥说："怎么样，现在你放心了吗？"

蒙哥高兴地向别儿哥行礼说："全仗王爷指挥！"

忽里台大会的前一夜晚，唆鲁禾帖尼把儿子们叫到面前。她指着他们的父亲拖雷的牌位说："大汗的位置就要归我们家所有了。这是你们父亲的遗愿，也是我们全家的愿望。在这时候，你们有些什么想法呢？"

蒙哥带领兄弟们给父亲的灵位叩了头，然后坐在母亲面前。

他见母亲望着自己，就说："做了蒙古的大汗之后，我要继承祖父和伯父的遗愿，大力开拓疆土，使先辈建立的旷世伟业在我手中更加兴旺发达，也就是说，我要做个无愧于成吉思汗的蒙古大汗！"

唆鲁禾帖尼点点头，但没有称赞他。她把目光移到忽必烈身上，"不说别的可敦（王后）的孩子，在我的儿子中，你是老二，你说，蒙哥做了大汗后，你想说什么？"

"大哥做蒙古的大汗是长生天的旨意，我要带领兄弟们尽心竭力地拥戴他！"

旭烈兀也说了类似的话。

阿里不哥看看三位哥哥，低头想了一会儿。他是他们的幼弟，从小身体虚弱，长得细细长长的，可是心眼子却不少。他嫉妒蒙哥的得势，忽必烈的才能，但又无法超越他们，所以整日郁闷不已。他说："我是妈妈的小儿，按蒙古的习俗我应当守在家里，为大哥保护好后方。我会尽我的责任的！"

别的庶出的儿子也都说了几句，有的向大哥祝贺，有的表示忠心，有的说了自己的期望，不过都亮着灼灼的眼睛看着蒙哥，他们明白今后

他们的前途和命运都指望大哥了。

"好啦,"唆鲁禾帖尼说,"弟兄们都说完了,蒙哥,你说说怎么对待你的兄弟吧。"她向他们讲了成吉思汗的母亲说的"折箭的故事"。

蒙哥说:"妈妈放心,我会爱护我的弟弟们的,他们是我的手足,是我的臂膀。"

"你说对了,我的孩子,"唆鲁禾帖尼说,"这也得向你的祖父学习。他功高盖世,如日似月,他使敌人血流成河,但他对自己兄弟还是很宽厚的。他把财富和土地都分给兄弟们了。我希望你也要这样……"

"母亲,你放心,我不会亏待我的弟兄们的。"

"这我就放心了,"唆鲁禾帖尼长舒了一口气,"从成吉思汗以后,几十年来黄金家族不断发生兄弟相争骨肉相残的惨剧。我希望到我们拖雷家这里就永远结束了!"

大家思考着唆鲁禾帖尼的话。

停了一会儿,妈妈又说:"你们谁还想对大汗说话,当着我的面说吧。"

久久没有人吭声。大家明白,过去虽是兄弟,今天已是大汗和臣子的关系了。有些话得考虑当说不当说,不当说的话就得憋在肚子里。

又等了些时候,阿里不哥说了:"我是父亲和母亲的小儿子,我希望大哥待我更好些。将来……我会照大哥学的。"他到了嘴边的话是:"在蒙哥之后,他要做蒙古的大汗。"这谁都听出来了。

幸亏忽必烈说话了,大家才没有用许多时间琢磨阿里不哥的话。

忽必烈说:"大哥做了大汗之后,一定能继承父祖的伟业,开拓更多的疆土,给蒙古人带来更多的福祉和荣耀。这是我决不怀疑的。可是,我们得承认,我们的南邻宋国,他们在武力上远不如我们,可是他们有着我们根本不可能有的文化和治国安民的智慧。我们一味地大杀大砍是不会让他们心服的。在这点上,我们要向他们学习。要不,几年或者更短的时间,我们还得离开那里!"

忽必烈的这种见解,在蒙哥听来并不新鲜。几年来,他曾多次向蒙哥进言。当时他们就有着争论。当蒙哥听完忽必烈的滔滔不绝之后,他没好气地说:"你不要说了,我明白了。我看你早晚会淹死在汉文化的大海里!"

"我说的是只学习他们的治国之道，有了他们的本领才可以统治他们！"

"我不听他们那一套，我要叫他们跪在我们的马前求饶，听到我们战马的嘶鸣就吓得要死，我要杀光他们，把他们的大片土地当作牧场！"

他的话使忽必烈十分吃惊，窝阔台大汗对怎样治理汉人方面已有很大改变，他期望大哥能够继续前进，可是蒙哥竟又退回来了！

"你杀不光他们……"

"是的，那要费许多的事……"

这时听忽必烈又要啰唆，蒙哥在妈妈面前不好说什么，只是低头微笑。

没想到妈妈同意忽必烈的意见。她说："蒙哥，你要好好听一听忽必烈的话，咱们的铁骑可以威慑他们，但不能使他们心服。要想做中原的大皇帝，就要起用汉人，就要学习汉族的文化智慧。在这一点上，世界各国都比不了！"

"那他们为什么总是败北呢？"蒙哥反驳说。

"那是他们的皇帝不好，"唆鲁禾帖尼开导他，"文化不像战马和马刀，可以立刻奏效。它像漾漾细雨，柔柔软软，有气无力。可是下得日子多了，它就可以水滴石穿，可以墙倒屋塌，那力量是很可怕的。再说，中原的财富为什么那么取之不尽，就是因为他们不搞游牧而从事农耕，这我们也比不了……"

不知是蒙哥顿悟了，还是他不愿在这上面再和他们争论。他笑笑说："好了，母亲，我做了大汗之后，就让忽必烈专门对付汉人，把漠南的那大片土地都给他。

1251 年七月的一天，别儿哥和蒙哥不顾察合台和窝阔台两大族人的反对，强行在怯绿连河和斡难河的河源地阔帖兀阿阑举行了忽里台。

反对的一派起初声言决不参加。后来又觉得心有不甘，就派了几名代表应差。

这天，滂沱大雨下过之后，路上极为泥泞。这些黄金家族的大老爷们骂骂咧咧地往开会的宽敞的斡耳朵走去。他们为这次大会新做的袍褂上溅了许多泥水。

末哥站在大门口，恭敬而又客气地要求与会者把他们带的武器交出

来，由他暂时保管。别儿哥一系和拖雷一系的与会人大都没有带武器，即使带着的也爽快地笑嘻嘻地把武器交给了末哥。可是别的人就不同了。

察合台一系的一个代表摇摇摆摆地走到门口，他腰带上挂着一把装饰花哨的佩刀。末哥认识他，他叫莫儿兀拉，是个千户长。

"小伙计，是你在把门？"他眯着眼，翘着小胡子问末哥。

"是我，大爷。请你把你的佩刀交出来……"末哥谦恭地说。

"不行，我从出生就带着这把佩刀，谁也不能叫我交出来！"

"大爷，你得交，这是规定。"

"谁的规定？大汗？"莫儿兀拉拧着鼻子，瞪着眼睛，"现在蒙古国还没有大汗呢！"

末哥不和他犟嘴了，他一摆手。忽地围上来几个壮汉，搂住莫儿兀拉的腰，抓住他的臂，硬是把他的腰刀扯了下来！

"你，你们拖雷家还讲不讲理！"莫儿兀拉大喊，"我不参加这狗日的忽里台了，我要回去，回去！"

可是他的屁股上狠狠地挨了一脚，连滚带爬地进帐去了。

还有几个反对派的将军想制造点麻烦，可是看到周围都是拖雷家的人，就乖乖地交出武器进帐了。

窝阔台家除失烈门一伙外，也有几个王归服了拖雷家。他们各有了自己的兀鲁思，正起劲地经营着，再说，他们自知离大汗位远着哩，何必在木已成舟的形势下，自寻没趣呢！如海都、脱脱、合丹等人都是这样，他们笑嘻嘻地走到大门口，爽爽利利地把自己的武器交出来，有的还说几句笑话。

忽里台的第一步算是过去了，与会者们都进了会场，不过他们都像关进大笼的野兽，不愿老实地坐在预先为他们设好的座位上。他们有的蹲，有的站，有的斜躺在椅子上。他们毫无顾忌地大说大笑，闹得谁也听不见谁的话。忽然砰一声巨响，大家不说话了，都往声音响处回头看。那是站在用原木搭起的台子上的别儿哥，他用一块石头砸了木台一下。这时，他生气地望着所有的人，把他的小辫拉到前边，在他的大嘴里嚼着，嘴角上满是白沫。

"爷们，你们安静些好不好？"他吼道，"咱们的忽里台要开了。在后王中，我们是长孙。我哥哥脚上有病，没有来。他派我和不花帖木儿来了，前年，我哥在钦察召开了忽里台，推荐拖雷王爷的长子蒙哥为蒙古的大汗……"

这时，台下又有人喧闹嚷嚷，别儿哥听到有人喊叫。

"那是在钦察开的，不作数！"

"我们没有参加，我们不承认！"

"传帖下给你们了，为什么不到会？"

"我们不到有我们的理由。你们几个人就决定全蒙古的大事吗？呸！"

"大汗应是窝阔台家的，窝阔台汗临死留下话了，他要他的孙子当大汗！"

"窝阔台的孙子不行！"

"我拥护蒙哥！"

"等着蒙哥宰了你吧！"

别儿哥涨红了脸，他举起石头又砸了木台两下。喝道："你们吵嚷什么？告诉你们，谁要管不住他那张臭嘴，我就把他的脑袋割下来！"他抽出了佩刀。

他的威胁镇住了一些人，会场上安静多了。

但是仍有人不怕，仍然管不住他那张臭嘴，他们小声地说："你叫人家把武器交上，你自己却带着佩刀"

"是呀，这就是不一样！"

别儿哥听见了，他说："我和拖雷家是这场戏的主角，就得带刀。要是都不带家伙，你们还不造反哪！忽必烈！"

木台一旁有人应道："在！"

"给我看住，谁要是故意胡闹，你就给我把他那吃饭的家伙砍下来，放在这台口上！"

"是！"

大家看着那台口的汉子。他个子不高，但生得十分健壮。一张四方大脸上一对大眼睛炯炯有神。在他的袍褂外面腹背处套一副锁子甲，显得威风八面，盛气凌人。一把钢刀横在他的胸前，好似天上下界的恶煞。

有人认出了他是拖雷家的二小子忽必烈，有的还没有见过他，正唧唧喳喳地向别人打听。

"好了，规矩立下，咱们就开会了。这大会接着前年的忽里台，在那次忽里台上拔都大王推荐的是蒙哥王爷为蒙古的下任大汗，有人不同意，所以，在这次大会上就先不提新的人选。反对的人，你们要说明理由，让你们说个够。要是你们说服了大家，咱们再选别人，这公道吧？"

"公道，很公道！"下面哄叫着。

在哄叫中也有人喊："不公道！""为什么不重新提名？"

可是他们的声音似秋虫嗡鸣，没有人听他们。

"好了，下面谁要说话，就告诉忽必烈，他让谁说，谁就说！"

忽必烈为了显示公平，他没有让术赤和拖雷家的人先说话，而是叫起了已经归附于他们的窝阔台家的海都。

海都是个极其聪明的人，说得更准确些是太狡猾了。他很会看风使舵，从不吃亏。他身体很瘦，但很强劲，像张弓的弦。他嘿嘿地笑着站起来，两只小眼骨碌碌看着四周。"叫我先说嘛，我就先说，"他说，"大家知道，术赤家有点那个……"

"那个"是指他们的血统有问题。这在黄金家族家喻户晓，他不说破。

"察合台家，好像他们在忙自己的事，他们的家业也太大了。我们家不知怎的自贵由大汗下世后就有点乱了套。剩下的就是拖雷王爷家了。蒙哥王爷自小就天资聪明，在征西大战中卓立战功，他的德行也人人称道，可以说宽厚仁和，很有大汗的风范！我家窝阔台汗活着的时候就曾说：'那蒙哥呀，可是个人才，要是我下面的人不行，就让他接我的位好了！'大家想想，你不选蒙哥王爷选谁……"

他说完了，又笑嘻嘻地坐下。那神态谁也摸不透他说的是真话还是假话。不知是谁在他的屁股下面放了一大块尖利的石头，硌得他跳了起来。"啊呀，谁暗器伤我？"他嚷道。惹得一阵笑声。在笑声中他听到有人在狠狠地骂他："你个叛徒，把自己的祖宗也卖了！"

他装作没有听见。

接着说话的是一位将军，是大将速不台的儿子兀良合台。这时候，他已经名满全国，威震八方。即使不仰仗他的老子，他也是个引人注目的人物了！他的话自然是很有分量的。

他一站起来，帐篷内就鸦雀无声。大家望着他那饱经风霜的黑红色的阔脸膛，他那高大的身材，还有他那叫人不敢迎视的眼睛。大家臣服他的军事才能，也非常赏识他的德行和学问。据在忽必烈帐下的汉儒许衡说：他不仅很会打仗，也非常儒雅。

他看了与会者们一会儿。"各位，我拥护蒙哥王爷，"他掷地有声地说，"一个人怎么样，得看他做了什么事和没做什么事。我不说他的功劳，那人人都看见了。我只说他没做什么事。他没做在家族中挑拨离间的事，他没做暗害别人的事，他没做抢夺自己不该得到的东西的事，他没做损害部将的事，他没做损人利己、贪天之功为己有的事！这样的人我知道将士们愿意跟着他，就是死了也不后悔！我们都想念咱们的拖雷王爷，他是个功高日月的人，也是个德被苍生的人，他应该做蒙古的大汗，因为我们都知道的原因没有得到汗位。可是，自成吉思汗之后，又有哪一位大汗能比得上他呢？我觉得蒙哥王爷不愧为拖雷王爷的儿子，他就是今天的拖雷王爷！大家拥护他吧，这是长生天的旨意！"

他的发言是柄锋利的双刃剑。他既从另一方面赞颂了蒙哥，又使那些品行低劣的诸王，被他几个"他没做"逼得头也抬不起来。蒙哥所没做的事，他们恰恰都做了！

以后的几个发言人几乎一边倒了。他们搅着如簧之舌把蒙哥捧上了天，似乎连成吉思汗的功劳也赶不上他了。反对派也不只是听人摆布，他们极力争取发言，无奈忽必烈不给他们权力，叫他们无计可施。他们想以退出会场作为抗议，可是末哥又把住了大门……

忽然，咔嚓一声响，把会议打断了，大家回头看，只见一个赤膊的汉子把他的座椅举起来摔碎了。他圆睁着牛眼，抖着头上的几条油污的发辫和黑糊糊的胸毛叫道："这算什么忽里台，简直是欺负人！话不让说，人不让走，听龟孙子们胡说！"

他是窝阔台的一员勇将，叫兀连迷失。在与会前他就声言，要用他的大刀给他家的小主子失烈门夺回个大汗来。忽必烈早就防着他了，所以他刚发作，就被身后的几个力士按倒，尽管他挨刀似的喊叫，还是被人捆了起来，嘴里给填上了土。

忽必烈问大家："在忽里台上捣乱的人，怎么办？"

下面几个人异口同声地叫道:"按过去的老例,杀掉他!"

"那就按老规矩办吧。"忽必烈摆摆手。

力士们听从忽必烈的命令,把兀连迷失往外推,有几个人错错落落地喊道:"要杀窝阔台合罕的大将吗?那可不行!他立的功劳比你忽必烈可多呢!""打他几十棍算了!"

兀连迷失一点儿也不害怕,他笑着骂道:"忽必烈算什么?他比不上我头上的一只虱子!"

忽必烈怎能让他们救下兀连迷失,他望望坐在一旁压阵的别儿哥,这时别儿哥正自斟自饮,见忽必烈作难,就把酒杯一摔,跳起来叫道:"杀,什么大胆的家奴敢在这里发威风?给我杀!"

人被推出去了,不一会儿,力士们托着带血的大刀来报。忽必烈令他们绕忽里台会场走一道。尽管在场的人多是身经百战,可是这会儿也像见血的猴子似的低下了头。

忽里台进行了几天。

在这期间,别儿哥和忽必烈对与会者软硬兼施,威逼利诱,他们多半归服了。个别不就范的人,也紧闭嘴巴,一句话也不说了。

就这样,蒙哥顺利地登上了大汗的宝座。

蒙哥明白自己的汗位是怎么得到的,知道心不服的大有人在,所以他一刻也没有放松警惕。他也明白他最大的敌人在窝阔台一家。这时,失烈门和他的兄弟已经成人了,再说他们也有自己的支持者。

在忽里台大会上,兀良合台为蒙哥的上台大卖其力,他的发言为蒙哥争得了许多拥护者。大家也以为他真正懂得蒙哥。其实,这位将军并不十分了解蒙哥的心数。

蒙哥比忽必烈大六岁,这时已是四十二岁了。黄金家族的倾轧和浮沉,军旅生活的危险和艰难,铸造了他的性格。成吉思汗死后,窝阔台即位,拖雷家在窝阔台的淫威下,连精明强干的妈妈也不得不忍气吞声。他是拖雷家的长子,他得听从调遣,到军队中去出生入死。他学会了在这夹缝中生活,而且要活得好,活出个样儿来。他谨慎小心,他察言观色,他见风使舵,他委曲求全,他忍辱负重。他学会在什么时候应该拉拢谁、亲近谁、远离谁、避开谁。做什么事,不做什么事。为自己的后路找寻一块块的铺路石。他是很有野心的,他的野心分几个等级,最高等级当然是做蒙古的大汗。他的心思藏而不露，就是他的母亲也未必知晓他怎样默默等待这一天的到来……

这一天来得的确迟了一些，他的头顶秃了，脑后的小辫也有一半黄白色的头发。他面庞的皮肉变得松弛，眼睛下鼓着两个泪囊。战争不但消耗了他的体力，就连他的脊背也变得弯曲了。但是他的野心一丝也没削减，他想做个成吉思汗那样的大汗，至少，绝不能落在爷爷和伯父的后面！

目前他要把自己的座下弄得牢靠些。他知道危险在哪里，但他又不能毫无理由地将他们捉来杀掉。按照他的脾气，他还要给人一个贤明君王的样子。

第八章　兄弟齐心　正式上位

第九章

除去异己　母亲去世

蒙哥即位的大典在隆重举行着。其规模在蒙古的历史上是空前的，一位偶然赶上的外国人，对于宴会的奢侈不禁瞠目结舌。据他记载，其间，每天消耗马三百匹，牛三百头，羊五千只，奶酪及酒两千车……俗话说的"酒池肉林"已经不足以形容今天的盛况了。

就在这时，有人竟愿意做他的俎上肉。他们给庆典添上了个余兴节目，使后代人永远也忘不了。

忽里台大会，窝阔台的孙子失烈门（阔出之子）、脑忽（贵由之子）、忽图黑（合拉察儿之子）都没有参加，这时却结伴来了。他们派人前来报告说：蒙哥大汗登基，他们以同族子侄辈前来拜贺。

蒙哥两眼喝红了，他端着酒杯醉醺醺地和忽必烈商议怎么去"迎接"他们。

忽必烈说："总不能没因没由地把他们截住杀了。"

"难道让他们来煞风景吗？"

"开忽里台会时他们不来，这时反而来了，"忽必烈说，"我看其中大有蹊跷……"

"二弟，你来处理吧。"蒙哥说了就回到宴会厅招待客人。

忽必烈做了充分的准备。他派给蒙哥喂养猎鹰的鹰夫忽都带几个人前去，要他们以寻找失落的骆驼为借口细细察看。

忽都们在离和林不远处见到了失烈门等人的贺礼队。前面是几十匹马，十几头牛。后面有二十几辆大车。这些东西作为贺礼也有点太少了。他们带来的人倒不少，大概有数百，且个个是彪形大汉。忽都刚要派人回去报告，失烈门的一个十户长叫住了他。原来他的一辆车坏了。

"喂，老哥，会修车吗？"

忽都走过去："会一点儿。不过要看坏了什么地方。"

"你来看看，"十户长端详着他，"大热的天，你们来这儿干什么？"

"我们来找主人的骆驼。一只单峰驼。头心里有撮雪白的毛，兄弟见过吗？"

"没有，我们哪有工夫管你那闲事，快看看车！"

忽都一边查看那人的大车，一边用眼睛瞟着车厢。车上的东西并不多，用几条麻布盖着，鼓鼓囊囊的。

"你看明白了吗，老哥，是什么地方坏了？"十户长问。

"看明白了，你的车轴磨偏了，只要把车轮卸下来，补上一块木料，还可用它走一段路，"忽都说，"你们有工具吗？"说着他伸手把车厢内的麻布一拉……

"你干什么？"十户长打了他一拳，把他推开，喝道："走开，走开，不用你管了，我们凑合着用吧，好在路程并不远了。"

可是，就在一瞥间，忽都看见麻袋下面全是亮晃晃的刀枪……

忽都和他的伙伴走进了一片小树林，在树林的遮挡下他们快马加鞭飞奔回城。

听了忽都的报告，忽必烈叫道："好了，他们自己找死！"

他问明白失烈门所在的地方后，叫了阿里不哥和不花帖木儿，点了一千军马，分几路向敌人包抄过去。

失烈门弟兄们心中忐忑不安，他们一面缓缓地向和林进发，一面观察着周围的动静。当四周骤现上千铁骑并呼啸而至时，慌得有些手足无措。失烈门说："不要紧的，告诉他们，我们是来庆贺的……"脑忽说："他们不会相信的，如果他们看见我们车上的武器，那就没命了！""你们还等什么？跑啊！"忽图黑喊道，"快逃命呀，要不就来不及了！"他的人马比他的兄弟反应快得多，他们已经抢了马匹四散逃窜了。失烈门从大车上跳下来，四处找不到马，一眨眼，脑忽和忽图黑也不见了。他只好从大车上卸下一匹马，可是这马惊得咴咴叫着团团打转，他上了几次都没上去，最后被马摔在地下。等他爬起来时，面前站着满面怒容的忽必烈……

"嘿嘿……"他不尴不尬地笑着。

"失烈门，你们来干什么？"

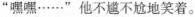

"向大汗祝贺……"

忽必烈抡起马鞭朝他脸上抽了一下，他脸上立时跳起一道血痕。他捂着脸像小孩子似的哭了。"你竟忍心打我，咱们都是黄金家族的人……"

"把他给我捆起来！"忽必烈命令。

这时，阿里不哥、末哥和不花帖木儿已经捉住了脑忽、忽图黑和几十个小头领。把他们捆扎结实，拴在马屁股后面拖着，已蹭磕得满脸是血……

忽图黑知道忽必烈是头儿，他哭叫道："忽必烈，论辈分你是俺叔父，你就饶了俺吧！……"

忽必烈想起过去窝阔台一家对他们一家的歹毒和刻薄，一点儿都不想宽大他们。但又想到他们究竟属黄金家族，搞得他们鲜血淋漓，也有损蒙哥大汗的形象，就对阿里不哥说："把他们装到车上吧，要不，不用到和林，就拖拉死了。"

失烈门一行被押回和林，关进大狱。

唆鲁禾帖尼听说了，把蒙哥叫到面前，问他："你要怎样处理你的这几个侄子呢？"

蒙哥没有正面回答母亲。他说，他们并没带来什么贺礼，车上满是刀枪。经过审问，失烈门等供认不讳：他们是以拜贺为名来刺杀大汗的。他已经把他们的口供传告给黄金家族的后王们了……

"我知道，"唆鲁禾帖尼说，"他们罪恶昭彰，不容宽赦，可是你打算怎么样处分他们呢？"

"成吉思汗制定了大札撒，就按那大法办好了。"

"那法上怎么讲？"

"杀。用马踩死，包在毡里摔死，用乱刀剁死……"

"你不能宽大些吗？"唆鲁禾帖尼捋捋她那花白的头发，满眼是泪地看着已经做了大汗的儿子。

在忽里台大会时，她就病了，请了许多大夫来看，用了许多药都不见好，忽必烈想给她请萨满做法，她制止了。忽必烈的谋士姚枢要给她看看。

忽必烈问姚枢："先生也通医道？"

姚枢道："王爷您不闻十儒九医吗？"

姚枢看过后，久久不语，只是慢慢地摇头。忽必烈已然明白了。

忽里台时，唆鲁禾帖尼应与会者的请求，勉强撑持着到会说了几句话，无非是勉励黄金家族要团结一致，携手共进，继承成吉思汗大业的意思。到了蒙哥被忽里台推举为大汗，朝廷大宴几日，她却没有到场。拖雷的异母弟到家里来请她，她拥被坐在床上对小叔说："我不是不给你面子，实在没有力气跑那儿几步。前些年，我为儿女的事把心力都用尽了，以后怎样，就看长生天的意思了！"

蒙哥握着妈妈只剩一把骨头的手，心如刀割。妈妈是他最敬佩的人，他更明白，没有妈妈，他和弟弟们早就沦落不堪了，哪里还谈得到争取什么汗位！

他见妈妈张着眼睛等着他的回答，就说："母亲，我答应对失烈门等王子从轻发落……"

第二天，蒙哥下令：将失烈门、脑忽、忽图黑即发往汉地从军。其余党羽七十多人或令驰马踩死，或令碎割弃野，无一宽宥。

蒙哥心里当然不想这样了事，他知道他事业上的毒瘤还远未割净。他的敌人还在暗处煽风点火，他的复仇的利剑还渴望着鲜血，但他一时不知怎么办才好。前几天他向忽必烈问计，忽必烈期期艾艾地望着远处说："我看，就适可而止吧……"

"怎么才叫'适可'呢？"蒙哥愤愤地反问。

"我只是这么说说，怎样定夺，还是大汗说了算！"

这事就这么耽搁下了，而且一搁就是半年。

次年二月，在讨论南征的御前会议之后，大臣马合木牙拉哇赤问蒙哥："大汗，那些逆臣贼子就那么算了吗？"

"牙拉哇赤，你说呢？"

牙拉哇赤以深谋远虑著称，颇有学识。他年近五十，早年他曾跟随窝阔台的近臣有名的耶律楚材学习，后来又投到术赤门下。去年他跟别儿哥到和林来，为蒙哥的上台出谋划策。被蒙哥看上了，事后，他向别儿哥讨要牙拉哇赤。别儿哥想了想说："这可是我哥拔都王的宝贝呀，要是大汗能把答应我哥的许诺兑现了，我可以做主把这人给你留下！"

这时，蒙哥才想起拔都在去年就向他要的条件，很不好意思地说：

 第九章　除去异己　母亲去世

"我这些日子忙昏了头，竟把拔都大王的事忘了，请多多原谅！"随即请中书起草诏令，把钦察以西的一大片土地正式划归拔都，并承认他的钦察汗国。于是牙拉哇赤也就留下了，成了他的主要谋臣。

牙拉哇赤拈着他的几根胡须，转着他深邃的眼睛。许久才说："大汗，您可要下狠心呀！"

蒙哥点点头，等待着下文。

"来，我给您说个故事吧……"

牙拉哇赤说：一千多年前，当西方伟大的马其顿王亚历山大征服了世界上许多国家后，他的大臣和贵族们纷纷要求自立为王，再也不愿听从他的指挥和调动了。亚历山大很愤怒也很愁闷，就派使者去垂询圣哲亚里士多德。亚里士多德听完使者的话后，没有回答什么，却领着他来到花园。吩咐几个工人把一棵棵根深叶茂的大树挖掉了，然后又种上一些幼小的树。之后就对使者说："没事了，你回去吧！"

使者回来后对大王说："圣哲亚里士多德什么也没有讲。"

亚历山大疑惑地问："那么你看见了些什么呢？"使者就把看见的事向大王说了一遍。亚历山大高兴地说："圣哲不是什么也没说，而是什么都说了！"于是，亚历山大坚决地杀掉了那些曾和他一起共事的专横跋扈的豪强，而将自己的兄弟、儿子安排在他们的位置上，国家便从此太平了！

"好，好。这故事好得很，"蒙哥说，"我知道该怎么做了！"

一场残酷地清洗异己的战斗开始了。

他的屠刀主要对着察合台和窝阔台的家属、儿孙们。其惨烈的程度亘古所未有。

他把自己和拔都的公敌，曾帮着贵由辱骂过拔都的合儿合孙捉住交给拔都处死。几天后，他又把合儿合孙的父亲——贵由最得力的大将野里母知己带从波斯前线召回，绑缚了，也交给拔都，听他发落，一泄郁愤。他在给拔都写的信上说：

"……他的人比他的儿子老多了，肉不好吃。可是我以为他的心还是嫩的，你就做下酒菜好了！"

拔都年老多病，不愿看到过多的血腥。他对来人说："我看了蒙哥大汗的信，倒了胃口，不用说喝酒，连饭都不想吃了。我没有想到文雅的蒙哥还有这一手！"

尽管这么说，他还是把野里母知己带给杀了。

蒙哥怕妈妈知道了出面讲情，他悄悄地把贵由的老婆海迷失捉来了。他说她是这次谋杀案的后台，无论如何是不能饶过的。他不愿亲自出马，面对他应该称她为嫂子的女人。他下令把她的两手缝在一起，把她交给了札鲁忽赤（大法官）忙哥撒儿。

忙哥撒儿在拥戴蒙哥一事上立了大功，他受拔都的指使在忽里台上第一个提出让蒙哥任蒙古大汗。其实他是个人所共知的最没有人性的杀手和色狼。他跟窝阔台出征，每到一地，就下令把人杀净，他担心士兵们偷懒，就要他们把死人的鼻子割下，用绳子串上交来报数，按数量多少给予奖励。他的老婆不计其数。只要让他看上的女人，不管是同僚的还是手下将士的老婆女儿，他都要得到……

海迷失知道难逃一死，死活要见大汗一面。她以为只要见了蒙哥，他就难以下令杀她。

为了叫她绝望，蒙哥去了。

海迷失擎着两只血手，跪着跑过去，把头顶着大汗的腿哭叫道："好兄弟，饶了我吧，看在我和你母亲要好的分上！……"

蒙哥抬脚把她踢倒，骂道："坏女人，你比一条母狗都下贱，还想活吗？我要把你剁碎了喂狗！"扭头就走了。

大汗的话，等于给了大法官忙哥撒儿为所欲为的特权。他说："海迷失，你是个王后，是个美人儿，可是我没见你身体怎样？很想看看……"他叫刑吏把她剥得赤条条的一丝不挂。他斜着眼捋着胡须欣赏着她那修长、丰满还很诱人的肉体，连连说道："好，好，有这样的好女人，贵由怎么就舍得死呢？"

海迷失激愤地喊叫："你要杀我，就给我一刀好了，为什么这样折磨我？我的身体只有君王才能看见，你们看了会遭报应，会瞎眼的！"

大法官哈哈大笑，"你以为你还是王后吗？现在你已经被大汗封为母狗！"

"为什么，为什么？……"

"因为你挑唆你的儿子谋杀大汗！"

"这事光我干吗？还有失烈门的妈妈哈秃黑塔失呢！"

"该死的，你这娘们儿，临死还拉上一个做伴的……"

忙哥撒儿把军卒撵出去，关上门，走近了海迷失，两手搂着她。让自己紧贴在她的下腹部上。"海迷失，让我也尝尝大汗女人的滋味吧！"

海迷失转着眼珠，她想保全大汗主妻的身份，即使被这坏蛋奸污了，死了，也决不从他。可是求生的欲望攫住了她。她不再撑持了，她说："忙哥撒儿，……你看我的手，多碍事呀，我无法像搂抱大汗那样搂抱着你……"

忙哥撒儿想了想，就用小刀剔去缝着她手掌的线，然后把她抱到审讯犯人的桌案上。"我要让你试试，我比那贵由怎样……"

海迷失说："你做起这样的事来，真像一个大汗！……"

"你得告诉我，贵由怎样和你做这事……"

"是，我告诉你，我告诉你……"接着又问忙哥撒儿，"你能够救我吗？……"

忙哥撒儿一面照海迷失说的尽情地折磨着海迷失，一面安慰她说："我能，我能够开脱你，你放心……你在这方面让我尝到了做大汗的滋味，我会回报你的！"

海迷失放心了些，就强忍着全身的疼痛，曲意地侍奉着他。

第二天早上，忙哥撒儿看着赤裸的海迷失说："我真想再把你留一夜，可是不行了。你把衣服穿好，待会儿人来了我好说话……"海迷失照他说的做了。

忙哥撒儿喊来了军卒，喝令再把海迷失的双手缝起来。海迷失知道上当了，发疯般地叫骂着："忙哥撒儿，你这个无耻的坏蛋，下贱的色狼，我要告发你！黄金家族也许不要我这个女人了，可是他们绝不会容忍这一侮辱，你会死得比我还惨的！……"

忙哥撒儿冷笑着："你向谁告我呢？蒙哥大汗吗，你再也不会见到他了……不过，你可以放心，就因为这一夜，我会叫你死得痛快些！"

忙哥撒儿下令把她的嘴也缝了起来……

这天夜里，忙哥撒儿回到家，宿在他小妾的帐篷里。

小妾问他这一天又弄死了几个人？用的是什么办法？因为这些日子他都把自己帮助蒙哥镇压反对者的事当作故事说给小妾听，吓得她心惊胆战。怕虽然怕，但那女人却听上了瘾，想借此给自己寻求点刺激……

"你等着，"忙哥撒儿一边脱着衣服一边说，他是只淫狼，不干完那事儿，他是不会平心静气地说什么事情的。"你先在被窝里给我伺候着……"

"呀，你背上怎么这么多血痂呀？"小妾惊得坐了起来，"不，不，是许多血掌印，是谁给你印上去的？"说着她想用手摸一摸。

"啊！……"忙哥撒儿想起来了，"你千万不要动，一指头也别动……"

"怎么的，痛吗？"

"痛什么？这是大汗主妻的手掌印，宝贵得很哩！"

"是怎么一回事？"

"故事长着哩，这时我还不能和你说……"忙哥撒儿又轻轻地穿上衣服，向小妾挤挤眼睛走了出去。

这天夜里他没有回家睡觉，他趴在一位高明的文身师的家里，要他比照着把海迷失印在他背上的血手印刺下来……

蒙古人很早就有文身的习俗，不过刺的大多是地上的虎狼，天上的雄鹰，家族的纹章和光荣的印记，这位文身师还从没刺过这样的图样……

"将军，十指纤纤，这手印是女人的吧？"

"好眼力，"忙哥撒儿得意地说，"你知道这是谁的手印吗？"

"小子怎能知道？"

"嘿嘿……嘿嘿……"忙哥撒儿也不能说，"你小子快干活吧，闲话少说……"

大法官把海迷失的供述报告了大汗，立刻哈秃黑塔失也被捕了。

"这两个娘们儿，怎么处理她们呢？"蒙哥不想再看到海迷失，这样问忙哥撒儿。

"大汗决定吧……"

"他们是黄金家族的人，是不能让她们流血的……你看着办吧，忙哥撒儿。"

"我知道，大汗。"

第二天，蒙哥把在和林的黄金家族的人召集起来，让他们观赏对过去两位王后的行刑。

第九章　除去异己　母亲去世

忙哥撒儿让刑吏把两个女人带出来，她们已经被折磨得不成人形半死不活了，像两堆沾血的破絮堆在那里。

忙哥撒儿阴阳怪气地当众数说她们的罪状，并宣布对她们的判决。然后指使刑吏把她们用毡毯裹起来，两头扎紧，再叫几个壮汉摔打。以往，执行这样的刑决时，往往听到犯人在闷声闷气地哀叫，那是很使人惊心动魄的。可是这次黄金家族们没有得到这样的"享受"，她们只被摔得嘭嘭地响，像摔棉包一样，一声也没出。大概她们一下就被摔死了！尽管拔都不愿再接受那些死囚了，可是蒙哥却源源不断地给他送去。反对过拔都的大将也速及其妻子，参与谋反、又附和贵由欺负过拔都的不里等人，蒙哥都派人押解到拔都的大帐，听他处理。拔都知道蒙哥想听到什么结果，连审问也不，就叫军士把他们杀了。蒙哥使政敌闻够了血腥，把他们吓破了胆，连无罪的人也惊恐万状。蒙哥故意让那些归附于自己的察合台和窝阔台家族的人当审判官，以显示大汗的宽容和公道。这些人整起自己的家族来更是变本加厉，凶残异常，用以表示忠心。如被任命为法官的察合台的长孙哈拉旭烈，他竟当着也速的面令人将他的妻子脱和失踢成肉泥，叫人惨不忍睹，连蒙哥都看不下去，呕吐着连忙走开。

忙哥撒儿深知大汗的意图，他带领一帮审判官张开罗织的大网，搜捕着不幸者。这些日子，和林天天杀人，街头巷尾都是血！许多人出于或排除异己或公报私仇或制造混乱或邀功自保，捕风捉影地给人编造罪状，弄得人人自危，惶惶不可终日……最后竟有人把忽必烈也告到了蒙哥那里！

忽必烈极为气愤。蒙哥笑着说："别的我都相信，唯有说你谋反我不信。你和兄弟们是我的手足臂膀！"

说蒙哥一味地杀人，也不尽然。他也恩威并施。他把窝阔台的领地分割成几块，赐给早已归顺了自己的窝阔台的后代诸王。海都封于海押立，脱脱封在叶密立，合丹和灭里则据有也儿的石河地区……这样一来，他把窝阔台原有的兀鲁思分割得七零八碎，他们中的任何人都没有能力再夺回他们失去的汗位了！

唆鲁禾帖尼快要走到她人生的终点……

她躺在床上，看着阳光慢慢地在窗棂上移动着。她的周围有许多女人和仆妇，只要她的嘴唇翕动一下，立刻就有许多人为她奔忙。可是她常常半天不吭声，只愣愣地看着窗棂。

她在想些什么呢？

这只有她的儿媳察必能够知道。

她的大儿媳这时成了皇后，自然不会再来伺候婆婆了，她也看不上那个儿媳。唆鲁禾帖尼真的不喜欢见她那转一转眼睛才说话的样子。她还没当皇后时就已经大摆架子了。婆婆有事总和察必商量。

这些日子整个和林在战栗，在流血。这些事自然没有人和她说，察必也不跟她讲。可是她知道蒙哥在干什么……

她看见察必时常背着她用手抹泪，她也不问。

一日，她让众人走开，只留下察必。

唆鲁禾帖尼望着她红肿的双眼，拉着她的手说："察必，我的孩子。你不要伤心，改朝换代就是这样。不过蒙哥也做得太过分了！"

"母亲，您知道吗？"

"虽然没有人跟我说，但我知道。蒙哥许多日子没顾得上来看我了，我知道他在忙些什么。他不把事情做绝是不会罢休的！"

"婆婆，大汗他……"

"没有人比我更知道蒙哥的了，"唆鲁禾帖尼说，"人家的牙长在口里，他的牙长在心里！"

察必没有说话。她给妈妈把被子掖严实。入冬以后，婆婆就怕冷，过去她从不这样。别人说冷，她就说："干点什么吧，出点力，流身汗就再也不冷了！"她冷，也许是她再也不能干活了的原因。察必给她盖上丝绵的厚被，又给她盖上两床毛毯。她皱皱眉头说："不要压我了，我受不了。我是心里冷，你盖得再多我也是冷的！"

"婆婆，您不要这样说，天的确冷极了，哪天也冻死几个人。"

"那他们也是心里冷，"唆鲁禾帖尼说，"街上的血还很多么？"

"是……"察必说漏了嘴，"您说什么呀？"

"你不要撒谎。血结了冰就流不走……"

察必不说话了，她不好说什么。忽必烈嘱咐她即使在妈妈面前也千万不可多说不该说的话，一切都要谨慎小心。

"察必，我的孩子，你在等我说话吗？"

第九章　除去异己　母亲去世

115

"是的，妈妈。"

"我要走了……"唆鲁禾帖尼说，"我要到长生天那儿去了……"

"妈妈，您说些什么呀？"察必哭起来，"春天虽然还没到，但不远了。天一暖和，您就会好起来的……"

"不要哭，察必，"唆鲁禾帖尼说，"我很愿意走，你应该为我高兴才是。在这时候走。再好没有了……"

"婆婆！……"

"咱们蒙古女人，比哪里的女人都受苦受累。我嫁给拖雷，是我的幸福。可我没一天不累，不苦。这你是知道的。你公爹死后，我的心都操碎了……"

察必点点头。

"……我帮助孩子们把大汗位夺到拖雷家，"可能是她说话有点多吧，气喘吁吁，"过去为了权和利，在黄金家族内纷争迭起，拼杀得血肉横飞，今后的纷争就要移到了咱们家里来，他们几个弟兄就要拼个你死我活了！……"

察必听得胆战心惊。

"恰巧我这时候要走了，这是长生天对我的关爱……"

"婆婆，您忍心……"

"不要打断我，察必。很快，也许我就什么话也说不出了。以后，就看你的了，我的孩子。别的媳妇我对她们不抱希望，你是最贤惠，最有能力，最有智慧的女人。这样的女人在一代中，长生天只给一个！察必，你要想办法叫咱们家族尽量少流点儿血呀！……"

"婆婆，我有什么德行……"

"你行，我的孩子。这，我是看准了的，你得答应我！"

察必在婆婆床前跪下，伏在床沿上抽泣着。

"……这话我只对你说，"唆鲁禾帖尼抬起手，拍拍察必的头，"在蒙哥之后，要是忽必烈能得到汗位就好了。那是天下苍生的福气。忽必烈，他有一颗仁爱的心。他也有治国安民的大本领。察必，你就为忽必烈天天祷告长生天吧……"

几天后，唆鲁禾帖尼走了。她的儿女们还是围着她哭了一场。蒙哥看着老母入了殓就洒泪去了，他把给母亲办丧事的任务给了阿里不哥。

忽必烈向妈妈表达了自己的心志，他说绝不会辜负母亲的希望。阿里不哥哭得最痛，他哭诉他的冤屈，他说妈妈要是再晚走十年就好了……

这是个忙忙乱乱的时代，所以，这一代女杰的丧礼也不比别的王后来得隆重。可是蒙古人民是会永远把她记在心里的……

蒙哥用黄金家族的血和泪巩固了自己的统治之后，他决定继承父祖的传统，重新燃起战火。那时蒙古民族的灵魂就是掠夺和侵略，这是任谁也改变不了的，他们用杀伐来发展自己，获得财富。没了这，他们什么也就都没有了。

他命诸王中汉文化素养最高的忽必烈统率蒙古汉军以镇抚中原，总理漠南汉地军民事务，并负征服南宋的一切责任。另一方面，他派遣他的三弟旭烈兀去完成成吉思汗和窝阔台没有完成的事业，对西亚术剌夷国和板达（今伊拉克）的征服。忽必烈得到蒙哥给他的重任，踌躇满志。这是他人生的里程碑。他马不停蹄率领他的人马出发，在金莲川（今内蒙古正蓝旗闪电河一带）设置了自己的藩王府。接着就摆宴欢庆三天。

出席他盛宴的人除他率领的诸王和将军外，就是他多年来罗致的汉儒了。这些文质彬彬的文人学士在宴会上很是显眼。他们都被安排在忽必烈的周围。

酒过三巡，忽必烈满面红光地端着酒杯站起来致辞。

他说："我家族的诸王、兄弟们，我志同道合的将士们。我忽必烈从年轻时就思大有为乎天下，并为此殚精竭虑。深深知道要达到这一目的，像过去那样只依靠跃马弯弓是不行了。我们蒙古人是长生天的骄子，这，我是一时也没有怀疑过。我们蒙古人生到天地之间，就是为的征服世界，做世界的主人！可是怎样才能完成长生天给予我们的伟大使命呢？我的祖父，我的伯父都为此奋斗了许多年。他们纵马扬鞭，驰骋万里，立下了举世无双的赫赫战功。他们已经向世界证明：蒙古民族是不可战胜的！"

忽必烈慷慨激昂地说到这里略一停顿，傲视着周围的人。那时候他的族类还没有学会鼓掌，但欢呼雀跃是人的天性，何况他们从没有受过孔儒的约束和教化。他们高兴得呜哇乱叫，差点儿把餐桌掀翻。有的趁此把一大坛酒灌进了肚里……

"但是，世界上的人，杀是杀不完的，逼得急了，他们也会联合起来对抗我们，即使是山野虎豹也会这样做！有的将军曾想把除我们以外的人都斩尽杀绝，把大片土地留作牧场，那真是愚不可及！举例来说：儿女都希望有一双德才兼备的父母，亿万苍生更盼望长生天给他们降下宅心仁厚恩威并施的统治者。大家一定想：世界上没有比我们蒙古人更会放牧牲畜的了，是的，我们很会放牧牛羊，但是却不会放牧人群！"

大斡耳朵里安静下来，大家都侧耳聆听。有的还面露微笑，大概他们被忽必烈王爷意趣盎然的比喻吸引住了。

"那，谁最会牧人，最会治国安邦呢？大家看我身边坐着的这一些客人。他们都学贯古今，满腹经纶。他们的学问足可以夺天下、安万民……"

大帐里几百个蒙古将士都回过头来，看着坐在王爷两边的几十个文人雅士。有的面露厌恶之色，有的如看什么怪物……还有的对王爷迷惑不解，不知为什么把他们掺和到这本属蒙古人的宴会里来，而且还被安排在显贵的地方。

自从忽必烈的"爱民之誉，好贤之名"传出后，许多抱着以文明医治野蛮的朴素想法的儒士望风来归。这时安然自在地坐在忽必烈两边的有：刘秉忠、许衡、姚枢以及他们推荐而来的王文统、商挺、张易、杨惟忠、李德辉、郝经、赵璧、张文谦、王鹗等几十人。他们已经是忽必烈一刻也离不开的智囊团。可他仍然觉得不够，这个集团还在逐日扩大着。

说到这里，忽必烈看到他的一些王子和将军满面疑惑，不解之态可掬，就简单地向大家讲解了一下孔孟之道。他几句话就使他的同族面上乌云扫去了不少，连那些老夫子们也点头佩服。忽必烈对中原儒学的治平之义，竟理解得那么透辟。可见他们对他几年的讲解并没有白费，人人面露得意之色。

"有人一定要问，他们有那么遥远的文明历史，又深谙治国平天下的道理，那么他们为什么不堪一击呢？这很容易解释，原因是他们的朝廷已经腐朽透顶，不可救药了！但儒学是好的，是可用的，就像一把锋利的刀。他们已经无力使用这把刀，扔掉了。现在我们来了，我们要拣起这把刀，堂皇地做中原的主人！做亿万苍生的牧人！"

忽必烈又停下了，他望望大家，他期待着他们的喝彩，虽没有等到，但他也没有从同胞们脸上看到厌恶和反感。他们接受了他的说教，但仍疑惑不安。忽必烈觉得这是一个良好的开端。他没有勉强他们，只要他们觉得这是一次新的开始，大大地不同于往常。这就够了！

最后，他像一位导师似的指着身旁的儒士对他的同胞说道："几年来我虚心地向他们学习，获益匪浅。我又让我的子侄们，我的近侍们拜他们为师，他们也觉得感受颇深。为了蒙古人的伟大事业，为了建立一个旷古未有的大汗国，我们就一点点地学起来吧！那样，我们就一定能建立前所未有的伟大功业，我们的军队一定会一往无前，所向无敌的！"

忽必烈的这番进军动员，虽然没有像现在的同类场合一样，受到欢呼和喝彩。但他是成功的。他的父祖从生到死都没有说出这番话来，也没有开始过这样的进军。这是蒙古历史上的第一次，也是成吉思汗以来的第一次，是应该记于史册的！

他的将士们的内心里已在默默地改变着。以后随着进军的节节胜利，忽必烈一些政令的实施，他们的改变就会更加巨大……

等到大家一个个酒足饭饱之后，这一次从夜晚开始的宴会已经延续到天亮了。

忽必烈又和将军幕僚们研究进军的路线与策略，宴会再一次变成了军事决策会议……

第九章　除去异己　母亲去世

第十章

邢台大治　杀脱兀脱

一直到日出东方，客人们相继散去，忽必烈才发现他的主要谋士之一的姚枢没有来。他拉住子聪询问原因。此时这个从十八岁就得到他的赏识的小和尚子聪，已经被忽必烈动员得还俗，并且被赐名为刘秉忠了。

刘秉忠笑笑说："不来就不来吧，何劳王爷挂心！"

"那不行，像这样重要的会议，公茂（姚枢的字）是从来不缺席的。"

"大概是有点儿不舒服吧……"

"唉呀，秉忠，为这次宴会，我忙昏了头，你也不提醒我……"

"王爷，我也是到会以后才发现他没有来的……我去给您看看那老头儿去。"

忽必烈猜想，这刘秉忠一定知道其中的缘故，就把他甩在一边说："那就不劳你的大驾了，还是我自己去吧。"

忽必烈风风火火地跑到姚枢的住所，见那老头儿在闭目遐思，就轻手轻脚地走到他的面前。可还是打扰到他了。

"啊，王爷……"姚枢慌忙站起来。

"您没有参加宴会，也没有招呼我一声，我想，您是不是身体有点儿不适，所以我赶紧过来看看……您不要紧吧？"因为姚枢年纪大，忽必烈对他格外尊敬，特别称他为"您"。

"感谢王爷的关注、爱护。贱体没有什么，只是我在想一个问题……"

"还没有想明白？"

"想是想明白了，就不知该不该和您说？"

"嗨，我的公茂先生，您又对我见外了。你们和我之间，还有什么忌讳的，说，快说！"

姚枢停了停，说道："今天大王特别高兴，我不想扫您的兴，想改日再和您谈，现在大王一再追问，我就只好说了。"

忽必烈专注地望着他。

姚枢又忸怩了一会儿。"那，我就直言不讳了，"他说，"今天下土地之广，人民之盛，财赋之多，无过于汉地了。现在，蒙哥汗都给了您，您又照单全收，那么，天子还管什么呢？这时，如果有人从中离间，大汗必然大为后悔，并恼怒您无推无让。他如果把给您的权力再全部收回，那时可就惨了！"

仅仅几句话就使忽必烈恍然大悟，眼睛瞪得老大。

"愚以为，大王不如只掌兵权，需要财赋等物，可以向朝廷请示，由官府供应，这样做才势顺理安，您才会保全自己……"

"只保住军权？"

"对，所有的权力中，哪有比军权更重要的？聪明的统治者什么都可以放，就是军权不放，您想想中国的历史……"

姚枢说完，忽必烈连连点头："先生之言，使我茅塞顿开，我已履险境而不自知！"

他立刻走出姚枢的寓所，令一员心腹大将飞马回到和林，晋见大汗。请求大汗收回行政大权，只留给忽必烈统兵之权……

事后，忽必烈问回来的将军："告诉我，大汗听后怎么说？"

将军回答："大汗听后喜形于色，他说：我的二弟真是个聪明人！"

忽必烈冷汗直流。他挥手让将军走开，在心里一再默念着，"兄弟君臣，兄弟君臣，可千万不要忘了！"

蒙哥见忽必烈交回汉地民权，叫他放了心。为了安抚弟弟，他故意地把关中地区加赐给他。诏令上说：你对汉人那一套了如指掌，没人比你去治理他们更合适的了。你嫌麻烦，就先把关中地区拿去试试……

这关中可不一般。

当时，蒙古人对这里实行"汉地不治"的政策。他们是游牧民族，比中原远为落后。根本不懂对农业经济进行利用和保护。因此，兵锋所至，人民杀戮几尽，金帛女人、牛羊马畜席卷一空，他们以杀人取乐，还动不动就屠城。到了窝阔台时代，仍有人向他建议：尽管我们征服了汉人，但毫无所获，不如把他们杀干净了，让土地长出青草，我们好用来放牧！窝阔台的谋士耶律楚材哭叫着对窝阔台说："千万不要这样，我们的大军南征需要的是大量的军费物资，如果把汉人保留下来，让他们好好生产，我们就什么都不愁了！"

窝阔台还不很相信，他对耶律楚材说："那就请你给我试试吧。"耶律楚材受命后，在中原实行减役轻赋发展生产的策略，一年后他给了窝阔台多得让他吃惊的白花花的银子。从那以后，窝阔台才下了禁屠令。可是杀惯了人的蒙古人，你要不让他乱杀，就像后来戒除瘾君子的烟瘾一样地难以办到。

民生凋敝，赤地千里……蒙哥给忽必烈的就是这一个烂摊子！

忽必烈找来了王文统，和他磋商。

王文统，五十多岁。山东益都人，高挑的个儿，黑瘦的脸面，留着长须，形神飘逸，颇有文名。他也是刘秉忠和姚枢推荐来的。他一到幕府就受到忽必烈的分外赏识，原因是他和别的文人有很大区别。他不仅有博古通今的学问，而且很注重实务。他帮助忽必烈制定的政策往往切实可行，都能立见成效。在忽必烈这个藩王看来，这是极为重要的。

"以道先生，你说我们该从哪里着手呢？"忽必烈用王文统的"字"来尊敬地垂询他。

"大王，您就把关中交给我们这些汉人吧，"王文统说，"您正好看看您的德政在这些地方实行的效果！我敢向大王保证，不用多久，这里的百姓就富足起来。您若要去巡视，他们就会如古书上说的那样，'箪食壶浆'排成长队迎接您呢！"

忽必烈十分高兴，他听了王文统的话，就把关中交给了他的儒士们，他也很想看看他们的实际本领。

"大王，您得答应我们一个条件，"王文统又说，"一个有所作为的地方官最怕的是上峰的干扰，您能不能在一年内，不过问他们的事？"

忽必烈想了想，也答应了。

王文统放手干起来，他挑选了十多个有实干精神的年轻人，上请忽必烈给予相应的官职。分几组，把他们派往各地……

为了让忽必烈放心，他还在其中任用了一些蒙古人。

邢州按抚司的府衙。

按抚正使脱兀脱斜靠着椅子，把他的马靴放在书案上。他用力睁开两只满是眼眵的眼睛，看着他的两个副使：张耕和刘肃。他为他们把他从妓窝里拉来很是生气。

"你们要我来干吗？"

张耕脾气有点倔，他已经气得不想和这个无知的鞑子说话了。

刘肃觉得要把事情办下去，还得忍下去。他说："你是正使，有些事还得和你商议。"

"商议什么？"脱兀脱大声叫道，喷了刘肃一脸酒气，"我们的大王养着你们，一不能当马骑，二不能杀了煮肉吃，就是让你们来干事的。日子过去一个月了，你们干的什么？"

"我们到处巡视了一圈，了解了许多事情，这不是干事儿吗？"刘肃的嗓门高起来，"我们磋商了几天几夜，拟写了一份东西，想给你看看，这不是干事儿吗？"

"东西？什么东西，快拿来我看！"脱兀脱以为是什么好东西，伸着手要。

刘肃把几张纸递上。

邢州原是蒙古贵族答拉罕的封地，以后又换了几任地方官。他们不仅不会治理，只知横征暴敛，勒索无度。人民不堪忍受，纷纷逃亡，由原来的一万户很快减少到五六百户。一月前，脱兀脱、张耕、刘肃作为邢州按抚使被派到这里。

张耕、刘肃是两个三十几岁的中原人，他们在金朝都曾有过功名，他们到邢州后，年轻气盛真想大干一番。他们先后转了许多地方，察看了民情，然后磋商出一份规法策略草稿，这时想拿给脱兀脱看看。

"我不识你们的臭字！"脱兀脱把几张纸摔到刘肃脸上。

脱兀脱是蒙古贵胄，窝阔台时还立了点小功劳，他哪里看得起这两个汉人书生。

可是脱兀脱错估他们了。张耕、刘肃是饱读诗书的书生不错，可是他们生在乱世，知道要想报效国家非有几手功夫不行。所以他们在读书之余，也学习了几套拳脚和剑法。刚才，脱兀脱辱骂他们，犹可忍受，可是骂到他们安身立命、看得比命还重要的用以记录孔孟之道的文字，他们就受不了啦。张耕跳将过去，一把将脱兀脱拉下地来，一个钩心拳打在地上！

脱兀脱没有想到一个汉人敢对他动手，惊得傻了，接着就恼怒不已，他咆哮如雷，挣扎着站起来，可是还没有站稳，又被张耕踢倒。脱兀脱更加怒不可遏，他拔出腰刀向张耕扑来。张耕也出剑对打。几招过去，脱兀脱的刀被张耕挑飞，他想逃跑，却被张耕一伸脚钩着腿腕，跌倒在地。张耕的剑尖在他的咽喉处颤颤抖动……

"你不敢杀我，你不敢杀我……"脱兀脱吓得眼珠子要暴出来，"我是大蒙古的千户！"

"可是，你怎么敢欺侮我们呢？"张耕反问他，"我们是大蒙古王爷忽必烈的幕宾！"

"可是我的官比你们大……"

"你好好干事，我们尊敬你，你要是违犯纲纪，误了王爷的大事，你就是乱臣贼子，人人得而诛之！"

"什么诛之？"

"就是大家都可以杀你！"

"是这道理吗？"

刘肃看教训得够了，就向张耕眨眨眼，劝他住手，不要把事情弄到不可收拾。

脱兀脱站起来，找着他的腰刀，回头就走了。他说："你们爱干什么就干什么吧，我才不管呢！你们干坏了可别拉扯上我！"

张耕对刘肃说："他不管才好哩，省得碍手碍脚。"

从此，他们再也不找那个脱兀脱了。

他们首先下了安民告示，让老百姓回家安居乐业发展生产，并许诺下最轻的赋税。实在无力耕种的发给种粮和耕畜。

几个月后田野开始发绿了，大地有了生机。

邢州这地方富有铁矿，过去就有许多炼铁的作坊，这时人去炉冷，已经多年没人生火了。他们想：要是把铁坊恢复起来，不仅可供锻造兵器，还可使许多铁工重操旧业，有了衣食之源。于是，他们给了适当的政策，令铁工免服劳役，还抬高了铁价，使他们有利可图。一时间，铁炉又火光烛天，烟囱相望了。

由于一系列悯农、爱农和助农的政策的落实，邢州大地重新勃发生机。成千上万的流浪户开始相传相携地回乡了。不到一年，户口增加了十倍！

为了发展经济，他们发行纸币以加强商品流通，整治驿道以传递信息，同时，他们造府衙，奖黜官吏，使文书钱谷奉行严谨，无所欺诈……

在这一年中，张耕和刘肃时时得到脱兀脱勾结被罢黜官吏和当地豪强，暴力敛财，欺压百姓的许多罪状，真是冤案山积，血债累累。他们也不断地上书藩王，要求严惩这些欺压百姓阻挠新政的腐败分子，可是一直得不到回复。

一日，一伙乡民冲进按抚司衙门，他们又哭又叫，上告脱兀脱抢人妻女的暴行。

原来，这天风和日丽，脱兀脱到山野游玩，他见一民妇很有姿色，就唆使他的护卫前去掳夺。那女人在民众的掩护下好歹逃回村去。脱兀脱竟带领人马一直追到她家，把那女人捆绑到马上后，又见她的女儿模样更加粉嫩娇俏，就叫道："好呀，连那小的一起给我带上！"民女的丈夫见老婆、女儿一起遭劫，抓了把菜刀就跑出来拼命。可他还没冲到脱兀脱跟前，就被脱兀脱的护卫一刀劈死。村中的老少不敢到邢州府衙去告状，就到这里来了。

"二位大人，"他们一起跪到地上，"我们知道你们是爱护老百姓的，请为我们做主，给我们报仇雪恨吧……"

张耕听了咬牙切齿，火冒三丈。他扯出剑来对刘肃叫道："老兄，怎么办，我实在咽不下这口气，我这就去宰了那畜生！"

脾气绵软一些的刘肃也恼火得很，他说："那脱兀脱实在该死，不过，杀了他恐怕不好！"

"为民除害，有什么不好？"

"要知道，抢十个八个的民女，在蒙古人来讲，怕不算什么罪恶……"

"那不行，这是中原大地，可不容那些鞑子胡来！"张耕仍吹胡子瞪眼，"要是看着那东西横行不法而置之不理，我们也就白读许多圣贤书了！"

第十章 邢台大治 杀脱兀脱

刘肃着急得踱来踱去，搓着手，不知怎样才好。

"刘大人，"张耕讥诮地笑笑，"你就安心在这里做你的官吧，我走了。"说着张耕提剑就往外跑。

"老弟，"刘肃喊道，"你停一下，我刘肃也不是贪生怕死的人，只是，我们只两个人，怕不是他们一群狐朋狗党的对手……"

刘肃说得对，只他们两人恐怕连府衙也进不了。

张耕望望跪在地上的乡民，忽然大声喊："你们给我起来，我和刘大人要去给你们报仇，杀了那狗鞑子，你们谁愿意随我们去！"

"我，我们！"

"我们都去！"

"出了衙门，你只要一招手，保管百八十的人能招起来，谁不愿意杀鞑子！"

刘肃喝住他们说："咱们尽管去，嘴里可不准胡说！我们来推行新政，是忽必烈王爷对你们的恩典！"

张耕、刘肃跑出按司大门时，跟在他们后面的仅十几人，一路上乡民大吆小喝："杀脱兀脱呀，为民报仇呀！""跟两位大人到府衙去呀，砸死贪官申冤呀！"……等他们冲进府衙时，后面已有上百人了。他们像潮水一样涌进府衙大门，十几个卫士早吓得跑了。张耕、刘肃仗剑一直冲到后院……

脱兀脱平日都是日上三竿才起，这时他正拥着两个女人睡大觉哩。他忽听到砰的一声响，睁开眼时，见张耕和刘肃已站到他面前了，而且怒容满面，手提雪亮的宝剑。

两个女人吱哇尖叫着滚跌到床下。脱兀脱光着身子坐起来……

"你们要干什么？"他硬撑着问道，"你们要向我请示什么，派人到府衙来叫我，可不能到这里来打扰我！"

"脱兀脱，"张耕把剑搭在他的脖子上，"你到邢州一年多，干的什么？你把王爷的使命丢在脑后，整日花天酒地，醉生梦死。横征暴敛，巧取豪夺。又杀人劫掠，血债累累。真是万民痛恨，罪不可赦！"

"你，你，你说什么？"脱兀脱避开张耕的剑锋，说，"你，你是怎么的？这玩意儿可不是好玩的，你会割伤我的……你说的什么，我一点儿也听不明白，你们汉人的话不好懂。"

"你昨日又抢人家的妻女来吗？"刘肃问他。

脱兀脱愣起眼睛不解地问："怎么的？"

"这就是罪，只这一项，你就该死！"刘肃也被他不知罪的样子惹火了。

"这就该死？哈哈……"脱兀脱笑了，"这算什么罪？要说这是罪的话，我们的成吉思汗就有罪，我们的窝阔台大汗也有罪，就是我们的忽必烈王爷也逃不脱，他们的无数妻子女人多数是抢来的！我比起他们来差远啦。再说，我在这地方上拿点东西钱财，那更不是什么罪了，这里的一草一木，哪不是我们的？就连你们也是我们的奴才呢！"

张耕气得发抖，他把剑猛一刺，脱兀脱的喉咙断了，血咪咪地喷出来。

张耕、刘肃在邢州只有推行新政的权力，没有行政之权。他们因杀了按抚使，被府尹抓起来，押送到金莲川。忽必烈十分震怒，他把王文统叫到面前，责问他用人不当。

"大王，想在邢州推行汉法，是说一说算了呢，还是真把它当回事来做呢？"王文统也不辩解，只这样问。

忽必烈皱紧眉头看了看王文统，说："以道先生，这和张耕等杀人有什么关系？"

"很有关系，"王文统说，"大王新政的核心是什么呢？是戒暴虐施仁政。这恰恰是许多地方官所不愿实行的，甚至是极力反对的。因为这关乎他们的切身利益。面对这许多反对势力，怎么办呢？有两种态度。一是对他们屈膝投降，把大王的使命置于不顾，让您的伟大志向化为泡影。二是对他们的违抗和抵制坚决斗争与镇压，把大王的新政推行到底……""张耕他们……怎样呢？""他们是大王的忠实幕僚，把在邢州推行新政看得高于自己的生命。一年多来，他们忠于职守，殚精竭虑。把邢州治理得欣欣向荣，安居乐业，成为有口皆碑的福地。走遍邢州，到处可听到对大王的颂扬之歌……"

"有这样好吗？"

"我记得曾向大王几次地禀报过，大王一定是因为日理万机，忙得忘记了。"

"不，不，"忽必烈说，他的眉头稍微松开了些，"我知道些那里的

情况，许多人和我说过'邢州大治'的事……不过，一个汉人竟敢杀一个蒙古千户……"

这轮到王文统皱眉头了。忽必烈虽然把汉儒奉为座上宾，但总不能让他们冒犯蒙古人的权力。王文统有别的儒士们不具备的胆量，是个敢说出真话来的人。他说："大王您这样说，就太让我们这些汉人寒心了。"

忽必烈立刻察觉自己说错话了。他说："你们是汉人吗？汉人怎能和你们相比？"

汉儒们不算是汉人，但又不是蒙古人。他们是什么人呢？忽必烈十几年来一直怀有这样的矛盾。这表现了他改革的不彻底性和在他的内心世界里仍有着根深蒂固的大蒙古思想。

王文统不去深究，他说："脱兀脱到邢州后，立刻和那些反对新政，反对您进行改革的地方官吏沆瀣一气，上下勾结，千方百计地阻挠您的政策的贯彻，并且变本加厉地搜刮百姓，横征暴敛，罪恶昭彰，天理难容，这样的恶吏，在我们看来，是人人得而诛之的，何况身负大王托付大任的张耕他们。他们一定是把诛杀这样的贪官污吏当作您给他们的应有之权了！"

"脱兀脱有你说的那么坏吗，怎么没听你来上禀？"

王文统这人是善于权谋的。张耕他们上禀藩王的书状，一封一封都被他压下了，他明白这些书状忽必烈是不会介意的，他哪里会把暴力抢掠，奸污民女当作罪恶！几十年他们就是这样过来的。要是他把这当回事了，他的同胞们也会嗤之以鼻的。王文统把这些文状压下后，却常常口头地在向忽必烈汇报邢州的情况时，说到过脱兀脱的恶行。

"大王，您是不是要把那些书状看一下？"王文统知道不识汉字的大王不会看，故意这么说。

"不，不，就放在你那儿吧……"

如今时候到了。王文统赶紧说："我想大王会记得，脱兀脱的事，我是时时向大王汇报的。张耕等人的书状和当地老百姓的诉冤书您都吩咐放在我那儿……"

"有多少？"

"很多，有几尺厚吧！"

忽必烈很吃惊，他说："快送来我看！"

王文统把积存在他那儿的邢州书状叫人给忽必烈抬去。他请懂蒙古文的赵璧把它翻译后念给大王听……

才念了一小部分，忽必烈就不耐烦了。他问："那些事情……算是该杀的罪行吗？"严正端方的儒学大家赵璧肃然回道："大王容禀，这些罪行在蒙古人看来也许不算什么，在我们中原人看来可就是罪大恶极了。过去的金朝，现在的南宋，他们的官吏大多贪鄙成风，以人民为鱼肉。百姓呼天抢地无以申诉其冤。他们盼望大王的新政，如大旱之望云霓。如果大王的牧民之吏竟如脱兀脱之类，他们和前朝的恶吏又有什么不同！这让邢州的百姓多么失望！……"

忽必烈点点头。

"大王，"赵璧又说，"您在关中和邢州施行新法，其意义大着哩。那就是把那里弄成王道乐土，做出样板，以用来号召天下！否则，您的几万蒙古铁骑即使驰骋中华大地，把南宋的荧荧之火踩熄，踩灭，中原苍生也不会心服的！"

忽必烈完全被说服了。但他又说："赵先生，张耕等未曾上禀就先杀命官，也是应该治罪的吧？"他问。

"万万不可，"赵璧说，"惩治恶吏是大王给他们的应有之权。若治他们的罪，以后给大王经办差使的人必然畏首畏尾，谁会再为大王挺身而出呢？"

"对，很对！"忽必烈拍案而起，他吩咐王文统说："你去把张耕他们放了，再多加慰勉，另外你给我把脱兀脱的罪状拣重要的总结几条，让我说给蒙古贵族听，并定几条法规，以儆效尤！""大王英明！"

忽必烈在河南设置经略司，派忙哥、赵璧、杨惟中、史天泽到河南任经略使。

他说："你们代我推行新政，要雷厉风行。"他又对忙哥说："你只是蒙古的代表，以加强他们的威势，但不能乱行威福，更不能对他们掣肘。新法还是他们懂得多，要好好学习！"

史天泽是燕京永清人，世为当地豪族。这时已投靠蒙古。他一家以真定为根据地，建立了一支强大的地方武装。他既有文韬又有武略，在那一带很有影响。

第十章　邢台大治　杀脱兀脱

忽必烈听从刘秉忠、姚枢等汉儒建议，要征服中原，光靠蒙古兵是不行的。还要指望投靠来的南宋将士和地方势力。一是他们投靠新主急于邀功会无力不出，二是他们熟悉民情，积累了许多行之有效的治民手段。用他们去绥靖地方会收到事半功倍之效。

忽必烈觉得是个好策略，马上实行起来。果然有许多南军和地主武装投了过来。他立刻对他们破格使用，得心应手极了！

有些汉人知识分子，在他们本国本朝常常显示不出什么特殊的本领，有许多人还郁郁不得其志，可是一旦投靠了外族或外国人，给他们的主子出主意整起他们的同胞或同类来，嘿，往往表现得才华横溢，高招迭出，其手段之乖巧令人叹为观止！

杨惟中是就州人，过去侍窝阔台，随他攻宋，出了很多管用的主意，得到赏识。他在燕京建太极书院，和儒士赵复、王粹等人讲授程朱理学，有很大影响。

赵璧是忽必烈在漠北时就投过去的。这时，他已是王爷的主要幕僚之一，常常肩负重任。

他们这几个人怀着一肚子忠心，踌躇满志地到了河南。

河南是金末迁都汴京以后蒙金争夺的主要地区，十多年战争频仍，破坏最为严重。蒙古灭金后，旧的法制被打乱，新的制度没有建立起来。这时已乱成一锅粥。地方豪强，散兵游勇，谁都想从这粥锅里多捞几碗。河南道总管、万户刘福贪鄙残酷，虐害宋金遗民达二十多年，是个比盗贼还凶狠十倍的坏蛋。人民恨不能食其肉，寝其皮。可是，他有权力有兵丁，老百姓惹不起他。蒙古人来了，老百姓的日子更惨。

蒙古王朝派到这里的断事官牙老瓦赤更加没有人性，他和他的部下简直就是一群豺狼。暴敛掠抢、草菅人命无所不用其极，比刘福有过之而无不及。据记载，他断事一天就常常滥杀几十人。

一日，他捉到一个没得手的盗马者，他身边的衙役说：“他又没有盗着，叫他学几声狗叫算了。”牙老瓦赤笑着点头。

盗马贼学了几声狗叫，这群蒙古人哈哈大笑。叫这些自诩为礼仪上国的人尝尝当亡国奴的滋味很不错。在那没有什么娱乐的时代，这更无可厚非。可是另一个蒙古参事说：“只让他学学狗叫，太便宜他了。他虽没有偷到东西，可从他的动机来说，他已是盗贼无疑，应该杖责四十！"

牙老瓦赤听后又说："对，对，对。不能轻饶了他，打他四十大板！"

盗马贼被打了个半死，在地上卧了半天才好歹爬起来，一瘸一拐地走了出去。

牙老瓦赤喝令退堂，从桌上抓起他的腰刀，系在腰带上。他对书吏和衙役说："我这口刀是一位王爷送的，说是一把宝刀，至今还没杀个人试试呢！"

"大人，为什么不杀一个人验证一下呢？"衙役说，"那些汉狗，我看每个人都该给他一刀。我见了他们，都细细端详他们的脖梗儿，看从哪里下刀好砍。"

牙老瓦赤说："你怎么不早说，现在杀的杀了，放的放了，怎么办？"

"那盗马贼被打得一瘸一拐的还没走远，把他追回来就是！"

"对，对。快去把他给我拉回来！"

一会儿，那倒霉的盗马贼又站在了牙老瓦赤面前了。他抽出刀向盗马贼走去。

"你，给我回过头去！"他命令道。

马贼以为狗叫也学了，板子也挨了，不会再怎么样他了，也就听任他们摆布。他回过头去，等待着。

"这脖梗好，长长的，挺挺的。"牙老瓦赤指指说，接着手起刀落，咔嚓一声，那盗马贼的头就掉下来了，骨碌碌地向前滚去，一直滚到院子前的阴沟里。

这，牙老瓦赤都没看见，他只端详他的刀。"看，"他对周围的人说，"好快呀，脆生生地就掉下来了！"

众人围上来，不断地夸主子的好刀。

"我看您简直没使什么力气！"

"是呀，你们看连血也没沾上多少！"

"好刀，真是好刀！"……

史天泽等人知道这事后十分气愤。觉得河南有个牙老瓦赤就难以施行新政。他们上书给忽必烈，要求废黜牙老瓦赤。

忽必烈得知后，下令严斥了牙老瓦赤的不法行为。不过，牙老瓦赤的根子很硬，他是蒙哥的老部下，十分得宠，忽必烈无可奈何。赵璧又上书说："牙老瓦赤把持着河南的行政财赋大权，他要横加拦阻，我们安全尚无保证，何谈改革的实行？"

忽必烈是深知这些蒙古贵族们的"德行"的，要想推行新政，必须赶走这些拦路虎。为此，他特意赶到和林，觐见了大汗。

蒙哥听了忽必烈的汇报说："二弟，你一直向着你的汉人伙计们，蒙古弟兄可对你有意见呀！"

"不是这样，大汗，"忽必烈正色说，"我绝对没有偏袒汉人的意思，成吉思汗晚年已经看到只靠战马和大刀是不能征服人心的，他开始听从绥靖怀柔政策了。窝阔台汗，他征宋时已经得到汉人协助的好处，在许多部门使用了汉人。大汗您的雄心壮志我是知道的，我多年的准备和一生的愿望就是帮助大汗完成旷世的伟业，做前无先例的大汗！那就非推行汉法使用汉人不可！牙老瓦赤之流只能是大汗前进路上的绊脚石，腐蚀大汗您基业的寄生虫！……"

蒙哥笑笑说："二弟，何必这样激动呢，我听你的话就是了。我给牙老瓦赤下条命令，叫他别管你们的事好了。另外，你们也别招惹他。他究竟为咱家出过力呀！"

史天泽、赵璧们有了推行新政的条件后就同心协力地干起来。他们分头动手先为新政扫清道路。

赵璧、杨惟中坐镇汴京，先收拾了刘福的爪牙董主簿，接着传令刘福来见。

刘福一看事情不妙，不敢像过去那样硬顶，就说："我身体不大好，过几天就到府衙领罪。"

赵璧知道他耍滑头，就和杨惟中商议给他点颜色看看。

"我们现在有王爷的支持，又有权力和军队，不怕他耍赖！"杨惟中说。他准备了一根大棒，放在身边。

他们又派人去叫刘福，并对他说：再要不来，就要军法从事了！

刘福不得不到府衙，但又知道凶多吉少，就点齐了千名兵马，耀武扬威地来了。他把人马布置在府衙周围，自己昂首阔步地进了大堂。

刘福五短身材，面目猥琐，他再装大，也不成样子。他见大堂上没有给他设座，心里就怯了。抬头看去，正面坐着两个穿着蒙装的大官，都面目庄重，阔面大耳，不是凡流之辈，就更为惧怕。他想先试试他们的锋锐，就笑笑说："两位大人，我不是有意怠慢，我的确身体欠佳……"

"别摇头摆尾的，见了上差为何不行礼？"赵璧喝道。

"我……我……"

"你什么？"杨惟中怒冲冲地说，"我问你，你来府衙为什么带那么多的人马？想造反吗？"

"不，不，绝不是……"刘福连忙摇手，"我是来给大人警卫，大人们来到这里，竟没有带多少兵马……"

"我们有藩王的谕令和先斩后报的大权，还用许多军队干什么？"赵璧说，"只有那些暴力盘剥，鱼肉乡里，两手沾满河南百姓鲜血的人，才视人民如仇敌，得大兵保护着才能生活呢……"

"不能这样说，不能……"刘福汗如雨下。

"你说，"杨惟中问他，"你是不是赵大人说的那样的一个贪鄙之徒！"

"我……不是，"刘福见大祸临头，反而镇静多了，"我在河南二十余年，为百姓无一日不尽心竭力，昼夜谋划。政绩不能说上比日月，可也是有口皆碑了，大人们何不仔细调查一下呢！"他想来个缓兵之计，先回他的窝巢再说。

可是，杨惟中不给他这时间了。他是个烈性子，他见刘福明明是个祸国殃民的乱臣贼子，还要为自己涂脂抹粉。气得浑身打战，他抓起身旁的大木棍，向刘福抢过去，噗的一声，被击中头部的刘福倒在地上了！他想再给他一下，却被赵璧拉住。

"杨老兄，你怎能这样，在大堂上亲手把人打死，总不是儒臣治政之道吧？"

"我被他气死了！"杨惟中说，"我不是打的人，他是狗，是狼！"

刘福被抬回家后，几天就死了。老百姓听说后，欢天喜地。他们许多人家虽穷得锅底结网，但还是沽酒欢庆，鞭炮声几天不绝……

刘福的爪牙们见王爷的上差令行如山，个个吓得要死，纷纷俯首听命。

第十章 邢台大治 杀脱兀脱

搬开牙老瓦赤，杀了刘福，新政路上的障碍清扫干净，一切政纲的实行就顺利多了。

他们先在西起邓州，东至陈州、亳州、清口等地设以重兵，造成防御宋军的屏障。又设主管屯田的万户，大力开展农耕。并给予兵马、牛驴等畜，做到敌人来了就奋力御敌，敌人走退就再务农事。

不久，河南一地便大局安定，人人各得其所。他们还选任当地贤能，参赞机务，在各郡县分置提领以察奸弊，均定赋税，改行钞法，使商品交换上了轨道。过去为了军事的需要，山东、河北一带征收粮赋时，往往折成银帛，给老百姓带来很多不便。他们奏请忽必烈，在河南汲县设一转运站，令民纳粮，由政府筑仓收储，这不但方便了群众而且也改善了军粮的供应。忽必烈极为高兴。当时的文人写文章称道说："……河南大治。四野靖，民安其乐。商于途，无惧盗贼。观民俗，既庶而有教。察军志，则怯私斗而勇公战。威行惠布，阳开阴肃，内修外治，略无遗策。"忽必烈用汉法治河南又成功了。不久他派往各地的经略使都捷报频传。关中地区原被那里的官员弄得饿殍遍野，民不聊生，荒田连陌，户不满万。他把治理河南取得经验的杨惟中调去，和商挺一起为经略使。他们先把那里的官员绳之以法，随后整顿吏治，奖励农桑，减轻赋税，开发屯田。又奏请割河东解州的盐池的收入供给军用，改革币制以助商业流通……不到一年，关中就大大改变了面貌！

第十一章

遭人刺杀　攻打大理

1254 年，忽必烈再一次派廉希宪接替杨惟中等继续治理关中一带，并且担任京兆宣抚使一职。

廉希宪当时才二十三岁。他从十九岁开始就跟在忽必烈的左右。他虽然是畏兀尔人，但是饱读儒书，少年时候的他就已经笃好经史，手不释卷，是一位有名的汉学家。一天，他正在埋头苦读，忽必烈去了，他来不及立即迎接。忽必烈问他读的什么书？他说《孟子》。忽必烈又问：《孟子》的内容是什么？他说：《孟子》的要义是三个字：仁、义、善。忽必烈仍不明白，廉希宪便给他详加讲解。忽必烈所得如痴如迷，连吃饭都忘了。从此便喊他为"廉孟子"。

廉希宪不仅很有文韬，而且还有了不起的武功。他能开得硬弓，百发百中。舞剑花团锦簇，十步外不见人影。是儒士中的文武全才！

他到任后，励精图治，事事以民众利害为转移，抑强扶弱，并兴办学校，培养人才。使关中又上一步台阶……

邢州、河南、关中三地的变化被蒙哥知道了，他大为高兴，说："忽必烈那帮汉儒还真行，看来以后还就得像忽必烈那样办！"接着又把怀孟的治理权给了忽必烈。

忽必烈快活得不行，他想找几个人谈谈，幕僚们又多不在身边。后来他把刚从外地回来的商挺叫去，捋着胡须把大汗称赞的话说给他听，之后，他对商挺说："你看，大汗是怎样地表扬你们呀！"

商挺躬身下拜，说："大王，我们怎敢贪天之功？主要是您推行汉法矢志不渝，我们才敢放手做去。没有您的坚强后盾，我们几个书生又能做什么呢？现在效果初显，诸路之民望大王拯救，如赤子之求母……"

商挺说的是实话。

忽必烈用汉法治理汉地，几年内取得了很大成效。他不但取得了统治汉人的经验，也极大地提高了自己的声望。其爱民之誉，好贤之名迅速地传播开来，汉族儒士纷纷奔向他的金莲幕府。忽必烈也得到北方汉族地主阶级的全心拥护。

他有了一大块坚实的根据地。

他有了听他号令的三支大军：蒙古军、汉军和决不弱于以上两军的地方武装！

他的幕中不仅武将如林，而且文星如云，真是人才济济！

这时，蒙哥派人来对他说："二弟，你的窝巢筑得怎样了？你打算怎样为我取得南宋呢？我看在攻宋之前，先把云南那只凤凰给我捉过来怎样？"

这是告诉忽必烈：要想迂回攻宋，西南的钉子该先拔掉了！

他和将军、幕僚们商议了很久，觉得大汗的计谋是很正确的。

他一方面派人到大理打探情况，一面商讨作战的策略。

云南地区，在唐代有个南诏国，9世纪末，南诏改为"大礼"。后来几经反复，几次易手，一个叫段思平的，建立了以白族为主的"大理"国，管辖今云南全境及四川西南部地区。

不久，忽必烈已把大理的现状摸透。这时，大理政权已经到了段兴智统治时期。他懦弱无能，根本无法驾驭政局。大权被大臣高祥和高和两兄弟把持，内政腐败，矛盾重重，它属下的各民族趁机各立小朝廷，已成分崩离析的局面，几乎乱成一团粥。

1253年春，忽必烈以长子真金留守，以大将兀良合台为先锋，以诸王阿必失合、也只烈等五十余人从行，亲率大军在六盘山祭旗誓师，然后打马奔向云南。

这是一次极为艰难的行军。因为，道路崎岖，山岭横亘，他们的骑兵的优势没了。再加林木葱茏，瘴气弥漫，天一热，空中蚊虫如云，地上毒蛇穿行，他们虽还没有遇到敌人，却一路不住地减员。军士病饿而死的很多，掉队的也很不少。

在这种情况下，许多将军请求忽必烈暂停进军，考虑一下。不然，这样下去会无法收拾。他们蒙古人从小生长在漠北，从没有见过这样的天地。那里没有这样的温热，也没有这样的潮湿。他们受不了这样的气候！

他们开始考虑是否值得付出这么大的代价到云南去攻城略地。

忽必烈问随军的刘秉忠："在历史上有过这样的行军吗？"

刘秉忠回答说："有的。"他给忽必烈讲了诸葛亮七擒孟获的故事。他说那行军的艰苦不下于这次。他说："因为相隔千山万壑，瘴疠重重，敌人才想不到我们会来。我们正可以出奇制胜！"

忽必烈又征求了别的谋士如姚枢、张文谦等人的意见，他们也是这样说。于是他的决心下定了。他一方面下令设一支收容队，专门照顾掉队的和病弱的军人与马匹，一方面马不停蹄地率部继续前进！

忽必烈的大军经过临洮进入吐蕃（今藏族地区）边境。这里的环境更加恶劣。他们常常在山沟里几天转不出来。他几万军队放在这层层叠叠云遮雾障的大山之中，不过是一小撮。他们真正地被大山吞食了！

这里的土著神出鬼没，时不时地对军队进行袭击。他们用毒箭，用长矛，用标枪杀得蒙军心惊胆战。忽必烈曾下令向周围山地进行搜剿，可是土人就像空气一样，摸不着，抓不住，叫人无可奈何。

一日中午，忽必烈和他的总部人员在一个山谷中用餐，周围当然是警戒森严的。就在他们不意之中，只听头顶上呼啸一声，几支毒箭飕飕飞来，忽必烈身边的人急忙以身体掩护他。侍卫立刻搜索追捕。只见一个半裸的长发男子在树梢上跳跃逃匿，只一会儿就没影儿了……

被箭射中的几个人，无论伤在何处，哪怕四肢部位，都霎时倒毙。且目瞪口张，浑身青紫，其状可怖。其中有个新来的年轻儒士，名叫张维。忽必烈把他抱在怀里伤心不已。他对周围的人说："他的年龄还不如我的真金大，却为我而死了！谁再说汉人对我有异心，我决不饶恕他！"他命令把张维在山下撮土安葬，在冢前立一石块，叫张文谦在上面写了："忽必烈义子张维之墓。"

那一小撮土，那块石头以及上面的字，可能几天后就不见踪影了，但这件事可叫汉族的儒士们大大地激动了一番。姚枢泪眼簌簌地对忽必烈说："大王，您对一个寸功未立的青年儒子，竟这样有礼有加，怎不使我们感动得五内翻腾，我们今后一定跟随大王寸步不离，为大王的事业奋斗不息，虽肝脑涂地亦甘之如饴……"

第十一章 遭人刺杀 攻打大理

其他的儒士们也纷纷表态，要为忽必烈鞠躬尽瘁死而后已！

一阵慷慨激昂、欷歔陈词之后，刘秉忠说："听说窝阔台和拖雷两位王爷到过吐蕃，并和他们的萨斯加教派的首领萨班有很深的友情，大王何不派人早日入蕃，和萨班接触一下，请他派人来做向导，那我们进军就容易多了！"

忽必烈一听，不由得喜笑颜开，他把双手一拍说："你不说我还忘了呢，也许萨班真能助我一臂之力！"

几天后派到吐蕃去的人回来了，他们没有带来萨班，却领来了一大群蕃人，其中有一位美少年，他叫八思巴。

原来，萨斯加教派的首领萨班已经去世。他的侄子人称神童的八思巴特地赶来谒见忽必烈。他们整整交谈了一天，忽必烈王者的傲气迅速折服于八思巴的宏识与博学，他对这孩子爱不释手，将这个神童留在了身边。

忽必烈留下八思巴大概不独只为了神童的智慧，一定还有大局的考虑。他对辽阔的乌思藏早就馋涎欲滴了，事实上，几年以后，吐蕃地区也真的落入忽必烈的囊袋中。

有了八思巴和他的一群蕃人做向导，情况就大不一样了。看到他们打的蕃旗，土著们就如见到神祇，再也踪影不见了。而且从此以后再也不走冤枉路了，他们迅速就经过四川边境进入吐蕃境内……

忽必烈在这里清点兵马，人数仅有出发时的一半。他没有沮丧，反而高兴地说："感谢长生天给我留下了这许多人马，我用它打垮大理王朝已经足够了！"

他立刻召开军事会议，任命大将兀良合台为进攻大理的总督。

兀良合台在这次进攻大理的战役中给自己奠定了蒙古第一大将的地位，他表现得极为出色。历史学家在《元史》中专为他写了精彩的一章。

他和忽必烈各率一路军队犹如旋风般地将吐蕃的抵抗力量卷走，吓得各路的吐蕃首领络绎不绝地向忽必烈拜降。

前面还有更艰苦的行军，在平定东部吐蕃后，忽必烈和兀良合台分开，他亲率中路军经大雪山，过大渡河，在山谷里穿行两千余里，在十月进抵金沙江岸。对只习惯在马背上作战的蒙古军士来说，那是真正的天险。

当地的土著哪里见过这样的阵势，他们以为是天兵降临。土著各部酋长带着许多礼物来向忽必烈表示诚心。

忽必烈看着他们怪异的穿着，听着他们的话语，忍不住不屑地微笑。

在他身边的姚枢对忽必烈说："不要怠慢他们，他们对大王才有用呢！"

"他们有什么用？他们只要不捣乱就行了。"

姚枢说："我们就要过金沙江了，正愁没有办法哩，只有他们能帮助我们！"

忽必烈听了恍然点头，立刻对这些酋长好言相慰，并设宴招待。

在宴会上，忽必烈向他们表露了大军要过金沙江的意思，向他们诚心讨教。酋长们正愁没有法子向忽必烈表示更切实的敬意，就纷纷说："那很好办，用革囊和木筏很容易就过去了！"

姚枢问他们："要把上万军人运到大江那一边，需要多少革囊和木筏呢？"

一位满面乌黑长髯垂胸的酋长说："那至少要一万以上！"

姚枢听了张皇四顾，短时间，到哪里去弄这么多的革囊和木筏呢？

忽必烈紧皱眉头，他问酋长们能不能在这方面给以帮助？

酋长们高兴地说："我们一定帮助，一定帮助！"说实在的，他们也巴不得忽必烈快些离开他们这地方。

张文谦向酋长们提出，请他们给提供一万个革囊和木筏。

这时轮到酋长们为难了。他们商讨多时，还是那位黑面长髯的老者说："那就请大军在这里稍等几十天吧。"

忽必烈喊道："我十天也没有耐心等！"

酋长们见大王发怒，吓得战战兢兢。姚枢向忽必烈摇摇手，回头问老酋长："三天内，你们能给我们多少革囊和木筏呢？"

酋长们又开始商讨议论，末后，老酋长说："我们八个部落一齐动手，三天内至多也就是能给大军准备三百个革囊和二百只木筏……"

忽必烈沮丧地说："只五百个过江工具，有什么用！"

姚枢仍不动声色，他对老酋长说："好，你们就给我那么多。另外

第十一章　遭人刺杀　攻打大理

请你们再给我一百名做革囊和木筏的好手，行吗?"

老酋长说:"我们几乎人人会做革囊和木筏，可是只一百人，几天也做不出很多来的!"

"那你就不用管了……"

当天，老酋长就把一百名制造革囊和木筏的工匠送来了。姚枢从军队中挑选了一千名心灵手巧的战士向他们学习。不到五日，万余革囊和木筏就造成了!忽必烈高兴极了，他拍着姚枢的肩膀说:"你们汉族有个草船借箭的故事，孔明先生是我极为钦佩的人，姚先生乃我之孔明也!"

姚枢连忙道谢:"大王的才能弥漫天地之间，我的智力不及大王之万一，这实为雕虫小技耳。"

受到统治者的赞誉得赶紧自我贬损一下，否则，那可不得了。

一切准备好后，忽必烈便下令渡江。

金沙江水流湍急一泻千里。他们虽有了革囊、木筏，渡江也不是易事。这些塞北来的军人，虽然在马背上蹿腾自如，可是他们一踏上革囊和木筏，就心惊胆战，手足无措。许多人头晕目眩，不知如何是好，在江心打几个转就坠入江底了。当时凄厉的呼爹叫娘之声，不绝于耳，甚至压过大江的惊涛骇浪。那惨相，使人目不忍睹。连忽必烈这样的硬汉子也背过身去掩面而泣。他说:"我要是拿不下大理来，真对不起家乡父老了……"

过江后，统计人数，军士被江水吞噬了三分之一，战马损失了几近一半。

这一回，忽必烈没有感谢长生天，他真的觉得心痛了。

但是，他终于来到大理的大门!

这时已是十一月初。在漠北，早已冰天雪地，朔风凛冽，这里却仍温暖如夏，满山苍翠。

忽必烈一面令部队到处搜寻军马，补充辎重。一面派出特使玉律术、王君侯、王鉴招降大理国王段氏。

在这之前，八月，忽必烈曾派玉律术去过大理，商讨和平解决。可是傲慢的高祥、高和两兄弟坚决地拒绝了。也许他们从来没有听说过蒙古铁骑的厉害，也许他们以为蒙古大军无法越过金沙天险。这次玉律术等又来，他们气愤极了，竟喝令把他们三人杀了！

忽必烈再三地等不回他的特使，知道情况有变，就决定和兀良合台会师，强攻大理。

开完军事会议之后，像往常一样，他又到幕僚中间垂询，看他们还有什么话说。

姚枢想了一下，说："我不知大王这时心情怎样？"

忽必烈见他问得蹊跷，就说："一切安排就绪，我这时心如静水……"

"我想给大王说个故事，不知大王愿意听否？"

忽必烈说："我正想听老先生说个故事轻松一下。"

"那，我就说了。"

姚枢说的故事是这样的……

他说：宋太祖赵匡胤统一天下后，曾派潘美率军征伐后蜀，军队进展神速，不几日就把后蜀打下来了。可是潘美没有注意军队纪律，对后蜀烧杀抢掠，本来才安定的局面又动荡起来。老百姓自发地组织武装，纷纷反抗。没法，太祖只好亲去安抚，费了几个月的工夫，才把后蜀稳定下来。后来，太祖又派曹彬攻取南唐，临行前，他告诫曹彬说："你可要吸取潘美的教训呀，一定要令军队严守纪律，绝不可以嗜杀。我们夺取土地，首先要收服那里的人心，人心不归我们，我们永远成不了那里的主人！"曹彬牢记太祖的话，进军秋毫无犯，攻克金陵后，未尝杀一人，市面营业照常。那里人称赞他们的军队为仁义之师，很快就归服了……

忽必烈听了后，沉思不语，坐了一会儿就走了。

第二天，军队开拔时，姚枢和忽必烈并辔前行。行军时，和幕僚们一块行走，这几乎成了忽必烈的习惯。他往往一边前进，一边和幕僚们探讨些治国安民的道理。姚枢心里有些不安，他不知昨日的故事大王会怎样想。直走出十几里后，忽必烈才说："公茂先生，您的故事多好呀，给我上了一课。我们这时该注意这个问题了！"

"大王从善如流，闻谏则喜，唐太宗再世也！"

"公茂先生不要夸奖我，您所说的故事中的真义，我已领会了，像曹彬那样，我能做到，我能做到……"

这年的十二月底，忽必烈和兀良合台合攻大理。

此时，高祥兄弟才从梦中惊醒。登城一看，只见旗帜、人马如怒涛翻滚，席卷而来，吓得战栗不已，几人扶着他们才回到宫中。他们向国王段兴智哭诉道："陛下平日不知积德，致使今日大祸临头……"到这时候，他还想把国破家亡的责任往那无用的国王身上推。

国王问他怎么办呢？他说："没有办法，只好先逃出去再说！"

国王也是个孬种，他还没见蒙古人在哪里就吓得屎尿齐流。他想找人换一下衣裤，可是宫中的男女侍卫早跑光了！

高祥喝道："陛下，你就凑合一下吧，待一会儿，你的命也许还不知有没有呢！"

出了宫，高祥把国王扔在马车上，和高和商议对策。他们知道这样跑是跑不掉的。就好歹凑合了千把人马前去背城一战，他们得这空儿，簇拥着国王狼狈地逃跑了……

忽必烈进到城内，不见玉律术等三人前来迎接，就知道他们坏事了。走没多远来到一个街口，见树上悬吊着三个没头的尸体，都身穿蒙装。他叫人去辨认，认出这就是玉律术他们，原来高氏兄弟把他们杀害后，把头扔了，只把尸身吊在这里……

忽必烈气得浑身打战，他把姚枢的故事忘了，立刻下令屠城！

张文谦、刘秉忠等人见忽必烈满面黑紫，怒气逼人，不敢上奏谏阻，就到处找姚枢。在一个书库中才好歹把他找到。姚枢爱书成癖，一到新的城镇，就先到藏书的地方，看能不能拣到点儿什么。这时正撅着屁股翻拣着那些霉味冲鼻的纸堆哩！他听张文谦、刘秉忠一说，抓着两本破书赶紧跑出来。

他们磕磕绊绊，张口喘气地跑到忽必烈面前，扑通跪倒哭叫道："大王，不可呀！杀使拒降的是高氏兄弟，不是黎民百姓的罪过，请您一定宽宥无辜之民呀！大王，我们要得到万民之心呀！"……

"这些蛮种太可恶了！"忽必烈说。

"正因为如此，才见出大王您的好生之德，爱民之心呢！"

忽必烈想了一会儿，点点头，说："刚才你们到哪里去了？早说这么几句，我就不下屠城令了。好吧，你们赶紧传我命令，不准杀人，一个无辜的人也不许杀，违令者斩！"

姚枢说："恐怕来不及了！……"

"怎会来不及呢？"忽必烈说，"你们叫人裂帛为旗，上书'止杀'二字，让百名军士骑马扯旗跑遍大街小巷！"

这是一个最快的办法，姚枢们赶紧去做……

等屠城令被取消，是一个时辰以后的事了，大概有成千上万的生命被屠杀。在历史转折关头，死上几万人，谁也不会在乎的，特别是那些大人物。历史却在这里给忽必烈大书了光彩的一笔。因为文化名城大理的确保住了……

忽必烈出城后，严令挥兵追杀高祥兄弟。几天后，大将也古、霸都鲁擒获了高祥，忽必烈把他斩杀在姚州。

1254年春上，留下兀良合台和他率领的蒙古铁骑，继续在大理歼灭那些尚未归服的小股敌人，并命他搜索大理国王和其他未降分子，在行政上他任命汉人刘时中为宣抚使。一切安排好之后，就带领大部蒙军班师北上。他有点疲惫，要回家好好地歇一歇。

他仍然经过吐蕃，游玩了一遍他的刚刚征服的热土。一路上他和幕宾们说说笑笑，他和八思巴谈得最多，很喜欢八思巴给他谈佛教的教义。

几个月后，天大暖，他也就到了家，正好在他的大本营六盘山避暑了。

大理的国王段兴智被高氏兄弟抛弃后，逃到善阐（今昆明）。兀良合台闻风而至，几天后就捉住了他，并把他送到了蒙古和林。蒙哥没有杀他，还待之如上宾。对他说："你若真心归顺，你就回云南去做你的国王，可是你得有点实际表现呀！"

1255年，段兴智从蒙古回来，他对蒙古大汗的不杀之恩，感激涕零。他向兀良合台献出了地图，受到了兀良合台的称赞。这时他有了精神，有了本领，也有了智谋。一个草包充当走狗后，在一切方面都会焕发出叫人难以置信的光彩。他组织起一支人数不少的军队，充当兀良合台和他的儿子阿术的向导，仅几个月，就风卷残云般地征服了大理的五城、八府、四郡之地，乌蛮、白蛮、鬼蛮等三十七个部落。大致包括现在的云南全省、贵州、广西西部和四川南部以及缅甸、泰国和老挝的北部。随后，兀良合台在大理境内设置了十九万户府，置官戍守。大理地

第十一章 遭人刺杀 攻打大理

区的荡平，等于掀掉了南宋的后方，也为蒙古将来征服安南、交趾等地铺下了跳板……

回到六盘山的忽必烈听到兀良合台在大理的战绩，心里很是安慰。他派人去向兀良合台和他的军队进行奖励和慰劳。想起出征云南，他心里仍有余悸。那恶劣的自然条件使他真有些后怕。他是个有病的人，腿疾和关节炎都很严重。出征时天气溽热，到了雪山，又极寒难耐。他是叫军士背驮肩抬才好歹过去的。渡金沙江时，他几次地从木筏上落水，淋淋漓漓全身湿透。兵士们落水待毙的凄厉呼喊声，至今响在他的耳畔……

他感到生命的宝贵和无常，开始疼惜起自己来。他和幕僚们商议，他该有个自己的家了。姚枢等都建议他找一处地方建立一座自己的藩王城。他把这一任务交给了刘秉忠。

刘秉忠善卜。他踏勘了桓州等草原地区，见桓州之东，滦水北岸的龙冈很为适合，这里北依南屏山，南临金莲川，东西都是广阔的草原，地势平坦宜于建城。他对忽必烈说：经过占卜，龙冈地方最吉，最适合于大王当作安身和发祥之地。

忽必烈亲自去看了，很是满意。便让刘秉忠一手操办，并给未来的新城命名为"开平"。

开平城的兴建，在当时是一件大事，震动了朝野。前后用了三年的时间才算完工。史家在记载新城的景象时这样写道：龙冈蟠其阴，滦江经其阳，四山拱卫，佳气葱郁……

忽必烈将他的幕府全部搬到这里，他的幕僚们在这儿进一步向他灌输了儒家思想，向他介绍了历代的统治经验。这里成了忽必烈统治汉地的中心。

过去，忽必烈虽身为藩王，可是他仍然保持蒙古人帐居野处的习惯。他不出征时，夏季驻帐于金莲川，到了冬季就找个临时避寒的地方，在六盘山，他也经常架设他的帐幕……现在他终于有了自己的都城了。

他做什么打算呢？他自己知道，别人也看得出来……

当忽必烈埋头经营他的根据地的时候，有一双眼睛老远地注视着他。

这是大汗蒙哥的眼睛。

征服大理后，忽必烈的威望如日中天。他到和林来谒见时，已有点儿不可一世的样子了。也许这只是蒙哥的主观感觉。因为忽必烈在他这位大汗哥哥面前仍是十分谨慎、谦恭、警惕的。

从小时候起，蒙哥就对他这个弟弟有着特别的看法。他觉得忽必烈太聪明，太有心思，还有着做臣子不该有的巨大野心。他防着他，但又不能不用他。

这天，他在他的宫殿里和他身边的忙哥撒儿说话。他们谈的是忽必烈为蒙古上下的大功。蒙哥心里有些不愉快了……

忙哥撒儿是个极为奸诈乖巧的人，他就是专门看着蒙哥的眉眼做事才成了蒙哥的心腹的。蒙哥的眼睫毛略一颤动，他就知道蒙哥在想什么。

"大汗，忽必烈王爷功劳实在是太大，听说在漠南，那里的人已经只知有大王不知有大汗了……"

"唔……"蒙哥皱起了眉头，"怎么会这样呢？那里的行政、财赋的大权他已经交还给我了。至于关中和漠南，那是我给他暂时代管的。"

"我看现在的实际情况可不是大汗说的那样！"

"怎样呢？"

忙哥撒儿面露为难的样子，拈着胡须久久犹豫着不肯直说。

"忙哥撒儿，你怎么啦？你说呀！"

"大汗，您只要查一查经管财务的司官的账就知道了，这些事，可不该我来说呀！"

中书省曾经向大汗报告过，关中等忽必烈经管的地方，上交的税银、田赋是越来越少了，他也派人去问过，得到的回答是：新政刚行，赋敛不能过多……现在看来是真的有问题了！蒙哥把桌案一拍，喝道："你还知道些什么，快给我说出来！"

忙哥撒儿明白这种事不能由一个人说完，他就支支吾吾地说："我知道的也不多，再说，忽必烈大王是您的亲兄弟，别人也不好说什么……"

再往下，不管蒙哥怎样威逼，忙哥撒儿也不说了。

他越不肯说，蒙哥就越想知道。他赶走了忙哥撒儿，派人叫来了他的几个亲信大臣，对他们说："我相信你们，叫你们给我看着家业，你们却庸懒成性，连只狗也不如！"

大臣们被大汗骂得满头雾水，不知怎样回答，跪在地上一声也不敢吭。

蒙哥又说："忽必烈在那儿干些什么，你们知道吗？"

他们由此知道，是大汗要整治他的兄弟了，不由得高兴起来。忽必烈笼络一帮汉儒，热衷于推行汉法，大大地触犯了蒙古贵族的利益。忽必烈黜退和诛杀的许多官员中有些人已经和他们扯连着筋骨，他们早就满肚子牢骚无处发，这会儿，机会来了。

"大汗，关于忽必烈王爷，我们早就有许多条款参奏他了！"

"他和您虽是兄弟，可在国事中，应是君臣，他可能忘记了这点。"

"岂止如此，我看他一直心怀异念，大汗不能不防！"

"他常常说自己整日思虑的是'大有为于天下'，这是做臣子应有的理想吗？他简直把自己当成大汗了！"

"是呀是呀，您是大汗，天下以您最圣明，您的话就是圣旨，就是最最正确的，我们只要按您说的去做就是了，不该自己再去想什么！"

"对对，自己胡思乱想就是不忠！"

"大汗您给他的权力太大了，这是教训呀！"

他们吵嚷了好一阵。蒙哥越听越生忽必烈的气，他叫侍女给他们放下凳子，叫他们坐下仔细地说给他听。那时的蒙古王宫远没有宋朝皇宫中的森严威仪，窝阔台时期虽定了不少的规矩，原始社会的民主和游牧民族的习气一时半会儿还不会清除。他们在蒙哥面前大吆小喝地说话，就像蒙哥是他们的哥们儿。

他们说：忽必烈抛弃了蒙古祖宗之法，竟采用汉狗的法律，中原汉地的读书人和有钱有兵的地主都投奔他了。他们称忽必烈为"贤王"，把他看成是"中国之主"，并愿意为他效力。

"大汗，他是中国之主，那么您呢？他把您往哪里摆呢？不是没把您放在他眼里吗？！"

蒙哥听这些人一讲，不由得心动了。他想：忽必烈真打算夺取我的江山吗？要是那样，就不是我的弟弟而是我的仇敌了！他有点儿不敢往下想……

就在这时，中书平章阿兰答儿又提出忽必烈的新罪证。他说：忽必烈的"王府诸臣多擅权为奸利事"，想尽办法和大汗争军权，争财权……

　　"举出例证来！"越听越上火的蒙哥叫道。

　　阿兰答儿在大汗府中混得久了，是个很厉害的有权谋的佞臣。他看众人把大汗逗得火气已旺，什么话都可听进去，就挥出他的杀手锏了。他的黑面孔看似忠厚，却包藏祸心。这时，他眨巴着两只小眼睛又跪到蒙哥面前。他说："为了大蒙古的统一和兴旺，为了大汗您的权力和安全，我得把话说透：忽必烈在您身边动手了……"

　　他说的这一番耸人听闻的话，让蒙哥深感震撼。他一叠声地喊："你说，你说，你说！"

　　阿兰答儿说："他们已经将你身边的人买通，比如侍臣塞咥旃，偷偷地把大汗国库里的钱财供给忽必烈。忽必烈与他的幕僚们在掌管陕西、河南、邢州等地的这段时间，也将应该属于大汗的一些税收擅自截留在藩王的幕府中……"

第十二章

兄弟反目　蒙哥去世

阿兰答儿的话并非捕风捉影，挑衅生事。忽必烈听姚枢的话把行政和财权交还给蒙哥后，没过多长时间就感到没有财权的军权就是一头瘸驴，根本走不远。他听从务实的王文统的主意：假公济私，在周围郡县开始设置地方官，并假借粮食转运站为名，偷偷地又把军粮的收购权力握到自己手里。在得到关中等地的治理大权后，忽必烈和他的幕僚们如鱼得水，用汉法治理得物阜人丰。这使他有了可以依靠的根据地，在这里养得兵精粮足。他还在进京见大汗时，趁大汗高兴，奏请把河东的盐池以军用名义划归了自己……

忽必烈还知道，官员是决定因素，他要把这地方握得牢，就得有自己的人。他把贪官污吏处理了之后，又把不可靠的官员打发到边远地方去戍守。这样上上下下都是自己的人了……

蒙哥想了一下，忽必烈的这大大小小明里暗里的动作历历在目。他再也坐不稳睡不着了。

听了阿兰答儿的检举，蒙哥叫来了近侍塞哇旃，问了他几句，他吓得要死，光知磕头如捣蒜，连话都说不出来。

蒙哥把佩刀扔到他面前，咬着牙嘶嘶地说："你给我说实话呀！……"

"大汗说的都是，大王说的都有……"塞哇旃昏过去了。

蒙哥令把塞哇旃收监，就忙着处理忽必烈的事。他特任阿兰答儿为中书行省丞相（这官是很大的，相当于丞相的特派官），刘太平为参知政事。授予生杀大权，迅速赶往关中地区。

阿兰答儿得到任命后，尽管蒙哥心急如火，他却没有立刻动身。他去办事，得有一个好用、顺手的班子。他秘密搜罗了一帮心黑手辣的酷吏组成了一个所谓的"钩考局"。其中都是罗织罪名的高手。中国古代各个封建王朝的奸臣佞党黑手宵小，都精于此道。没有经过长久的封建社会的蒙古王公，从哪里学会的这一套呢？真叫人百思不得其解，难道是人类与生俱来的？

他们到了陕西、河南之后，对百官大肆进行钩考（检查考核）。他们的审查是有重点的，主要是忽必烈所创设的陕西宣抚司、河南经略司等机构的大小官员。

他们没有经过忽必烈就召集各级官吏集合，向他们宣布了一百二十四条钩考项目，迫令他们按条交代问题，然后对他们逐一进行审查。同时，他们号召知情人大力告讦，按举报多寡给予奖励。于是几天之间，关中大地就恶风弥空，云惨雾愁……绳捆枷铐的大小官员就一串串地押解进阿兰答儿的钩考局。那里拷打声、号哭声、怒喝声昼夜不息！

在蒙古人看来，把敌人一刀砍死，那对敌人来说简直是一种"享受"，一般他们是不给那样的"待遇"的。即使对他们贵族出身的罪犯也是这样，不是包在毛毡里摔死，就是用刀细细地剐了。不是几个壮汉围在一起用脚把人踢碎，就是拴在马尾后把人拖烂……

阿兰答儿也是这样，他们逼人招供时，除用一般的刑具外，就是用小刀捅。每天大早，都从那钩考局里面抬出几具鲜血淋漓的尸体……

有时，他们懒得审问了，就把人关在木笼里，放在大街上太阳底下晒。时值盛夏，骄阳似火，不等过晌，人就晒死。几天后就臭气熏天了！

忽必烈派人去好言相劝说："他们如果有罪，也得开列罪状，按序审结，不能这样不明不白地把人整死！"

阿兰答儿回答说："大汗说过，除了处罚史天泽等几个千户以上的官员须上奏大汗外，别的都可以不经请示大汗，立即处死！"

阿兰答儿处心积虑想得到的是忽必烈"蓄意谋反"的材料，好整倒这个沉迷于推行汉法，使贵族们不能我行我素的异端者。可是整来整去，没有得到他中意的东西，他着急了，就常常亲自出马提审人犯。

一日深夜，他审讯邢州按抚司的一个理财的百户林恩禄，他先令人把他剥光，吊在屋梁上，用鞭子打了一顿，打得他皮开肉绽。

阿兰答儿喊："林某，你把你侵吞的国家财产——报上来！"

林恩禄回道:"我为抚司管事一年多,无一丝一毫入私囊,大人如查出我贪污一文钱,我情愿认死罪!"

"当官哪有不贪污的,要是清清白白,谁还当官?"

"那是大人的想法……"

"你敢与我回嘴,给他点苦头尝尝!"

差役从烈火熊熊的火炉里拖出一把早就烧在里面的烙铁,向林百户走去,烙铁呈菊黄色,洒着火星,他在犯人背上烙了三下……

林恩禄亲娘老妈地叫着。屋内立刻烟雾撩绕,散布着一种烤肉的味道。

阿兰答儿抽抽鼻子,"啊,好香呀!你若再不招认,小心我把你煎熟吃了!你若招认贪污百两银子,我放你回家,你若招认一千两银子,我升你做千户!"

林恩禄说:"贪污越多升官越大,那是你们的事,可是我若有一两一厘拿回家去,我就猪狗不如,我就对不起大王对我的信任!"

阿兰答儿听他说到王爷忽必烈,就改口问道:"呀,有骨气。看样你是王爷的忠臣,你做的事,都是他教导的吗?"

"先贤圣哲,教我成仁取义……"

"那么,你们的大王呢,他就没对你们说些什么吗?"

"说过,大王以'大有为于天下'律己,他也常常这样教导我们'清正廉洁,天下归心',我们就是这样做的!"

"好,你终于说了实话,"阿兰答儿狞笑着说,"把他的口供念给他听听,让他画押!"

旁边的书吏等了一会儿,把记录整理好,开始念了:"我招供:我们做的事,都是大王教导的。他经常对我们说:清正廉洁,才能得到天下!……"

"我没有这样讲!"林恩禄喊道,"你们这是构陷,罗织……"

"不要耍赖,你就是这样说的,"阿兰答儿把惊堂木一拍,"你们清正廉洁的目的就是妄想夺取大汗的天下!"

"我没有……我绝没有说这话……"绝望的林恩禄哭吼道,"大人,你不能这样呀!……"

差役们一人制住犯人,一人抓了他的手蘸了朱墨,按在供词下面……

"把他给放下来，让他回家！"阿兰答儿命令。

"我不回家……我要死在这里！"

被从梁上放下的林恩禄趔趔趄趄地走了几步，就猛力向廊柱撞去，撞得脑浆崩出！

"他撞死，那是他的事，"阿兰答儿向差役笑笑，"我所要的东西可得到了。你们以后得向我学着点，口供就是这样得到的，笨蛋们！"

阿兰答儿的黑手很快就移近忽必烈的幕府。忽必烈知道蒙哥设置钩考局，以检查财赋为名，目的是指向自己。他眼看着和大汗的暗暗争斗要全盘皆输，甚至自己也性命不保，却无计可施。

在这时他不敢问计于他的幕僚们，他知道谁也没有胆量在他们兄弟之间插上一脚。

一日，他把幕僚们召集起来，眼泪扑簌簌地对他们说："我把你们招募了来，并待以上宾之礼。你们也对我如兄如弟，以自己的所知教我。自从有了你们，我觉得不再是那个只知跃马扬鞭的民族的人了。本想和你们同心同德共事大汗，可是我不知做错了什么事，大汗对我猜忌甚深。今后，我自己尚不能自保怎能保全你们……我看，你们就各奔前程吧！"说罢，呜咽不止。

幕僚们也垂泪饮泣。

这时，姚枢对忽必烈耳语说："我想为大王一谋……"

于是，忽必烈挥去众人，拉着姚枢的手到了一间密室。

"公茂先生，我早就等您说话了。我想：您是干大事的人，不会让这件事给难住、吓住的！"

"大王，我本没有胆量给您出应对大汗的计谋，"姚枢说，"但您对我的知遇之恩难报，就冒死进言了！"

"公茂先生教我！"

姚枢说："大王长期居住漠南，远离蒙古本土。又与亲人不常见面，感情难免疏远。这时有人离间，就引起大汗的疑忌……"

忽必烈点点头。

"另外，自大汗即位，您远征大理，近治关中，功劳和威望日增，使朝野侧目。您虽无异心，可是……您自然知道功高震主的道理。"

"大汗对我不放心了?"

"是呀,是呀!这样的事在历史上多有,常常酿成大灾难,弄得血流成河!"

"我可以到他面前表白……"

姚枢摇摇头,说:"不可,不可。有句俗话说:越描越黑。您越表白就越好像有此事……"

"那怎么办呢?"

姚枢想了想说:"大汗虽是您的长兄,可他是君王,您虽是他的弟弟,可您是臣下。您和他没有情理可论,没有是非好讲。他现在对您的成见这样深是很危险的!"

"我怎样可逃杀身之祸呢?"

"为今之计,我建议您不如将家属大小一起送往朝廷,做出在那里久居的打算,实际上是让大汗留做人质。然后您再亲自去觐见大汗,向大汗请安。这样即可稍稍化解大汗对您的猜疑,也许就可化险为夷了……"

"那,我和家小是不是有危险呢?"

"我看未必,"姚枢说,"蒙古宫廷中的斗争,比起我们汉族宫廷中的倾轧来可差得远了!大王就为天下苍生去冒一下险吧!"

忽必烈想:目前也只有这一条路好走了。

"那,公茂先生,您说,我什么时候去为好呢?"

"越快越好,"姚枢说,"要等到阿兰答儿把给您弄的黑罪状罗织已就,送到大汗手里,就难办了!"

"我就按您说的做!"忽必烈说,"我走后,你们怎么逃出虎口呢?"

"大王放心,您走后,这里的一切就交给我和王文统、刘秉忠吧……"

第二天,忽必烈就和妻儿上路。他想带一些东西,可察必说:"不用,我们会回来的。再说,和林的家中还有日用的一切呢!"忽必烈没有说话,他是相信察必的预见的。忽必烈一走,姚枢、王文统、刘秉忠就安排忽必烈的幕僚们悄悄地撤出开平,散到各地去了,并通知陕西、河南、邢州等地的按抚司、经略司中还没有罹难的人,赶快逃走……

这已是十一月,忽必烈带着家眷和十多个随从顶着北风,踏着冰花向和林走去。他按捺不住自己的忐忑不安。

他和察必并辔而行。他看妻子被暖帽遮去大半的脸被风吹得红红的，可是并没有什么惊惶之色，就问她："察必，你觉得我们的命运怎样？"

"不会有什么事的，"察必说，"你放心好了，不过，我们还得照姚老先生说的到大汗那里去一趟。……"

"我得把一切都交出去吗？"

"交出去，一点儿也不要剩！"

"嗨，察必，那可是咱们经营了几年的心血呀！"

"你的心血并没有白费……"

"怎么呢，察必？"

"你为漠南、关中百姓做了好事，那里的人怎会忘记你？你是带了漠南、关中百姓的千万颗心回漠北去的。那里的百姓还是属于你的！"

"你说得真好，察必。"忽必烈的心宽松了好多。

他的第一个妻子是爷爷成吉思汗为他娶来的，他并不喜欢，后来年纪轻轻的就死去了。这心爱的察必可是他自己找来的。

忽必烈青年时代未任重要的军职，常常带着自家的军队在草原上演练射猎。往往出去就是几天不回，在周围几百里的山野里驰骋。一日，他追着一头公鹿转过了几个山头，忽然一个姑娘跑出来，把鹿拦去，并挽弓射死。探身把鹿拉上马就跑了。

被人把鹿揽走，忽必烈并没有什么不平，究竟是人家杀死的嘛，有什么好说的。使他吊在心里不忘的是那位姑娘。他虽和她只打了个照面，可是他看到她极为美丽，真是一下子到心里去了。她那颀长矫健的身躯，她那探身取鹿的飒爽英姿老在他眼前晃动。他紧追不舍，那姑娘好似有意招惹他，时时对他回眸一笑，那明眸皓齿撩得他心烦意乱……他给马加了几鞭，旋风似的卷了过去。正渐渐迫近，又转了个山头却不见了。他下马到处瞭望，并在附近的山野来回搜寻，仍不见人影，这叫他如何心甘！

天黑下来，他在一个山洞里住了一宿，第二天他仍不愿回去，在几个山头之间来回逡巡。傍晌，他遇到一个猎人，忽必烈向他打听。他还没有把那位姑娘的样子描述完，那猎人就说那是弘吉剌部落的美女，头人的女儿察必。弘吉剌，那可是出美女的部落！黄金家族的许多妻子、可敦（王后）都来自弘吉剌部！

"我怎么可以找到她呢？"

"你得从一条只有小鹿才能经过的小路走过去……"

猎人领他寻到了小路。哈，原来她是从这里逃跑了。从小路穿过去，就到了弘吉剌部落的一个小村子。察必的父亲热情地接待了忽必烈。但他没有看见察必。

忽必烈坦率地说他看上了他的女儿，老人说他的女儿刚好没有在家，请他过几天再来。

忽必烈明白察必是按照蒙古人的风俗躲起来了。

忽必烈可不想再等几天，他说："我是成吉思汗的孙子，拖雷的儿子。我看上了您的女儿，如果她还没有应允别人的话，您的女儿就是我的了！"说着，他把佩刀取下来，放在老人的桌上走了。

第二年春上，大地返青的时候，忽必烈把察必娶回了家。

察必不仅姿容出众，而且极为贤惠、聪明，才智过人。她为忽必烈照顾婆母，带领妻妾，抚养儿女。还在关键时刻给忽必烈出些出乎意料的奇谋，使他的事业出现转机。成为他不可须臾离开的伴侣。

"察必，我向大汗说些什么呢？"

"你什么话也不要多讲，只说想念大哥了，要来看看他，"察必说，"你说自己也感到疲累了，特把家眷也带回和林，请大汗恩准休息一下。"

"他不会责备我吗？""绝不会的。因为你们的矛盾是个人心里明白的，正像汉人的成语：尽在不言中。你不说，他也不愿说破……"

离和林还有百八十里路，他听驿站的人说，蒙哥大汗正准备亲自出征南宋，已经度漠而南。现在已到河西之地。他和察必商量了一下，决定先派急使追上大汗，向他表示自己的朝觐之意。几天后，使者回来了。说大汗不允，要他回和林待命。

忽必烈紧张起来。

察必说："大王不必忧虑，我猜他比你还要紧张呢！"

"何以见得？"

"他以为你居心叵测，要谋算他……"察必说，"你不要管他，可再派人再次前往致意，说愿意只身觐见大汗！看他怎么说……"

不久得到大汗的口谕：要他先把家属兵丁遣往和林，自己只身觐见。

忽必烈原本带的兵丁就很少，为了遵从大汗的指示，只留下几个侍从，其余的都令察必带他们先回和林去。

他和察必又走了一段路，进一步商量着觐见大汗的事。天黑了，他们打算在一个小树林里盘桓一下，吃一点儿饭，然后在这儿分别。

这时，已经夜幕四垂，满天星斗，北风飒飒地吹着。他们在这儿用土灶做了点饭匆匆地吃了，刚要上马相互告别，突然周围呼啸呐喊，数百支火把平地蹿起。而且迅速聚拢过来，只一会儿，他们已经迫近，火光和刀光交相辉映。

他们急忙退回林中，他和察必、随从扯刀在手，排成圆圈迎敌而立。

一场短兵相接的战斗开始了，幸亏他们有树木作屏障，敌人的长枪没大作用，也限制了他们人多的优势。不过，究竟寡不敌众，只一会儿，他的随从就有几人死伤，还抢去了他们所有的马匹和一辆行李车。眼望着层层叠叠的敌人，忽必烈知道他们的抵抗是不会持久的，他没有想到自己竟在家门口遭遇这样的生死劫难。

他们终究比敌人本领高强，冲上来的多被他们杀死或杀退，可是敌人就像一波一波的浪涛，不断地涌上来。而且狂呼乱吼，声震天地……

"王爷，你冲出吧，"察必说，"不要管我们了！"

"既然他派人在半路截杀我，我还去见他做什么？"忽必烈说。

察必明白忽必烈说的"他"指的是大汗。

"你仔细看看，这是蒙哥的人吗？"察必说，"这不是蒙古兵，这是贼寇！"

察必说得对，从这些人的呼喊声和服装可以判断，他们的确不是蒙哥派来杀他们的。刚才他被突发的事件弄糊涂了。

那也不能撇了察必自己逃走！

"你快走呀，王爷！……"察必催他。

"要死，咱们就一齐死吧，察必！"

"王爷，"察必哭喊道，"你怎么说这样的话，那是平常人的见识，你可是成吉思汗和拖雷王爷的子孙呀!"

这时,他的几个贴身随从带着满身血污也跪在他的面前求他:"走吧,王爷,再迟一会儿就来不及了!"

忽必烈仍然犹豫着……

要是别的蒙古王公,也许早就抛了妻儿只身逃走了。他们把自己看得比一个妻子、几个士兵贵重得多。可是忽必烈是一个久被汉儒熏陶的人,"仁义"二字已经溶解在他的血液里……

就在这时,敌人忽然大乱了,接着就四散溃败,并喊叫着:"红英姑,红英姑……""快逃呀,红英姑来了!"

忽必烈和察必等人正疑惑间,几十个人举着火把,骑着马缓缓地来到他们面前。为首的是一员女将,她头蒙红巾,身穿暗蓝箭衣,外披一件火红斗篷。面容娇俏,英姿飘逸。在火光映照下,更显得超凡脱俗。

"您是王爷吗,受惊吓了吧?现在已经没事,你们可以上路了。"她说。

忽必烈、察必对她行礼。因为她是女人,察必先问道:"请问将军……"

女头领笑道:"夫人,看我像将军吗?"

"请问女义士高姓大名?"忽必烈右手抚胸问道,"为什么搭救我们?说明白了,日后我们也好报答!"

"大王,没有听他们喊我红英姑吗?"女头领笑道。

"红英姑总不会是您的真名实姓吧?"忽必烈又问。

"何必要问得那么详细呢,"她的眉眼仍在笑,"至于报答,那用不着。我是碰巧从这儿走,见这些横行乡里的土贼在大吆小喝地拦路抢劫。又听说他们打劫的是您,我就把他们赶跑了。要是别的王爷,我才懒得管呢!"

察必见红英姑不肯说出自己的真实姓名,就说:"既然这样,就给我们留下几句话吧,让我们永远牢记在心……"

红英姑又笑了:"我会说什么话呀,我又不是你们手下的文人雅士。不过老百姓的心里话还会说几句:王爷,近几十年来,我们中原人被那些贪官污吏害苦了,又加兵连祸接,老百姓简直没法活了。从去年,王爷您来到这儿,我们才又尝到了安居乐业的滋味,可是好景不长,现在又来了个阿兰答儿……要是王爷做了大汗，天下百姓算是有福了。不过您可别变心呀！"忽必烈在想着红英姑的话。

红英姑又说："贼人不会打扰你们了，你们该上哪儿去就走好了。你们的马和行李他们扔在路边。另外，我再赠王爷一匹马，算是关中人对您的谢意吧！"

她一摆手，从她身后转出一个人来，牵一匹彪壮的枣红大马到前面来，见无人来接，就把马拴在树干上。

忽必烈如痴似醉地想着她这个人和她说的话。

"红英姑已经走了……"察必小声告诉他。

忽必烈抬头看去，红英姑已带领她的人马走远了，几星火把在黑黝黝的山沟里晃动着……

察必对忽必烈说："你赶快赶路吧，这里的一切我来处理。"

忽必烈想想，就听从了。

他已经上了马，又跳下来。他牵过红英姑赠送的枣红马看了看，的确是好马，旁边的人也啧啧称赏。他对察必说："我就骑这匹马走吧！"

"对。这枣红马会给你带来好运气的！"察必想，骑了这马走路，也许会安保无恙。"你在路上要想想红英姑的话……"

"察必，我怎会忘记呢！"忽必烈说，"你可要小心了。"

"你放心就是，红英姑说没有事，我想就没有事的。"

他们在这里分别，忽必烈只带了一个侍卫就奔河西去了。蒙哥在汗帐中看到忧愁满面、惊惧异常的弟弟，不禁想起父亲死后，兄弟间的艰难生活，又发现忽必烈确无异谋，对自己的多疑油然而生懊悔之意，疑虑冰释。《元史》十分动情地描述道：兄弟二人"皆泣下，竟不令所白而止"。

蒙哥下令停止钩考，对忽必烈不再追究。作为回报，忽必烈交出封地内全部权力，撤回派出的藩府人员，汴京经略司、京兆宣抚司等机构一应撤销。

一场短兵相接的由猜疑而起的权力战，以忽必烈的大撤退暂时达成了妥协。

表面上看，蒙哥与忽必烈的矛盾是因税收财富的分配环节出了问题，才引起一场纠纷。其实质上有两点值得我们思考：第一，漠南汉地

的归属应是大汗还是诸王。蒙哥一如其父、祖，将汉地只视作蒙古帝国的东南一隅，仍然依托蒙古草原，将漠北作为大蒙古帝国的中心。但游牧经济十分脆弱，漠北人口的急剧增加，致使漠北已无力单独承受巨大的开支，而且其他三系的兀鲁思离心的倾向越来越明显，独倚战争掠夺财富已捉襟见肘。对征服地，尤其是对汉地的经济倚重便越来越在蒙古帝国占据举足轻重的地位。因此，蒙哥绝不会允许再出现一个与自己抗衡的独立兀鲁思，而断绝自己的财富之源。第二，如何治理汉地。是用蒙古旧有的统治方式还是采用历代中原王朝的封建统治方式来统治中原汉地。蒙古贵族，包括常以"遵祖宗之法而不蹈袭他国所为"自诩的蒙哥大汗，既不习惯也不满足于按部就班地采用中原剥削方式，因此对汉族士大夫细水长流般的剥削主张毫无兴致，宁愿去依赖巧于敛财的西域商人，只要能装满自己的金袋，吓唬他们去竭泽而渔。非常明显，忽必烈用汉法治汉地的主张与实施既妨碍了蒙古旧贵的豪夺暴掠，也与蒙古立国的旧俗背道而驰。同样，蒙哥无法忍受忽必烈对他信仰的冲击，同时他还要保护蒙古本土的诸王利益，从而巩固自己的权力基础。

一方面为进一步削弱忽必烈在中原汉地的影响；另一方面为扩大财源，补充兵力。1257 年，蒙哥决定亲征南宋。不过，波斯史家拉施特还对我们讲了一个有趣的故事，也值得我们注意。1256 年春，蒙哥在蒙古中部的豁儿豁纳黑主不儿举行了六十天的女宴会，对蒙古汗来说，率兵征伐四方、狩猎、飨宴就是他们的日常生活。这次宴会快要结束时，成吉思汗的女婿帖里垓说："南家思（南宋）国这么近，并与我们为敌，我们为什么置之不理，拖延着不去出征呢？"蒙哥听后，十分赞赏，说："我们的父兄们，每一个都建立了功业，攻占过某个地区，在人们中间提高了自己的名声。我也要亲自出征，去攻打南家思。"这反映出蒙哥汗的英雄意识，的确，蒙古人的英雄意识是他们天性中的一部分，掠夺他人财富的欲望一刻也不能消停。

1257 年蒙哥南下，进抵六盘山。由幼弟阿里不哥留守大斡耳朵和大兀鲁思，儿子玉龙答失辅佐阿里不哥，共守漠北。诏命诸王统军随征。蒙哥借口忽必烈刚出征过大理并出色完成了任命，又患脚疾，留家休养。但实际上这是体面地剥夺忽必烈再次统兵的权力。

1258 年八月蒙哥正式出师南征。其基本战略意图为三路夹攻南宋：

两路军由蒙哥亲率，由诸王窝阔台系的合答黑、秃塔黑；察合台系的忽失海、阿必失合、纳邻合丹、合答黑赤，拖雷系的末哥、阿速带等组成，有铁骑四万人，号称十万，由陕西进攻四川。东路军由东道诸王斡赤斤的儿子塔察儿统率，由拙赤合撒儿的儿子也松格、额勒只带的儿子察忽剌及木华黎、弘吉剌等五投下后裔贵族构成，从中原河南进攻荆襄、两淮。南路军由兀良合台统率，由远征镇戍大理的军队构成，出广西、湖南北上，进攻长沙。在长沙与东路军会师后，进而东向，再围攻南宋都城临安。

蒙哥的西路军分三路三道分进。蒙哥本人入大散关，至汉中，渡嘉陵江，进驻剑门；末哥入米仓关；李里叉万户入沔州。纽璘率蒙古先锋军克成都。一年之内，蒙古军长驱直入，南宋四川各地守军，纷纷败北。至1259年初，四川大部已被攻克，蒙哥遣使去合州钓鱼山招降守将王坚，王坚杀使拒绝后，二月，亲率大军围钓鱼山。

当四川战事方酣，蒙哥触瘴犯险时，被褫夺兵权的忽必烈却在开平的新宫内悠闲度日。但他的雄心壮志并未被消磨得面目全非，相反却使得他更加坚定。赋闲使他有时间痛定思痛，去总结、梳理以前的经验、教训，与原班幕僚再商大计。他留给后人的两句话使我们体味到他当时的复杂心情，他说："时之一字，最当整理"；"可行之日，尔自知之"。

但猜疑的阴魂仍未从忽必烈身上消散。附着于忽必烈的猜疑并不时时都给他带来厄运。他的近侍燕真提醒他："主上素有疑志，今乘舆远涉危难之地，殿下以皇弟独处完全，可乎？"

忽必烈对这句审时度势的话非常赞赏，他清理一下"时"字，便毫不犹豫地向蒙哥派去使者，捎话说："我的脚已养好了，我的长兄率军出征，而我却在家坐视，这怎么能行呢？"历史时时为偶然安排机会，并一再拯救伟人。这时塔察儿所带的东路军，因热衷于掳掠财物，恣情吃喝，一年多来竟一城未下，毫无战功。蒙哥极为恼怒，遣使斥责，诸王也极为不满，并搬出忽必烈和塔察儿对比："忽必烈曾夺取了许多城堡，而你们却带着破烂屁股回来。"这种情绪对忽必烈极为珍贵。塔察儿的受辱是对忽必烈的最高赞赏。

"大王，您出头的日子快到了！"幕宾们一齐向忽必烈祝贺，"我们准备行装吧！"刘秉忠说："我看这只是个可能性，我们少安毋躁。"

"不，不，不！"姚枢摇着两手说，"那样我们又要犯错误了。"大家望着他，不解他的意思。姚枢说："你们想想，蒙哥是大汗，是君王。他对臣下即使错了，也难以回头的。这时他在前线遭遇了困难，咱们的王爷却在家里优哉游哉，这不是大错误吗？"

大家立刻醒悟，都一齐望着忽必烈。

忽必烈问姚枢："依茂公之见呢？"

"赶紧派人到前线去，向大汗致意，然后立刻登程！"

许衡担心地说："要是大汗不依，怎么办，岂不是又惹祸灾？"

"你过虑了，"姚枢把头摇得跟拨浪鼓似的说，"我敢在这件事上和各位打赌！"大家笑起来。忽必烈想想说："我想姚公说的是对的，这时我应当表示态度了！"于是，他派急使飞驰到前线……他回到后堂，高兴地对察必说："夫人，你真乃神人也！"察必笑嘻嘻地说："王爷，你说话也像汉人了，小心大汗骂你！我是神，你得躬身下拜才对！"

"我真得拜你。"他把在幕宾那儿讨论决定的事和察必说了。

察必说："姚先生说得很对，你得听他的，这事早了不行，晚了也不行！"

"察必，看来你可做我的军师了，这次你得和我一块到南方去！"

"你有你那些先生就够了，有事多和他们商量，"察必说，"我要和你守在和林，这里的风景就够我看的……"

"有的事，他们可办不了……"忽必烈瞅着她笑。

察必知道他指的是什么事，羞红了脸。这些在家的日子，他们整日厮守在一起，就连新婚时也没有这样亲密过。察必叫他也不要过于冷落了那些众多的妻妾，曾几次称病推拒他……

忽必烈想想，察必的确不能离开和林，许多重要的蒙古王爷都在这里，情势像风云时时变幻。真是需要她在这里为他看这里的风景的。

"那么，我把真金带上，让他在前线历练历练？"

"不，真金最好也留在这里，我是你的女人，真金可是拖雷王爷的孙子呢！"

忽必烈点点头："你考虑得很周到，就让真金留在你身边。"

忽必烈开始打点着一切，准备要到前线去。就在这时，到蒙哥那儿去的人回来了。他带回来大汗的命令："二弟，你的身体好些了吧？你赶快到塔察儿那里去，接替他统率东路大军，我没想到那个家伙是个脓包！"

第二天他到拖雷家的坟地去了，他要去看看父亲和母亲。

那是一大片松树林。里面有拖雷和他十多个已去世的妻妾的坟墓。他让几个跟随的人留在林边，他要和自己的父母单独说几句话。

这时的蒙古还没有像汉族人那样，有死后夫妻同穴的习俗。唆鲁禾帖尼的和拖雷的坟茔只紧紧相连。他跪在他们墓前低下头。他觉得有千言万语要向父母诉说。

"父亲母亲，忽必烈，你们的儿子来看你们了，"他低声絮絮地说，"儿子没有辱没你们的光荣。这几年我不远万里去征服了大理，我在关中地区实行汉法，我觉得蒙古人要在中原站住脚跟，要想统治中原，做一个好皇帝，那只有走这条路……"

"不，你那是背叛了祖宗！"忽然，他背后有人说。

他不回头就知道那人是谁。

"阿里不哥，来，你跪在我旁边吧……"

"我不能和一个不孝的儿子跪在一起！"

忽必烈回到和林后，和阿里不哥没见过几次面，更没有倾心地说上几句话。他们在和窝阔台争斗时，还能心贴心地站在一起，他从大理回来见大汗时，就不行了；阿里不哥斜着眼睛看他，讥笑说："你觉得有点功劳就了不得了？"

忽必烈急忙说："小弟，我怎么会那样呢？你在家为父亲守着大斡耳朵，那也是很重要的事情呀！"

"你知道就好，"阿里不哥说，"我是父母的小儿子，自然与你们不同。要是我能出去带兵打仗，也未必不能建功立业！"

"那当然，"忽必烈亲热地拍着他的肩膀说，"以你的能力和智慧……"

没等他说完，阿里不哥一扭身就要走开。

忽必烈没有同小弟一般见识。不过，他强调自己是父母的小儿子，忽必烈看出他是有野心的；蒙古人有家产传幼子的传统。蒙哥即位时，他曾对忽必烈私下里说："我寸功未有，没有办法……"等蒙哥下世去呢，他会怎样？

忽必烈站起来，转到小弟面前，他看看阿里不哥，幼弟的眼睛里闪着火光。

"阿里不哥，你说我不孝，有什么根据呢？"他问，这次，他要郑重地把理争一争，不能让他一再地侮辱。"你也是一位王爷了，又是为大汗镇守着蒙古腹地，说话是有影响的！"

"不遵守祖宗法度，不尊重长生天的意旨，不爱惜父兄的基业，不顾及黄金家族的利益，一头扎进汉人的怀抱里，简直是蒙古人的叛徒逆子，怎么能说得上是孝！"

阿里不哥的话像利箭飕飕地射来，忽必烈被呛得张口结舌，他不是没有理由辩解，只是要说明这一切得费很多很多的口舌，不仅他一时说不出来，而且阿里不哥会有耐心听下去吗？

最后涨红着脸的忽必烈说："可惜那是你的看法，大汗却不那样看，我已经接到他的旨意，要我马上到前线去，为他指挥东路大军！"

阿里不哥听了，先是一呆，接着就仰天大笑道："大哥呀大哥，你可要小心呀！"

忽必烈气极了，他举起了拳头……但，阿里不哥走了。

阿里不哥来到父母的坟前，却连一个头也不磕！

忽必烈又站了一会儿，无心再说什么了。他往林外走，却忘记了方向。等他走出林子，没有看到自己的几个随从。他被阿里不哥气懵了。

这是 1258 年的十月中旬，蒙古草原已经下了几场雪，时已薄暮，落日把不见边沿的大草原染得红装素裹，无垠无涯，壮观而妖娆，忽必烈不由得看呆了。本来这是蒙古草原常见的夕阳下的景色，可是这些年他戎马倥偬，南下万里，出生入死，攻城略地，对这家乡的面目已经久违多时了。他这次的远征又不知哪年哪月才能回来。想到这里，不禁长叹一声……

忽然，他看见一个人和一匹马。马是红的，人又穿红衣，所以他一时没有注意。那人正蹲在马下，好像在给马整理着肚带和鞍鞯，同时往远处看着，似乎在等待什么人。从她的身后看去，那曲线像是个女人……

他正想走开，那人回过头来了，她果然是个女人。因为她是迎着落日的，所以，忽必烈看得很清楚，不过他仍然很惊讶，她竟是那绰号为红英姑的女侠……

红英姑也认出他来了。

他们相互看了好久。

"……我看见了那匹红马，知道是您在这里……"红英姑先开口了。

"那为什么不在门口等我？"这是对熟人的问话，他不该用这样的腔调。不知怎的，他却觉得已经认识她好久了。

"我不想见到您……"

"为什么呢？"

"因为，您是王爷呀！"

"王爷也需要朋友。"

"我不是您需要的那种朋友。您要吞并中国，要征服汉人，对您最有用处的是那些卖身求荣的汉儒们，这，您已经有很多了！"她说这几句话时，忽必烈听出她的话里有些东西，那就是自尊、自重和对那些儒士们的讥诮和不屑。

"红英姑，——我暂且这样称呼你，因为你不告诉我你的真实姓名，"忽必烈想急切地说服她，又觉得实在是无能为力，"我是要征服中原，但我不是要给中原带去灾难，而是要给那里的老百姓带去福祉……"

"我们看吧……"

"你不相信我吗？"他从来没有这样重视一个汉族女人的意见，可是这次不行了，他觉得不争辩一下，就会失去什么似的。"你已经看到，我在关中等地已经做出了一些成绩……"

"不要自夸，人家已经知道了，何必自己念念不忘呢？你不想想，正因为这样，我才去救您！"

"你看，我竟然忘了向您致谢。可是中国人有句话叫作大恩不言谢，大概是大恩无法报偿的意思。那就留待以后吧！"

"以后，什么时候？"红英姑笑着，又向远处看去，"等你做了中原皇帝的时候？那时，您也许要降旨捉拿我哩！——你不用报了，你只要做个好皇帝就行了！中原人真可怜，他们不要别的，只要一个管着自己的好皇帝，可是，他们总也盼不到！"她叹一口气。

第十二章 兄弟反目 蒙哥去世

红英姑的笑容十分叫人动心，她的红唇皓齿使忽必烈的心尖发颤。她的话也让忽必烈如沐甘露，别有一番滋味。

"红英姑，我有一个请求……"

"对我？……"

"是的，我想请你到我家去……"

"哼……"红英姑看了他一眼。有一种火焰似的光在她眼里倏地闪了一下。

"你怕……不安全吗？"

红英姑又笑了，这次的笑使忽必烈感到有点凛然，似冷风吹过。可他却向她走了几步，想更明白地诉说自己的请求。

"你站住，"红英姑冷冷地说，"你不能再向我靠近一步，……"

忽必烈站住了。他平生除了父母大汗之外，他还没有这样老实地听人命令过。他端详着就站在不远的那女子。她生得实在美丽。她的身材细瘦而修长，她的红箭衣，斗篷，她的红马靴，那么巧妙地勾勒出她身体的诱人的曲线。不知怎的她使他想到了蛇，一条美丽的蛇，你不触它还好，只要稍稍一动它，它就会瞬间跳动起来，对你进行猛烈地攻击，并使你猝不及防。她的两道深入鬓间的长眉耸动着，两只美丽的眼睛却满盈着杀气。

忽必烈忽然看到她手里正玩弄着几粒血红的小东西。啊，血滴子！

"是……你杀了那几个人吗？"

红英姑没有否认，也没有承认。她反问道："怎么，他们不该杀吗？"

"你用的武器也太残忍了……"

"只要他们该杀，用什么武器都可以。我是这么看的，您呢？"红英姑说，"再说你们蒙古人也不配议论这个问题，你们动不动就屠城，杀了几十万人，你们用什么方法呢？我想王爷不会忘记。"

"我从不这样做……"忽必烈说，不过，声音像一个犯下过错的孩子……

"也许。但只做了一点儿好事，能抵你们的滔天大罪吗？"

忽必烈觉得气愤，可又无法辩解。

就在这时，红英姑一跃上马，并抽了一鞭，像一支箭向日落处的几朵红霞飞去，那儿山梁上出现了一队骑兵，黑黑的，像一行用焦墨勾勒的小人。

那可能就是她的喽啰。

忽必烈找到了他的随从和马，在回去的路上，他一声不吭。他觉得刚才和红英姑的一席对话，像是奇怪的梦影。不真实，又非常真实。

到家后，他听说又有一个蒙古老将军在围猎时被贼人袭击。他挨了兜头刀，他的头被人拧去了！他的家人想找一头老虎，把它的头割下给死人对到脖腔上……以前也有人这么做。

他没有对家人说自己遇到红英姑的事，他决心把红英姑永远、秘密地包藏在自己心里。可他一定想不到红英姑与李璮居然认识，而自李璮谋反之后，红英姑就真的永远失去了踪影……这都是后话。

1259年二月，忽必烈到达邢州，大会东路诸王，从塔察儿手中接过军权。整个春夏，在蒙哥正为合州钓鱼山久攻不下而苦恼、炎热酷暑、痢疾、霍乱袭击蒙古西路军时，忽必烈却带着东路军悠然自得地向前缓缓推进，并有条不紊地去恢复他在汉地的势力。随行的谋士有子聪、张文谦等，还有一位儒生，早在1252年就到达忽必烈幕府的郝经。忽必烈第一次惊诧于他的非凡军事才能与政治远见，他进奉给忽必烈的《东师议》《班师议》，气象博大、见识弘远，令忽必烈震撼。这两篇议论在忽必烈的政治生命中具有划时代的意义，同时，在中国的政治、军事文学史上它也当之无愧地居有一席之地。在1259年五月份忽必烈驻军小濮州时，郝经一语惊四座，更令忽必烈吃惊："古之一天下者，以德不以力。彼合未有败亡之衅，我乃空国则出，诸侯窥伺于内，小民凋敝于外。经见其危，本见其利也。王不如修续布惠，敦族简贤，绥怀人，控制诸道，结盟饬备，以待西师，上应天心，下系人望，顺时而动，宋不足图也。"

深思熟虑后，忽必烈对郝经之言亦步亦趋，将战事抛至一边，接连召见著名儒士宋子贞、商挺、李昶与相州隐士杜瑛，询问治理天下的大计谋与取宋的雕虫小技。

汉人儒士如子聪、张文谦等对忽必烈旧话再提，劝诫他不可滥杀无辜。宋子贞向忽必烈直言："本朝（指蒙古）威武有余，仁德未洽。所以拒命者，特畏死尔，若投降者不杀，胁从者勿治，则宋之郡邑可传檄

而定。"李昶也关心用兵，认为用兵必须以"伐罪、救民、不嗜杀"为准绳。忽必烈听从劝告，一反以往蒙古军队恣意杀戮的传统，"分命诸将毋妄杀，毋焚人室庐，所获生口悉纵之。"但对违犯命者，忽必烈却杀之以儆效尤。

依郝经言，忽必烈以赵璧为江淮荆湖经略使，命杨惟中、郝经等人宣抚江淮、宣布恩信，招纳降附。直到八月份，秋高气爽后，忽必烈才率军渡过淮河。

接着分兵而进，入大胜关，至黄陂，抵鄂州长江北岸。

在忽必烈从言访问治道时，蒙哥却在合州焦头烂额。合州在嘉陵和它的两个支流的交叉处，宋将王坚凭借钓鱼山天险，从二月一直坚守到七月。入夏后，受到巨创的蒙古军中疾病又四处蔓延，蒙哥本人身染病疴。拉拖特说："世界的君主用酒来对付霍乱，并坚持饮酒。"七月，恼羞成怒的蒙哥汗亲临钓鱼山下指挥攻城，不幸被炮石击中，勉强支持到营中，在钓鱼山这座不祥的城堡下赍恨长逝。

第十三章

领兵攻宋　汉地称汗

　　蒙哥汗的去世，使两路军的军事行动不得不停顿，准备扶柩北撤。

　　八月份，忽必烈已获悉了蒙哥汗的死讯，但他还是率军向南挺进。九月初，末哥从合州遣使，向忽必烈送来正式的讣告，并请忽必烈撤军北上"以系天下之望"。忽必烈与霸都鲁商议后，宣布道："我们率领了多得像蚂蚁和蝗虫般的大军来到这里，怎能无所作为地回去呢？"于是，忽必烈不为所动，继续挥军渡江。

　　也许，江南的富庶与辽远，强烈地吸引了他。对比漠北戈壁草原的荒凉，对垂手可得殷富疆土忽必烈馋涎得不可自拔，他眼花缭乱于江南，而忘了瞭望漠北和林的袅袅狼烟。

　　十二月，忽必烈登上江边的香炉山，他俯瞰着如海般流动的长江，心潮澎湃。小小寰球，就在他的脚下，他气势磅礴地大吼一声："问苍茫大地，谁主沉浮！"

　　忽必烈下山以后，命令诸军三道并进，突破南宋长江防线，强渡至南岸，迅速围困鄂州。这时，兀良合台率南路军越过拔不动的钉子潭州，也绕道北上，与忽必烈会合于鄂州城郊。

　　留守漠北和林的阿里不哥——拖雷的正妻幼子，大兀鲁思的守灶者——以当然的监国身份，在忽必烈意气风发地向南挺进时，向燕京派出箭般飞驰的使者脱里赤，命他马不停蹄地征调漠南汉地军队，并向其他各地也派出急使，邀请诸王向漠北靠拢。而他自己则在和林心急火燎地和阿兰答儿征调漠北军队。

　　以柔弱著名的南宋，这时因蒙哥汗之死，莫名其妙地感到四川的压力突然减轻。于是，吕文德从重庆率师漂流而下，进援鄂州，并乘夜突围入城。颇不情愿，但又无奈的南宋宰相贾似道亲自率军，从四面向鄂

州云集，两淮兵尽集白鹭，江西兵聚隆兴，闽、越舟师溯江而上，而他自己则屯兵汉阳，后又移军黄州，扼守了长江冲要。失去西路军策应的忽必烈，陡然陷入孤军深入、归路断绝，八方无援的危境，形势顿时严峻。但更不好的消息，却来自开平，阿里不哥括兵的消息，无异于惊雷劈顶，令忽必烈失色到连猜疑的时间都没有。十一月，他的妻子察必从扎忽都派来急使脱欢、爱莫干，捎信说："从阿里不哥处来的脱里赤和阿兰答儿，正从蒙古军和汉军中抽调侍卫军，原因不明。我们的那支军队交不交给他们呢？"同时还有一句隐语："大鱼的头被砍断了，在小鱼中除了你和阿里不哥，还有谁呢？如果你猜中了？"

在此危殆之际，郝经上《班师议》。忽必烈声言，兵发牛头山，蒙古铁骑直趋临安。胆小如鼠的贾似道大惧，遣使请和。

这一消息无异严冬的春雷，忽必烈派郝经匆匆议和，留下霸都鲁和兀良合台主持撤军。

而他自己于十一月初，轻骑简从，星夜兼驰，飞一般地向北方驰去。

一场新的战争剑拔弩张。

蒙古帝国因大汗的逝世，再次迎来危机。黄金家族被同一个恶魔搅得心神不宁，以致歧疑纷呈，扰攘不已。推究原因，其罪魁祸首首先应是成吉思汗所定的忽里台选汗制。最初的忽里台，脱胎于游牧经济，带有游牧部落原始结盟的性质，是原始氏族社会军事民主制的变异。经过成吉思汗篡改的忽里台，实际上已演变为用奴隶制的刀剑去体现原始社会的民主，它能给人启示的只能是：谁拥有强大的军事实力谁便拥有发言的权力。

其次便是汗位继承机制没有顺序的问题。这个问题由来已久，主要是由游牧经济追逐水草而居的特点决定的。这样的生活习惯要求游牧部落的首领必须具备领导宗族不断迁徙的能力。但蒙古族随着阶级的不断分化，到了成吉思汗这一代，血缘的世袭制度已经侵袭了蒙古族原始的民主制度，但这种观念在制度化之前，成吉思汗就带领着蒙古铁蹄闯入了定居农耕文明的世界里。这里的君位继承像汉地一样，他们有一套严密的立嫡立长的世袭制度，不管这嫡长子是不是成年人，即便是襁褓之中的婴儿，选贤也要退居次要地位。但成吉思汗的继承标准仍然停留在择贤立幼的时代。这就使成吉思汗进军农耕文明的道路上，让两种不同的制度展开了较量，但游牧与定居文明碰撞的结果没有得出一个更为明确的标准，反而让汗位的继承制度更加混乱不堪。

黄金家族的前三次汗位之争，一次比一次更加惊心动魄，形成这种局面的主要原因在于旧的制度已经迈向了墓地的方向，而新的制度虽应运而生，但并没有成熟，因此还不具备逆流而动的力量，这就让一新一旧两种制度展开了较量。黄金家族之所以没有形成分崩离析的局面，也正是因为积淀多年的旧观念在他们的思想中早已根深蒂固，虽然正在逐步被瓦解，但还具有足够的能力左右帝国的航向。

但蒙哥汗的猝死，将黄金家族推入内讧深渊的第四次汗位之争，却因他们自身的扩张，汹涌的历史潮流，赋予了黄金家族新的抉择的权力。尽管这次汗位的角逐游戏是在拖雷后王间展开，术赤、察合台、窝阔台三系后王还有举手发言的权力，强大的军队还依然是最有力的选票。

拖雷系强大的蒙古骑兵团保证了汗位继续在拖雷后王中游行的安全。有资格加入角逐行列的有蒙哥的三位同母弟忽必烈、旭烈兀、阿里不哥，以及蒙哥的儿子班秃、玉龙答失。

旭烈兀在蒙哥死时正成绩斐然地征服波斯阿拉伯世界，遥远的路程使他对争夺汗位失去信心；班秃和玉龙答失还没有成熟到独立代表蒙哥及汗廷说话的年龄与实力。其他三系的情况为：年老的拔都已去世，钦察兀鲁思的汗别儿哥实际上已自据一方，立国规模初具，对大汗位置没有兴趣；窝阔台系后王因蒙哥的残酷镇压已凋零衰败；察合台系则一直都被排挤在似乎是后娘养的不尴不尬的位置。正如忽必烈的妻子察必所言，大鱼死了，小鱼中只有忽必烈和阿里不哥才有资格和能力起头鱼的作用。有一点我们应当清楚，那就是忽必烈和阿里不哥是以拖雷的儿子而不仅是以蒙哥的继承者身份号令蒙古诸王的，尽管他们是在继蒙哥之后继位。

因为蒙古帝国的汗位是黄金家族的共同遗产，它的归属，直到现在还决定了诸王的"份子"即封地、百姓、财富等的多寡，所以，他们尽管不奢望奇迹降临到自己的头上，但行使推举的权力他们还是觉得义不容辞。因此，东西两道诸王不同程度地卷入了汗位之争的漩涡，其卷

入方式便是分别投入忽必烈和阿里不哥的怀抱，以此为分野，黄金家族成员除极少旁观者外迅速形成两大阵营。

力量就是真理。这是黄金家族的座右铭。让我们来展示一下忽必烈与阿里不哥两大阵营的成员，对认识"真理"也许会有所帮助。

首先看看阿里不哥的追随者。蒙哥遗留在蒙古故乡的诸王、汗廷大臣几乎全部为阿里不哥接收。随蒙哥南征主要效力于西路军的部分诸王、将领也是阿里不哥的追随者。主要有：蒙哥的遗孀兀鲁忽乃、儿子班秃、玉龙答失、昔里吉、阿速歹；西道诸王阿鲁忽（察合台孙）、睹尔赤（窝阔台孙，合丹斡忽勒子）、合剌察儿（术赤孙、斡鲁朵子）、玉木忽儿（旭烈兀子）、海都（窝阔台孙、合失子）；东道诸王乃蛮台（塔察儿子）以及别里古台的一个儿子。诸将及勋臣中有阿兰答儿、霍鲁海、浑都海、哈剌不花、脱里赤、密里火者、乞台不花、孛鲁合阿合、秃满、脱古思、忽察、额勒只带等。此外贵由汗的儿子禾忽、孙子察八忒（脑忽子）等也属阿里不哥的外围支持者。也许这个名单的列举令人生厌，但在当时对阿里不哥来说却至关重要。这些令人厌烦的名字，有一个共同的特点：他们生于游牧的草原，而后又基本上在游牧或半游牧地区放牧自己的畜民。他们是成吉思汗的真正继承者，是蒙古草原孕育的纯游牧信仰的纯蒙古人。

尽管忽必烈手握重兵，但因其立基不稳，蒙哥死后，形势对他来说则十分严峻。郝经对此有过一段总结性的概括文字，在忽必烈征询谋士意见时，郝经侃侃而论道："宋人因惧大敌，自救之师虽已毕集，但还无暇谋我。不过中原蓟燕则很空虚，塔察儿与李璮肱髀相依，在我腹背；西域诸王窥伺关陇，隔绝旭烈兀大王；病民诸奸各持两端，观望所立，莫不觊觎神器，染指垂涎。如果有人先行举事，使我腹背受敌，则大势去矣。"

实际上，阿里不哥已行动起来。漠南汉地名义上还是汗廷的直辖地，阿里不哥命脱里赤为燕京断事官，号令四方；又命阿兰答儿调度漠北军队，脱里赤括兵于漠南诸州，企图形成对开平的包围态势，断绝忽必烈的归路，逼迫忽必烈就范。在秦、蜀、陇一线，阿里不哥遣派霍鲁怀和他唯一的一名汉族支持者刘太平到关中，任西北行中书省事，筹集粮饷；游说盘踞六盘山的蒙古大将浑都海；命驻青居的蒙古军将领乞带不花、驻成都的明里失者做侧面策应；图谋在这一线由这三支势力向内地俯冲。这是最危险的一支蒙古大军。

谋略家忽必烈毫不示弱。当他看到不能先灭南宋再定大位后，毫不犹豫地采纳郝经的"断然班师，亟定大计"的建议，郝经的具体主张为："先命劲兵把截江面，与宋议和。置辎重，以轻骑归，渡淮乘驿，直造燕京。遣一军迎蒙哥灵舆，收皇帝玺。遣使召旭烈兀、阿里不哥、末哥及诸王驸马，会丧和林。差官于汴京、京兆、成都、西凉、东平、西京、北京，抚慰安辑。召长子真金镇燕京，示以形势。"

1259年底，忽必烈轻骑简从，从鄂州军营中飞驰北上。在此之前，他派廉希宪首先争取塔察儿，接着命廉希宪为陕西四川等路宣抚使，经略这一地区。在从鄂州回师的同时，派赵良弼前往关右侦察事态变化。稳住秦、蜀、陇一线。

北上的途中，阿里不哥夺位的迹象愈来愈明显，忽必烈遣急使到鄂州，对霸都鲁和兀良合台说："立即从鄂州撤围回来，因为人生的变化犹如命运的旋转。"十二月围鄂的蒙古大军开始北撤。忽必烈风风火火地赶到燕京。来不及给马卸鞍，和坐骑一样大汗淋淋的忽必烈，气喘吁吁地质问脱里赤："你为什么在燕京漠南括兵招马，屯集粮草。"支支吾吾的脱里赤搪塞说："这是蒙哥汗的临终托命。"眼睛鹰般敏锐的忽必烈察其包藏祸心，马上命令解散脱里赤所征集的军队，首先解除了阿里不哥对开平的威胁。从而保证了漠南道路的畅通与安全。

经过两个月紧张的调兵遣将，1260年阴历三月一日，忽必烈率蒙古劲旅抵达他苦心经营近十年的开平老巢。

蒙古帝国空悬的汗位，犹如一只活蹦乱跳的梅花鹿，在忽必烈和阿里不哥面前跑来跑去。已经稳定了燕京局势的忽必烈，决定先声夺人，在只有很少一部分，而且多属黄金家族二等诸王的合围下，忽必烈首先拔出羽箭向梅花鹿猛力射去——用尽他积攒二十年的威力。

参加围猎汗位的诸王，据为忽必烈涂脂抹粉的《元史》记载，合丹、阿只吉率西道诸王，塔察儿、也先哥、忽剌忽儿、不都率东道诸王，前来与会。

经过严格挑选的与会者异口同声地说："旭烈兀已到达大食地区，察合台的子孙在远方，术赤的子孙也很遥远，阿里不哥身边的人正在做

蠢事。兀鲁忽乃是察合台汗国的女领袖，已到达阿里不哥的住处。如果我们不拥立一个合罕，我们怎么能生存呢？"

按照事先已经导演好的节目，诸王合辞劝进，忽必烈坚决推让三次，然后诸王、大臣坚决固请，最后忽必烈装作一副无可奈何的样子，由必陈赤勒扶上汗位。诸王解下腰带，搭在肩上，跪下，行九拜礼。蒙古人即位的仪式竟和汉儒礼仪惊人的相似，以致雷同。只是多了还保留蒙古人古朴率真的解下腰带一节。

值得忽必烈永远缅怀的这一天是1260年三月二十四日。因为当他多次企图召开一次像点样子，由黄金家族各系诸王参加的正式忽里台，向各系诸王尤其是钦察汗、察合台汗、伊儿汗发出热情洋溢的邀请时，不是遭到婉言谢绝，就是汗国各汗以五花八门的借口迟迟不朝。冷遇使忽必烈对忽里台最后也心灰意冷了。

这次小型的忽里台，尽管一应礼节一丝不苟地描摹历次选汗的细节，但有两点缺憾忽必烈却无法弥补：一是到会诸王只限东道和极少西道，而不符合必须由绝大多数诸王参加选举的标准；二是不在成吉思汗设在蒙古本土的大斡耳朵里面。因此遭到西道诸王的抵制。连对忽必烈顶礼膜拜的马可·波罗在说过"忽必烈汗得到大位是由于他的见识、武功和伟大才能，而且合乎法律、理所应得"后，也说了一句，"虽然他的兄弟和亲属们根本不同意他"。

忽必烈对"虽然"以后的句子十分苦恼。在未来的日子他时常引以自咎、无奈地看着古老的忽里台在自己的手中坍塌，尽管他多次试图修复。

尽管忽必烈对在开平召开的忽里台，有不尽如意的地方，但这次显然带有军事誓师的大会，对忽必烈的政治生命来说却至关重要。他下一步所要努力的，只剩下用强大的军力逼使蒙古草原诸王承认的问题了。忽必烈毫不含糊地命令效忠于他的蒙古及汉人军队进入战备状态。接着他将属于自己管辖的蒙古帝国部分推向战时阶段。

当战争能为一个领袖带来权力、财富与荣耀时，他不会因为战争会涂炭生灵而和颜悦色地去宣布自己是个和平主义者。忽必烈一厢情愿地宣布为蒙古帝国的大汗、黄金家族的宗主后，他的一切着眼点，便是通过战争来证明自己的合理性。抢夺地盘对忽必烈具有重要意义。他在此时不会仿效其祖父崛起草原时只顾捣毁敌人帐幕的举动。他的第一件事和阿里不哥的思路一样,派枋枋、赵璧、董文炳为燕京路宣抚使,进一步稳定漠南。派八春、廉希宪、商挺为陕西、四川等路宣抚使,赵良弼为参议司事;张启元为西京等处宣抚使,稳定关中等地局势。接着建立中央首脑机关中书省,以王文统为平章政事,张文谦为左丞。这样可给抢夺地盘以更有力的推动。五月,忽必烈在其辖域置十路宣抚司,向燕京、益都、济南、河南、平阳太原、真定、京兆、东平、西京等路置官派吏。

同时,向蒙古诸王,包括阿里不哥派遣急使,送去即位诏书。为多方面佐证自己的合法,忽必烈向高丽国、南宋也送去了一份。

在开平召开的忽里台,唱主角的是蒙古诸王。但起草即汗位诏书的却是大名鼎鼎的汉儒王鹗。

这篇诏书曾令无数汉人史学家为之自述,将它誉为划时代的伟大作品。其实,它通篇竭尽全力去论证的是忽必烈身登汗位的合理。如果一定要寻章摘句说明忽必烈一即位便提出了一条新的文治路线,即"爰当临御之始,宜新弘远之规。祖述变通。正在今日"。那么,请不要忘记后面还有一句话:"历数攸归,钦应上矢之命;勋亲斯托,敢忘列祖之规?"

忽必烈向黄金家族远近宗族所要展示的是:"肆予冲人,渡江之后,盖将深入焉。乃闻国中重以签军之扰,黎民警骇,若不能一朝居者。予为此惧,驲骑驰归。目前之急虽纾,境外之民未戢。乃会群放,以集良规。不意宗盟,辄先推戴。左右万里,名王巨臣,不召而来者有之,不谋而同者皆是。咸谓国家之大统不可久旷,神人之重寄不可暂虚。求之今日,太祖嫡孙之中,先皇母弟之列,以贤以长,止予一人。……实可为天下主。"

但就是这样一篇对用汉法治汉地只字不提的诏书,到达和林后,也没有能令崇尚游牧的草原诸王满意。尤其是被汗位的影子搅得心神不宁的阿里不哥。

忽必烈到达和林后,阿里不哥对忽必烈擅自宣布为大汗的行为嗤之以鼻。1260年阴历四月,阿里不哥纠合草原诸王和汗廷旧臣,仿效乃兄,在和林城西大汗的驻夏地阿勒台召开忽里台,宣布自己为蒙古帝国

大汗。这个忽里台聚会黄金家族诸王也有不少人缺席,至少旭烈兀和钦察汗别儿哥没有向他表示敬意。

至此,成吉思汗辛辛苦苦构建的军事民主性质的忽里台正式宣布崩溃。以后,它只剩下华丽的躯壳,成为花猫、老鼠的游戏场了。

当忽必烈获悉阿里不哥也成为蒙古大汗后,断然采取措施,打出汉人的招牌,摒弃草原蒙古人以鼠牛马羊等十二生肖为纪年的传统纪年法,仿照中原王朝的惯例,革故鼎新,建立年号,名曰"中统"。

建元是一个大变革。忽必烈的意图十分明显,在建元诏书中,他宣称:"稽列圣之洪规,讲前代之定制。建元表岁,示人君万世之传;纪时书王,见天下一家之义。法《春秋》之正始,体大《易》之乾元。"这无疑是在宣布"天下一家"的意志。但这个"天下一家"的含义已经错位,它和蒙古大汗以"天下共主"为自豪相较,已揉进些许的无可奈何。其目的在于争得汉地的广泛支持。因为汉地才是忽必烈的立身之本。他宁愿做蒙古帝国名义上的大汗,但他必须做汉地的皇帝。

精明的忽必烈这一招出手不凡。不仅汉地的大小儒士和万户们欢欣鼓舞,钦察、伊儿汗国也对他飞来媚眼。因为,忽必烈从拔都拥立蒙哥的事例中已受到启示,他无力将已离心离德的众多兀鲁思死拉硬扯在自己的麾下,与其让他们作为蒙古帝国的属民反对自己,不如给他们以更大的自由换取他们的支持。于是,忽必烈用这种隐晦的方式表达他无意到西部诸王的领地去提取税收,并立即派去急使将阿姆河以西直到叙利亚蒙古征服的波斯地区封给旭烈兀,由他去建立自己的汗国;钦察汗国由别儿哥自己去治理;察合台汗国他则派阿必失合去做这个兀鲁思的君主。

吐蕃地区忽必烈交给了八思巴。大理、安南他则派去急使,声明自己成为蒙古帝国的大汗,汉地的皇帝。

而幼稚的阿里不哥除了分遣东西两路蒙古骑兵南下,对忽必烈采取军事攻势外,就是派遣使者到各汗国盛气凌人地叫嚷,命令诸王承认他为蒙古帝国的大汗,对这种蠢举,诸王尤其是旭烈兀、别儿哥只能用斥责使者表示他的愤怒。

整个夏天,忽必烈与阿里不哥互相之间也派了许多急使、络绎不绝,面红耳赤地争吵谁的忽里台更体现"民主"与古风。尽管在使者的生花妙舌下，双方都在扩军备战。最后，失去耐性的兄弟俩决定在战场上一决高低，以此来评判谁是真理的拥护者。

五月，忽必烈征调诸道兵六千五百人赴燕京宿卫，又抽调史天泽等拱卫燕京，并由此组成直属汗的宿卫军，由董文柄、李伯祐任都指挥使。

中统二年（1261 年）七月。这天晚上，月亮刚上梧桐树的梢头，院子里凉爽些了，廉希宪弄了几样小菜，一壶好酒，请商挺和他对酌。他们想把过去的事情回想一下，也对今后的事务做个谋划。其实，他们共事一年，一切都十分和谐，许多要事他们讨论过不知多少次了。今晚，他们主要想轻松地谈一谈。

这一年他们经过了许多事……

当他们带着忽必烈给的任务来京兆时，四下里都充满了敌意。刘太平和霍鲁海，这两员已秘密倒附于阿里不哥的守将，十分恐慌。他们抢先进入京兆，密谋策划，多方联络，打算作乱。

廉希宪是一文武双全的勇将，他能任事也有决断，在关键时刻常有奇谋。商挺是第二次被忽必烈请出山的，他很感谢忽必烈的知遇之恩，无力不出。他学问渊博，眼光阔远，对事情的判断比较准确。他们到京兆后，立即召集各级官吏，向他们宣示忽必烈的诏旨，让他们听从忽必烈的指挥。同时，又派朵罗台去六盘山传达圣上的旨意。他们的这一举措，起到了先发制人的效果。可是，那些将军们也不是容易驯服的，尤其是高踞于六盘山上的浑都海。他觉得自己人马众多，势力强大，西南半壁是会唯他马首是瞻的。不久，那里的断事官就给廉希宪来信了：他们派出的使者朵罗台被浑都海杀死，他与刘太平、霍鲁海暗中联络，又派人赴成都和青居，让明里火者和乞台不花率军来援，企图一举袭据京兆！

这是一个信号，那就是说浑都海极为嚣张，他根本不理忽必烈的诏旨，死心塌地地要跟阿里不哥走了。可是对浑都海用兵是不行的，不用说他们没有什么可以对付浑都海的兵，即使有，打仗也不是一年半载能打出个眉目来的。"得用釜底抽薪的办法！"廉希宪说。

"愿闻其详……"商挺望着他，他觉得廉希宪的绝招又要来了。"派人把川陕一带的归附阿里不哥的将军杀了，"廉希宪说，"他们骄横惯了，从来想不到会有人杀他们。因此，宰了他们是很容易的。没有了他们，浑都海就被孤立起来！"

"你，你只是说说吧？"商挺蹙着眉头看他。

"不，我们只有这样办！"

"老弟，你知道，你想杀的这些将领，多是黄金家族的远亲近族，忽必烈自己要杀还要十分谨慎哩，你去请示他，他多半不会批准，即使他同意，也要往来磋商，还不知要费多少时日哩！"

"我们不禀报皇上……"

"没有诏书，谁也不会去执行的！"

"我们自己来制造诏书！"

"你说是矫诏……？"

廉希宪点点头。

"你不想活了？为了忽必烈的帝业，即使是你干对了，这罪过也是……难以赦宥的，这，你不知道吗？"

"我很清楚。但非这样不可！"

商挺想了想，把手一拍说："好吧，我愿陪你冒险，我是个老家伙了，就陪你这小伙子！"

"不，不，"廉希宪笑笑，"我一人担了！"

他立即行动，矫用忽必烈的诏旨，首先在京兆捕杀了刘太平和霍鲁海，又命刘黑马诛杀明里火者于成都，命汪惟正诛杀乞台不花于青居。这干脆利落的两手，震住了西南一带。他仍不停手，又假传忽必烈的圣旨命汪惟良征集秦陇、平凉等地方的军队，令他们归顺朝廷。命八春招募陇右新军，以安定西南地区。

原在蒙哥死后总揽四川军务的钮磷看事不好，想领兵向北窜动，和浑都海靠拢。他一行动，就被八春等将领看破动机，一举将他们击溃，并把钮磷活捉，派人来请示，看如何处理？

"杀！……"廉希宪喊道。

话还没有被来使听到，就被在一旁的商挺掩住了口。

"老弟你杀疯了？"他说，"这钮磷，你是万万杀不得的！我常听皇上说，钮磷是一员年轻有为的将军，将来西南半壁还要仰仗他呢！我看你就适可而止吧！"

廉希宪在房里走来走去好半天，终于说："好，那就宽大释放，让八春把他的部队改编！"之后，他又招降了泸州的宋将刘整。这是意外的收获，在以后向南宋的进军中，刘整对元政权的巩固，建立了殊勋。

　　这样经过他们的夜以继日地奋战，秦、陇、蜀地区除六盘山以外，都归忽必烈所有了！商挺这时对廉希宪说："你该向皇上请罪了！"

　　"你是说让我报功吧？"

　　"不，请罪。请你的矫诏之罪！"

　　其实，廉希宪是明白的，只是他在考虑什么时候来做这事。

　　"是时候了，"商挺说，"你要一面报功一面请罪……"廉希宪想想，说："好，听你的，我去领罪吧。"

　　"老弟在后面也署上我的名字！"

　　"不，不。我说过的，有罪我自己担着！"

　　"啊，你这小子，是怕我分你的功劳吧？"商挺说，"我是你的副使呢！"二人畅怀大笑起来。

　　一日，姚枢应召到宫内议事，见皇上面对着一份公文再三喟叹，就凑上前去问："皇上，什么事惹得您如此感慨？"

　　忽必烈默默地把廉希宪上奏的书文给他看。

　　姚枢捧读之后，喜形于色地向皇上道贺："恭喜皇上，从此您的西南半壁可长治久安了！……"

　　"还有呢？"

　　"陛下，还有就是您知人善任，这也是可喜可贺的事。要是选派别人去，恐怕没有如此结果吧？""还有呢？"姚枢知道皇上要问他什么，可是他假装糊涂。笑嘻嘻地说："至于对他们二位怎样嘉奖，那就不是臣下有资格与闻的了！"

　　忽必烈明白这老头在跟他要滑头，就直截了当地问："老先生。您说，他们这有矫诏之罪吧？"

　　"是，陛下可是……"

　　"矫诏，按你们国家过去的大法该如何处置呢？"

　　"按律当……斩！"

　　"他们给我立了大功，又犯了大罪，我该怎么办呢？"忽必烈在好长的时间内，他没有把自己称作"朕"，直到死，他在亲属和近臣面前

也不称"朕"。

蒙古大臣们当然不在乎这些，汉族臣僚们几次劝谏也没有用处。只好也不说什么了。事实上忽必烈这样的称呼是一个明智的选择，这样拉近了他和群臣之间的关系，让更多的大臣忠于这位平易近人而又知人善任的皇帝。

"皇上，我看您就大加嘉奖吧！"

"为什么？……"忽必烈怔怔地望着他。

姚枢说："这事看起来，他们是犯了矫诏大罪，实际上他们是权便行事。您看当时那种情况，若是往来上奏请示，岂不误了时机？说实话，把生杀大权往您面前一推，是很省事的，可是您一定犹豫再三，什么大事耽误不了？您问我矫诏如何处理，那么明里火者等人犯了叛逆之罪又将如何治罪呢！在我们中国的历代法规上是杀无赦！是乱臣贼子，人人得而诛之，廉希宪、商挺正是这样做的！我觉得只有像他们这样的治世能臣才有这样的决断、这样的胆识，在关键时刻才能表现出您的不凡的赤胆心思，换了别人，川陕陇地区早已乱成一锅粥了！所以我才一再地向皇上祝贺！"

姚枢的这一番宏论，忽必烈很是信服。刚才他并没有想明白他们为何这样做，不是没想到表彰他们，只是他觉得他们没有请示、报告就擅杀大臣，会不会违犯国家大法？一时处于两难境地。他才开始当皇帝，是有些谨慎小心的。

他说："老先生，又解开了我心中的茅塞，我马上和你们商议怎样嘉奖他们！"

这一天廉希宪、商挺刚接到皇上的嘉奖令，十分高兴，多日困扰着他们的心病痊愈了。不由得连呼皇上英明！虽然有强敌在侧，他们的情绪还是从没有过的轻松，他们一边吃酒，一边拉了许多闲话。

"老兄，"廉希宪说，"你回家后、我以为你不会回来了呢，没想到接到皇上的敦请后就又来到我们面前。我敢问你是怎么想的吗？"

商挺笑笑，吟了苏轼的两句词："我欲乘风归去，又恐琼楼玉宇，高处不胜寒。起舞弄清影，何似在人间……"

廉希宪知道苏轼的这首《水调歌头》，写了商挺出世与入世的矛盾心情，以及他最后选择了后者，还是出来做官了。不过，他想明白商挺的具体想法。就说：“你不要背两句前人的词来搪塞我，你得给我直接说实话！”

“说实话也容易，”商挺用蒲扇赶走飞得太近的流萤说，“不就是士为知己者死，或求名逐利吗？”看商挺不愿说，廉希宪叹口气说：“别人莫说，你这人不是名利二字所能打动的……好吧，咱们不讨论这事了，来喝酒！”他们举箸、礼让、掀髯而干。

商挺又向廉希宪挑战了：“老弟，该你说了。许衡老头儿是为了教化那些蒙古人，他说得很直接，也很露骨。我们这些人就羞羞答答了。实际上我们何尝没有这样的企图！你呢，也说说吧！”

“我是畏兀儿人，虽然也钦奉儒家，但对中原来说，终是外人，我侍奉汉帝和侍奉蒙古大汗几乎没有什么不同……”

“不是老实人吧？”商挺笑起来，“作为一个儒者，没有不把修身齐家治国平天下当作自己的理想的！”

“哈，老兄，这一来你终于说了实话。”

“老弟，”商挺探过身子郑重地说，“我本来想在家演绎我喜欢的理学，但我无法不关注天下大事。我们这些围绕在皇上身边的读书人，我看除一个人外，目的都是一样的，那就是想用我们所崇信儒学来教化蒙古人，想叫他们规矩点，有教养一点，从而老百姓也少受一点苦难！”

“你说的那一个人是谁？”商挺用竹筷蘸了酒在桌子上写了一个“王”字。“噢，是了是了……”廉希宪表示他已明白。

第十三章　领兵攻宋　汉地称汗

第十四章

党派相争　察必内贤

　　那个"王"字指的是王文统。在忽必烈的儒士中，早已分裂成两派，以姚枢、商挺、刘秉忠他们为首的一伙是真正的儒家。他们讲求的是成仁取义和儒理的探求。以王文统为首的一帮汉人世侯和将军，他们的主张接近于中国历史上的法家，他们关心的是治世的利益和实务。两派本来是可以相得益彰的，可是他们却势同水火。在忽必烈看来，王文统这一伙是比较有用的。所以他的政权成立后马上把文统任命为中书平章，这是个近于宰相的很高的职位。他给忽必烈制定了绝大部分的敕令和章法，还给皇上弄来了大量的钱财和物资。可以对忽必烈政权的巩固和维持，得王文统的力量甚多。

　　这不可能不引起姚枢一帮人的嫉恨。在王文统领命组织内阁以后，他们忍不住了，纷纷上本拦阻，许衡说："王文统这人没有很高的文化修养，每天只孜孜于实利，令他办点事务性的事还行，让他总理内阁一切就不行了。他不是皇上所需的相才！"

　　他们的呶呶不休，不仅没有动摇忽必烈对王文统的信任，反而惹恼了忽必烈。忽必烈说："你们整日给我讲道德说仁义，能给我治理国家，能给我弄来我最需要的物资钱粮吗？这些王文统都可以给我！"

　　姚枢们在忽必烈那儿碰肿了头，却没有罢休，依旧明里暗里地和王文统争斗不息。

　　王文统当然也想方设法地排挤他们。他建议忽必烈给姚枢他们一些大而无当的官，叫他们一旁歇着去。许衡觉得受了侮辱，愤愤然不去就职……

　　他俩议论了王文统一会儿，觉得解气了就回到了正题。廉希宪问："老兄，你看浑都海今后的动向如何呢？""这，我替他想过，"商挺说，

"他可能有三策。一是倾六盘山的全部兵力，直攻京兆，这是上策，我们没有力量和他对抗。二是把他的军队聚在六盘山不动，看今后的事态发展，瞅机会再说，这是中策。那样我们一时无法奈何他。三是把形势估计错了，带队向阿里不哥靠拢，这是下策。因为他一离开他的窝巢，我们就可以在运动中消灭他，至少可以击溃他！"

"老兄很有见解，可惜浑都海没有你这样的军师！"廉希宪夸赞说，"那么，你说他会采取哪种策略呢？"商挺说："浑都海嘛，他见咱们将他孤立起来，已经心惊胆战。他不敢自己在这里，一定盼望和阿里不哥连在一起。所以说，他必出下策！"

正如商挺所料，浑都海在六盘山卧不住了，他带兵开始北窜。他的士兵大多是漠北人，他们离家都两三年了，早就盼望北归。他们一听要回家，简直是迫不及待，几万兵马散散漫漫地向北走。当他们沿着河西走廊走到甘州时和阿兰答儿的南征军相遇。阿兰答儿向他们传达了阿里不哥的旨意，要他们停止北返，和他们一起去夺取秦陇蜀地区。浑都海和阿兰答儿合兵一处觉得力量大了，有希望成功，就又挥兵直指关中。他们一来一往，这正好给了廉希宪几个月调兵遣将的宝贵时间。廉希宪有了充分的准备，他派大将八春、汪良臣、合丹率兵迎接浑都海和阿兰答儿。

他们血战于甘肃山丹的耀碑谷。

大战开始后不久，狂风突起飞沙走石，直刮得天昏地暗。浑都海和阿兰答儿的两支部队刚刚结合在一起，很不协调，只一会儿就乱了套。汪良臣令军士下马，以短兵突破敌人的左翼，再绕其后，从右阵杀来，并大声鼓噪不已。敌军慌乱极了。他们已经不辨东西，也不知敌人在哪里，像一群没头苍蝇东奔西窜，听任忽必烈的大军宰杀！

浑都海和阿兰答儿压不住阵脚，各带一部分军队企图突围，可是在狂风中冲杀了一会儿，也不知和谁家的军队打仗，最后他们又聚在了一起。

浑都海说："长生天不帮助咱们，咱们完蛋了！""是呀，我头一次见这样的怪风，"阿兰答儿说，"大概是上天佑护忽必烈，把阿里不哥抛弃了！""既然这样，我们就去投靠忽必烈吧！""是的，是的。要不就没命了！"

他们就去寻找忽必烈军的帅旗，找到他们帅旗就能找到他们主帅的营帐。可是一队骑兵冲来，雪亮的马刀闪了几闪，他们的头就没了！

阿里不哥的两支军队全军覆没后，整个西南地区都落入忽必烈的囊中。阿里不哥的力量几乎丧失了一大半。

在接到廉希宪消灭阿兰答儿和浑都海部队的报告后的第二天，忽必烈就立刻带兵北上，他要亲自去教训阿里不哥。临行，察必为他跪了一夜祈求长生天的保护。早上，他在察必的房里进了餐。察必问他："你能打败阿里不哥吗？"

"我觉得能行，"忽必烈说，"我会捉住他的。"

"你捉住他以后，打算对他怎么办呢？"

"我还没有想，总不至于杀了他吧！"

"好，忽必烈。你有这想法才像个宽厚仁慈的皇上！"察必高兴地说，"这些日子我读了不少中国的历史书……"

"你能够看懂吗？"

"看不懂也要看，我请汉先生给我讲解……"

"嗬！"忽必烈笑笑，"你就别太难为自己了，光家里的事务就够你忙的。"

"是的，我很忙。再忙我也要抽出时间来读书，你现在是皇上了，我就要做个好皇后。好皇后的标准就是帮助皇上处理国家大事，给皇上出些好主意，不出坏主意。你想我不学怎行呢？"

"你一定会是个好皇后的，我的察必！"忽必烈觉得这些日子没有顾到她，甚至话也没说上几句，很觉得抱歉。他抱起察必亲着。察必激动得热泪盈眶，在他怀里喃喃地说："以后我是怎样称呼你呢？是叫皇上还是叫你的名字？中国皇廷中，他们的皇后是怎样称呼皇上的？"

"察必，你不要管中国朝廷中怎样，你就永远叫我的名字吧！""那，行吗？""怎么不行？我是皇上，我说怎样就怎样！""他们，那些汉儒们会怎样说呢？""不用管他们，这些日子我想。以后也不能光听他们的，不能让他们牵着鼻子走，我们蒙古人的好东西，我们还要留着！""你说得真好，忽必烈！"忽必烈又一次一次地亲她。

外面有人走动，察必想挣脱他……"忽必烈，行了。咱们是四十大几的人！真金都快有孩子了……"

忽必烈放开察必，忽然想到许多日子没有看到他心爱的儿子真金了。

"真金现在忙些什么？"他问。

"他在学习……"

"他跟哪位老师学呢？"

"他跟一个汉人的女孩儿学……"

"汉人女孩儿……哪来的汉人女孩儿？"

"那还是你从中原带回来的呢，你不要了，我拾来的……"忽必烈想着，想着……可他想不起这件事了。但他对儿子的事是极为关心的，他说："你把那女孩儿叫来给我看看。"

一会儿，察必领来一个身材婀娜、面容姣好的女孩儿，她已经是蒙古女人打扮，她对忽必烈揖了揖，羞答答地说："皇上……"

忽必烈直截了当地说："刚才皇后说，是我把你忘了，是吗，我见过你吗？"

"是，皇上。是您救了我……"

"嗬！有这回事？"

"皇上，您记得在回这儿的路上，在一座天齐庙里……"

"啊，我想起来了！"忽必烈拍着自己的脑袋大笑，"你不是叫什么梅小娴么？"

"皇上真是好记性……可是竟认不出我来了！"

"一是我太忙，二是……你变得这么漂亮，我怎能认出来呢？"忽必烈转了个话题，"听说真金在跟你学习，你教他些什么呢？""我和他一起读些唐宋的诗词。"

"唐宋的诗词，好呀！有时间我也要跟你好好学一学。汉人的儒士们从不教我那些东西。他们说皇帝不应该把时间用在那些无用的东西上。只有王文统给我讲了一点，我很喜欢。真金的天资还好吗？"

"王爷天资聪颖，非常人所能比！""你不要夸奖他，也不要叫他王爷。就叫他的名字，这对他是有好处的！"

这时，真金来了，他已是个二十几岁的青年，生得面貌英俊，虎背熊腰，很有丰采。他到忽必烈面前行了一礼，"儿子来恭送父亲，他们都在外面等您了。父亲不让我跟随，我很遗憾……"

"不用遗憾，将来有你干的大事，"忽必烈上下打量着儿子，"你给我守着家，守着这大都，责任小吗？可不准给我出事！"

"是，父亲。"

"我听说你跟这位小姐（这是他在中原刚学会的对有身份的女人的称呼）学习诗词，是吗？""是的，父亲。"真金和小娴对看了一眼，那情态让人一看就明白他们是情投意合的，他们之间，不止仅仅是教与学的关系吧，忽必烈想。

"你有兴趣吗？"忽必烈又问。

"父亲，我很感兴趣，我对中原汉文化的一切都感兴趣！"

"真金，你这样，我极高兴。我们黄金家族要想把统治中原的大事做好，就得向汉人学习，我学了，你也在开始学，这真是太好了！你应该带领兄弟们都好好地学！""谨遵父亲教诲。"

这时他又看见小娴和真金眉眼飞传。他记起了察必前几年的话，她曾对忽必烈说："你要想学透汉人的东西，就得把师傅请到床上来，也就是给自己找个汉族女人做老婆！"当时，忽必烈当作笑谈，还回了一句："我，不想那样做了。可是我一定要让孩子那样做！"

"喂，察必，我看就把小娴姑娘给了真金吧，你说好吗？"

蒙古的贵族都有数不过来的妻子，因此除了主要的几个妻子外，娶妻纳妾并不是那么郑重，常常一句话就行。

"太好了！"察必高兴地说，"真金对我说过，我也早有这想法，可是我没有对你说一下，总觉不好。你从外面远远地把她弄来……也许有别的想法。"

"梅小娴，你愿意吗？"忽必烈还想征求姑娘的意见，这真是叫蒙古人大出意外了！

可是小娴没有说话。这可急坏了真金，他把着小娴的手摇着，"你说呀，小娴，快说呀，小娴！"

"你别难为她，"忽必烈说，"人家汉人姑娘是有教化的，不像咱们蒙古女人，这事儿几句话就谈成，接着就进斡耳朵了！"真金仍在求着小娴："你快说呀，说'愿意'。皇上好不容易才见到一次……"小娴的头更低了，脸更红了，好不容易，她才说："我……愿意……"

"那好了，"察必说，"你们快谢谢父亲吧！"真金拉着小娴的手，在忽必烈面前跪下来。

在出兵征讨阿里不哥前，忽必烈给儿子娶了个汉人姑娘……

这已是九月末，天气冷起来了。他急着出兵，估计和阿里不哥的战斗不会拖很长的时间。他想在年底前结束这件事，明年他就可以回到征宋的前线了。

可是，事情并不像他所预料的那样。阿里不哥虽然像个折断翅膀的山鹰，自己也知道已经不是忽必烈的对手了，他仍想拼死抵抗。

他以旭烈兀的儿子主木忽儿和术赤的孙子合拉察儿为东路军统帅，想造成伊利汗和钦察汗两国家对他支持和拥护的局面。忽必烈明白这两个人并不代表那两个汗国。那两个汗国的真正主人并不支持阿里不哥，伊利大汗旭烈兀是忽必烈的三弟，和他的感情是很好的，他虽然从没回到蒙古过，但他每年都派使节来通好。钦察大汗现在是别儿哥，他曾经帮助蒙哥取得汗位，这些年，他也没有回蒙古来，在他和阿里不哥之间，他曾表示中立。可是，他把阿里不哥派去的使节轰出门外却是事实。为了孤立主木忽儿等，忽必烈仍然派人去向旭烈兀和别儿哥致意，让他们召回他们两个将陷于纷争旋涡的儿子。

忽必烈派移相哥和合丹为先锋，在巴希乞地方三战三捷，把主木忽儿和合拉察儿打得抱头鼠窜，他们带着少数几个随从从战场上逃了出来。阿里不哥自领的军队也好不到哪里去，他想阻挡主木忽儿的逃窜，不仅没有挡住，自己也被溃逃的军队裹挟着一直退到他的老窝和林。可是他还给自己和别人打气说："我这里还有几万军马，忽必烈要想进和林城比登天还难！……"

但忽必烈没有直接去攻打和林，他只用了一个小招数就使阿里不哥陷入了绝境。

和林的饮食大部是用大车从汉地运去的，忽必烈派兵把守住运输要道，卡断了和林的物资命脉。几天后和林就出现了大饥荒，物价飞涨，人心浮动，没有粮草的军队开始崩解。阿里不哥一面大骂忽必烈不念黄金家族的情谊一面带兵狼狈逃跑，年底他落荒到滴水成冰的吉里吉斯（今叶尼塞河上游）一带。忽必烈兵不血刃地占领了和林。

南宋临安皇宫。

贾似道在朝房等待着皇上的召见。他还没有回临安，就一连发了几

第十四章　党派相争　察必内贤

忽必烈传

HUBILIEZHUAN

道向皇上报捷的奏文，说他打败了不可一世的蒙古兵。皇上下诏全国欢庆，并大赦死刑以下的囚徒。大开国库，出银犒赏军队，给大小官吏增加薪俸。他一进京城就感到了胜利的节日气氛。大街小巷张灯结彩，一座座高大凯旋门矗立着，使他目不暇接，来来往往的人都是喜气洋洋的。皇宫的一道道大门为他敞开着，他的豪华大轿一直抬进朝房才落下。等在那里的朝臣都围上前来向他祝贺，赞扬声、歌颂声、阿谀声使他觉得飘飘然，竟真以为自己成了英雄！

皇上当然也不会怠慢他，只是昨晚宫中的后妃近臣为庆祝襄阳大捷开了个盛大的酒会，闹腾得太晚了，没办法，他这时还无法起身。

一直等到将近午时，皇上才起床并且盥洗完毕，驾临安平宫。宫院内几天前就扎裹得花团锦簇，这时，排列在丹墀下的乐队敲起了得胜锣鼓，鼓噪得沸反盈天。大太监走出宫门喊道："皇上召见众臣百官！"

于是臣子们按职别的序列进殿……

一应的仪式完结后，皇上命左丞相吴潜朗读嘉奖贾似道的大诏。诏书上说：右丞相、江汉制置使贾似道统领大军来到鄂州，不仅解鄂州之围，而且击溃顽敌，使诸路皆捷，江、汉肃清，国家社稷危而复安。实万世无疆之福！特晋封少师，爵卫国公……

嘉奖大诏读完之后，皇上给贾似道赐座，贾似道从下面爬起来兴冲冲地坐了。见皇上满面红光，脸面上的皱纹似乎也少多了，只是他的那两个难看的泪囊没有变小，仍坠在鼻子两边。眼睛也还是黏咻咻的，没有光彩。他却望着贾似道微笑。

接着就准贾似道所请，给他的将领奖励和晋封。吕文德功列第一，授检校少傅，高达为宁江军承宣使，……

这天，贾似道退朝回府，登门相贺的人络绎不绝，直到很晚才得清静。不想舍府人等又置宴相贺，他几乎弄得烂醉如泥。回到卧房后还未宽衣就拥着小妾睡了。

也不知什么时候，他忽觉得口渴难忍，就想呼人伺候。

睁眼一看，室内亮着，在烛影摇荡中，见一人站在床前。那人身穿紧身黑衣，手提一柄铮铮亮的长剑，怒气冲冲地看着他。

贾似道吓得丢魂失魄，回头看身边的小妾时，骇得差点儿叫出声来。她的头不知哪里去了，血淋淋的脖腔像怪嘴似的张着，被褥和枕头上全是污血……

"壮士，你……你……你是谁？"他好歹说出这句话。

"坐起来！"黑衣人命令他。

"主要是……"贾似道很想服从他的命令，可是他办不到，起了几次，由于抖得太厉害，没有起成。黑衣人拉了他一把，贾似道起是起来了，但他坐不住。从床上滑溜下去，就那么坐在地上。"就……就让我坐，坐在这里吧，壮士。我死，就，就死在这里……"

"我要问你话！"

"壮士，您问吧……我说，我说……"

"你一定要说实话，要是撒谎，哼！"黑衣人眼睛里迸射着火星。

"不，不，我什么都告诉您，只要您不杀我，给我留条狗命！"

"听着，"黑衣人把长剑搭在贾似道的脖梗上，"你到鄂州后，什么都没干，移兵黄州后，你吓得像一摊烂泥，躲在蓬蒿里不敢出来，你哪里抵抗过蒙古人！你说，我讲得对吗？"

"是的，是的，壮士说得很对！很对！"

"那么，忽必烈为什么退兵了呢？说！"

贾似道有些难堪，他支吾起来。黑衣人说："你不好说吗？我帮助你一下吧。"说着，他把剑抖了一下，贾似道就觉得长剑的利刃划进肉里，鲜血流下来，染红了他的衣领。他痛得想尖叫，可他立刻张口结舌，因为，那黑衣人的剑尖在他喉头前颤动着……"我说……我说……"他把瞒着朝廷向蒙古人求和的事说了。

"你是什么人，你知道了吗？"

"我是卖国求荣的奸贼……"

"你该当何罪？"

"我罪不容赦，我罪该万死，我该千刀万剐！"贾似道像泄了气的皮囊。

"我说了这些，不为求生，是为速死！壮士不叫我受罪就感恩不尽了！"

"我不会杀你的……"贾似道没有想到黑衣人会这么说。

"壮士，为什么？是可怜我这条狗命吗？"

"绝不，我杀你一百次，也不会眨眨眼睛的，"黑衣人说，让贾似道惊异的是他竟哭起来，"我不杀你，是为让老百姓欢喜一次吧，尽管这是假的胜利！老百姓好久没尝过胜利的滋味了！"

"是，是，是，"贾似道眼睛里有了一丝生气，"我正是这样想才……"

"你敢说下去吗？"黑衣人说，"你已是罪大恶极，将来人民和历史是不会饶恕你的，你就等着吧！""我……我……""你要好好赎罪，多干好事，不做坏事，将来人们也许会忘记你的罪恶……"

"我……我……"贾似道想说些表示自己立功赎罪的话，可是他说不出来。那黑衣人收回长剑，吹息了烛，走了。

像其他封建王朝一样，蒙古民族也实行一夫多妻制，故此，忽必烈也拥有很多后妃。忽必烈仍然沿袭旧制，在众多妃嫔之中确立四人为正妇，分别驻于四斡耳朵，但四斡耳朵在形式上仍然保留下来，四斡耳朵的距离也不再那么远了。

四斡耳朵之正妇，虽然都被册立为皇后，但地位不等，只有第一皇后所生之子才有继承皇位的权力，如果第一皇后无子，则由第二皇后之子继承，依此类推。

因为成吉思汗的妻子（忽必烈祖母）孛儿帖出自蒙古弘吉剌部，忽必烈的后妃也多在弘吉剌部选拔。从马可·波罗记载的资料可知，弘吉剌部"其人甚美"，除四皇后外，忽必烈还要在弘吉剌部选拔大量妃嫔。

据传，每年大汗都要派遣使者到弘吉剌部挑选美女。使者到达弘吉剌部以后，召集各家室女前来，逐一审视，检查其肤、发、面、眼、口、唇等部位是否与全身相称，然后以评分的办法定出等次，有得十六分、十七分、十八分或二十分者，但只有获得二十分以上者，才会被选中，进入后宫。

这些进入后宫的美女在进献大汗之前，还要根据美丑等再选拔一次，以得分最高者三四十人为帝室侍女。每人各由宫中老妇一人审查，与其共寝一床，审视该女有无隐疾，肢体有无缺点，卧后有无鼾声，气息有无恶臭，身上有无秽气等等。审查通过以后，分六人为一班，轮番侍奉大汗，每班侍奉三日三夜，期满后改由他班侍奉，如此轮班。周而复始。当一班在大汗室内服务时，另一班要在邻室服务，如果大汗欲从外间取物，如果是饮食之类，则由大汗室内当班的妃嫔命邻室的妃嫔去准备。

像那些进入后宫、得分稍低、再次选拔被淘汰的美女，则与大汗的其他侍女同居于宫中，学习女工等事。假如有某位贵族愿意娶其为妻，大汗则厚给妆奁以嫁之。

忽必烈虽然有很多的后妃，但最宠爱的还是第一皇后察必。察必出自弘吉剌部，人不仅长得漂亮，还异常聪慧，通情达理。不但帮助忽必烈管理后宫、料理家务，而且在政治上帮助忽必烈“鼎新革故”，立下了不可磨灭的功勋。

1259 年，忽必烈奉蒙哥之命率兵进攻南宋鄂州，察必留守开平一带。蒙哥死在四川军中，留守漠北的阿里不哥为夺取汗位，加紧了准备工作，他派遣阿兰答儿发兵漠北，进驻漠南。

当阿兰答儿进军至开平百余里时，察必得知了这一情况，她马上遣使去责问阿兰答儿说：“发兵大事，太祖皇帝曾孙真金在此，何故不令知之？”阿兰答儿无言以对，察必觉察其中有诈，经过了解，掌握了阿里不哥图谋夺取汗位的阴谋，马上派遣亲信大臣太丑台也若赶赴忽必烈军中报信，促使忽必烈下定决心北返，为忽必烈夺取汗位立了头功。

以游牧见长的蒙古族，最初没有意识到农业生产的重要，不重视农业生产，在忽必烈定都大都以后，四怯薛官仍然请求割取京师城外的一块土地作为牧场，忽必烈已经应允，臣僚正在画图呈进。

察必得知后，立即去见忽必烈，准备进谏。她看到汉人刘秉忠在场，巧妙地假装谴责刘秉忠说：“你是汉人中知书达理的人，你的话皇帝最爱听，现在有人建议把农田变为牧场，你为什么不谏？如果说我们初入中原定都时，留下一块地牧马，也就罢了，现在老百姓都已在农田上安居乐业，如果再把他们的农田夺下来，让他们居无定所，怎么可以呢？”忽必烈听了察必的话，立即收回了批准之令，保证了农业生产的正常发展。

至元十三年（1276 年），忽必烈灭掉了南宋，掳获南宋幼主恭帝和谢、全太后等北归，为了庆祝胜利，忽必烈大摆筵宴，朝廷内外一片欢歌笑语，喜气洋洋，只有皇后察必未露出一点儿喜悦颜色。

忽必烈见皇后不太高兴，十分纳闷，故问道：“我现在已经平定了

第十四章　党派相争　察必内贤

江南。从此以后，天下太平，再也不用打仗了，大家都非常兴奋，你为什么不高兴呢？"

察必马上跪下说道："我听说自古以来就没有千岁之国，今天南宋皇帝成了我们的阶下囚，但愿我们的子孙不要落到这步田地，那就万幸了。"

察必以"前事不忘，后事之师"的道理，劝诫忽必烈不要被胜利冲昏头脑，认真治理国家，以保证帝位长久流传下去，子孙永享富贵。忽必烈曾将南宋府库故物陈列于殿廷之上，召唤察必观看，察必看后立即离去。

忽必烈不明白她是何意，特遣宦官追问其中原委。察必回答说："宋人储蓄此物是为了留给子孙，其子孙不能守，而归于我，我何忍取一物耶！"作为一位蒙古族妇女，在大家欢庆胜利之时，能为国家的长远利益考虑，说出上面一番话来，实在令人敬佩。

察必就是这样，事事以国家大局为重，处处为国家长远利益着想，不但辅助忽必烈治理国家，也把后宫和家庭治理得井井有条。她还亲自带领宫中女工演练女红，亲自执弓操弦，纺织丝绸，缝制衣服，勤俭持家，成为忽必烈最为得力的贤内助。由此看来，忽必烈宠爱察必，不是把她看成玩物，而是看成政治和生活中的终身伴侣。

至元十八年（1281年），察必去世时，忽必烈非常悲伤。接着立南必为第一皇后。忽必烈年老之时，南必参与政事，为当时大臣和后人所不满。

南必此时还在漠南学堂学习汉学知识，南必的师姐英若莲来了，她正挑柴做饭招待她哩。南必来到一眼井跟前，她放下担子打算休息一下。

这里是南必常歇脚的地方，她扯起褪了色的粉红布褂大襟抹了抹脸上的汗水，坐在井沿草坪上。南必是一个十七岁的女子，在她那圆而黑的脸盘上，有着一双大而黑的眼睛，闪烁着热情、天真而又好奇的光芒，仿佛是刚刚踏进这个世界似的。

南必的嘴角微向上翘起，好像她本是微笑着，即使在气恼的时候，也掩盖不住她那美丽善良的面庞。

一阵春风吹过来，南必的头发飞扬，煞是迷人。南必的皮肤很匀净，但肤色和铜差不多，是蒙古女子那种特有的胴体之美。她的嘴唇厚了一些，但曲线极美，一口牙比出壳的杏仁还白。南必的头上那绺乌黑而发亮的刘海短发，已被汗水浸湿，却愈加显得楚楚动人，有一种蒙古女子特有的风韵。

也许有些累了，南必显得十分娇慵，头发倚在柴草上，两条圆润的长臂，伸出来压在柴草上，从她那粉红的襟领处露出一些细腻的胸脯。

英若莲来了说："南必，我已同恩师见过面了，你也不要再招待我了，我还有些事要办，得马上走。""走？"南必站起了身，她拍打一下身上的草屑说，"怎么？马上到南方去吗？师姐，我是准备招待你的。"

"师妹，我这次急匆匆来去，是有苦衷的呀，"英若莲叹了一口气，"本想求见一下忽必烈陛下，但家兄催我快回南方去。我也不知为何这样急！"

"过来，休息一下再上路吧。"南必伸了一下胳膊，英若莲就顺势倚到南必跟前，二人谈了一些武学之事。

英若莲脸上泛出一些奔跑之后的恬静的微红。

英若莲穿一件紫丁香色的上衣，在一堆柴草上，像一朵荷花在展开，她跟前的南必更似出水芙蓉，二人相倚相偎，是人间一种极致美景。

南必安静地坐着，在她那健康的、圆圆的、美丽的脸上，每一处都散发着青春和光彩。南必的手臂裸到肘部，露出被日光晒成褐色的一段，似乎有些焦躁不安地摆动着，摆动着。

"若莲，你刚才说准备见忽必烈陛下？"南必扑闪着大眼睛。

"是的。"

"那是为何？"

"师妹，你有所不知，"英若莲说，"忽必烈有意征南。"

"还要征南？"

"对。"

"忽必烈之意你因何而知？"南必问，"该不是恩师告诉你的吧？"

"正是。"

"是他？"二人都在刘秉忠之弟开办的学堂中学习。

"对。"

　　"听说这一次忽必烈去上都，被刺伤了。""只是受了惊吓。"

　　"刺客够大胆的。""不，"英若莲说，"忽必烈当时镇定自若，还放了刺客。"

　　"真的吗？""是的，"英若莲说，"陛下什么没经历过，区区刺客又怎能伤他。"

　　"忽必烈陛下也够英伟的。"南必叹了一口气说。

　　"你见过他？"

　　"没有。"

　　"我也没有。"

　　"那你为何想见忽必烈陛下？"南必咯咯地笑了起来。

　　"是为了想劝他不要再入侵南方交趾国了。"

　　"你呢？"

　　"我？"南必笑了一下，"我又怎么了，还不是跟你一样，没有见过忽必烈的面。就算他从我们面前走过，我还不是不认识他吗？你也一样。"南必说完又笑了起来。

　　也就是在南必和英若莲说笑的当儿，忽必烈确实从她们面前走了过去，且直奔沉堂寺而来。

　　刘秉忠之弟刘和忠、刘西坡早年随忽必烈征战云南，而今，他们都回到大都，并且在金莲川安了家。刘西坡还在金莲川开办经学院教授蒙古贵族子弟以汉学之礼。忽必烈这一次决定去沉堂寺，也主要是想看一下刘秉忠之弟授业蒙古人的情况。

　　到了沉堂寺，正在此修书立说的张文谦叫来住持法师，把寺内安排停当，还在周围布置了怯薛，没多大一会儿，天就黑了。忽必烈叫张文谦陪他饮酒，张文谦感激涕零的样子，忽必烈说："你不必那样！国家之事，多劳你日理万机，才能基业永固呀！"

　　张文谦诚惶诚恐地说："陛下，为陛下鞍前马后，是理所应当的。"

　　忽必烈笑了一下说："你的书编得如何了？""回陛下，正在按计划进行。""八思巴创出了蒙古新文字，你也要用心啊。""是的，请陛下训教。"

　　"我这一次入沉堂寺，途经九里湾、七里庵、红庙一带，有一种想法，有时离你要看的东西远一些，也许更能清楚一些，"忽必烈说，

"只缘身在庐山中，对吗？你们汉人真是博学多才，什么事都能想的明白。我呢？现在就有意跳到界外，冷静地看一下漠北，看一下桑刺。"

"桑刺？"张文谦一惊，"陛下对桑刺心有疑虑。"

"是啊。"

"陛下明智。"

忽必烈点一下头说，"你先回去！我要一个人静下心来，好好地想一想。"张文谦起身告退。

忽必烈很想任用张文谦推荐的所有人，包括刘西坡。忽必烈和住持公伟法师论法，正好公伟俗弟子来了一帮人，还有翰林学士徐岩一行数人。忽必烈感叹道："即使待在沉堂寺，也很难修身养性。"徐岩说："修身齐家治天下，乃我汉学之精华也。"

察必说："诸子皆为世外高人，皆知先贤有无为而治之说，但汗国初建，即出贪粮之官，何故？"忽必烈说："日后让达鲁花赤每月上报各州县实情。中书省要每月辑出各地要典。"

徐岩说："自成吉思汗以来，各地汗人皆有心向圣朝之意，恐临安半闲堂复出，而挡贤人之路。"忽必烈说："不会的，不会的。在我大元朝，决不允许南宋半闲堂之恶风，更不允许有贾似道之流存在。"

徐岩说："举报阿合马贪赃枉法者甚多，不知陛下有何决断？如果长此以往，就怕真的要闹出一些事端？比如汉人多烈士，忠义之人难免有些义愤之举。阿合马卖官之事，已是元朝大弊。还有阿合马大修寺院之事，家中养了两名南朝歌伎，那里终日笙歌不绝，世人皆有怨言。"

另一位也说："我是有意出家为僧之人，本不想对世事多言，但不忍心各地生出事端，总想提醒陛下多备监察之职，在元国形成一个大监察之网。"

忽必烈说："正如我意，元朝当用此法，使贪官枉法之事不得出，使元朝得以弊绝风清。"

察必说："如能弊绝风清，则是我元朝子民之福。"

忽必烈对这一群汉儒所言心中感激万分，在他们走后，他一个人静静地想了许久，认为他在汗国初始，也是多靠汉人扶掖。那时，如果没有刘秉忠，很难想象他在蒙哥汗时会遭遇什么不测。忽必烈正回想着往事，皇后察必走了进来，她说："这一帮子汉儒，真是挺有真才实学的。"

"是的，"忽必烈感慨地道，"特别是那徐岩，看上去挺文弱，却似成竹在胸，谈经论道，真是挺有意思的。就连沉堂寺住持法师都对他赞不绝口。"

"也只有他们，能把安童这样的人培养出来，"忽必烈说："怎么还不见安童过来？这小子，年纪轻轻，学识却惊人之极。"

"到寺外转一转！"察必想乘着忽必烈的兴致，邀他到沉堂寺外的田畴上纵马驰骋，也好放松一下心情。忽必烈点了一下头。

忽必烈和察必走出沉堂寺，就沿着寺后的港河沿纵马驰骋。他俩把马催得风快，许久，才放慢了马的速度，二人相视一下，纵声大笑起来。

"我们还不老？"

"是的，陛下。"

"还能骑马。"

"能，"察必微笑一下说，"我们不光能骑马，还能骑快马。"

"是的，察必。"忽必烈跳下马，松开马缰，让它和察必的马并辔而行。他和察必则跟在马的后边走。大地到处都一片青翠。在那些分割成碎块的水稻田里，排列着刚插下不久的秧苗，它们随着和风的吹拂轻轻地摆动着。早种的油菜已经开花了，散发着阵阵花香，诱来一对对蝴蝶在花丛中翩翩起舞。远远望去，青苗飘摇，黄花灿灿，白蝶飞舞，相映成趣。恰值春意浓郁。

这时的南必和英若莲已离开那水井，她们各拎一捆柴草，在田畴上和忽必烈、察必迎头而走。

第十五章

偶遇新人　出征平叛

　　初春的阳光温暖地照着大地，新耕的泥土散发出一股清香。田畴上的小路蜿蜒着。清澈的港河沿之水和毛楼、桃源、往胡寨、沟头寺、七里庵、九里湾那一带的小河汇成溪流向前奔流，一直潺潺地向东南的三座楼、桥子流去，沿坡都是一片青绿，一丝丝野花迎着春风开放着。时而有几队迟归的雁群在晴空中掠过，发出短而嘹亮的鸣声。

　　新绿的叶子在枯枝上长出来。阳光温暖地对着忽必烈、察必，也对着南必和英若莲她们在微笑，鸟儿在歌唱飞翔。花开放着，红的花，白的花，紫的花。春光真是明媚！春风里带来些新鲜的泥土气息，混着青草味儿，还有各种花的香，都在微微湿润的空气里酝酿。

　　忽必烈说："走过这片田野，不如到前边的山上走一走。"

　　察必说："陛下，你不累？"

　　"不累。"

　　"你真是体壮无恙，虽老犹健呀！真没想到还是那么起兴。如今，我都有些累了。"

　　"夫人，那么咱们就歇息一下，如何？"忽必烈带着关切的语气问，"前面有一处茅屋，进去讨一杯水喝？"

　　"走吧。"忽必烈笑了一下，挽了一把察必，跨过一个坎，朝前方一处茅屋走去。他们以为那里有人家，会有水喝，所以，他们便加快了步伐，

　　那山脚下的一处小茅屋，正是南必暂居之地，她正和英若莲作别呢。"快点走吧！"南必催着英若莲。"这就好，"英若莲笑了笑，"你难道怕我留你在这里不成？"

　　"我是怕你南方的哥哥担心你呀。"南必笑了笑。

"说心里话，南必，你对我哥怎么样？"英若莲诡秘地一笑。

"什么怎么样？"

"若莲，咱们不谈这个，上路吧。"南必笑了笑。

"南必，你应当随我一块去南方。"英若莲还在缠着南必，希望她能随她一块去南方见英之伟。英之伟是英若莲的哥哥，英若莲很希望南必能成为她的嫂子。"实话告诉你，国王要招我哥为驸马呢。"

"驸马？"

"是的，是的，"英若莲说，"不如咱们一块去吧。"

"干什么？"

"把那国王的女儿打跑，或者劝他一下不要嫁给我哥，"英若莲扯住南必的衣襟说，"快随我去吧。"

"不行。"

"南必！"

"真的不行。"

"为何？"

"我的功课还未做完呢，"南必认真地说，"你先走吧。"

"不，我要你随我一起去南方。"英若莲笑着说。

"去劝你哥？"

"对。"

"让他不要娶国王的女儿？"南必咯咯地笑了起来。

"对。"

"然后我再嫁给你哥？"

"是的。"

"别做梦了。"

"怎么？南必，你看不上我哥？"英若莲很伤心。

"若莲，我们同门之谊，你难道不了解我吗？"

"了解你什么？"

"你该知道的。"

"我不知道。"

"若莲，我怎么能嫁给一个我对他一无所知的人呢？"

"你是说你不了解我的哥哥英之伟？"英若莲大声问。

"对。"

"你到南方时，不是见过我哥了吗?"英若莲不服气地问，"那还叫不了解?"

"那也不行。"

"怎么才叫行?"

"没有什么接触嘛!"

"你真好笑。"

"我好笑?"

"是的。"

"怎么一回事?"南必有些莫名其妙地摇一下头。

"了解? 难道你了解一个八十岁的老头，也要嫁给他吗?"

"是这样的。"

"真的吗?"

"没有错。"

"那好，南必，前方就有一个老者朝这里走来，你嫁给他吧。"

走过来的正是忽必烈和察必，他们并不知道南必和英若莲已锁上了茅屋的门，而且马上就准备离开。

南必望着走过来的忽必烈和察必，喃喃地说一句："他们也很快乐嘛!"

"是啊，南必，你去吧，对那老头说，我要当你的夫人，"英若莲笑着说，"南必，那老头的婆娘还会醋海兴波呢。要不然，我过去把老婆娘赶走。"

"咱们走吧，"南必微笑一下说，"等你下一次来大都，我们一块嫁给那个老头吧! 你说过，咱们一块嫁人。"南必和英若莲说笑着走了。忽必烈和察必赶到那小茅屋时，见那小茅屋的门已经锁上了。"陛下，咱们真是不凑巧。"察必望着远处那两个背影说。

"你稍等一下。"

"干什么?"

"等我去追回那两个人。"

"为什么要追人家?"

"为你讨水喝。"

"算啦!"

"不,我要去,"忽必烈说,"我把房主人追回来。"

"陛下,有你这番心意就够了。"察必很满足地微笑一下。

"察必,这么多年以来,真是多亏了你,"忽必烈感慨道,"自与阿里不哥争汗位以来,全赖你对我百般照顾。"

"陛下,别这样说。"

"是这么回事。"

"你为了我,才抛弃了耶律美,我很过意不去,"察必叹了一口气说,"陛下,我真的要很感激你才对。"

"不用感激我。"

"陛下,要不是为我而舍弃耶律美,怎能引得在上都耶律红的行刺?想来真是后怕。"察必说。

"你不要这样想,"忽必烈说,"耶律红在上都闹乱子,不光是因为耶律美。还有一些黄金家族的事哩!"

忽必烈说这话时,脸上露出一种很悲怆的神情。

回到大都寝宫,察必还是想着忽必烈对她谈起在上都耶律红行刺不光是为了耶律美,还有黄金家族的事,想到这儿,察必心中就有一种说不出来的滋味。她不明白黄金家族的人为何要将汗王视为陌路,更不明白为什么会一直为一个汗位争斗不休。

忽必烈与皇后在上都一住就是两个月,察必见忽必烈近些日子以来一直伤神,便拿他开心:"还是要给你找一个可心的,要一个年轻的兀真来陪你,然后我才放心。"

八思巴为忽必烈建造的"河教苑"已经有了毛坯雏形,就等粉刷雕镂了。

忽必烈携察必去看时,房屋已盖出了风格和规模。察必很满意,她让八思巴在大都城东为她建一座"前锦笑雪"宅子,八思巴点头称是,他答应在"河教苑"的宁果鹿的园子里为她修建"前锦笑雪"的院宅,忽必烈看了一下位置,也很满意。整个院落综合了汉式宫殿及住宅的风格,同时在色彩上又沿袭了蒙古人喜欢的红绿之色。城墙夯土而成,外砌砖石,东西各留二门,南北各留一门。四面各建有一座高高的角亭,有修饰及瞭望的双重作用。城内建筑参差不齐,不为对称,并凿泉在其间，有着江南园林的余韵。城内还有寺院。城西北长约两千多米，西南为几百米甬道，城呈长方形。忽必烈跟察必边走边参观着"河教苑"的建筑，边评论着各个建筑物的风格特点。

八思巴说："陛下，苑子对面有我一个佛家弟子所开的酒馆，我们可在那儿进餐。我想，陛下游了园子，一定很累，不如就不回宫了吧？"

察必说："这样也好。"

忽必烈说："八思巴，你是帝师、国师、大法师，怎么不禁止佛家子弟开酒馆呢？曾有大臣对我讲过，今日又听你讲，我倒要看一看你的酒馆如何？"

八思巴说："陛下请吧。今日咱们都着的是便装，也没有几个人能认出咱们，不如陛下亲自看一看吧。"

进了酒馆，忽必烈才看到酒馆非常简陋，叫来掌柜，掌柜的说："我们只是佛家子弟，并不吃大鱼大肉，这里的开销也是不许超过一两银子的。"

忽必烈大喜，他并不知这都是阿合马暗中做下的手脚。于是，忽必烈觉得廉希宪所奏八思巴纵容僧人敛财之说，也未必真实。

掌柜的说："你们几位客官，要吃些什么？咱们这里菜没有名贵之菜，但都非常可口，有大都有名的女儿红酒，那女儿红呀，好喝不贵，要上一坛吗？"

察必偷窥忽必烈一眼，发现忽必烈的眉毛都笑弯了，酒菜备齐之后，忽必烈便举杯对八思巴笑道："昨晚还都喝醉来着，不承想，现在又喝了起来。"察必说："人越老，越贪杯。八思巴国师呀，你可贪杯？"八思巴摇一下头。

小酒馆非常静，很少有人过来。即便有人过来，店掌柜也是把他们安排到外厅，绝不允许他们到内室去打扰忽必烈。这是因为八思巴当着忽必烈的面多给了店家银子，包下了雅座，对此，忽必烈也并不曾多想什么。门外几个怯薛也在开怀畅饮。忽必烈正喝得起兴，才发现门外进来两位姑娘，两个女子正是英若莲和南必，她们在大都邂逅之后，便来到这家小酒馆叙旧。

"你怎么现在才来找我？"南必有些嗔怒地说，"我兄长缠着我要与史弼开战，才得脱身，我便赶紧向北而来，要不是碰上恩师，还不知你

在大都呢。"英若莲说着端起一杯酒一饮而尽。

忽必烈似乎能听到她们说话，侧耳听了一下，又似乎听得不清楚，他把杯拿在手，叹了一口气说："人老眼花了。"察必问："你说的啥？""人老眼花。"忽必烈几乎是凑在察必的耳畔说的话，但察必似乎还是未听清，她懵然地望一眼忽必烈。

"没听到我的话吗？"忽必烈朝八思巴笑一下，"这一阵子她一直是这样，耳朵有时很背，听不清我说的话。八思巴，这是不是与她昨晚喝了许多酒有关？你是大法师，还是通些医道的。"

"我不如刘秉忠。"八思巴故作谦虚地摇一下头。"国师，你比以前更令人感到可靠、信服，吐蕃一直安静，这样很好，"忽必烈说，"国师，咱们都已是垂垂老矣。不过，你还好，比我年轻得多，又懂养生之道。"

"全凭陛下赐福，"八思巴说，"咱们都是佛家弟子，全凭菩萨保佑。"

忽必烈又把目光盯向外间的英若莲和南必，那目光有一种难以遏制的激情。八思巴是何等的聪明，拿眼一瞟，就已明白了忽必烈的意思。怎样让忽必烈接触那两个女子呢？八思巴眨了一下眼睛，马上就来了主意，他叫来伙计，对他耳语几句，那伙计连连点头，唯唯诺诺地出去了。

南必和英若莲正喝得起兴，谈得也开心，突然就从外边闯进来几个阔少。他们进来后先是围着南必和英若莲转了几圈，尔后，就开始对她们动手动脚。

忽必烈把这一切都看得一清二楚，愤然起身，来到外间，质问那几个人："你们是干什么的？这里是大都，你们还敢如此放肆？真是大胆?! 你们不怕死吗？"外面几个怯薛涌了过来，"哗"的一下就亮出了各种兵器。忽必烈朝他们挥一下手，示意怯薛们退下，继续质问那几个歹徒："真是好大的胆子，在大都如此放肆，那还了得？我老人家是一个不喜欢生气的人，你们向这两位姑娘赔个不是就行了，快一点儿。"几个狂徒大声笑了起来，他们根本不买忽必烈的账。八思巴说："咱们该叫来咱们的人，把这几个人砍了。"八思巴之意也就是做一场戏，能让忽必烈有机会跟那两个女子亲近就行了，没想到那几个歹徒不知天高地厚，居然真的要与陛下忽必烈闹起来，一个歹徒还上前扯了一把忽必烈的白胡子，这下可把八思巴吓懵了。八思巴已知自己把玩笑开得过大，忽必烈只有这一条路，就是让这些歹徒都死光，包括那个店小二。忽必烈寡不敌众，被打倒在地，他是伸了几下脚，又出了几下拳，俨然是一个不服老的英雄，察必看得真切，大叫一声"陛下"就奔了出来。众人愕然。

英若莲和南必也似乎听到察必是在喊陛下，她们不明白察必为何会那样喊，只是感到察必一定是被吓坏了。英若莲"啪"地一拍桌子，纵声跃起，只是将腿在空中一扫，那几个歹徒便接二连三地倒在地上。

南必去扶察必："你没事吧？刚才你叫他陛下？"

就在这时，忽必烈突地睁开了眼睛："姑娘，我的名字就叫陛下，你的名字呢？能告诉我吗？""我叫南必。"南必突然觉得眼前这个老人很风趣，而且也很令人怜惜。这么一大把年纪还英雄救美呢！况且，身边还有自己的老伴作陪。

英若莲把那几个歹徒打跑之后，就过来和南必一块儿把忽必烈扶起来。他们重新坐定后，忽必烈开始很豪气地和英若莲、南必饮酒，察必为了压惊，也一杯接一杯大口大口地喝个不停，还有八思巴，早已在又惊又吓中有些头昏脑涨，只一会儿工夫，已是不知东西南北了。忽必烈看一眼察必和八思巴，笑着对南必和英若莲说："二位姑娘，他们都醉了。"

南必说："我们也有些醉了，没想到你老人家还真能喝。"

英若莲说："没想到。"

忽必烈说："我没有醉。你叫英若莲，你叫南必。"

南必点一下头："你的记性真好，不过，我总想问你，你的名字为何叫陛下呢？是不是长得像陛下？也许只是一个绰号，每个人都能这样叫你吗？这里是大都，你不怕被人告知忽必烈吗？"

"南必，你不用怕，"忽必烈笑道，"我和忽必烈有交情，不管到什么时候，忽必烈都不会杀我的。""你救过他吗？"南必说，"你挺热心肠的，年轻时一定是好打抱不平。"

忽必烈的眼睛转了几转，一拍大腿说："就是我好打抱不平，也常被人摔倒，好在我是被人摔打惯了的，不怕。"南必说："门外好像有

第十五章 偶遇新人 出征平叛

几个人想过来帮你，他们是你的仆人？"

忽必烈顺着南必的思路说下去，觉得挺好玩的，他只点了一下头，南必便信以为真了，还不住地夸那几个仆人忠于主人，主人让他们退出去，他们便不敢再踏进门来。忽必烈说，几个仆人平时都是这样，非常忠诚，也很听话。

英若莲问："陛下，你住哪里，该不会是和忽必烈住在一起吧？"

忽必烈点一下头："对的，对的，我们住在一起。"忽必烈见英若莲和南必吃惊的样子，忙改口说："我们只是偶尔在一起，有时喝酒下棋，时间晚了，也就住在了一起。我们关系很好，有时好得不分彼此。"

"那你的话，忽必烈一定会听吧，"英若莲说，"如果是这样的话，我倒想交你这个朋友了，你愿意吗？"

"你们不嫌我老？"忽必烈纵声大笑起来，他笑得很开心。

"我们未必觉得你老，"南必笑着说，"你很老吗？"

"不老，不老，"忽必烈推一下察必，"只是她说我老了。"

"你住在哪儿，还没告知我俩呢。"南必笑着说。

忽必烈看一眼八思巴，见八思巴已有些醉意，便狠掐了他说："告诉这两位姑娘，我住哪儿？"

八思巴这会儿算是清醒过来，他拍了拍脑门说："两位姑娘，不如咱们把酒挪到家里去喝吧。"忽必烈拍手叫起来，他连声说："这样很好，这样很好，走，到我住的那里去喝。"

南必说："你住哪儿？"

忽必烈拍一下八思巴："他知道，叫他带路吧。"

八思巴说："就在前边几步远，走，咱们去吧。"

"几步远？"忽必烈有些莫名其妙，他想了一下，觉得八思巴既然这样说了，就一定会有办法。

八思巴一时性急，把他给自己专修的那片宅院想了起来，并且迫不及待地把忽必烈、南必、英若莲、察必和几个怯薛引了进去，好在上了酒菜，众人就都昏沉沉地睡在了酒桌边。此时，八思巴的头脑却异常清醒起来，他叫来心腹，如此这般地把一切安排停当，自己也就来了困意，和忽必烈一样倒地而睡。只是睡觉的人儿心思不一样，此时的忽必烈，又梦回到蒙哥大汗问他钩考之事……往事悠悠，忽必烈在迷蒙中却能感受到自己当年是何等的雄姿英发，大战还未爆发，自己便能洞察秋毫。现在却垂垂老矣，一切要靠晚辈们喽！忽必烈睁开有些蒙眬的眼睛，抬眼就望到门外那一轮红日。他不知道那是夕阳还是朝阳，只是感到那日头非常柔和，发出的光并不刺眼，也不炫目。

"这都是什么时候了。"忽必烈懒洋洋地说了一句。

"正是红日当头，"八思巴谨慎地凑到忽必烈近前说，"昨晚咱们大醉不起，是这房屋主人把我弄起，醒了我的酒，我才把前后的事情弄明白。"

"真是这么一回事吗？"忽必烈揉了一下惺忪的眼睛。

八思巴谨慎地点了一下头。忽必烈伸了一个懒腰，起床后问八思巴："国师，我昨晚是不是喝了许多酒？也许是醉了？"

"陛下，您没有醉，"八思巴把语气尽量说得缓和一些，"陛下，我倒是喝了许多酒。"

"你喝多了吗？"忽必烈沉了一下脸，"不会吧。"

"陛下，微臣是喝多了一些，"八思巴笑了笑，自嘲地说，"我的酒量是没法与陛下相比的。"

"人呢？"忽必烈四下瞅了瞅，"这里怎么就我们两人？"

"其余的人都被房屋主人招待到别的房间去了，"八思巴说，"我回想了一下，幸好咱们没有任何闪失。"

"闪失，什么闪失？"忽必烈说，"我好像记得昨晚有两个女子，一个叫南必，一个叫英若莲。"

"她们都已被房屋主人安顿好了，还有察必皇后，"八思巴说，"陛下，您尽管放心，这里很安全。"忽必烈拍了一下脑门儿说："我昨晚好像有意向那两名女子隐瞒我的身份，这又何必呢？好笑。"

"陛下，这样的话如果能让您觉得有趣，我们可以继续这样下去，"八思巴说，"我看那两名女子对陛下您颇有好感。她们像和您很投缘，合得来。"

"你为何这样说？"

"陛下，微臣觉得您的斡耳朵里该添上几个女人了，"八思巴说，"陛下，这许多年以来，您一直没有添人。"

"我已是个老人了。"忽必烈笑了起来。

"那两个女子一个十七，一个十八，我已问过，"八思巴说，"她们二人都没有婚配，还有，都是文武双全，是刘大人学堂内的。"

"都没有婚配？"

"真的没有婚配。"八思巴走近忽必烈谄笑着说。

"八思巴，大国师，你没有亮出我是陛下的底牌吧？"忽必烈在八思巴搀扶下，蹒跚着走到座椅上。

"陛下，没有经过您的同意，微臣不敢乱说。"

"这又何必呢？"忽必烈叹一口气说，"告诉那两个姑娘。我是忽必烈，我认为，没必要隐瞒什么。"

"告诉她们？"八思巴有点拿不准忽必烈是什么意思。忽必烈自嘲地笑了笑，"就算我有那样的心思，还行吗？"

"行。"

"你说的？"

"陛下，你认为行就行，"八思巴说，"大元朝的一切都是您的，"

"不要这样说。"

"陛下，是都应该归属到您的名下，包括那两名女子，"八思巴说，"陛下，只要您想要的，都是您的。"忽必烈见察必姗姗而来，他想掩住话题，但他又感到这样不太好，便把一切如实告知了察必。忽必烈觉得什么都不应该瞒察必，他是在困难之极与察必相依为命的。

忽必烈觉得还是应当把招南必之事与察必夫人讲个一清二楚。

八思巴却有掩饰之意。忽必烈对察必说："我们都已垂垂老矣，可眼前大元朝之事繁多，史弼征爪哇，我还有意再去征交趾，汉人之事又有许多玄机，可咱们的精力却顾及不过来了。"

"是啊，还是年轻好啊。"察必感叹着，她一时间还没弄明白忽必烈想说些什么，只是叹了一口气。"陛下，如果能召两个年轻人到陛下身边陪伴，帮助料理国事，一定会非常之好，"八思巴说，"陛下年事已高，如果能有人相助，陛下一定会如虎添翼，也许会返老还童，干什么事都会精力旺盛的。"

"什么如虎添翼？"察必弄不明白八思巴想说什么，也不知道八思巴说的忽必烈能返老还童是什么意思。"皇后，"八思巴说，"微臣之意，是陛下年事已高，再选些人到陛下身边服侍陛下，让陛下也能在时

・204・

间和精力上充裕一些。再说，陛下年事已高了。"

　　察必有些发怒："你怎么可以说陛下年事已高了呢？不管怎么说，陛下现在都是精力充沛的，他最不服的就是别人说他老了。""夫人说得对，"忽必烈道，"八思巴，你言语有失，不要再胡言乱语了。"八思巴额头上沁出了汗，他唯唯诺诺地退了出去。

　　八思巴回到自己住所，见阿合马正在他院中赏花，便有些气恼地对阿合马说："阿合马大人，你还有这闲情雅致？"

　　"如何没有？"

　　"陛下发怒了。"

　　"大国师，陛下都称你为帝师，他能忍心责怨你吗？"阿合马呷了一口酒，又给八思巴斟上一杯。

　　二人边喝酒边商量如何促成忽必烈和南必、英若莲之间的好事，最后决定安排一次狩猎，让三人邂逅。

　　阿合马和八思巴推杯换盏，一直到有些醉意朦胧时，才去找忽必烈商谈狩猎之事。他们见到忽必烈时，却见到忽必烈正扶察必倒在床上。

　　"皇后又醉酒了，"忽必烈说，"也许她真的体力衰微，不如以前了。不过，我行，没有什么醉酒的感觉，还能喝。"

　　"陛下，"阿合马说，"不如趁这风和日丽，咱们去狩猎。"

　　"到哪儿？"忽必烈来了兴致，"有马匹和随从吗？"

　　"陛下，"八思巴说，"马匹好找，伙伴儿也好找，南必和英若莲二位姑娘肯定愿意同去。只是要找称心如意的随从，却是不太好找的。我手下有许多僧兵，也可调来怯薛护卫，不过，那样就没有了兴致。"

　　南必和英若莲非常大方地催着忽必烈和八思巴、阿合马换服饰，尽快出发。阿合马朝八思巴得意地微笑一下，八思巴也从心里暗暗佩服阿合马，他不明白阿合马对南必、英若莲说了些什么，但人家毕竟同意去和他们一块打猎了。

　　于是，忽必烈、八思巴、阿合马和南必、英若莲一行数人，便催马驰入茫茫的青翠之中。

　　前边有一个小小的庭园，这园子只比普通人家的天井稍宽些许。园中草木葳蕤，群芳竞放。

　　忽必烈勒住马，喘口气道：

"扎察，看着这园中可否歇息。"

扎察像影子一样，从来是主人走到哪里，他便跟到哪里。听闻忽必烈吩咐，忙下马打探，不一会儿，扎察回来了，禀道：

"陛下，园中有一老太太，说可以进去。"忽必烈被扎察扶下马来，向庭院走去。

阿合马给老太太一锭银子，说要在此逗留片刻，让她赶紧烧水沏茶。老太太掂掂手中的银子，乐颠颠地去了。

忽必烈斜倚在竹椅上，对两个姑娘道："你们也坐下吧，不必拘束。"

南必格格一笑："拘束什么？我们又不是君臣关系。你要是真的陛下，我才拘束呢。"

忽必烈看着笑得灿若桃花的南必，心里极为欢喜。年逾花甲的忽必烈经历过的女人太多了，可从没有一个能在他面前敢于嬉笑嗔骂，天真毕露的。跟南必在一起，忽必烈仿佛也年轻了许多。他发现自己总想跟南必在一起，感受她的朝气、感受她的活泼、感受她的鲜活。

忽必烈也笑了："我若是真的陛下，你会如何拘束？"

"我呀，先是跪在地上高呼万岁，然后，然后……"

忽必烈看南必的眼珠灵巧地转动着，跟一个调皮的孩子一样，不由自主地问："然后又如何？"

英若莲插嘴笑道："然后我师妹就嫁给他！"

南必倒也大方，见师姐奚落，索性道："我就告诉他，他是个千古英雄，是我倾慕的人。"

忽必烈龙颜大悦，哈哈一笑："那你想嫁给他吗？"

南必秀眉一蹙，道："他早有宫娥三千，怎会娶我呢？"

忽必烈仰天一笑："扎察，告诉她！"

说罢，兀自带着阿合马、八思巴走到了院中。

忽必烈的脸上笑容不退，吩咐二人："你们回去吧，把怯薛调过三千来，给我守住这庭园。"

"臣遵旨。"

二人转身离去。不到一刻的工夫，庭园外已是侍卫林立，壁垒森严。

屋内的南必和英若莲听毕扎察把实情讲完，二人目瞪口呆。

南必的脸红得像苹果，半天，才结巴着问："那……那位婆婆是……?"

扎察回道："是皇后。"

英若莲看看窗外三步一岗、五步一哨的阵势，心中忐忑地道："南必，你看!"

南必也向窗外望去。她知道这不是梦，是真的了。迟疑了一会儿，方问扎察："我们是不是该跪拜陛下?"

忽必烈这时走了进来，应道："天下还从没有人敢不跪拜朕呢。"

南必二人窘极了，慌张着跪倒道："民女叩见陛下。"

忽必烈微微一笑，拉起南必："不必拘礼。南必，你天真烂漫的禀性非常可爱，勿要藏起来。"

南必见忽必烈牵着自己的手没有松开的意思，自己又不敢抽出来，只是红着脸任由陛下握着。英若莲和扎察见状，均微微一笑，悄然退了出去。

南必脸色微红，耳鬓间的汗水珍珠般地淌了下来，胸脯急促地起伏着，低着头，不敢抬头看忽必烈。

忽必烈只感到掌中的这只小手是那么温软，那么细腻，他摩挲着不忍放开。他抬手拭去南必发间的汗珠儿，抚了抚她发烫的双颊，托起了她的下颏。此刻的忽必烈有点冲动了。

南必斜睨了一眼忽必烈，更让她心跳不止。他的眼睛似乎喷射着火焰，扫到哪里，她身上的哪里便会发烫着火。她从他的目光中读出了男人对女人的渴望，但这种渴望又不是淫邪的，不是狂野的，而是掺杂着爱情与情感。她长这么大，还从未对任何男人动过心。此刻，面对着万圣之尊的忽必烈，她竟有些心驰神荡。

此时的忽必烈也跟年轻人一般心潮涌动着。在他的眼中，南必就似那荷花一般清丽，可又比荷花明艳，似那水仙般高贵，可又这么伸手可及，似牡丹般雍容，而牡丹又没了南必的娇嗔与妩媚。南必不加修饰的装束，令忽必烈更领略到一股自然之美。南必呼吸的呵气在忽必烈闻来是芬芳如馥。忽必烈的心底开始荡起一股冲天的亢奋，也有些吃惊自己在如此年纪怎么还会有这么强烈的冲动。"抬起头来。"忽必烈见南必

又羞怯地低下了头，便道。南必顺从地抬起了头。"南必看朕是否老迈了？"南必打量着鬓发花白，但身材依然魁梧，腰板依然笔直的忽必烈。回道："陛下不老。"

"那南必是否还倾慕这个大英雄？"

南必脸一红，抿着嘴笑了。南必的笑可谓倾城倾国，忽必烈仿佛被这波光流媚的笑靥击中了似的，再也把持不住，一把抱住了南必，热烈地亲吻起来。南必先是默默地承受着忽必烈的唇在自己的脸上亲吻，继而呼吸也有点急促了。

忽必烈一边吻着，一边道："南必，南必，可愿遂了朕的心愿？"南必轻轻地点了点头。忽必烈陡觉浑身力气大增，抱起南必，走向了里间的大床……天渐渐地暗了下来。扎察知道该回宫了。他轻轻地咳了一声，在门边道："陛下，天要黑了。"

忽必烈毕竟年纪大了，一番云雨之后不免有些疲惫。此刻，他正搂着南必小憩。南必听见扎察的问话，推了推忽必烈："陛下，扎察在叫呢。"忽必烈睡眼蒙眬地应道："进来。"扎察推门走了进来。

南必见忽必烈让扎察进来了，忙起身披上衣裳，低头一看床上的点点猩红落英，又赶紧用衣襟遮盖着。完了又抬头看了一眼扎察。

扎察仿佛什么都没入眼帘，面色平静如水跪在地上禀道："陛下，天黑了，是否起驾回宫？""唔。"忽必烈应着坐了起来。

扎察忙上前给忽必烈系着衣扣，嘴里说道："皇后催促了好几回了。""知道了，你出去吧。"忽必烈有话要对南必说。"是。"扎察下去了。

忽必烈在过去的岁月中，除了察必之外，尚没有一个人让他如此爱恋。纵是那弘吉剌部来的月儿，他都没有临幸过几回。可南必却令他爱不释手。她的调皮与率真，自然与大方都让他感到新鲜。尤其是南必那美目流盼的眼神，似乎盛满了快乐与青春，忽必烈不想就此放下南必。

忽必烈抚着南必问道："你还愿意见到朕吗？"

南必是有史以来第一次承受男人的温情。她在刚才初次体会了那种痛楚，可那痛楚又是那么令她陶醉，令她渴望。在忽必烈小憩的时候，她悄悄打量着他，有些不相信那个强壮有力的人会已是须发染霜。她曾伸手轻抚他坚实的胸脯，问着自己：这就是实现了蒙古诸王四十年夙愿的忽必烈么？她凝视着忽必烈那高耸的鼻梁、坚毅的两颊，心中荡起了倾慕、钦佩之情。她发觉自己已经爱上了这个比自己大了许多的人。

听忽必烈问自己，南必轻轻地点了点头。

忽必烈又问："你可愿意暂住在此？待我回宫安排一下，再接你。"

南必又点了点头。忽必烈起身，道："那朕走了，你休息吧。"南必目送着忽必烈刚到门口，她脱口喊着："陛下！"忽必烈停了下来，回头看着南必。南必赤足跳下床来，像一头小鹿般撞进了忽必烈的怀里，道："陛下，你会回来吗？"忽必烈抚了抚她苹果般丰盈的俏脸，笑道："当然会回来，朕舍不下你，一定回来。"忽必烈吩咐扎察买下这个庭园，并留了五百怯薛，自己回宫去了。

大漠边沿，忽必烈的行辕。

朔风猎猎地吹着，那风的劲儿是那么大，几根生牛筋皮绳才把帐幕拴牢在地上。帐内不能烤火，尽管有几个火盆，仍然冷得像个冰窖，冻得待不住。要想暖和一下，得到帐外去就火。即使烤火也不能舒服多少，胸膛烤煳了，背上的雪却结了冰……

忽必烈左右看看，见一堆堆的火像成千上万的星星绕着沙漠的边沿罗列着，围着火堆还有些闪动的人影，似飘忽的鬼魂。在远处，在黑暗的深处，也有星星点点的火光，那是阿里不哥军队的帐幕，他们也在风雪中煎熬着……

不知怎的，忽必烈悲从中来。他觉得有无限的委屈，无法向人倾诉。

他觉得自己做的一切都是为了大蒙古国的利益，为了蒙古人能够统治一个强大的国家，而不仅仅是为了他自己得以成为一个皇帝或大汗。他觉得只有自己才能完成这个伟大任务，别人都不能完成。现在蒙古的后王中只有四个人可以把手伸向大汗的金印，那就是旭烈兀、别儿哥和阿里不哥。旭烈兀已经头也不回地在西边安家了，他在那里建立了一个虽不巩固但幅员辽阔的大帝国。别儿哥的性格变了，他不像他的哥哥拔都，更不像他们的父亲术赤那样的好斗，他已安心住在自己的钦察草原了，专心地经营自己的王国。只有阿里不哥在和他作殊死搏斗。忽必烈已经看清楚了，阿里不哥之所以能有力量和他分庭抗礼，是由于有许多贵族的支持。这些贵族为什么不遗余力地支持他，不是他们对阿里不哥

有什么非常的好感，也不是他们以为让阿里不哥做大汗是长生天的旨意，而是他们和忽必烈有深仇大恨。这仇恨来自于忽必烈不遵守祖宗成规和坚决地推行汉法，严重地侵犯了他们的利益……

只要有机会，他就苦口婆心地向他们说："黄金家族的子孙们，时代变了，你们认为那美好的一切必须改一改了，你们睁开眼睛看一看世界吧！"

可是他们不听，不听……

"现在闹得可好，"他自语道，"我顶风冒雪忍受酷寒，露宿在这大沙漠的边沿上。这是为的什么呢？为的和自己的小弟弟作殊死拼杀！将来历史会怎样记载这件事情呢……"

他压抑地抽泣了几声。他的侍卫悄悄地走来给他披上一件厚貂皮袍子。"皇上，回去吧……外面天太冷。我已经给火盆添了木炭……"

"我再站一站……"

泪水在他脸上结了一层冰。可是，在白天，在他的臣子面前，他连流泪的权力也没有。在别人看来皇上就像一块钢铁，可是即使是钢铁的人，他也该有柔软的心！

"皇上！"汉人这么称呼他，朝廷内的蒙古人也这么称呼他，可是蒙古贵族则决不这么称呼他。他们认为那是汉人给他的尊号，忽必烈承认这个尊号，就证明了他是大蒙古人的叛徒！他们指给他看：旭烈兀、术赤、察合台和他们的子孙不是都称自己为大汗吗？为什么你不呢？……

他却很明白：他的一切行动不仅在征服一片在文化上高出于自己民族多少倍的中华土地，而且也是在改造自己的民族！我能办得到吗？我是不是不自量力呢？

他回到大帐里。尽管他的床就在大火盆的边儿处，他仍不愿回到床上。他靠在一张宽大的座椅上。"皇上，您不上床休息吗？"侍卫问他。

"你出去烤火吧，我要在这儿歇一歇……"

侍卫轻轻地走出去了。

……他想到一年前。

忽必烈拉拢蒙古诸王成功后，阿里不哥更加势单力孤。他带着瘦弱饥饿的军队往西北奔逃着。在叶尼塞河的上游扎下营盘。他觉得日子过不下去了，又怕忽必烈来打他，就派遣使者向忽必烈表示投降。他在信上说："……我们这些弟兄们有罪，可是我们是出于无知才犯罪的。你是我们的兄长，可以对我们施行惩处。无论你叫我们到什么地方去，我们都会去的。今后决不违背你的命令了。你能不能给我一点儿时间呢？到明年，秋高马肥时，我就来觐见你。"并且说，"到那时，伊利的旭烈兀、钦察的别儿哥和察合台的阿鲁忽也将前来，我再邀上别的诸王，咱们来开个正式的忽里台，选举你为我们的大汗，那样好吗？……"

看到阿里不哥可怜巴巴地对他表示顺从，忽必烈的心软了。他不愿意落个容不下小弟弟的罪名，更不愿意逼得他走投无路。他心爱的察必就是这样嘱咐他的。另外，在他的内心里，他始终对自己大汗的合法性深感怀疑——就那么少数的几个贵族，在开平而不是在和林推举他为大汗，人家当然不会心服口服了！有个机会开一个正式的忽里台给自己正名该多好呀……

他给阿里不哥回信说："你能认识过错，很好。我回去等你们来。旭烈兀、别儿哥和阿鲁忽到你那里时，叫他们先派急使来。他们的急使一到，我们就可以确定在何处开会了，首先让他们守信用，如果你能在他们到达之前先到和林来就更好了！"

忽必烈是何等盼望阿里不哥他们来和林开那个他最最需要的忽里台呀！

于是，他遣回阿里不哥的特使，带领大军回到和林。在和林没住几天，就又留下移相哥镇守，自己领兵回漠南了。

他在开平等待着阿里不哥的好消息，可他等来的是又一场战争！

第二年秋，阿里不哥把他们的牛羊养肥，把他的军队整备充实后，他的野心又膨胀了。他又联合几位不甘心失败的诸王，如蒙哥的儿子阿速歹等，大举进攻和林。

当他的军队开到和林时，派人前去说："告诉移相哥，我是来投降的！"移相哥信以为真，连忙出来迎接。阿里不哥趁移相哥不备就挥兵向前，打败了移相哥，攻占了和林。接着马不下鞍，率军南下，矛头直指忽必烈在漠南的驻地开平！

忽必烈听说阿里不哥出尔反尔，不讲信义，气得发抖，他叫道："这次我非杀这小子不可！"

他立即让赵璧、怯烈门两将率领军队驻守大都至太行山一带，凭险扼守平滦、关陕之地。又令张柔、严忠嗣、张宏等七处汉军，令董文炳率射手千人，塔察儿率军万人随从自己出征。

阿里不哥见势不可敌，又回头北逃。

十一月，忽必烈在昔木土脑儿（今蒙古苏赫巴托南部）追上了阿里不哥。他把军队分成三路，把阿里不哥包围起来，意图全歼。可是阿里不哥和他的军队知道这是最后关头，也拼命厮杀起来！

几天后，阿里不哥败局又现，他的几员大将如合丹火儿赤等战死，他好歹率军突围出来，向沙漠逃窜。正在这时，他的援军阿速歹率军来到，他们又组织疯狂反扑。这场大战比上次更加激烈和残酷。忽必烈的军队奋勇冲杀，把阿里不哥的右翼击溃，可是阿里不哥的左翼没命地杀过来，其势凶猛异常，忽必烈几乎稳不住阵脚……

这样激战几天也没有分出胜负。

冬雪骤然来了，大雪掩没了鲜血和尸体，他们双方都精疲力竭，没有力气再打了。

他们就这样对峙着……

忽必烈也不知这场战争怎样了局。

随军的幕僚刘秉忠前几天问他："皇上，你担心吗？"

"我很担心，"忽必烈说，"你瞧，军士们多受苦呀，他们连顿饱饭都吃不上，他们的手脚都冻烂了！"

"是呀，皇上忧虑的极是……"

"秉忠，你以为结果会怎样呢？"

"谁坚持得住，胜利就属于谁！所以，我们要坚持到底！"

"阿里不哥也有一股犟劲……"

"皇上别过于焦虑，十天后，事情就会有所变化了！"

可是从那天起，已经五天了，形势并没有什么大变，只是又冻死了几百士兵！

正如刘秉忠所料，形势的确在向着对忽必烈有利的方向转化。

阿里不哥的困难更严重。他的士兵没有御寒的皮衣，没有充分的食物，他们的马没有粮草，冬天在逼迫他们投降。没有办法，他派不里台、沙迪等人率兵到察合台汗国征集粮草衣物。百姓们当然不肯给他们，他们就抢，就杀人……察合台汗国这时的掌权者是阿鲁忽，他原先是拥护阿里不哥的，他夺了兀鲁忽乃王妃的权之后，就转为支持忽必烈了。他见阿里不哥没有告知他就来掠夺财物，很是不快，再说他也怕忽必烈怪罪他，就派兵把阿里不哥的来人抓起来，并没收了他们征集的东西。阿里不哥知道后极为愤怒，他不顾和忽必烈对峙的严重形势，离开战线，转而向察合台国进军。

忽必烈传

第十六章
李璮叛变　完善汉制

阿里不哥的许多伙伴对他的四面树敌很是恼火，觉得这样下去，必然会弄得成为孤家寡人，离散之心在军中弥漫着，这给忽必烈追击并歼灭阿里不哥造成了绝好的机会，可是历史又给忽必烈出了新的题目。

从中原来了急报：山东的世侯李璮造反了！

后院起火，使他怒火中烧，他觉得这比追剿阿里不哥更重要，便匆匆地安排了一下目前的军事部署，就带兵回到中原了。

举旗造反后，李璮把他的指挥中心安置在济南。

李璮的旗帜应该说是光彩夺目的。站在汉人的立场上，举义兵讨伐鞑虏，在当时无疑是英雄的举动。南宋在北方广大汉人中，他仍是正统的代表，是正义的希望。李璮从蒙古反身投靠宋朝，还是给自己披上了一袭金花花的外衣。

可是，李璮一起事，就立刻陷于了窘境。他原以为会振臂一呼应者云集的，几天之内就可安定天下，起码在道义上应该是这样。可是现在看来却应者寥寥……即使他寄托希望的大宋朝廷，除了给他一些毫无用处的大得可以的虚头衔以外，一点实质性的支持都没有。至于那些早就和他通声气的各处世侯，平日对蒙古人恨得牙痒，这时却按兵不动，甚至和他断了来往。这真使他灰心丧气！……

"谁也不能指望了！"他愤怒地嚷嚷。

李璮也不能全怪别人，他应该回头想一想自己的半生所为，就会明白：这义旗该举，却不应该由他来举。在许多人看来，他是一个政治流氓，声名狼藉，谁会跟他走呢？

李璮的养父李全，原是个社会混子，后来趁社会混乱"起义"，后兼并了很有势力的红袄军，渐成气候。他却没有农民起义军的志气，一会儿投靠宋朝，一会儿又跪到蒙古人的脚下。在他死后，他的养子李璮袭了他的爵位，儿子虽没有养父的血统，为人行事却和李全惟妙惟肖。他明里不敢，背后里却首鼠在宋元之间……

李璮觉得强于他的父亲，他有自己的经营了几十年的山东地盘，有十几万军队，这远非通常的"流寇"所能比拟。

他野心太大了，一心想在乱世中捞个皇帝做做，他也太聪明了，想用他的聪明玩弄两个皇帝：赵昀和忽必烈……

太聪明的人必然糊涂，他错误地估计了自己和形势！

他气急败坏地走到他的夫人房里。

夫人看样子是刚抹干了泪眼，慌忙站起来迎接他。

她算不上什么美女，可是在身材、面貌和举手投足之间却有着一种说不出的妩媚和高雅，使那低俗的丈夫不敢对她太放肆。

他的夫人姓王，叫王衣青，是大元的中书平章王文统的女儿。

王文统是益都人，少年时代就很有才名，可是生不逢时，他的一肚子学问和能力却没处用。他看当地军阀李璮有地盘有势力，将来会有前途，就投靠了他，并以女儿许之。有人说王文统是不是看走了眼？绝不是。王文统的确有本领，他的本领就在于他超出了一般读书人的鄙陋眼光，破了他们的清规戒律。他早就知道李璮不是什么正人君子，他也并不对女婿在道德上做过高的要求，历史上有哪个开国皇帝是有德行的？还不都是些无赖流氓之类！"王侯将相，宁有种乎！"这是真理。他就把自己的理想和女儿赌在李璮身上了！

后来，王文统经姚枢、许衡等人的推荐来到了忽必烈的身边，他有了飞黄腾达的绝大机遇，干得比他的荐举人更好也更受信任，使他们嫉妒得眼睛发蓝。可是他没有忘记他在山东的女婿和女儿还和他们保持着密切的联系。一是他害怕那好大喜功，聪明过头的女婿闹出祸来，二是仍把日见强大的山东王李璮当做自己和忽必烈的"牌桌"上一个有分量的筹码。

自忽必烈和阿里不哥为大汗之位争打得不可开交，无暇他顾时，李璮认为大好机会到了，他写信给他的岳父王文统说："……这是千载难逢的机会，我在山东起事，别的汉人诸侯遥相呼应，忽必烈必然首尾难顾。用不了半年，大事可定。然后举北方之雄兵，过江南下，宋朝小朝

第十六章　李璮叛变　完善汉制

廷一定会像一只鸡蛋似的被我捏碎，在他们来说是宁愿把江山给我也不愿给那野蛮的蒙古鞑子的……"

这是李璮对当时形势的估计。

可是，王文统却不这样看，他回信说：我的贤婿，你对天下大势的分析，完全错了！忽必烈不是像他祖宗那样的大汗，他是一位伟大的帝王，据我看，"虽秦皇汉武不能比也！"阿里不哥哪里是他的对手，北方之乱，不日即可平定。你所说的各地的诸侯，都在望着大汗，希望得到他的恩宠，你若这时起事，他们绝不会助你！相反，他们会趁机邀功请赏！……我看，你千万不要轻举妄动，以惹塌天大祸！

他觉得岳父是文人见识，遇事思虑过多，踌躇不前。他们就这样信来信往相互驳着。后来李璮竟对岳父骂骂咧咧地说：有道是秀才造反三年不成！你就安心给蒙古鞑子做宰相吧，我的事不用你管了！

现在事情的发展正如岳父所料……

李璮坐在床边叹气。

夫人问他："往日的那些朋友，他们怎样，有动静吗？"

"还是那几个。只太原总管和邳州万户响应了，他们和我连不成一片。忽必烈一掌就可打翻他们！"

"……当初应该听我爹的话……"

一听夫人提他爹，李璮就火冒三丈："还提你那老爹！他是不会帮咱们了。你想，他若跟我打天下，即使成功，我也不过给他个宰相当当，现在他已经是个宰相了，他还跟咱们造反吗？"

王衣青哭起来。

"你别哭了，哭得我心烦意乱，"李璮说，"我看你给你老爹写一封信吧……"

"还给他写什么信？……"

"你告诉他，我既然已经起事，就要打到底，请他再想想办法，帮我一把！"

"他怎能帮你呢？你想，你是他的女婿，你一起事，就有千万只眼睛盯着他，忽必烈，说不定早把他给看管起来了！"

"你懂什么？"李璮说，"这时忽必烈还没有从漠北回来呢，这时他若在忽必烈的心窝里捅上一刀，忽必烈也许就回不来了！"

"他，他能做什么呢？"

"他能做什么，不用我们告诉他，你赶快写信吧，你的信能顶千军万马！"

王衣青走到书案边，在石砚上研着墨，她的脑子里一片空白，真不知写什么好，但丈夫就在一旁等着，她又为难得哭起来，"相公，你，还是你来写吧……"

"我能写的话，早写了，还用来求你！"李璮咆哮道，"我不愿和那老头儿再说什么了！这次你来写，你是他的女儿，你再求他一次，……我能写出你那笔迹来吗？"

王衣青铺好纸，簌簌落下的泪滴立刻把纸打湿了。

"你哭，你哭，我对你说，你哭的日子已经不多了，我干的却是诛灭九族的事，等我们一起上刑场的时候，你哭也哭不出来了！——写，快写！你写完后，我马上派一心腹快马加鞭送到蒙古京城，明儿一早你那老爹就收到了！"

李璮把门一摔走了出去。他来到一个别院，他的小妾忽乃住在那儿。

忽乃是蒙古大将、黄金家族的一员塔察儿的妹妹。那时，忽必烈对李璮极尽拉拢之能事，他虎踞山东三十几年，兵精粮足，无人能够动摇他，代替他。蒙哥给了他世侯的头衔，忽必烈又让他行山东中书省事，这更使他的气焰熏天。李璮为了巩固自己的地位，想给自己弄个蒙古媳妇。当然他不会弄个平常蒙古人家的女子，他派人到京城去转转，和在忽必烈面前红得发紫的塔察儿拉上了线。塔察儿觉得把妹妹嫁给李璮也不算辱没了自己和妹妹，就同意了，再说，塔察儿也不拿男女之间的这种事像汉人一样当成什么大事。不过，他还是请示了忽必烈……

忽乃面容还好看，只是轮廓太粗阔。身形人高马大，膀阔腰圆。她能够骑马抡刀，开得硬弓。在蒙古人看来，也许她是人人艳羡的美人，人家有自己的女性美的标准。你若给蒙古人一个中国的林妹妹，他们一定会手足无措，说不定厌恶得立即走开。起初，李璮也是有点难以承受，后来他想，这女人给他的东西，不是在别的中国美女身上所能得到的……

李璮要起事造反，没有和忽乃商议，后来她知道了，就对李璮说：

"忽必烈是草原上的雄鹰，山林中的猛虎，你打不过他的！"忽乃还不大会说汉话，李璮要听懂她的一句话，要费很多事，不等她说完，李璮就叱道："娘的，像狼嗥似的，你说了些什么屁话，给我滚到一边去！"

"你说什么？"同样，忽乃也听不大懂李璮的话，"你说要我回蒙古去？你不用瞪眼，我会回去的，那里有许多小伙子等着我哩！"

忽乃来这里后，李璮很少到她房里去。本来他娶忽乃是为了政治目的，塔察儿、忽必烈把忽乃嫁给他，何尝不也是如此呢。

李璮虽鄙陋，可也欣赏有点修养的女人。对忽乃的强壮和过分热情有点消受不了。他一沾忽乃的身子，她就情欲勃发，往往反客为主，抱着他如癫似狂，一夜折腾下来，李璮就像抽去了筋骨似的浑身瘫软了……

日子一多，李璮也就懒得再去答理她。

忽乃是个年轻、壮硕的蒙古女人，她自然耐不住寂寞，就免不了和她看上的男人私通起来，起初，是和李璮的几个侍卫，李璮发现后，把那几个给他戴绿帽子的人杀了，周围男人没有人敢再招惹她。忽乃并不就此罢休，她常常自己出外找伴侣，她找的谁，找了几个，李璮都一无所知。一次，她从外面回来，李璮想正一正家法，就摸了一把刀向她舞起来，可是还没到她的身边，就被她缴了械！从此他就随她去了。李璮想：她是个鞑虏女人，就随她去浪荡吧，谁也不会笑话他的……

今天，李璮要用着她了，为此，他还找了个懂蒙古话的通事。

他们来到忽乃的房里，忽乃以为他又要来寻衅滋事，就把一把快刀放在身边。

李璮为了让他放心，就装出笑脸说："忽乃，你这是干什么呀？你坐下，我有话对你说……"忽乃坐下了，不过仍然警觉地望着李璮。李璮通过翻译和她有了这样的一番对话。"忽乃，你嫁过来，就是我的妻子了！""当然，当然。"忽乃说。

"你就再也不是蒙古人，而是和你丈夫一样，是汉人了！"

忽乃想了一下，又点点头。这是蒙古女人的特色，她们虽不讲求从一而终，可也是跟了丈夫后就再也不是娘家的人了，除非丈夫死了。而蒙古对再嫁的女人是没有任何轻视的，有些人还专爱再婚的女人，以抢夺别人妻子为荣，成吉思汗就很典型。

"现在正如你知道的，我造了忽必烈的反……你知道我为什么要造反吗？"

忽乃摇摇头，表示她不理解。

"因为汉虏不两立，"李璮慷慨激昂起来，"我们华夏民族是不能受外族凌辱，不能受外族压迫的……"

"你们光受自己人的凌辱、压迫吗？"忽乃直着眼睛问他。

李璮咽了一下，嘟囔了一句："真是他妈的什么也不懂的蛮夷婆娘！"没法，他只能直截了当地说了，"反正，我不能给蒙古人做官了，我要把蒙古人赶出中原去！"

"过去，你可是一直给蒙古人做官的！"

李璮真想找几个人帮着把这个不懂事的蒙古娘们儿揍一顿，可是他现在用着她了，不但不能揍她，还要哄着她。他忽然用袖子把面孔一遮，抽泣起来。

忽乃惊慌失措了，她见到的李璮一直是颐指气使、横行霸道的样子，现在竟在她面前哭了，她受了感动。待了一会儿，她捧着他的头说："我的男人，你怎么啦？你哪里痛吗？你遇到困难了吗？"

李璮见忽乃上钩了，就抬起他那两只揉红的眼圈子对她说了他起事以后的困难局面。他孤立了，上了那些世侯们的当了。现在忽必烈竟放过阿里不哥，回头来打他了，他原来想忽必烈会被阿里不哥拖在蒙古的西边的……

"我劝过你的，"忽乃说，"你不是忽必烈的对手，忽必烈太强大了！他是长生天派来人间的天神，无论是谁，在他面前都要跪在地上……"

李璮在心里骂道："你娘的，你替忽必烈吹嘘吧，忽必烈再了不起，也是个无知无识的鞑子！"

忽乃又说："你和阿里不哥不同，阿里不哥是他的亲兄弟，你只是他的奴才。他能放过阿里不哥，但他绝不放过你！"

忽乃的话是对的。李璮不哭了，他得和忽乃商议事情。现在看来忽乃并不是他想象的，只是一个蠢女人，她还是有点头脑的。

"你说我该怎么办呢？"

"投降吧！"忽乃坚决地说。

"我投降后，他会对我怎样呢？他会杀我吗？"

"我以为不会的。他会责备你，降你的职。但不会杀你……"

"哼，"李璮摇摇头，"你们蒙古人是很残酷的。"

"忽必烈不是一般的蒙古人，他无论做什么事都经过仔细考虑。他留着你比杀了你好得多，表示对汉人投降者的宽大！"

李璮有点相信了。向忽必烈示降至少能赢得些时间。

看李璮犹豫，忽乃又说："你如果打算投降，我愿为你去找我哥。塔察儿帮助忽必烈当上大汗，又帮他追击阿里不哥，功劳太大了。要是去向忽必烈求情，忽必烈不会为你的一点儿过错和塔察儿翻脸的……"

忽乃的这一番话使李璮心里轻快了许多，是的，忽必烈如果没有塔察儿在关键时刻帮他一把，他是很难登上大汗的宝座的。要是塔察儿出面相救，忽必烈也许会饶恕他。至少会在将来再找机会收拾他。如果赢得一年、两年的时间……

"忽乃，我的好妻子！"李璮叫了一声，不顾翻译在他们跟前，就把忽乃抱起来，"你要救我，你救救我……"

他端详着忽乃，她，比起汉女人来虽有些粗陋，但面目还是有几分姿色的，他怪自己过去竟没有看到……

"李璮，你娶我来不就是为了这一天吗……"忽乃也搂紧李璮。"我给你做了这件大事，以后，你会对我怎样？"

这蒙古女人也知道在这要紧的时刻讲价钱了。

"我会把你捧到天上，我会让你做夫人，我会把那姓王的赶出门去！"

"我现在就回大都去，找我哥，甚至去见忽必烈……"

李璮知道这时用什么办法会使忽乃为他不遗余力，那就是感情。他浑身抚摸着忽乃，摸得忽乃的欲望上来了，忍不住索索颤抖，把李璮搂得更紧了。

"……走……咱们到床上去……"

"我的男人……"

他们相拥着向内间走去，不，他几乎是被忽乃抱到床上去的。

李璮忽然发现那翻译还在他们一旁，而把他们的话一句不漏地翻译着，气得七窍冒烟，吼道："你这狗娘养的，还不快滚？滚！"

中统三年（1262年）二月，忽必烈回师中原平叛。

忽必烈在整治汉人的时候，格外注重问计于汉人幕僚。在回大都的路上他问姚枢对李璮谋反的看法。

姚枢笑笑说："竖子做事，不值一哂！"

"请先生说得详细些。"意思是请姚枢给分析一下。

姚枢说："那不成器的东西，自他举旗反叛时，便决定了他必败无疑的命运。宋廷不可能给他实质性的支援……"

"为什么呢，他不是遣使到临安去，向宋廷献出涟海等三城，以示联合的诚意吗？"

姚枢摇摇头："皇上，您只要想想李璮父子的作为就知道了。他们在宋廷和我们之间摇摆不定，早就丧尽了信誉。他养父李全是被宋兵杀的，他又和宋廷交战多年，他们不会有真正意义上的联合，南宋至多给他些空头的官衔……"

"听说，他早就和一些汉人世侯勾勾搭搭……"

"皇上放心。那些世侯刁得很。他们才不会跟李璮去冒险哩。如果李璮真的干出了名堂，他们也许会出手的，这时他们只是观望。要是皇上发兵平叛，他们还会向您示诚，派兵讨贼大邀其功的！"

忽必烈畅怀大笑，如果姚枢老头儿细心的话，一定会听出忽必烈对汉人的不屑意味。即使他听出来，也不以为意，因为这旷达的老人明白，既给异族做臣子就得忍受这些意料之中的事。

"那山东内部的情况呢？他已经在那里经营几十年了。"

"皇上不必担心。李全父子如果爱民如子，也许在紧急关头，有许多为他倾家的死士。但事实正好相反。他们声名狼藉，鱼肉搜刮百姓几十年，人人对他们恨之入骨。听说他造反，他们不是结寨自保，就是逃进山林，数百里内寂无人声。他没有什么根基的。这也是李璮不敢轻易离开老巢的原因。若不，他早就带兵直取燕京了！"

"哈哈，"忽必烈高兴了，他觉得胜利在握，"唉，既如此，他为什么造反呀！"

"这就叫利令智昏，本来他可有三策可选的。"又是三策！

"哪三策呢？"

本来姚枢老头儿可以不说这些，可他像许多文人一样，免不了得机会就炫耀自己一番。他说："一是乘我北伐之隙，沿海滨蜿蜒北上，直捣燕京，封闭居庸险关，号令中原汉地，此为上策。二是结盟宋国，以宋为后方，盘踞益都，负险据守，扰边惊民，使我们疲于奔救，此为中策。三是出兵济南，企望别的诸侯响应支援，最后必成被动挨打之势，此为下策。李璮现在已经采用下策了！"

"听说在太原和邳州有人响应他了……"

"那是疥癣小疾，可以不去理他们，或是令一将军前去剿灭，几日可平。"

忽必烈心中有数了，就立刻调兵遣将起来。中统三年二月十八日忽必烈命水军万户解成、张荣实，大名万户张文千、严忠范会师东平。济南万户张宏、归德万户邸浃、武卫军炮手元帅薛军胜聚兵滨棣，筑城挖堑，以防李璮向外窜逃。

这年二月二十日，忽必烈命诸王合必赤总督全军，派史天泽增援，组成蒙汉联军，向山东挺进。

李璮原来联络的那些一同造反的世侯们，现在竟戏剧性地都靠在了忽必烈那边，许多还参加了讨伐他的大军。这使他感到又滑稽，又可恨，又恼怒。另外，打算为他找哥哥说情的忽乃，可杳无音信，看忽必烈进剿的劲头，就可知道没有任何效果了。

忽乃并没有食言，她把事情给塔察儿说了，求哥哥帮助。塔察儿愤怒得竖起眉毛，一句话也没说，就扭头走了。

她又直接去求忽必烈。忽必烈倒没有呵斥她，只是说："你回来了，很好。"便喊来塔察儿，让他把她领回家去，好好地看管着。

这样李璮只好孤注一掷了。三月十七日他领兵出战，他的副将问他："我们打得过忽必烈吗？"李璮说："即使打他不过，凭咱们这些军队，也能支撑个一年半载的！"

"到那时怎么办呢？"

"到那时再不行，就上山当贼寇去！我有个远亲就在山里落草，官府剿了她多次，也没动着她一根毫毛！"

"她有多少人马？您为什么不求她来支援呢？"

"我已给她写信去了，她有千多人，当然敌不过忽必烈，可是她出一出手，也会让忽必烈分心的。"

李瓒指的是红英姑。

事实和李瓒的估计大不一样，他的军队和史天泽的人马一接触就大败而回，无法，李瓒只好退回济南城中，准备固守。

五月，忽必烈的大军兵临城下。他命军队筑环城把济南团团围住，又令史天泽节督诸军，日夜用大炮轰击济南城垣，在轰击的间歇就用云梯攻城。李瓒凭坚抵抗，难于应付。军民知道李瓒没有本领退兵，城破是早晚的事，所以他们也无心思打仗，不仅如此，许多军官暗中和城外蒙军联络，瞅机会出降。一天几拨哗变……

济南危急的消息传到临安。

吕建上奏了赵昀。赵昀说："朕没有办法，鞭长莫及嘛！"

吕建说："皇上，我看不能这样。当李瓒归顺时，陛下曾封他为齐郡王又给他保信、宁武节度使的头衔。现在他面临覆亡，我们却弃之不顾，岂不让天下归顺者寒心，再说也让蒙古人笑话！"

赵昀听了，也觉得颇有道理，就让他把贾似道叫来。

进宫的路上，贾似道恭敬地请教吕建，问他这事该怎样回答皇上的垂询？

自从贾似道疑惑吕建即那天晚上的黑衣人后，一见吕建的面就胆战心惊。他又不好对吕建怎样。吕建是天子的救命恩人，心腹近臣。他和蒙古人的秘密交易，想必吕建早就了如指掌了，他如果在皇上面前抖出来，张扬开去，我贾似道还有活路吗？当然他恨不得把吕建置于死地，那只有留待日后另外寻找机会，现在只有在吕建面前低首下心了。

吕建把自己的意见说了一遍，贾似道点头听着。

"对对，将军的话自是高见，"贾似道忙说，"在皇上面前，我当作如是说。"

到了皇上驾前，贾似道把吕建的话变成自己的话："皇上，山东地方，李瓒父子经营多年，兵精粮足，固若金汤。忽必烈一时半刻是拿它不下的。不过皇上不支援他也不好说话。虽然他们李家反复无常，可是目前是我们的臣僚。我们一兵一卒不给他也很说不过去。我看这样：拨五万两白银给李瓒犒军，另派提刑青阳梦炎带本部军马前去援助，以成夹击之势，我想忽必烈必然首尾难顾……"

皇上准奏，立刻命贾似道和吕建前去操办。

不上半月，吕建得到消息，五万两白银在路上就被蒙军截去，那青阳梦炎呢，知道自己这点军队仅是杯水车薪，对付不了这事，但不得不应付一下，他一进山东地就被蒙古汉军万户张文千打回来了……

吕建很泄气，可是他知道李璮能够指望宋廷的也就是这些了！

七月，济南城中兵疲粮绝。李璮真正体会到坐以待毙的滋味了。但他仍做垂死挣扎。他见市民不愿把仅有的一点粮食交出来，他就把军士分到户里，每户养二到三名军人。几天后，全城粮食告罄，百姓们冒死呼号出城逃亡。李璮命令杀无赦，军人不愿杀戮无辜百姓，哗变出降者日日不绝……

李璮知道自己是彻底完蛋了，济南危在旦夕。他提了剑走进夫人的房里。

王衣青和几个小妾，瑟缩在房角。

王衣青本想问一问战情如何，见李璮手提宝剑，瞪着发红的眼睛，猜到他要干什么了，就说："相公，我知道你的意思了。城破我等必然受辱，这正是死的时候。请让我们自行了断吧，我这就去取几丈白绫……"她的意思是用白绫吊死。

小妾们没有夫人的从容，她们跪在李璮面前求他饶命，哭得凄凄惨惨。

李璮却狠了心，举手一剑，就把想要爬过来搂他腿的小妾的头劈开了，脑浆溅到别的女人身上。几个女人有的吓得吱哇乱叫，有的晕了过去。

王衣青跪到李璮面前说："相公，让我给这小妹求求情吧……"

小妹是指李璮最小的小妾。

"……她才十六岁，进府才三个月！你就放她一条路，让她逃生吧！"

"你还给别人求情，我该头一个宰了你！"李璮吼道，"你那混账老爹把你这个丧门星嫁给我，他却去享荣华富贵！哼，现在他也完蛋了。他一定被忽必烈关在监狱里，等待着凌迟呢！我问你：那两个小孩子呢？"

他的长子几天前就已战死。李璮说的两个孩子是小妾生的，都不到十岁。王衣青早些时候就把他们藏起来了。

"他们，他们……没在家！……"

"什么没在家，你这个刁婆娘！"李璮把剑一挥，王衣青就身首异处了。

小妾们不再叫嚷，她们钻到床下，以为能躲过这一劫。但李璮不杀干净是不罢休的。他走过去，用剑乱捅，嘴里却喊着："忽必烈，忽必烈，忽必烈……"

杀完了妻妾，他走到门外，听全城铁蹄蹄涌，呼声震天，知道蒙古兵已经进城。

他跃身上马，也不要士兵护卫，径直打马乱跑。

跑到大明湖边，周围蒙古兵涌来，因不知他就是李璮，还没有人上前捉他。

他见水边有一小船，就跳上去，用力地向湖心划。快到湖心时，有一降兵认出了他，叫道："那个就是大帅！那个就是李璮！……"

这一叫，就有许多人跳到水中，争取捉贼立功。

李璮眼见就要当俘虏了，就一头扎到水里。还嘟嘟囔囔地说："你们想捉我，哼，我叫你们捉不到，我叫你们捉不到……"他想只一会儿，他就被水呛死了。他大口地吞咽着水……

可是他不仅不会用兵打仗，造反又估计错了形势。即使寻死，他也不是把好手。这年，一连几月雨少，济南这泉城也有不少泉口不喷涌了，大明湖水落下几尺，他吞了几口水后，没有淹死，一站，湖水仅及他的胸口。他大喊："天不助我，天不助我！"他想用剑自戕，可是他的佩剑在他杀了妻妾后，随手扔在房里了！

敌兵围上来，嘻嘻哈哈你争我夺，差点儿把他撕碎。后来一名小军官喝住大家，用绳索把李璮绑了，像拖湿淋淋的死狗似的把他给拖上岸来。

第十六章　李璮叛变　完善汉制

第十七章

稳定朝政　铲除异己

　　李璮叛乱犹如昙花一现，仅五个月便宣告结束。但留给忽必烈的震惊却久久不能使忽必烈释怀，甚至其中的两次余震比李璮叛乱本身更使忽必烈心惊。第一，王文统事件。王文统，字以道，益都人。对中国历代权谋深有研究。曾为李璮幕僚，并将女嫁李璮。忽必烈开平践位后，拔擢王文统为平章政事，从而成为忽必烈汗宫及蒙古帝国官僚系统的主要设计师。他曾亲率各路宣抚使，接受忽必烈的自提面命，为忽必烈建立文官系统立下汗马功劳。李璮叛乱后，忽必烈风闻王文统曾遣子王荛向李璮通风报信。于是召王文统诈问，王文统闪烁其词，企图苟全蚁命。恰好发现李璮给王文统的信中有"期甲子"（1264年）之语，忽必烈穷追不舍，逼问什么意思。王文统"错愕骇汗"，招认："李璮久蓄反心，约臣居中策应，臣意欲推其反期，故有是语。"

　　忽必烈异常震怒，锥心刺泪道："我将你从布衣提拔至宰相，委以重任，授以政柄，待你不薄，你为什么如此负恩寡义？"不待王文统巧言辩毕，忽必烈便伤心地命令推出斩首。处置完王文统后，忽必烈大玩手腕，将他曾经最信任的汉人幕僚窦默、姚枢、王鄂、子僧、张柔等召至跟前，拿出王文统与李璮的通信，递给幕僚们传阅，问："你们说应该判处王文统什么罪？"柔弱文臣皆回道："人臣谋反，当诛。"武将张柔高声喊道："宜剐！"忽必烈仍不满意，像教练员训练队员一样，命令道："你们一起说。"已有些颤栗的诸幕僚，异口同声高呼道："当死！"

　　忽必烈听完这摇尾乞怜般的回答，嘴角掠过一丝不易为人察觉的微笑，轻叹一声说："王文统已死于朕前了！"

　　忽必烈并未因此而高枕无忧，相反，他天性中的猜疑益加泛滥。叛将的同党同谋竟打入忽必烈的身边，并位列忽必烈的亲信之位，其危险之至不能不使忽必烈为之心惊胆战。接着，忽必烈追究王文统的来路，他必须弄清楚王文统是如何来到自己身边的。

曾经，包括现在仍被忽必烈委以重任的廉希宪、张易、商挺、赵良弼、子聪都举荐与推崇过王文统，自然被列为重点怀疑对象。恰好兴元同知费寅又上告廉希宪是王文统在西南地区的朋党，同时牵连到商挺、赵良弼，忽必烈大惊失色，急忙下逮捕令，关押审讯。经过细致核审，查明费寅原为诬告，商、赵得以无罪释放。

王文统案发后，忽必烈想，交相引荐的旧日汉人幕僚每一个人都有可能从民族本位的感情出发，互相勾结，朋比李、王，而欺骗自己。假如真的如此，局面将不可收拾。尽管已查明他们俱无反迹，但谁敢担保以后不会再出现第二个王文统？

汉人自古，似乎天生就会交结朋党，互相攀缘，党同伐异，互相攻讦。急功近利是早创朝廷所急需的，王文统"以言利而进为平章政事的"。但窦默、许衡儒流之辈却将迂腐之见与学术之争引入朝廷，声称"治乱休戚，必以义为本"。忽必烈刚刚即位，注重实效的王文统刚刚到位，窦默就傍倚王鹗、姚枢向忽必烈奏称："王文统此人学术不正，久居相位，必祸天下。"忽必烈强捺不满，问："那么，你说谁可以做宰相？"窦默推荐许衡，忽必烈拂袖而起，怒气冲冲，嫌恶似的走出汗帐。对许衡那一套长篇大论，浮而不实，不能给新政权带来一分银毫、一支箭矢的空洞言论，注重实惠的忽必烈早就领教过了。当前，忽必烈需要的是军饷粮草和战士去战胜阿里不哥，而不是空疏的儒家学术理论。但不知趣的窦默却"日于帝前排其（王文统）学术"。难怪忽必烈会拂袖而去了。

工于心计的王文统也不甘示弱，他恃宠奏请忽必烈升姚枢为太子太师，窦默为太子太傅，许衡为太子太保。这是一条毒计，明尊暗贬，实际上是要调离三人日侍忽必烈的职位。窦默因为屡屡攻讦王文统而为忽必烈不悦，他还识一点时机，与姚枢商量，避祸东宫，但耿直倔强到不怕死地步的许衡却坚守礼仪，大有拼命之势，坚辞不就。

被儒家学术流派与汉人党派之争搅得心烦意乱的忽必烈，实在搞不清楚门户之见是怎么莫名其妙附着于聪明的汉人身上的，最后只好改命

姚枢为大司农，窦默为翰林侍讲学士，许衡为国子监祭酒。不久，许衡负气辞职，称病还乡。

忽必烈能欣然接受汉人治人的高超手法，与一整套治理国家的官僚系统，还有不杀人的博爱思想，但对汉人间的互相倾轧，而且是因为无谓的思想意识间争辩不清小事，实在觉得可笑、可怜、可憎。对昔日竭力帮助自己的旧日幕僚，他不得不刮目相看了。

王文统的变节，使忽必烈对汉儒彻底失望。他震怒后的自省，便是对汉儒从人格上的怀疑，连自己最信任、屡次祖护的王文统都会出卖自己，那么，谁能保证哪个汉儒不会再次忘恩负义呢？

第二，史天泽擅杀事件。

李璮被擒后，审讯李璮的是汉人世侯军阀严忠嗣与史天泽。严忠嗣问："你为什么这样做？"李璮回答道："你和我已约好，到时候却又不来。"严忠嗣怒不可遏，提刀向李璮肋下刺去。史天泽问："你为什么不投降？忽必烈有什么地方亏待你？"李璮却反问道："你有文书约俺起兵，何故背盟？"史天泽对手下俘虏更为残暴，命人砍去李璮两臂、双足，剖胸挖肝，最后才割去首级。

接着史天泽以"宜即诛之，使安人心"为由，宣布处死李璮，并向忽必烈上请"擅杀"之罪。

尽管忽必烈不可能获悉李璮的追随者流亡南宋后追忆的那段擅杀李璮的细节，但忽必烈依然能够开动其聪明填满猜疑的大脑，捕捉史天泽超乎职权，迫不及待擅杀李璮的疑点，难道这真的不是一次杀人灭口吗？本来李璮是要上献的。

除了张邦直等汉人万户直接叛附，其他的汉人世侯与李璮也已查明有书信来往，难道他们仅仅是遥遥千里互相问安吗？

李璮叛乱的最根本原因就在于汉人世侯威权太重，地方军民权力集于一身，俨如春秋时期星罗棋布的国中之国，所不同的只在于其宗主除了蒙古大汗之外，还有一个南宋的汉人皇帝，可以凭阑眺望，眉目传情。而这种归宗认祖的潜意识一直不能从他们心底泯灭。请看李璮临死前填的一首《水龙吟》，也许能感受到点什么：

腰刀帕首从军，戍楼独倚阑凝眺，中原气象。狐居兔穴，暮烟残照。投笔书怀，枕戈待旦，陇西年少，叹光阴掣电，易生髀肉。不如易腔改调。

此变沧海成田，奈群生几番惊扰。干戈烂熳，无时休息，凭谁驱扫。眼底山河，胸中事业，一声长啸，太平时相将近也，稳稳百年燕赵。

当然忽必烈感受不到李璮抑或其他汉人世侯军阀内心的苍凉，但对这些拥兵自重、各霸一方的军阀们如果像逮捕文人商挺似的，穷加追究，势必引起兔死狐悲，群起自保的局面，忽必烈心中则早有预料。因此，忽必烈与汉人军阀间的关系一直很微妙。

对此，忽必烈十分谨慎、小心，唯恐因自己的不慎而引起连锁反应。他多次敕命在圣安寺作佛顶金轮会，在长春宫设金箓周天醮。给自己压惊、祈祷，稳定自己的暴躁情绪。并忐忑不安地对史天泽说："朕或乘怒欲有所诛杀，卿等宜迟留一二日，上奏后再行定夺。"从中，我们真切地感到忽必烈对自己的愤怒是多么缺乏自信！

但内不自安的不仅仅是忽必烈，史天泽等世侯也惴惴不宁，他们比忽必烈更能预见自己的危机四伏与根源所在。史天泽首先上书，替忽必烈排忧解难，声言："兵民之权，不可并于一门，行之，请自臣家始。"主动将十七位史氏子侄的兵权上交忽必烈。张柔、严忠嗣等世侯也纷纷效法，表忠求全。

忽必烈喜笑颜开，顺水推舟，巧妙利用有利形势，推行一系列环环相扣的加强汗权及中央集权的措施，堵塞叛乱之源。

其实，忽必烈即位伊始，郝经就提出"建监司以治诸侯"的建议，而忽必烈坚决设置十路宣抚司已带有收权中央的性质，李璮之叛一定程度也是"强干弱枝"政策的产物。李璮之叛正好又奉给忽必烈一个治愈失眠的药枕，取消世侯特权，建立地方基层政权自然便不再停滞于理论了。

第一，忽必烈下令实行军民分治，规定各路总管兼万户，止理民事，军政勿预，管民官理民事，管军官掌兵戎，不再兼任。

第二，削弱以致消灭世侯。规定各姓世侯军阀除一人仕官外，子弟官职例行解任。取消世侯封邑。易将，各世侯军阀互换万户或另派万户，兵归中央。进而又罢诸侯世守制，实行迁转法，即调官法，在世侯领地置牧守，重新确立中央集权政治。这一措施同时也符合汉地黎民及

上层地主的意愿，罢世侯后，领地上的黔首们对昔日主人视如陌路，甚至追咎怒骂，一如世侯的崛起，其衰落与走向墓地也同样是历史的必然。

第三，查禁民间兵器。下诏："诸路置局造军器，私造者处死；民间所有，不输官者，与私造同。"只要是超过一尺长的铁器，都必须上交，甚至连农民用的铁耙、叉等也不在豁免之列。对汉地汉民的防范达到细致入微的地步。

第四，在中央成立总理军事的机关枢密院。从此，枢密院成为蒙古帝国的军权中枢，它不受其他任何中央权力机关的限制，俨然而成一独立体系。忽必烈将枢密院直接置于自己控制之下，由皇太子真金任枢密院使，副使、金书枢密事等职也操纵于贵胄亲信之手，蒙古帝国乃至以后明显带有中原王朝性质的大元帝国，中央军权再与汉人无缘了。除四怯薛由忽必烈或派蒙古亲信大臣节制外，枢密院的权力大得惊人，"天下兵甲机密之务，凡宫禁宿卫、边庭军翼、征讨戍守，简阅差遣，举功转官，节制调度，无不由之。"汉儒幕僚如姚枢、子聪、许衡者流，世侯军阀如史天泽、李璮者流，非但没能拉扯忽必烈进入"以夏变夷"的佳境，反而助长了忽必烈庇佑草原诸王的决心，对他们来说，这些针对汉人而发，转而背倚蒙古军队和色目人的理财术，无疑是一股倒行逆施的恶流。尽管忽必烈在未来依然沿着加强汗权、君权，效法中原历代王朝强化中央集权，但忽必烈的感情，对汉人的猜忌，却再也不能从忽必烈受伤的心头上轻轻抹去了。

李璮叛乱后，忽必烈加强中央集权，已改变了其原意义的初衷，这时它已是建立在对汉人的猜忌甚至歧视的基础上了。

忽必烈是吃着汉人的精神食粮而摇身一变为蒙古大汗的，现在，他却突然感到汉食的变味，尽管他还必须逼着自己去超越自己，再度去俯拾汉法，去安定中原，促进生产与增加税收。但他从心理上却在防范自己过热的情绪，因为汉人的精明不仅仅在于公开的反抗，潜移默化地改变一个弯弓狩猎的草原游牧民族的生活方式将更危险。这一点，忽必烈有切身体验，他一方面清理了汉人世侯，慢慢疏远汉儒；另一方面在亲重蒙古勋贵的同时，悄悄培植能与汉人抗衡的第三势力。于是，来自西域的色目人如阿合马者登上忽必烈为他们铺就的政治舞台。实际上，李瓘叛乱刚起，一向为汉人官僚所鄙视的回回人便乘机向忽必烈进言：
"回回虽然常有盗钱攫物的勾当，但从不会像秀才们起而反逆啊！"也
许忽必烈就是接受了这样的蛊惑，开始驱策色目人为之敛财聚货，牵制
汉人的。

到 1265 年（至元二年），忽必烈正式提出了自己真实的施政思想，
他对自己施治的地区做出以下规定：以蒙古人充各路达鲁花赤；汉人充
总管；回回人充同知；永为定制。

这样的规定就将为本就高高在上的蒙古贵族奠定了基础，将他们置
于了渔翁的地位，而汉人官吏和色目官吏就好像渔人洒出的渔网中的鱼
与蚌，无论各方势力的斗争如何激烈，那最后的受益者永远是达鲁花
赤们。

蒙哥死后，蒙古帝国便展开了一场长达四年的汗位争夺战，黄金家
族的诸王为了能够夺得汗位，将成吉思汗花费一生的心血用武力筑建的
帝国篱笆撕开了整段整段的缺口。从每一个缺口中逸出的权利与财富对
于此时的忽必烈来说，都是一种灾难。尽管他已经用武力打败了阿里不
哥，他的大汗地位也即将被黄金家族公认，但当他转过头环视一下蒙古
帝国的篱笆，却不得不承认，这个篱笆的缺口太大了，要想将这个篱笆
重新修复，真的是亡羊补牢，为时已晚了。

成吉思汗建立蒙古帝国之后，他的四个儿子的兀鲁思我们在蒙古帝
国的地图上已经找到。不过后来的蒙古帝国，就像个篱笆一样，哪里需
要就被带到哪里，这样搬来搬去。在忽必烈致力于安定中原汉地的秩序
时，阿里不哥已经开始在政敌处寻找生路了。直到忽必烈得到可汗的地
位，他惊讶地发现蒙古帝国的地图已经被涂抹得面目全非。尽管忽必烈
本人也正在积极的绘制，但无论他是多么超群的绘制家，也难以修复其
原来的样子。

忽必烈与阿里不哥兵戎相见的第一个硕果是伊利汗国的诞生。

在忽必烈远袭大理，精耕细作北中国时，他的同母弟旭烈兀在波斯
也正忙于开疆拓土。经过成吉思汗和窝阔台的两次西征，蒙哥得以在波
斯的大部分领土上建立直属汗庭——当然必属黄金家族公共财产的阿姆
河等处行尚书省。1252 年蒙哥命令从诸王所属军队中签发十分之二交
付旭烈兀，进一步征讨尚未归附的波斯诸国。1256 年旭烈兀攻灭盘踞

玛拶答而（今伊朗马赞德兰省）诸山城的"木剌夷国"。1258年攻陷报达（伊拉克巴格达），灭黑衣大食（阿拉伯帝国阿拔斯朝）。1259年，旭烈兀分兵三路，侵入叙利亚。次年春，旭烈兀接到蒙哥死讯，留下大将怯的不花继续征进，自率其余蒙军退返波斯。当旭烈兀正拟东返故乡时，忽必烈与阿里不哥先后自立为汗的消息传来，旭烈兀决意观望，遂建帐波斯。

忽必烈与阿里不哥异口同声地宣称旭烈兀是自己的支持者，旭烈兀的身价于是成倍增长。胆大心细的忽必烈不惜再破陈规，以大汗名义将黄金家族的公共财产波斯地区划归旭烈兀，借此换得旭烈兀的支援。旭烈兀毫不客气，雷厉风行地自称伊利汗（意即大汗的属民），在东起阿姆河和印度河，西面包括小亚细亚大部分，南抵波斯湾、北至高加索的广大地区建立伊利汗国，建都蔑剌哈（今伊朗阿塞拜疆马腊格），任命各省长官。接着，旭烈兀遣使指责阿里不哥，并几度遣军东向，威胁支持阿里不哥的窝阔台后王海都。

伊利汗国像一笔交易就这样戏剧性地在忽必烈授意、旭烈兀的动手下绘制在蒙古帝国的新地图上。

忽必烈与阿里不哥不共戴天的第二个硕果是促成钦察汗国由半独立走向独立。尽管胜利者忽必烈收获到册封钦察汗即位的权利。钦察汗国奠基于术赤，成型于拔都，独立于别儿哥。术赤的离心倾向曾使父亲暴跳如雷，但术赤的次子拔都却全然不顾祖父的激愤，继续沿着离心的道路高歌猛进。由拔都统率的长子西征本是黄金家族的共同事业，但所征服的包括过去已铁骑所至的东起也儿的石河，西到斡罗思、南起巴乐喀什湖、里海、黑海，北到北极圈附近的辽阔区域，西征结束后都沦为拔都及其十三位兄弟的世袭领地。拔都在伏尔加河下游萨莱（今阿斯特拉罕附近）扎下牙帐，术赤系后王，拔都的十三位兄弟像群星拱月般地团聚在金帐周围，形成半独立的钦察汗国。

拔都帮助蒙哥登上汗位，在打击窝阔台、察合台两系势力的同时，乘机占据汗中地区。曾主持蒙哥即位仪式的别儿哥于1257年继拔都登上术赤兀鲁思的汗位。他名义上仍对蒙古大汗称藩，但他却不再履行黄金家族的义务，蒙哥南征时我们已很难寻找到术赤系后王的从征军队。到忽必烈与阿里不哥挑起战争时，对汗位别儿哥显得十分冷漠，他周旋于拖雷后王两兄弟之间，只唱调和宗亲的高调。尽管他似乎从感情上倾向于草原气息较浓的阿里不哥，并在所铸的货币上称阿里不哥为大汗，但他却不发一兵一卒去给疲惫不堪的阿里不哥以实质的帮助。

一如对待旭烈兀，阿里不哥宣称别儿哥同意自己为蒙古大汗，而忽必烈也向别儿哥派去急使，翘首以待别儿哥承认既成的事实。

阿里不哥归降忽必烈后，忽必烈向别儿哥派去急使，征询处置阿里不哥的意见并邀请他来参加忽里台。别儿哥圆滑地回话忽必烈："合罕、旭烈兀和全体宗亲们所作出的决定是正确的。我们也一定在牛年（1265年）出发，在虎年（1266年）走完全部路程，在兔年（1267年）出席忽里台。"

但实际上别儿哥没有时间分身，他正手忙脚乱于与旭烈兀和阿鲁忽的战事。

不管怎么说，别儿哥宁愿对忽必烈大汗致以口头上的尊重，但却不想在蒙古帝国地图上丢失哪怕是一小块草地。对钦察汗国的统御忽必烈只能保留一种象征性的权力。再也无力从术赤后王所属军队中抽调一兵一卒用于新的征服战争了。

忽必烈与阿里不哥逐鹿汗位的第三个硕果是促成察合台封地或兀鲁思的私有化，并逐步向独立汗国方向发展。

察合台的最初分地是从畏兀儿境地一直延伸到河中的草原地区，而中亚的河中农耕地区和城郭地带——中亚地区东起吐鲁番盆地，西至阿姆河，北达塔尔巴哈台山，南抵阿富汗——则是黄金家族的共同财产，由蒙古大汗直辖，大汗委任官员，所得收益由黄金家族成员共享。

窝阔台时，察合台特汗兄、诸王之长的身份，企图吞并城郭地区，遭到窝阔台的斥责。但随后，窝阔台将从畏兀人之地到阿姆河沿岸的诸城郭交付察合台管辖，但大汗仍派大臣驻镇中亚诸城。

蒙哥时期，在河中、讹答剌、畏兀儿地、忽炭、可失哈耳、毡的、花剌子模和今费尔干纳地区之间的辽阔地域设立别十八里等处行尚书省，直属汗庭。管理察合国封址的兀鲁忽乃仍留居在草原地带的城郭。这时，术赤后王势力已伸至河中地区。

忽必烈在开平一称汗，便着手控制原属汗庭的河中地区，这是中亚最富庶的地域。但他所派的察合台后王被阿里不哥擒获，阿里不哥则派

出阿鲁忽去主持察合台兀鲁思。阿鲁忽从兀鲁忽从妃子手中夺取汗权后，将别儿哥在撒麻耳干、不花剌和河中地区的守军全部杀死，接着便发生了我们已熟悉的阿鲁忽倒向忽必烈、阿里不哥向阿鲁忽开战并据有察合台驻帐地阿力麻里的事。

忽必烈为争得阿鲁忽的支持，故伎重演，以蒙古大汗的身份将东自按台山（阿尔泰山），西至阿姆河的土地委付给阿鲁忽，鼓励他去发展自己的势力。

阿鲁忽败于阿里不哥后避居忽炭（今新疆和田），收集失散的军队后，事业多振，并向别儿哥再度开战，洗劫了讹答剌。

阿里不哥向忽必烈缴械后，忽必烈对古老的忽里台仍心存幻想，遣使征询如何处置阿里不哥并同样邀请阿鲁忽。阿鲁忽最关心的是自己的利益，他对忽必烈的使者说道："我是未经大汗和兄长旭烈兀正式同意继承察合台之位的，现在全体宗宗们聚集在一起，正可判定我能否继位，我愿意前去参加忽里台。"

清扫了阿里不哥的势力之后，忽必烈力图直接控制原属汗廷管辖，蒙哥时所设的别失八里等行尚书省之地。于是，"忽必烈合罕命一支大军前往阿姆河岸，使一切居于这一地区的打算独立的宗王统统从交通线上撤走，这样合罕的使臣可以没有任何一点困难地往返于旭烈兀大王与大汗之间。"同时，阿里不哥所据的察合台封地的东部也被忽必烈接收。

在忽必烈将触须伸向中亚的同时，窝阔台后王海都也趁机向阿鲁忽开战，争夺地盘，并联合别儿哥，击败阿鲁忽，进据察合台的驻帐地阿力麻里。

中亚的地理位置重要到忽必烈、海都、别儿哥都垂涎三尺的地步。钦察汗倾心于汉中的富庶，而海都则想图谋霸业，从这里可直扑别失八里，穿河西走廊直接威胁忽必烈领地的腹心。忽必烈如果控制了阿力麻里等城郭，那么便可遏止西道诸王的东向，进而可对钦察、窝阔台、察合台兀鲁思发号施令，并便于和伊利汗国联系，形成东西相向的有利形势。因此，由于各系的插手，察合台领地便形成混战局面。

不幸的是，历史总是向忽必烈出难题，正当忽必烈致力于控制中亚的时候，体弱多病的阿鲁忽收娶了合剌旭烈的遗孀、体健貌美的兀鲁忽乃后竟染色身亡。曾经掌握察合台兀鲁思达十年之久的兀鲁忽乃雄心不减当年，将蒙古大汗忽必烈的尊严弃如敝履，擅立自己的儿子木八剌沙为察合台汗。

忽必烈为捍卫大汗的宗主权，并沿着控制中亚的战略思路向前挺进，急需寻找另一位代言人去代理察合台兀鲁思事务。效劳于忽必烈身边的察合台曾孙八剌察言观色，向忽必烈进言："木八剌沙凭什么继承我叔父阿鲁忽之位？如果大汗降旨让我继承我的叔父之位，今后我将效劳奉命于大汗。"于是，忽必烈便派八剌去协助管理察合台兀鲁思事务。

更不幸的是，忽必烈这种放虎归山的举动，收益到的只是被这只猛虎反咬一口，忽必烈强忍剧痛，噙泪吊唁着自己的失策。当然，这是后话。

忽必烈与阿里不哥自戕互残的第四个硕果是激发了窝阔台后王海都势力的崛起，并点燃起窝阔台系攫取大汗宝座的欲望。

海都是合失的儿子，而合失则是窝阔台的第五子。蒙哥曾使窝阔台系凋零不堪，当时年仅十几岁的海都被放逐在海押立（今哈萨克塔尔迪·库尔干尔）。海都人极聪明，聪明到狡诈奸猾的地步。他是一个天才的军事家和优秀的行政管理家，凡是接触过他的基督徒、旅行家，包括马可·波罗，全都对他赞不绝口。

在忽必烈与阿里不哥交战时，海都在自己的封地正训练着纯蒙古血统的骑兵，他对游牧祖先们弯弓射箭，纵马奔驰于草原的粗野生活方式极为眷恋，他以能保持祖先的传统而自豪。毫无疑问，他不欣赏忽必烈与征服地汉人的亲昵。他是阿里不哥情感上的支持者。忽必烈在整个汗位战争期间对大多数蒙古诸王都满面笑容，除了阿里不哥及为阿里不哥卖命的。在封赏诸王时，忽必烈照例没有忘记海都。阿里不哥势衰后，忽必烈向海都遣去急使，十分有礼貌地引诱海都："其他宗王全都到了开平，你们怎么迟迟不来呢？我衷心希望当面会晤，我们一起把一切事情都商议定好后，你们将获得各种恩典返回。"

海都曾捎口信给忽必烈，他要求依照成吉思汗的札撒，将黄金家族征服的汉地也分给他应该得到的那一份。忽必烈则要求他来参加忽里台。海都还记得蒙哥召开的忽里台。他无意自投罗网，遣使致歉道："我们的牲畜很瘦，等养肥之后，我们遵命前去。"但他的牲畜三年也没有养肥。

第十七章　稳定朝政　铲除异己

马可·波罗对我们说："海都对他的伯父——大汗心存疑忌，拒绝接受这个条件。他只表示愿意在自己的国家里，向大汗称臣纳贡，而不愿意到大汗的宫廷去，因为他害怕被处死。"的确，海都宁愿死在疆场，也不想死在忽必烈的智谋里。

海都在"马瘦"的三年里，依托海押立，倾心驯养战马和蒙古战士。很快，他便成为窝阔台系的领袖，并恢复了被分割成数块的窝阔台兀鲁思。其大致范围包括叶密立海流域，也儿的失河流域、阿尔泰山的一部分，其重要的首府有两个，一个是叶密立，一个是海押立。其正西为钦察汗国，偏西与南部则是察合台汗国。但海都不久即挥师南侵，并将行营迁至察合台的驻帐地阿力麻里。占据了原窝阔台封地全境与察合台封地一部分的海都迅速崛起，大有和成吉思汗媲美之势。

这时，他潜隐多年，发誓要从拖雷系夺回汗位的夙愿开始提上议事日程。

八剌到达察合台封地后，施展高超的阴谋诡计，废木八剌沙而自立。接着率军进攻海都，且初战告捷，但海都却请来自己原来的宿敌——钦察的蒙古大军，合兵反攻八剌，八剌不敌，退走河中。海都更加志得意满，此时，他已不需要以马疲的借口来敷衍忽必烈了。

忽必烈与阿里不哥大打出手的第五个硕果是揭开蒙古帝国全面内讧战争的序幕，从而使汹涌的向西征服浪潮停息。

因为忽必烈的抢班夺权，旭烈兀放松了对叙利亚的战争。大将怯的不花于是败在埃及军队的马蹄下，向西南非洲挺进的计划遂成泡影。因为追随旭烈兀西征的三个术赤后王一个因巫蛊罪被处死。另两个也莫名其妙地仙逝，再加上已改信伊斯兰教的别儿哥，以其初入教的狂热，对旭烈兀大肆蹂躏伊斯兰教圣地并虐杀哈里发而极为恼怒；同时他又垂涎伊利汗国的高加索地区，于是征发大军，气势汹汹扑向旭烈兀。旭烈兀也不甘示弱，亲统三十万大军迎击。在这种情况下，蒙古帝国再向西扩张已成纸上谈兵。西欧因此而得以长喘一口气。

1262年蒙古帝国东部忽必烈亲兄弟正鏖战得兵尘蔽日，帝国的西部旭烈兀、别儿哥两亲堂兄弟在汗国的篱笆墙边也已厮杀得难解难分。所不同的是东部的战争接近尾声时，而西部的内战还方兴未艾。

1265年，喜欢以各种各样方式杀人的旭烈兀病死。他是个基督教徒，这是受他母亲的影响之故，因此他求助于罗马的基督教会，企图组织十字军东征；别儿哥则向埃及的算端们伸出联盟之手，幻想夹攻旭烈兀。黄金家族本已激情四溢，现在又浇上燃烧的宗教之火，无以复加的结果只能是不因旭烈兀的死而结束形同对峙敌国的内战。

阿八哈继承旭烈兀遗志，再度与别儿哥展开激战，战斗的结果是别儿哥病死出征的途中。

此时，在钦察汗国、窝阔台封地、察合台封地的交界处也不清静。三方混战一番后，天生就具有领袖才能的海都预见到这种内耗无异于自杀，而他们的共同敌人应是忽必烈。在征得钦察新汗忙哥帖木儿的同意后，他向察合台汗国已濒于崩溃的八剌汗派去自己的兄弟乞卜察克（窝阔台孙）去约和，尽管八剌沉思良久，并自言自语道："真不知道在这种和平之后隐藏着什么战争。"但他还是决定接待乞卜察克，并噙着亲情的泪花向乞卜察克诉苦说："我们荣耀的父辈用剑征服了世界，并交给了我们。为什么我们不享受世间的幸福，而去内讧、争吵呢？我们家族中的其他宗王们都占有众多大城和繁荣的牧场，而我只有这一小块兀鲁思。海都与忙哥帖木儿还因这一小块分地反对我，要把我这个悲惨、窘迫、可怜的人赶走。"

乞卜察克完成了自己的使命，八剌同意握手言和。三系和好时刻，也就是拖雷系倒霉时刻。忽必烈总是被自己的人反咬一口，八剌势力刚能达到自立，他就开始驱逐忽必烈伸向中亚的势力。忽必烈派火你赤率六千骑兵去收复失地，而八剌则遣三万大军去迎击，火你赤有自知之明，含泪退兵，八剌洗劫并占据了忽炭。现在八剌又驱散了与另外两系的战争乌云，正式背叛忽必烈的时机已经成熟。对似乎已变种的忽必烈，海都没有丝毫好感。当海都感化了八剌并稳定了其情绪后，他携着免除后顾之忧的轻快感，1268年正式举兵东犯。

忽必烈命令自己的儿子那末罕去与海都对杀。马可·波罗，他为我们绘声绘色地讲述了忽必烈与海都间惊心动魄的最残酷的战争。即使连细节也没有漏过，他首先对蒙古人阵营前的礼貌表示惊奇，接着他便感觉到"呐喊声和兵器的撞击声，震天动地，即使上帝的雷声，也会被淹没得听不见"。随着他称赏海都刀法特别娴熟，舍生忘死、武功高强，战场上便开始伏尸累累，连这个冒险家也觉得惨不忍睹。最后，他万分

感叹地说："在这一天里，有多少妇女变成寡妇，又有多少儿童变成了孤儿。"

战后第二天，忽必烈派来一支更加强悍的军队，海都察觉风向不对，勒马撤退。忽必烈军既败之于别失八里，复又乘胜追击，长驱至海都的新巢阿力麻里。而海都则远遁两千多里，殊避兵锋。

这可能是忽必烈对西道诸王的最有力一击，也可能是他的军队到达中亚的最远地方。此后，那木罕就驻镇阿力麻里了。

阿力麻里位于察合台汗国的草原上，军事战略地位十分重要。它对海都及忙哥帖木儿的兀鲁思都构成了极大的威胁，一旦占领它，就拥有了对他们发号施令的能力。因此，这样的地理位置决定着忽必烈作为蒙古大汗，维护其权威达到顶峰的时刻到来了。如果忽必烈能够长期占领阿力麻里，那么中亚的历史必然会为忽必烈重写。然而，遗憾的是，历史告诉我们，他并不能够成为乘胜将军，他失败了。

第十八章

攻宋议和　南宋内乱

忽必烈虽然是一个伟大的军事家，在战场上是个威风十足的英雄，但战争的胜利并不能填补忽必烈精神上的空虚，忽必烈内心的失落就像袅袅的炊烟，慢慢地升腾起来，让他感到更加遗憾与不安。在1263—1264年间，在蒙古帝国的内战中，阿鲁忽、旭烈兀、别儿哥相继离世，在1267年的时候，蒙古贵族齐聚开平或者和林的忽里台，但因为蒙古贵族人员的去世，忽里台的聚会自然也像一缕青烟似的化为乌有。忽必烈是一个纯正的蒙古贵族人，忽里台的神圣在他的内心深处已经根深蒂固，所以在他亲手毁了忽里台之后，又不断地幻想着某一天能够重塑。古老的制度让忽必烈感到不安甚至愤怒，但他一旦将这些制度摧毁，同时再以胜利者的心情去追忆它的时候，却又感觉到了它曾经焕发出的魅力，于是便开始了缅怀与向往，这就让忽必烈的内心感觉无限矛盾。

黄金家族内部的自相残杀，使忽必烈这位大汗、宗主也同样将数年岁月消磨在这种历史怪圈中。与其说他这位大汗还能统御黄金家族众多的后王，还不如说他和诸王一道沉醉在对共同祖先光辉业绩的回忆与崇敬中。

忽必烈的忽里台没能如愿召开，但除拖雷系外，其他三系的忽里台却开展得有声有色。

1269年春，三系后王欢宴于塔剌恩河畔的草原上，经过一星期的酩酊大醉，第八天海都首先讲话："我们荣耀的祖先成吉思汗以其明智审慎，用剑和箭征服了世界，筹划好后交给了我们。按照父军，我们都是至亲，其他宗王也是我们的兄弟，我们之间为什么有不利和纷争呢？"八剌接着发言："是啊，须知我也是那棵树上结出的果实。窝阔台的后人是海都，察合台的后人是我，他们的兄弟术赤的后人是忙哥帖木儿，

而幼弟拖雷的后人是忽必烈和阿八哈。如今忽必烈夺得了东方汉地，其境土之广大，只有长生天知道。阿八哈及其兄弟们占有了西方从阿姆河直到叙利亚和密昔儿的辽阔土地。这两个兀鲁思之间则是海都你的辖境和钦察巴失地区。作为成吉思汗的后人，也应该给我指定兀鲁思，而如今你们都反对我。我想了又想，不管想了多少次，都想不通我有什么错。"海都说："是你有理。就这样决定吧，我们将夏营地和冬营地公平划分，迁居到草原。河中地区三分之二归八剌你所有，三分之一则归我和忙哥帖木儿管辖。"

宣誓完三系后王保持蒙古传统的游牧风俗和习惯后，会议最后决定：明年（1270年）春天由八剌率军，海都支援渡阿姆河，攻取伊利汗阿八哈的呼罗珊，为八剌扩大牧场、土地和畜群。

但他们没有忘记派出一个气势汹汹的使团去厉声质问忽必烈："蒙古旧络，与汉法迥异。如今你留居汉地，建造都邑城郭，创设汉文制度，遵从汉法、究竟是为什么？"

"塔剌恩忽里台收益最大的是海都"。以大会所衍生的战争后果我们将确信这句话不是一时糊涂的胡言乱语。

海都与伊利河阿八哈原是宿敌，海都怂恿并支持八剌向阿姆河以西发展，既可泄愤，又能解除对自己的压力。

1270年，八剌遵约集结大军，渡阿姆河向呼罗珊疾进。海都也践行诺言，派窝阔台孙乞卜察克、贵由孙察八忒翰忽勒率军从征。但海都只是装装门面而已。还没有开战，八剌因为袒护他的仆人扬言用匕首扎破乞卜察克肚子的不礼貌举动，乞卜察克愤而率窝阔台系援军返回海都营帐地。八剌恼羞成怒，对你沙不儿进行了屠杀和掠夺。他穷凶极恶的军队，粗鲁、放肆，令呼罗珊居民害怕。阿八哈采取诱敌深入的诡计，让八剌洗劫了只涅平原上布荡的帐幕。但第二天，八剌即由高兴变为烦恼，因为他看到了无垠的原野上阿八哈的军队像蝗虫般扑来，结果可想而知，他惨败而逃回阿姆河东部。惊慌、哀号的八剌以致衰弱得不能骑马，退至不花剌。

八剌聚拢溃兵，对临阵叛逃者大开杀戒，并邀请海都发兵征讨叛军。海都正欲乘势剪除八剌，这消息不啻天降喜讯，亲率大军，突然包围八剌营帐。八剌含恨而死。海都将八剌的全部牲畜、军队与财产据为己有。海都势力急剧膨胀。

自 1270 年，海都不仅是窝阔台系留在其兀鲁思后王的领袖，而且他已身为察合台兀鲁思实际的主人。事实上，他已成为中亚的真正合罕。对忽必烈来说这是一个预示着灾难的事实。

塔剌恩忽里台对蒙古帝国的影响其意义之深远，也许不亚于忽必烈的开平忽里台，但最起码它不逊色于阿里不哥的和林忽里台。当忽必烈突然感到西部压力减轻时，八剌正率军西向，但这种不正常的现象，不久便得到验证，海都已成长为巨人。忽必烈站在大汗的高位上，环视一下蒙古部国，他悲哀地发现：钦察与伊利已成独立汗国，察合台与窝阔台的兀鲁思已属海都，自从阿鲁忽、八剌将自己的势力从河中地区驱走，中亚已不再直辖于自己。自己能发号施令的只有蒙古及东道诸王领地、汉地、畏兀儿地附近，吐蕃和大理，显得七零八碎，犹如老和尚的百衲衣。

如果说蒙哥曾使蒙古帝国濒于崩溃，那么，忽必烈已使蒙古帝国的分裂转变成事实了，尽管它还名义上保留着大汗的形式与帝国的躯壳。

忽必烈挑起的内战使蒙古绵延长达四十多年的对西征服停息，而停息的结果却改变了欧亚大陆东部的历史。忽必烈无力组织起由黄金家族诸系参加的征服欧洲的恢宏战争，但他却有能力组织起对中国南部及东南亚，甚至对日本的征服战争，对中亚的无力控制迫使忽必烈强烈的征服欲也只能向东、南宣泄，中国的命运为之一改。

1259 年，忽必烈率领东路军攻打南宋鄂州，贾似道十分恐慌，密遣宋京出使蒙古向忽必烈求和，主动提出愿意向蒙古称臣，以长江为界，每年向蒙古贡银二十万两，绢二十万匹。忽必烈这时已知蒙哥死亡，正想北返争夺汗位，求之不得，遂答应了贾似道的请求，率兵北返了。

中统元年（1260 年）三月，忽必烈在开平即大汗之位。这时，忽必烈为了和阿里不哥争夺大汗之位，愿意与宋和好，于是按照惯例，派遣以翰林侍读学士郝经为大使、翰林待制何源和礼部郎中刘人杰为副使的使团，出使南宋报告忽必烈即位的消息，并要求南宋履行与贾似道签订的和议。

谁知贾似道所签和议全是背着朝廷干的，事后，他隐瞒了暗中求和

的真相，编造了鄂州大捷的瞎话，说他所遣诸路大军均获胜利，"鄂围始解，江汉肃清。宗社危而复安，实万世无疆之休"。宋理宗认为贾似道有再造之功，下诏晋升贾似道为少师，封为卫国公，大肆褒奖。

当郝经使宋时，贾似道正让廖莹中等人编撰《福华编》，以称颂其"解鄂州围"之大功。他听说郝经等人前来，害怕自己暗中向忽必烈求和及谎报军情的真相暴露，便密令淮东制置司将郝经一行人员扣押在真州（今江苏仪征）忠勇军营，蒙古大使顿时成了阶下之囚。

郝经无故被扣，不知所以，遂援笔上书宋朝皇帝，"愿附鲁连之义，排难解纷；岂知唐俭之徒，款兵误国"。表明愿为蒙古和南宋和好做出贡献。贾似道置之不理。郝经以为南宋皇帝不愿和好将他扣押，又数次上书皇帝说："不知贵朝何故接纳其使，拘于边郡，蔽幂蒙覆，不使进退，一室之内，颠连宛转，不睹天日，绵历数年。"希望宋朝皇帝以应忽必烈美意，"讲信修睦，计要元"，"使南北之人免遭杀戮之祸"。郝经所上宋帝之书，毫无疑问，均被贾似道所扣押。郝经见其多次上书，杳无音信，又提出亲见宋帝之请求，也不过是听不到回声的"希望之音"而已。

贾似道见郝经上书，才华横溢，又以其为汉人大儒，便想劝他投降，为己所用。然而，贾似道错打了算盘，郝经不畏威逼利诱，大义凛然，坚贞不屈。贾似道没有办法，只好下令把他押回去看管，不让消息透露出去。

郝经欲归归不得，欲见宋朝皇帝又见不得，多数随员受尽了虐待和折磨，相继死去。他多么想把自己的境况报告给忽必烈啊！但又没有办法。只好艰苦地熬时度日。

一天，有人送给他一只大雁，经过请示，允许他养着解闷。据说，这只大雁见到郝经，不断拍打着翅膀，高叫不停，好像有什么事情要诉说一样。郝经见状，若有所悟，顿时想起了汉代"苏武牧羊"以鸿雁传书的传说，心想，我如今进不得，退不得，什么消息也传不出去，何不让这只大雁给忽必烈汗送个消息，让历史上的传说变成现实呢？郝经想到这里，立刻找出一条尺余长短的布帛，铺在一块木板上，写下了一首流传千古的诗句：

霜落风高恣所如，
归期回首是春初。
上林天子援弓缴，
穷海累臣有帛书。

郝经题完诗以后，在诗下写了"中统十五年九月一日放雁，获者勿杀"几个字，后面落款为"国信大使郝经书于真州忠勇军营新馆"。由于郝经长期被囚，只知道忽必烈即位时的中统纪年，不知道后来已经改为至元纪年了，所以诗后题写的时间仍是按中统元年计算的中统十五年，实际上是至元十一年（1274年）。郝经写好帛书之后，就把帛书拴在雁足上，乘雁阵北飞之际，把大雁放飞了。说来也巧，就在这一年，河南开封有位老百姓"射雁金明池"，就把这只大雁射下来了，这位老百姓看到了雁足上的帛书，不知所以，赶忙把大雁和帛书交给朝廷，当帛书传到忽必烈手中时，忽必烈非常感慨，他既同情郝经的遭遇，又痛恨南宋的无理，更为这只大雁感到惊奇。

忽必烈从帛书中知道了郝经的真正下落，掌握了贾似道破坏和议的真凭实据，立即派遣礼部尚书廉希贤及郝经的弟弟行枢密院都事郝庸赴宋责问蒙古使者无故被执一事。宋廷方知贾似道暗订和约及谎报军情等事情真相，他们面对元使诘责，理屈词穷，又惧怕元朝的强大武力，立即答应释放郝经等一行使人回国，并派其总管段佑以礼相送。

至元十二年（1275年），郝经一行回到了阔别十五六年的大都（今北京），忽必烈设盛宴欢迎。但由于十五六年的囚徒生活和旅途的劳累，郝经已经耗尽了体力，身体日益衰弱，竟至卧床不起，不久就离开了人世。

忽必烈听说郝经逝世，非常惋惜。

中统元年（1260年）四月，忽必烈派遣郝经使宋，要求南宋履行划江为界，贡献银绢二十万匹的协议。忽必烈兴冲冲、眼睁睁地等着南宋送来银绢。可事隔一年，不但南宋没有送来银绢，就连郝经的消息也打听不到了。忽必烈大为恼怒，中统二年（1261年）七月，谕将士举兵伐宋，特下诏曰："朕即位之后，深以戢兵为念，故年前遣使于宋，以通和好。宋人不务远图，伺我小隙，反启边衅，东剽西掠，曾无宁

日。朕今春还宫，诸大臣皆以举兵南伐为请，朕重以两国生灵之故，犹待信使还归，庶有悛心，以成和议，留而不至者，今又半载矣。往来之礼遽绝，侵扰之暴不已。彼尝以衣冠礼乐之国自居，理当如是乎？曲直之分，灼然可见。今遣王道贞往谕。卿等当整尔士卒，砺尔戈矛，矫尔弓矢，约会诸将，秋高马肥，水陆分道而进，以为问罪之举。尚赖宗庙社稷之灵，其克有勋。卿等当宣布朕心，明谕将士，各当自勉，毋替朕命。"忽必烈在诏书中揭露了南宋随意羁留使者的罪行，表示不灭亡南宋誓不罢休。

然而，忽必烈毕竟是一位杰出的政治家，恼怒之余，他又想起了郝经在蒙哥三路大军攻宋时所说的"不合时宜"的话，理智战胜了冲动，心情慢慢平静下来，决定暂不大举攻宋。

忽必烈暂不大举攻宋，确实是明智之举。因为，这时的蒙古形势和蒙哥攻宋时比较起来，不见其好，只见其坏。其时，忽必烈即位只有一年多，政权还没有完全巩固下来，阿里不哥争夺汗位的斗争正在激烈地进行，接着又发生了汉人世侯李璮的叛乱，内政的整顿刚刚起步，经济的恢复和发展还没有完全进入轨道，可以说当时的形势是，内乱迭起，百废待兴。在这样一种形势下，忽必烈哪有精力攻宋呢？经过一番思索，忽必烈决定，对宋朝无理扣留使者暂时忍耐，而把主要精力用于平定内乱和整顿内政上。

于是，忽必烈亲率大军镇压阿里不哥和李璮叛乱。与此同时，忽必烈又设官分职，大力稳定各地秩序。很快，忽必烈统治区域相继稳定下来，经济发展也走了正常轨道。

就在忽必烈平定内乱、稳定秩序、发展经济，国力蒸蒸日上的形势下，南宋不但没有抓住机遇，重新振兴，相反倒进一步腐败下去了。南宋理宗是一位十分昏庸的皇帝，他是在奸臣史弥远在宁宗枢前发动政变时登上皇帝宝座的，他深知史弥远把他扶上皇帝宝座就是为了专擅朝政，因此，他把一切大权都交给史弥远，自己甘当傀儡，直到绍定六年（1233 年）史弥远病死，他才"亲政"。理宗"亲政"以后，曾一度任用董槐为相，但不久就被丁大全、马天骥和他的爱妃阎贵妃所排挤。三人狼狈为奸，控制朝政，胡作非为。当时有人在朝门上写了"阎马丁当，国势将亡"八个大字，充分反映了人们对丁大全一伙奸党的痛恨。

开庆元年（1259 年）十月，丁大全因封锁蒙古攻宋的消息而被罢相，贾似道开始控制南宋政权。

贾似道的姐姐是理宗早年宠爱的贵妃，他靠着贾贵妃的关系，步步高升，在丁大全被罢时升任右丞相，领兵援鄂州，与忽必烈私自订立城下之盟。事后隐瞒真相，谎称大捷，更加不可一世。

理宗晚年，贾似道置国事于不顾，以自己的好恶，定策立赵禥为帝，赵禥就是宋度宗。宋度宗更加昏庸，他因为贾似道有定策之功，每逢朝拜，必定答拜，称贾似道为"师臣"，而不直称其名。百官都称他为"周公"。宋度宗允许贾似道三日一朝，后又改为六日一朝，不久又改为十日一朝，允许入朝不拜。贾似道虽然不天天来上朝，但国中大事非他决断不可，各级官吏只好抱着文书到他家里请求指示签署。就是到了他家，也懒得亲自动手，大小朝政，全交给馆客廖莹中、堂吏翁庆龙处理。贾似道处理政事，全无公理，一切都按自己的私意行事，"正人端士，斥罢殆尽。吏争纳赂求美职，图为师阃、监司、郡守者，贡献不可胜计，一时贪风大肆"。谁若是善于阿谀逢迎，即可得到高官厚禄。谁要是不会溜须拍马、正直为公，必将受到排挤和迫害。潼川府路安抚使刘整等武将，就是因为贾似道嫉功妒能，先后被排挤出南宋，投降了蒙古。文天祥、李芾等正直的士大夫也受到了排斥和打击。朝廷之中只剩下贾似道一伙蝇营狗苟的无耻之徒。

贾似道不但把朝廷搞得贿赂公行，腐败成风，个人生活也相当腐朽。他成天只知吃喝玩乐，在临安（今杭州）西湖边的葛岭上，修造豪华堂室，题作"半闲堂"，塑己像于其中，强娶宫女叶氏及倡尼有美色者为妾，养妓女多人，"日肆淫乐"，又建"多宝阁"，强迫人们贡献各种奇器异宝，藏于其中，每天前去观赏。听说"余玠有玉带，求之，已殉葬矣，发其冢取之"。他还整天玩蟋蟀，斗蟋蟀，专门著述《蟋蟀经》描述他养蟋蟀、斗蟋蟀的经验。他夜游西湖，船上点的灯烛最为明亮，人们在高处望见湖中灯火与平日不同，就可以断定是贾似道游湖。

贾似道等人的腐朽生活，完全建立在千百万人民的痛苦之上。他为了满足自己的奢侈生活和解决政府的财政亏空，推行所谓的"公田法"，名义上规定每户田地超过一定数量，就要将三分之一卖给官府作为"公田"，官府相应付给田价。实际上是低价强取，所付田价以纸币

"会子"及"官告"、"度牒"充当,在"楮币不通,物价倍长"的形势下,犹如废纸。弄得人们妻离子散,家破人亡。

贾似道还随意横征暴敛,除了加重正税"两税"的税收以外,还巧立名目,尽情勒索,什么经制钱、总制钱、月桩钱、版帐钱、田契钱、称提钱、折估钱、免行钱、曲引钱、纳醋钱、卖纸钱、户长甲帖钱、保正牌限钱、折纳牛皮牛筋牛角钱等名目,应有尽有。就是诉讼也要交钱,两诉不胜还要交罚钱,诉讼得胜要交欢喜钱等,敲骨吸髓,不留有余。

黄震曾总结南宋后期几个特点,说当时有四大弊端,"曰民穷、曰兵弱、曰财匮、曰士大夫无耻"。王伯大指出当时的形势说:"今天下之大势如江河之决,日趋日下而不可挽。"吴潜也说:当时"国库空虚,州县罄竭","耕夫无一勺之食,织妇无一缕之丝,生民熬熬,海内汹汹。天下之势譬如以漓胶腐纸粘破坏之器,而置之几案,稍触之,则应手随地而碎耳"。贾似道把已经腐烂的宋朝社会弄得更加腐败不堪了。

忽必烈在战胜阿里不哥、平定李璮叛乱,稳定了内部局势以后,听说南宋贾似道当权,怨声载道,觉得灭宋的时机已经成熟,于是不失时机地发动了灭宋战争。

中统二年(1261年),南宋潼川府路安抚使、知泸州军州事刘整因为受到吕文德忌恨,被吕文德所遣爪牙俞兴诬陷为贪污边费,刘整遣使上诉于朝,贾似道不予接待。刘整见贾似道杀向士璧、曹世雄等将领,危不自保,遂率所属泸州十五郡、户三十万投降于忽必烈。忽必烈听说刘整来降,非常高兴,授任他为夔府行省,兼安抚使,赐金虎符。又授任他行中书省于成都、潼川两路。

刘整投降蒙古,不但使南宋失去了重庆上游的险要、涣散了南宋斗志,而且使忽必烈了解了南宋的内部矛盾和军事虚实,鼓舞了蒙古人的士气。

刘整认为南宋唯恃吕文德坚守鄂州,建议"遣使赂以玉带。求置榷场于襄阳城外以图之",做好攻宋准备。忽必烈采纳了刘整的建议,派人带着玉带请于吕文德。吕文德接受贿赂,果然答应了蒙古的请求。于是,蒙古"开榷场于樊城,筑土墙于鹿门山,外通互市,内筑堡壁",进可攻,退可守,使蒙古占据进攻南宋的有利地势。

至元四年(1267年),刘整入朝,向忽必烈献策说:"自古帝王,非四海一家，不为正统。圣朝有天下十七八，何置一隅不问，而自弃正统邪！"他说，如今"宋主弱臣悖，立国一隅，今天启混一之机"，建议忽必烈灭宋时应该改变作战方略，暂置鄂州不问，"先攻襄阳"，并表示愿为蒙古灭宋"效犬马之劳"。

忽必烈正想举兵灭宋，听了刘整的话，又使他想起了即位之初郭侃所建的平宋之策，郭侃曾说："宋据东南，以吴越为家，其要地，则荆襄而已。今日之计，当先取襄阳，既克襄阳，彼扬、庐诸城，弹丸地耳，置之勿顾，而直趋临安，疾雷不及掩耳，江淮、巴蜀不攻自平。"当时由于忙于同阿里不哥作战，没有实行其策。今日刘整所言，与郭侃不谋而合。忽必烈非常高兴，立即批准了刘整的请求。

襄阳（今湖北襄阳）处于汉水中游的南岸地区，与北岸的樊城隔水相对，是南宋扼守长江地区的屏障。所以要想攻夺下南宋政权，必须要先攻取襄樊，然后再从汉水进入长江地区，最后再夺取南宋政权，不得不说这确实是一个不错的灭宋战略。

到了至元五年（1268 年）的时候，忽必烈命阿术（大将兀良台之子）和刘整等人率领着蒙古军队对襄樊地区呈包围形势。第二年，忽必烈又派丞相史天泽前往进行规划调整，作为战争的总指挥，势必要夺下襄樊地区。

襄阳的位置在汉水南岸的一个河湾里，东、北、东南的三面都临水，与北岸的樊城隔河相对，上面架有浮桥连接着两岸。南宋派出的驻守襄樊的大将是吕文焕等人，他们凭借着有利的地形和坚固的城防，顽强地与蒙古大军的进攻做抵抗。

阿术与刘整久攻襄阳，都没有取得胜利，这才发觉蒙古大军在水上作战远不如宋军，刘整便与阿术商议，应该取长补短，造战船，让蒙古大军训练水战，这样或许能够供夺襄樊地区。于是，两人修书请示朝廷，当即获得忽必烈批准。两人同心协力，很快造出战船五千艘，训练了七万水军，强行攻城。但襄樊两城互相支援，蒙古军队仍然攻不下来。阿术与刘整又采取筑堡封锁的办法，筑起长围，联络诸堡，把一座襄阳城围得铁桶一般，水泄不通，致使城内供饷困难，缺少盐、柴、布匹等物，甚至出现撤屋为薪、缝纸为衣的窘况，襄樊城陷入了极端难堪的境地。可腐朽的宋度宗和贾似道仍然终日淫乐，无心救援。

沿江制置使夏贵不等朝廷命令，乘秋季大雨、汉水猛涨之机，率领舟师前往襄樊救援，当军队行至虎尾洲时，被阿术所率蒙古军打败。范文虎也曾率领部分舟师来援，但行至灌子滩也被阿术所败。

驻扎郢州（今湖北钟祥）的宋将李庭芝见襄樊危急，心焦如焚，请求朝廷出兵救援，没有结果，只好出重赏招募三千民兵，由张顺、张贵率领，强行突破蒙古军队封锁，去襄阳运送物资。至元八年（1271年），张顺、张贵率领舟师转战一百二十里，冲破蒙古军队拦截，冒险杀入襄阳城中，及至清点人数，不见张顺。过了数日，江上浮出张顺尸体，身中四枪六箭，手中仍死死抓着弓箭不放。张贵进入襄阳以后，派人潜回郢州，与郢将约定派兵龙尾洲接应。至期，张贵率军突围，接近龙尾洲，郢军已撤，龙尾洲已为蒙古军队所据。宋军仓促应战，大败，张贵重伤被俘而死。李庭芝援救襄樊的活动也以失败而告终。蒙古军队虽然多次打败宋朝援军，但襄樊城还是攻不下来，阿术心中十分烦恼。这时，军中走出一名大将，阿术抬头一看，见是张弘范。他是金朝大将、后来投降蒙古的汉人世侯张柔的儿子，自幼熟读兵书，学习武艺。长大以后经常跟从蒙古军征伐。他见蒙古军队多年进攻襄樊仍然攻不下来，自己又在攻城时中了一箭，觉得如此攻法，难于攻破，于是包扎好箭疮，来见阿术，建议道："襄樊多年不下，主要是两城相为唇齿，可以互相救援，故不可破。为今之计，莫若阻截江道，切断襄阳和樊城间的联络，使两城各自变成孤城，然后水陆夹攻樊城，樊城必破无异。樊城一破，襄阳也就保不住了。"

阿术正在犯愁，一听此话，大喜过望，立即依计而行，派兵锯断两城间所植之木，放火烧毁了两城间的浮桥，彻底切断了襄樊二城之间的交通。

至元十年（1273年）正月，阿术又调来炮匠阿里海牙及其所造的大炮，集中力量轰击樊城，樊城失去襄阳援助，招架不住，终于被蒙古军队攻破了。宋朝守将范天顺力战不屈，自杀而死。统制牛富率领将士巷战，渴饮血水，坚持战斗，终因众寡悬殊，受伤后投火而死。

樊城失陷，襄阳更加孤立，在阿里海牙大炮的轰击下，城内一片慌乱，吕文焕无心恋战，开城投降。阿术和刘整遣使飞报胜利消息，忽必烈非常高兴，下诏嘉奖众将士。

宋军死守了五六年的襄樊城，终于落入蒙古军队之手。从此，宋朝长江上游的门户大开，宋军再也无法阻挡蒙古军队的前进了。

四月，阿里海牙带着降将吕文焕入朝，将相大臣纷纷要求乘胜南伐。忽必烈也有意南伐，但为了把事情办得稳妥一些，特召姚枢、许衡和徒单公履等人问计，徒单公履说："乘破竹之势，席卷三吴，此其时矣。"忽必烈十分赞赏，于是，成立了荆湖襄阳和淮西正阳两个行枢密院，以史天泽、合丹等人为枢密使，做大举攻宋的准备。至元十一年（1274年）正月，阿里海牙又向忽必烈建议说："襄阳，昔用武之地也，今天助顺而克之，宜乘胜顺流长驱，宋可必平。"阿术也说："臣久在行间，备见宋兵弱于往昔，失今不取，时不再来。"忽必烈立即召来史天泽同议发兵大事，史天泽说："此国大事，可命重臣一人如安童、伯颜，都督诸军，则四海混同，可计日而待矣。臣老矣，如副将者，犹足为之。"忽必烈听了这话，说："伯颜可以任吾此事。"阿术和阿里海牙都表示赞同。

伯颜曾跟从旭烈兀西征，并在那里任事十余年，后来作为旭烈兀使团成员，从伊利汗国来到元朝，被忽必烈看中，留在自己身边，成为忽必烈的亲近大臣。忽必烈准备最后灭宋，首先想到伯颜，准备把最后灭宋的大任交给他。

至元十一年（1274年）三月，忽必烈为了加强灭宋的统一领导，将荆湖和淮西两个行枢密院改为两个行中书省，以伯颜、史天泽、阿术、阿里海牙和吕文焕行省荆湖，以合答、刘整、塔出、董文炳行省淮西。后来，史天泽向忽必烈建议说："今大师方兴，荆湖、淮西各置行省，势位既不相下，号令必不能一，后当败事。"忽必烈采纳了史天泽的意见，为了号令统一，又把淮西行中书省改为行枢密院，把灭宋大权集中到伯颜手中。

忽必烈做好攻宋准备以后，六月，下令大举攻宋，他诏谕行中书省及蒙古汉军万户军士说：

"爰自太祖皇帝以来，与宋使介交通。宪宗之世，朕以藩职奉命南伐，彼贾似道复遣宋京诣我，请罢兵息民。朕即位之后，追忆是言，命郝经等奉书往聘，盖为生灵计也，而乃执之，以致师出连年，死伤相藉，系累相属，皆彼宋自祸其民也。襄阳既降之后，冀宋悔祸，或起令图，而乃执迷，罔有悛心，所以问罪之师，有不能已者。今遣汝等，水陆并进，布告遐迩，使咸知之。无辜之民，初无预焉，将士毋得妄加杀掠。有去逆效顺，别立奇功者，验等第迁赏。其或固拒不从及逆敌者，俘戮何疑。"

忽必烈又抓住宋朝拘留使者之过，鼓励将士奋勇杀敌。一时军情激奋，个个摩拳擦掌，发誓要灭亡宋朝。

忽必烈发布诏谕以后，伯颜前来辞行，忽必烈语重心长地对伯颜说："昔曹彬以不嗜杀平江南，汝其体朕心，为吾曹彬可也。"从前，忽必烈率军平大理时，姚枢劝他以曹彬为榜样，不嗜杀人，忽必烈深以为然。如今，忽必烈也以曹彬灭南唐市不易肆的故事，劝伯颜不嗜杀人，足见忽必烈已经有了仁民爱物之心。

九月，伯颜督率诸军，兵分两路大举灭宋，伯颜本人与阿术统领右军主力，以南宋降将吕文焕为先锋，由襄阳入汉水，过长江。左军由合答统领，以南宋降将刘整为先锋，出淮西取道扬州而进。又令董文炳率领一路大军自淮西正阳南逼安庆，以为呼应。各路大军都受伯颜节制。伯颜一声令下，元军个个奋勇争先，对南宋发起了最后的攻势。

这时，宋度宗已病死，贾似道拥立全后的幼子赵㬎即位，是为宋恭帝。南宋的总兵力约有七十余万，从军队数量上来说，不少于元军。但贾似道当权，政治腐败，军队分崩离析，没有战斗力。正如南宋京湖制置使汪立信所说，"今天下之势十去八九，而君臣宴安不以为虞"，整天"酣歌深宫，啸傲湖山，玩岁愒日，缓急倒施"，要想打退元军进攻，"不亦难乎！"他心中非常焦急，向贾似道献上三项抗元的策略，上策是在全部七十万大军之中，选出英勇善战者五十余万充实江上，沿江百里设屯，"屯有守将，十屯为府，府有总督，其尤要害处，辄参倍其兵。无事则泛舟长淮，往来游徼，有事则东西齐奋，战守并用。刁斗相闻，馈饷不绝，互相应援，以为联络之固"。中策是"久拘聘使，无益于我，徒使敌得以为辞，请礼而归之，许输岁币以缓师期，不二三年，边遽稍休，藩垣稍固，生兵日增，可战可守"。下策则是等候投降。汪立信的分析不为不确，所献上策和中策不失为妙法良策，然而，贾似道不但不予采纳，反而以汪立信眼睛不好，大骂"瞎贼狂言敢尔"，立即罢了汪立信的官。贾似道拒谏饰非，弄得人心惶惶，朝野一片混乱。不久，在南宋首都临安（今杭州）等地就流传出一首"江南若破，百雁来过”的歌谣，以“百雁”为“伯颜”的谐音，暗示元朝丞相伯颜所率大军即将灭亡南宋了。

伯颜率领右路主力会师襄阳，派遣唆都由枣阳进司空山，翟文彬由老鸦山出荆南，以分散宋军对汉水流域的防守，伯颜本人统帅中军沿汉水直逼郢州（今湖北钟祥）。

郢州在汉水北岸，以石砌城，高如大山，矢石也打不进去。宋军又在汉水南岸修筑一座新郢城，在江中央插了很多木桩，拦截船只的往来。宋军还用铁绳把数十条战船连接起来，配以强弩，挡住元军的进路。南宋大将张世杰率领十余万精兵和一千多艘战船守卫在这里。离郢州不远的黄家湾堡也有宋军防守。伯颜见状，不敢贸然进攻。他派遣吕文焕观察了郢州宋军的防御设施，发现黄家湾堡西边的沟渠。深阔数丈，南通藤湖，可达汉江。阿术所俘获的老百姓也提供了这一线索。于是，伯颜派名将李庭、刘国杰攻下黄家湾堡，由藤湖入汉江。当时。许多将领向伯颜说：“郢城，我之喉襟，不取，恐为后患。”伯颜说：“用兵缓急，我则知之。攻城，下策也，大军之出，岂为此一城哉。”坚持绕过郢州，渡过了汉水。结果，驻在郢州的宋军沉不住气了，在副都统赵文义率领下，出城追击元军，伯颜闻讯，亲率大军回返，将宋军杀得大败。

伯颜通过郢州，顺流破沙洋、新城，来到汉口，当时，南宋淮西制置使夏贵、都统高文明等以战船万艘阻拦元军的进攻。南宋都统王达以重兵驻守阳逻堡。阳逻堡是南宋江防要塞，历来是兵家必争之地，阳逻堡若失，江防要城鄂州必不可保。伯颜摆出进攻汉口的架势以吸引宋军，然后由沙芜入长江，全力进攻阳逻堡。宋军坚守，奋勇抵抗。伯颜攻了三天，也没有攻下来。有位相士对伯颜说：“天道南行，金木相犯，若二星交过，则江可渡。”伯颜不相信相士的胡言乱语，派阿术率三千骑兵夜袭长江南岸，以为捣虚之计，然后南北夹攻，大败宋军，夏贵仅率少数战船逃走。鄂州知州张晏然、都统程鹏飞听说阳逻堡失守，心惊胆战，以城投降。

占领鄂州以后，伯颜分兵留阿里海牙经略荆湖，自领水陆大军，以吕文焕为前锋，顺流而东。宋朝沿江诸帅多为吕文焕旧部，皆不战而降。至元十二年（1275年）正月，伯颜与董文炳等会师于安庆，二月，进入池州（今安徽贵池）。

第十八章　攻宋议和　南宋内乱

第十九章
大举攻宋　一统天下

　　鄂州等地相继失守，南宋朝野震动，群臣纷纷上疏，要求贾似道亲自出兵抗元。贾似道被迫无奈，只好勉强出兵。但他畏元如虎，没有出战，就故伎重演，又派遣宋京使元，企图用奉币称臣的办法，再次同蒙古议和，被伯颜严词拒绝。没有办法，贾似道只好装腔作势，布置起军队来。他令泰州观察使孙虎臣以精兵七万驻在池州附近的丁家洲，令淮西制置使夏贵以战船两千五百艘停在长江拦阻元军，自己则带一部分军队驻在芜湖以南的鲁港。明令建立都督府，号称雄兵百万。表面上威力十足，实际上宋军内部矛盾重重。夏贵因在阳逻堡被元军打败，害怕别的将领打胜仗治他的罪，又担心孙虎臣抢功，所以没有斗志。而元军乘胜而来，士气旺盛。伯颜令元军造大船十余艘，船上放满干柴，扬言要烧宋人战船，以威吓宋军，然后率军猛攻丁家洲。阿术和孙虎臣对阵激战，用炮火猛轰宋军，宋军顿时大乱。战未多时，宋朝大将夏贵先逃，贾似道仓皇失措，急忙鸣金收兵，元军乘势冲杀过去，宋朝十三万大军顷刻溃散，主力全部瓦解。

　　元军乘胜追击，三月，攻下建康（今江苏南京）。伯颜以行中书省驻建康，阿塔海、董文炳以行枢密院驻于镇江，巩固了长江防线，为元军最后灭宋奠定了基础。

　　伯颜在建康，有人告诉他宋朝大臣汪立信曾向贾似道献过上、中、下三策，如今自杀而死。伯颜听后，非常惊讶地说：“宋有是人，有是言哉！使果用，我安得至此。”宋朝不是没有人才，而是以贾似道为首的统治集团太腐朽了。

　　伯颜率军打响灭宋战役以后，忽必烈一直关心战事的发展，当他听到前线不断传来捷报，心情无比激动和喜悦，仍然像往常一样，对战事的发展不断做出布置和指示。但他由于未能亲入宋境，不知道宋朝腐朽的速度会那么快，以为宋朝还有一定势力，再加上西北诸王在北边不断骚扰，忽必烈对伯颜进军如此神速有些担心，曾几次以"士卒不习水土，遣使令缓师"，"以北边未靖"，命令"勿轻入敌境"等。至元十二年（1275 年）五月，将伯颜从南方前线召回上都（今内蒙古正蓝旗东闪电河北岸），特意商议是否继续进攻南宋的问题。

伯颜攻宋，连连获胜，正欲率军直取临安，忽接回都命令，遂打马飞行，很快赶回上都。这时，西北诸王海都等人乘元军攻宋之机，对忽必烈发动了新的攻势，忽必烈有意暂时停止攻宋，令伯颜北上平定海都叛乱。伯颜向忽必烈详细汇报了攻宋情况，并说，宋朝现在十分腐朽，正是灭宋的大好时机，建议继续进兵，一举灭宋。忽必烈听了伯颜的话，对宋廷的腐朽有了新的了解，当即批准了伯颜的请求，令其领兵迅速攻克临安，灭亡宋朝。同时，为了不让西北诸王占到便宜，忽必烈又令右丞相安童行中书省、枢密院事，辅佐皇子那木罕率大军北征海都。

诸事安排妥当以后，南北两支大军同时向对手发动了进攻。

伯颜昼夜兼程，迅速赶回建康。十一月，伯颜从建康、镇江一线分兵三路直攻临安。以行省参政阿剌罕等为右军，从建康出四安攻余杭县西北的独松关；以董文炳、张弘范等为左军，自江阴取海道经澉浦、华亭攻入临安；伯颜与行省右丞阿塔海为中军，从建康出发经常州进攻临安。一声令下，三路大军水陆并进，气势汹汹地杀向临安。

这时，临安城内，慌作一团。贾似道因为丁家洲战役不战而逃，以及鄂州城下私订和约和扣留郝经等事暴露，群情激愤，被贬往循州，途中被押送人员郑虎臣杀死。贾似道虽然被杀，但他把宋朝搞得混乱不堪，流毒甚广，已经无法挽回了。朝中大小官员，听说元军三路来攻，纷纷离职逃走；外地守臣，也纷纷丢印弃城而去。辅佐幼帝的谢太后急得像热锅上的蚂蚁，急忙写了一张诏令，贴到朝堂上，全文曰：

"我国家三百年，待士大夫不薄。吾与嗣君，遭家多难，尔小大臣不能出一策以救时艰，内则畔（叛）官离次，外则委印弃城，避难偷生，尚何人为？亦何以见先帝于地下乎？天命未改，国法尚存。凡在官守者，尚书省即与转一资，负国逃者，御史觉察以闻。"

虽然谢太后苦苦哀求，既有对未逃者晋升一级的奖赏，又有对逃者进行惩罚的恫吓，仍然无济于事，弃官而逃者不见其少，日见其多。

这期间，谢太后知道形势危急，没有办法，只好下了一道哀痛诏，令各地赶快起兵勤王。谢太后在这道哀痛诏里，承认"田里有愁叹之声，而莫之省忧；介胄有饥寒之色，而莫之抚慰"。要求"文经武纬之臣，忠肝义胆之士"大起义兵，来挽救垂死的宋王朝，并答应将来"不吝爵赏"，重重酬报。

诏书发到各地，那些平时"食宋君之禄"的大小官员和将领连理都不理，只想逃跑或投降元朝，去食新主子的俸禄了。只有赣州（今江西赣州）知州文天祥和郢州守将张世杰率兵入卫临安。文天祥是吉州庐陵（今江西吉安）人，宝祐四年（1256年）考中状元，后被任为赣州知州。他接到谢太后勤王诏书，不顾一切，拿出家财招募一支军队星夜赶往临安保卫王室，却遭到宰相陈宜中的拒绝，派他到平江（今江苏苏州）去做知府，又让他去守余杭附近的独松关，然而，还未等文天祥去上任，两地均已失守，陈宜中只好同意文天祥去临安。这时，宋朝大势已去，无可挽回。

陈宜中和谢太后没有办法，只好派出使者向忽必烈摇尾乞怜，请求退兵修好，表示可以称侄纳币，称侄不许，可以称侄孙，最后愿意称臣，求封为小国。然而，事到如今，再摇尾乞怜也没有用，毫无疑问，每次都遭到了拒绝。不过，伯颜受忽必烈之命，并不拒绝宋使前来谈判，他怕把宋人逼急了，宋人或战或逃，使临安的公私财富在战火混乱中焚毁散失，因此，利用宋人委曲求全的心理，假意谈判，缓缓进兵。

和议不成，文天祥主张让谢太后、全太后（宋度宗后）、恭帝入海，留下自己背城一战。陈宜中不许，但又拿不出任何办法，后来干脆撒手不管，逃到温州去了。

伯颜三路大军进展顺利，至元十三年（1276年）年初会师临安。谢、全两太后手足无措，只好任命文天祥为右丞相兼枢密使，派他去元营谈判。文天祥到达元营，不顾伯颜的威胁利诱，始终坚持先撤军后谈判的立场。伯颜见文天祥临危不惧，知为难得人才，遂打破元军从不扣留使者的惯例，将其拘留营中，意欲使其投降。

文天祥被留，谢太后、全太后、宋恭帝无可奈何，只好捧着传国玺和降表向伯颜投降。伯颜接受降表，入临安巡视，观潮于浙江，而后驻于湖州。接着，伯颜在临安设立两浙大都督府，命忙兀台、范文虎管令大都督府事宜。又命张惠、阿剌罕、董文炳等人入城点核仓廪及军民钱谷簿册，收缴百官诰命官印等。又命人收取御用器物、符玺、宫中图籍和珍宝等。

　　董文炳等人入城之后，将南宋的职官全部罢免，解散了南宋的军队，封存南宋政府的国库，收集了所有的礼乐器皿及图籍等。又向翰林学士李槃提出了续写历史的建议。于是文官们便开始收集宋史及诸注纪多达五千余册，将所有的文献资料都完好地保存起来，送到了国史院，这样就将宋朝的大量典籍都保存了下来，为后来修撰《宋史》奠定了良好的基础。

　　由于伯颜牢记着忽必烈出征前"以曹彬为榜样，不嗜杀人"的教诲，因此入城之后便"奉扬宽大，抚戢吏民"的政策，这就致使宋朝都城内风平浪静，形成了"宋民不知易主"，"九衢之市肆不移，一代之繁华如故"的情形。当临安市民得知易主的消息后，感恩与蒙古帝国的宽大政策，并没有过多地反抗，人民很快便又安定下来。

　　至元十三年（1276 年）三月，伯颜留下董文炳、阿剌罕等人在浙闽未下州郡进行管理，命令阿塔海等人进入宋宫，向恭帝赵㬎及两房太后宣旨下诏，免除了他们系颈牵羊的礼节，跟随着大军北上。五月的时候宋恭帝等人便到达了上都，忽必烈亲自召见，将原宋帝的封号废除，重新封为瀛国公。

　　元军能够如此迅速地攻占南宋的首都临安，最主要的原因就是忽必烈精细的战争策略，以及他运筹帷幄、不失时机发动进攻的结果；忽必烈本身就是一个善于用人、能够虚心听取别人建议的人，这样就使忽必烈在整顿内政、发展经济，如何确保前线物资、宗族的问题上得到了更多人的帮助，这就使得忽必烈在攻打南宋的战争中取得了胜利。当然忽必烈改变了蒙古人入侵汉地后的政策，安抚百姓、不嗜杀人让他得到了更多汉人的支持，再加上南宋政权本就腐朽到无可救药的地步，所有的这一切都为忽必烈的胜利奠定了基础。

　　就在伯颜进围临安、宋恭帝准备投降之际，宋度宗之子益王赵昰、卫王赵昺等从临安出走，经婺州抵达温州，张世杰和陆秀夫等人后来也越城逃走，听说二王在温州，赶来相会，并辗转来到福州。

　　文天祥出使元营被扣留，元人押解北上，行至镇江，文天祥与随从人员设法逃出，历尽艰险，也来到福州，与张世杰、陆秀夫等人共同拥立年仅九岁的赵昰即位，是为宋端宗。然后传檄远近，号召恢复，在江南西路、福建路和广南东路一带继续坚持抗元斗争。

　　至元十三年（1276 年）十月，忽必烈命塔出、吕师夔等以江西行都元帅府兵自江西进入广东，阿剌罕、董文炳、唆都以行省兵出浙东进入福建，分道追击张世杰等。十一月，张世杰等人奉帝昰逃走泉州，结果，提举泉州市舶司官员蒲寿庚也投降了元朝，张世杰、陆秀夫只好护卫帝逃往潮州。这时，西北诸王海都等人的叛乱不但没有解决，相反，忽必烈派遣平叛的宗王蒙哥之子昔里吉等人又发动了叛乱，劫持皇子那木罕和丞相安童，分送至术赤后王忙哥帖木儿和海都处，并回师攻掠和林。形势顿时紧张起来。忽必烈统观全局，明确认识到当时的主要危险来自北方，遂将平南大军陆续抽调北上，江南新附之地，守备顿时空虚。文天祥抓住这一有利时机，积极进行恢复活动。文天祥从镇江逃脱，来到福州以后，"使吕武招豪杰于江淮，杜浒募兵于温州"，很快又组织了一支抗元武装，转战于赣南、闽西、粤东一带，乘元朝大军北调之机，联络各路豪杰，相继收复梅州、广州、湖州、邵武、兴化等地，曾取得"雩都大捷"，攻克兴国，赣州所属各县全部恢复，元军只守住了赣州一城。吉州所属八县地也恢复了四县。各地闻讯，纷纷起兵响应，赣南、粤东的形势出现了转机。从伯颜攻宋以来，元军到处如入无人之境，少数地方和少数军队虽曾进行过抵抗，给元军以严重打击。但范围多限于一城一地，性质也仅限于消极防守，从来没有进行过积极的反攻。文天祥这次大规模的军事恢复活动，在抗元斗争史上是少见的，不但鼓舞了各地抗元斗争的士气，也震动了元朝统治者。

　　消息传到上都，忽必烈十分震惊。他本以为宋都失陷，其余各地可随手而拾，哪知又杀出来个文天祥，一时把元军打得落花流水。对于文天祥的胆识和勇气，忽必烈既佩服又愤怒。佩服的是，在首都陷落、皇帝被掳、大小官员纷纷投降的形势下，文天祥还能组织一支不小的军队，"驱群羊而搏猛虎"，坚持抗元斗争，这在腐朽的宋王朝当中，简直是个奇迹。愤怒的是，忽必烈这时正忙于平定西北诸王的叛乱，弄得焦头烂额，偏偏在这个时候，文天祥把他的江南部署打乱了。

然而，忽必烈毕竟是一位杰出的政治家和军事家，他在形势极度复杂的情况下，仍然镇定自若，统观全局，进行新的部署。他仍然将主力放在北方，令伯颜、阿术等率军北征海都、昔里吉等人的叛乱，同时，加强了南方的军事部署，特设江西行省，以塔出、麦术丁、彻里帖木儿、张荣实、李恒、也的迷失、失里门、程鹏飞、蒲寿庚等人行江西行中书省事，分水陆两路进攻闽广。后来，又命张弘范、李恒为蒙古汉军都元帅，水陆并进，扫荡残宋势力。又命塔出、吕师夔、贾居贞行中书省事于赣州，兼辖江西、福建、广州诸道，既要保证当地的稳定，又要保证前线的后勤供应。

　　忽必烈部署已定，各支大军遵命而行。

　　这时，小皇帝赵昰在元军的追击下，东躲西藏，受尽了惊吓，一时得病死了。张世杰、陆秀夫等人又立八岁的赵昺为帝，然后逃到崖山（今广东新会海中），坚持抗元。

　　在元军的进击下，文天祥连连失败，就连自己的妻子欧阳夫人、女儿柳小娘等也落入元军手中。至元十五年（1278年）十二月，文天祥撤出潮阳，转移海丰，准备进入南岭山中，结营固守。行至海丰以北的五坡岭时，文天祥估计元军一时追不上来，便停下来埋锅做饭。哪知陈懿投降了元军，为其担任向导，带领轻装骑兵，兼程追袭，很快就追到了五坡岭。

　　这时，文天祥和幕僚们正在岭上吃饭，毫无准备，仓促应战，很快就败下阵来，文天祥等人全都成了元军的俘虏。

　　当文天祥被押至张弘范面前时，张弘范劝他投降。文天祥严词拒绝。张弘范没有办法，只好把文天祥押在军中，与李恒合兵进攻南宋的最后据点崖山。当文天祥随军经过珠江口外的零丁洋（今广东中山南）时，想起当年在赣水惶恐滩应诏起兵勤王的情景，感慨万千，面对零丁洋，抱定必死的决心，写下了悲壮的千古绝唱《过零丁洋》诗：

　　　　辛苦遭逢起一经，干戈寥落四周星。
　　　　山河破碎风飘絮，身世浮沉雨打萍。
　　　　惶恐滩头说惶恐，零丁洋里叹零丁。
　　　　人生自古谁无死，留取丹心照汗青。

忽必烈传

　　至元十六年（1279 年）二月，张弘范率军到达崖山，要求文天祥写信劝张世杰投降，文天祥说："吾不能扞父母，乃教人叛父母，可乎？"坚决不答应。后来，张弘范强迫文天祥写信劝降，文天祥大义凛然，写出他的《过零丁洋》诗作为回答。

　　张弘范看着没有办法，只好下令军中，向崖山猛攻。

　　张世杰把一千条大船结成一字阵，阵中的船与外面的船用绳索连接起来，四周加筑楼栅战栅，看上去像城墙一般。

　　张弘范见宋军把大船连在一起，便用轻舟满载茅草，浇上油，乘着风势，点上火，向宋军的船队漂去，希望收到赤壁火烧战船的功效。哪知张世杰早有准备，在战船上涂了厚厚的一层泥，使火不容易烧着。船上又备有长杆，一见火船逼近，便伸出长杆，顶住来船。张弘范的火船到了宋军船队面前，近不得前，只好停在那里，白白地烧掉了。

　　张弘范见火攻失败，遂调来大炮，利用炮石、火箭作掩护，南北夹击，突破了宋朝水军阵角，跳上宋船。与宋军短兵相接。宋军虽然顽强抵抗，怎奈寡不敌众，哪里招架得住，眼看全军就要覆灭，陆秀夫抱起年仅九岁的小皇帝赵昺投海而死。张世杰力战突围而出，后遇风涛覆舟而死。南宋彻底灭亡。

　　张弘范攻破崖山，非常高兴，于军中置酒大会，大肆庆祝。席间，张弘范对文天祥说："国亡，丞相忠孝尽矣，能改心以事宋者事皇上，将不失为宰相也。"文天祥丝毫不为所动，回答道："国亡不能救，为人臣者死有余罪，况敢逃其死而二其心乎。"请求以死报国。张弘范又说，先生意欲留取丹心照汗青，今"国亡矣，即死，谁复书之"。文天祥回答说："商亡，而夷齐不食周粟，亦自尽其心耳，岂论书与不书。"张弘范见文天祥死不投降，没有办法，只好遣使请示忽必烈如何处理。

　　元军攻占临安，宋人纷纷投降，忽必烈曾经召见宋朝降将，问道："汝等降何容易？"那些降将回答道："贾似道专国，每优礼文士而轻武臣。臣等久积不平，故望风送款。"忽必烈听了这话，觉得这些降将没有骨气，心里一阵恶心，轻蔑地说："似道实轻尔曹，特似道一人之过，汝主何负焉。正如尔言，则似道轻尔也固宜。"忽必烈本想在南人中选拔一些才能之士，帮助他治理国家，结果在他所见到的降人当中，尽是些无耻之徒，他以为南宋不会有像样的人才了，大失所望。

就在忽必烈为南宋人才匮乏而愁叹、惋惜之际，张弘范所遣使者来到大都，向他报告了文天祥誓死不投降的情况，忽必烈听说南宋还有这样的人才，惊讶不已，"既壮其节，又惜其才"，令张弘范将文天祥护送京师，不准随意杀死。忽必烈决心劝降文天祥，以其为用。

至元十六年（1279年）十月，文天祥被押到大都，忽必烈吩咐大臣，想方设法劝降。于是，劝降使者一个个接踵而至。降元的留梦炎、王积翁先后来劝，文天祥痛骂叛徒，严词拒绝。忽必烈又派宋恭帝赵㬎劝降，文天祥见宋朝皇帝亲来，立即跪到地上，痛哭流涕，连连说："圣驾请回"，别的什么也不讲。伯颜手下的大将唆都也来劝降说："丞相在大宋为状元宰相，今为大元宰相无疑。丞相常说国存与存，国亡与亡，这是男子心。天子一统，做大元宰相，是甚次第。国亡与亡四个字休道。"仍然想用高官厚禄来劝诱文天祥投降，文天祥丝毫不为所动。

多次劝降不成，丞相孛罗亲自出马，文天祥说："自古有兴有废，帝王将相灭亡诛戮，何代无之，尽忠于宋，所以至此。今日不过死耳，有何言。"孛罗问："自古常有宰相以宗庙城郭与人，又遁逃去者否？"文天祥回答说："为宰相而奉国以与人者，卖国之臣也。卖国者必不去，去者必非卖国之臣。"孛罗又问："汝立二王，竟成何事？"文天祥回答说："立君以存宗社，臣子之责，若夫成功，则天也。"孛罗又说："既知其不可，何必为？"文天祥说："父母有疾，虽不可为，无不用医药之理，不用医药者，非人子也。天祥今日至此，惟有死，不再多言。"孛罗气得发疯，只好禀告忽必烈。忽必烈更加重视其气节，下令将文天祥关押起来，想用时间消磨他的意志。

后来，元军把文天祥的妻子欧阳夫人和两个女儿都押到大都，表示，只要文天祥一屈膝，家人立可团聚。文天祥确实想念妻子儿女，但他更重气节，宁可不见亲人，也不屈膝。

忽必烈听说文天祥誓死不屈，更加重视其骨气和为人，更想引为己用，于是亲自召见文天祥说："汝以事宋者事我，即以汝为中书宰相。"文天祥回答说："天祥为宋状元宰相，宋亡，惟可死，不可生。"忽必烈又说："汝不为宰相，则为枢密。"文天祥说："一死之外，无可为者。"

第十九章 大举攻宋 一统天下

忽必烈亲自劝降不成，仍然不想杀害，有意释放，可谓爱才切切，这在古代帝王之中，实在少有。

就在这时，有位僧人说："土星犯帝坐，疑有变。"中山地区又有人自称"宋主"，有兵千人，扬言"欲取文丞相"。大都亦有匿名书，"言某日烧蓑城苇，率两翼兵为乱，丞相可无忧者"。元人怀疑丞相即指文天祥，他们害怕释放文天祥以后，文天祥"复号召江南"，因此，建议处死文天祥。忽必烈虽然觉得有些可惜，但考虑到元朝江山的稳固，还是含泪下达了杀死文天祥的命令。

至元十九年十二月九日（1283 年 1 月 9 日）文天祥在大都柴市（今北京东四大街府学胡同；一说在宣武门外菜市口）从容就义，当时他只有四十七岁。

忽必烈灭亡南宋，摆酒庆贺，论功行赏，那个高兴劲儿，用语言是没有办法形容的。

是的，忽必烈灭亡南宋，建立了历史上任何一个朝代都不能比拟的大统王朝，他怎能不高兴呢？

中国自唐朝末年以来就进入了五代十国的纷争时期，战乱频繁，人心惶惶，苦不堪言。后来出现了宋太祖和宋太宗两位英主，南征北讨，终于统一了中原和南方，但北方仍有辽、西夏政权的并立，西方和西南方又有未能直接管辖的吐蕃和大理等。到了南宋时期，虽然金人兴起，灭了辽朝，但这种民族政权对立的格局并没有打破。成吉思汗兴起于蒙古草原，虽然灭掉了西辽和西夏，但未能灭掉金和南宋，仍然带着深深的遗憾离开了人世。窝阔台继承了成吉思汗的遗志，终于灭掉了他们以前认为天上人统治的金王朝，但对于历史悠久的南宋王朝仍是无能为力。只是到了忽必烈时期，才迅速灭掉了吐蕃、大理和南宋王朝，真正实现了全国的大统一。这个大统一，比起人们啧啧称赞的汉唐王朝来，有过之而无不及。汉朝的统一，可谓大矣，但北方的匈奴、东北的挹娄等地区，他无论如何也没有办法直接控制。唐朝的统一虽然有所发展，然北方的突厥、契丹和蒙古等民族的向心力还差一截。只有到了忽必烈的统一，这些地区才和内地一样，浑然成为一个整体，再也没有办法分割了。基本上保证了我国元明清以来的大统一，再也没有出现分裂割据的现象。《元史·地理志序》说忽必烈统一南宋以后的领土是"北逾阴山，西极流沙，东尽辽左，南越海表"。大体上与清朝乾隆全盛时期的疆域相等，奠定了我国统一的多民族国家的疆域基础，功不可没。

汉人最愿意讲正统，认为只有汉人建立的政权才是正统王朝，少数民族建立的政权不是正统王朝，是僭越。忽必烈有时也觉得少数民族总是受汉人直接或间接管辖，有些自卑。后来，蒙古的铁骑踏碎了汉人的河山以后，他又有些洋洋自得了，以为汉人也不过是那么回事，也不见得比自己高明多少。特别是契丹和女真人进入中原以后，他们开始改变汉人的正统观念，提出了谁入中原谁就是正统的思想。忽必烈觉得这种正统思想很适合自己，因而也拿来作为对付汉人的武器。

在这种思想指导下，忽必烈以为，不应该总由汉人来管我们少数民族，其实，少数民族中的杰出人物出来管汉人也不是不应该的。有了这种思想，忽必烈不再自卑了，不但为其一统天下而高兴，也觉得心安理得了。

有时，忽必烈也想，不管你汉人怎么认为，自己总以为大统一还是比分裂好。大统一的局面，可以为人们提供一个比较安定的生产和生活环境，有利于经济的发展，也有利于南北经济文化的交流。首先，对我们蒙古族等少数民族来说，要获取我们喜爱的丝绸、瓷器和粮食等，就十分方便了。其次，对他们汉人来说，也不是一点好处也没有，他们要想得到我们少数民族的牛羊肉、皮革制品、弓箭、马鞍等，不也是非常方便吗？在大统一的条件下，各族都把自己的优秀产品拿来交换，不但可以互通有无，还可以推广先进技术，对发展经济和文化只有好处，没有坏处。当然，忽必烈进行武力统一，并不是想给各族人民办多少好事，而是为了自己更多地索取。但客观上确实起到了促进经济发展和南北经济文化交流的作用。

忽必烈一统天下，对于国内民族融合也起到了促进作用。随着蒙古大军南下，一大批蒙古人和色目人涌入内地，他们有的因为当官而择地卜居，有的因为镇戍而定居营家，有的则因为经商、侨寓、罪徙或充工匠、奴仆等而随处与汉人混杂而居。在天下一统的形势下，也有一大批汉人来到边疆少数民族地区。各族人民都杂居在一起，还提倡蒙汉之间通婚，在长时间的相处中互相学习，互相了解和帮助，不仅增进了两族人民之间的感情，也促进了民族文化的逐步融合。早先进入中原的契丹

人、渤海人和女真人，此时的生活生产方式已经与汉族没有太大区别了，而且还有不少人都改称了汉姓，所以人们大多把他们视为汉人。特别是一批信奉伊斯兰教的中亚、波斯和阿拉伯人也来到我国定居，与本国的维吾尔人、汉人互相通婚，他们学习汉族的语言和文字，遵循汉人的生活方式，逐步形成了一个新的民族，回族，为中华民族这个大家庭增添了新的血液，做出了更多的贡献。

所以说忽必烈统一全国，虽然在蒙汉两族之间发动了无数战争，但客观上，他起到的作用要大于带来的伤害。

忽必烈的个人生活十分节俭，从来不铺张浪费，这样的优良品质或许是由于草原财物匮乏，因此游牧民族在生活方面都很节俭的缘故。当忽必烈介绍到蒙古的习俗时，他告诉大家在蒙古人的意识里，他认为浪费是一大罪孽，蒙古人刷碗一般是用肉汤，洗完之后仍将汤倒回锅内，下一顿接着再喝。骨头也是一样，在吸尽骨髓之前，绝不会将骨头抛给狗。

王恽介绍忽必烈时说："临御以来，躬行俭素，思复淳风，如轻纨衣而贵绌缯，去金饰而朴鞍履。"至于衣服等装饰华贵的东西，一切禁止。王恽的话应该是可信的，他追随忽必烈多年，曾担任御史台的第一任监察御史。

忽必烈的节俭有时候也表现在他对亲人的严格要求上。一次，他的儿子真金有病，忽必烈前去看望，发现铺的竟是织金卧褥。忽必烈十分生气，责备他亲自选定的儿媳妇阔阔真："我总认为你贤淑，为什么这么奢华呢？"阔阔真赶忙跪下分辩道："平时不敢用，只是太子病了，恐有湿气，才铺了它。"说完，马上撤下。另有一次，他最宠爱的皇后察必从太府监支取缯帛表里各一，忽必烈批评妻子："这是军需品，是属于国库的，不是私人的，你怎能随意支取？"因此，察必以后非常勤俭，常常亲率宫人利用旧弓弦缉绌成衣，将废置的羊臑皮缝成地毯。

最为有趣的是忽必烈在大都的新宫中，从草原移种了一片思俭草，常常自警、警人。教育子孙要勤俭为家持国，不要忘了祖宗创业的艰难，更不要背离祖宗的淳朴作风。

这种几乎天真的做法也许令人们掩口偷笑，一方面豪奢无度，另一方面又节俭到吝啬的程度。这就是忽必烈的矛盾性格。

读历史常常使人感慨万千。中国的繁华似乎总给人以过眼烟云般的感觉。杜牧笔下秦始皇的阿房宫，其壮观那么震撼人心，项羽一把火烧掉了，咸阳城人数不清死了多少，而天宝年间，世界的大都会长安经过安史之乱与唐末的战火，凋敝得令人不堪忍受，重读唐诗中的繁华犹如剜心般的疼痛。宋代士大夫的乐园，八方辐辏、万商云集的汴京，经过靖康之难，其富庶蒸腾，也荡然无存。燕京，金国的首都，成吉思汗将它变成了杀人的战场。1213年，在居庸关外，"杀的人如烂木般堆着。"到忽必烈进入燕京时，燕京的破败犹如古城墙外的鬼市，但见"野花迷辇路，落叶满宫沟"，已无复旧观。

烧了再建、毁了重修，中国的黎民将精力都用在了重建家园上。每一次改朝换代都将是京城的劫难之时，从没有人敢居于亡国者的豪华宫殿里。

具有讽刺意味的是，蒙古人屠了城后，却又不得不由其后人重建并寻找百姓。历史将忽必烈推到这矛盾的涡流，而忽必烈只好以矛盾的态度去处置。营建开平与重筑燕京便充分揭示了忽必烈的矛盾心理。

为了给自己找一个栖身的高枝，忽必烈曾煞费苦心。

第二十章

营建开平　两派相争

　　营建开平时忽必烈还没有做大汗。忽必烈的人生重大转变，基本上都是在开平完成的。开平北枕龙岗，南濒滦水，四山拱卫，地处一片水草丰美的草地上。当时在联络和林与燕京上，起到了极其重要的作用。但作为都城却显得底气不足，一为新筑之城，百姓无几，二为一块草地也供养不了急剧增加的各色人等。此外随着统治重心的南移，开平也有许多不便之处。

　　和林始建于窝阔台，完成于蒙哥。十分有趣，他们二位一面残破行将并入自己版图的异人国度，一面却又依照被摧毁的异域建筑样式兴建自己的国都。但经过忽必烈与阿里不哥的数番争夺，和林已呈破败之势，而且它太靠近敌人海都的领地，实际上已地处前线，成为草原诸王争夺之地，因其远离汉地，促使忽必烈放弃定都和林的想法。

　　只有燕京勉强被忽必烈接受，但燕京却有一个十分明显的缺点：无法满足忽必烈的草原口味。不过，从政治上考虑，燕京的确有它独具的魅力。忽必烈的家臣曾向他建议：“幽燕之地，龙蟠虎踞，形势雄伟，南控江淮，北连朔漠。且天子必居中以受四方朝觐，大王果欲经营天下，驻跸之所，非燕不可。”自古以来燕京就是中原通往辽东和漠北的枢纽，也是中原王朝抗御北方游牧民族南牧的军事重镇。在争位战争中，忽必烈就是依托燕京，借汉地丰厚人力、财力而取胜的。忽必烈随版图的南移与扩大、巩固，统治中心也势必要着眼于加强农业城郭地区的控制，李璮之乱也加速了他的选择。1264 年二月，忽必烈开始修复琼华岛，揭开营建都城的序幕。同年，因去年升开平为上都而改燕京为中都。1272 年二月改中都为大都（今北京）。

　　为弥补燕京的遗憾，忽必烈一方面准备辟城外的农田为牧场，另一方面一年中仍留一半的时间在上都。这与蒙古诸汗逐水草季节迁徙的习惯相吻合，两都制逐渐形成。

深究起来，两都制的内涵不仅仅为忽必烈照顾自己的情绪，更重要的是和林废置以后，上都便成为忽必烈笼络诸王、抵御海都势力东窥的基地。照顾草原诸王的情绪尤为重要。实际上，忽必烈正是倚上都驾驭漠北，行使大汗的权力；凭大都君临漠南汉地，以皇帝的名义向中原腹地发号施令。这也是忽必烈调和矛盾的极妙手法之一。

1266年十二月，忽必烈开始大规模同时营建开平和燕京。他之所以急于修筑超越古今的两都，还带有炫耀国力、张扬声名以威震四方的政治目的。这是中原王朝历代开国皇帝的惯用伎俩，忽必烈的拿来主义的确已臻上乘。

不论蒙古帝国的内部分歧如何，在西欧的教皇及其他外国人眼里，忽必烈是蒙古汗国的大汗。这个帝国横跨欧亚，疆域辽阔。在忽必烈逐步确立大汗权威的进程中，他本人也自豪地认为大业甫定、国势方张、都城宫室，非巨丽宏伟，不足以雄视八方。因此在这一年开始修筑两都具有特定的政治含义。

此外，蒙古旧俗，也促使着忽必烈去营建新城。蒙古人对废弃的古城极为嫌恶，直接名之为"马兀"（坏或恶的意思）；而对斡耳朵曾经驻营的地方，凡是有过任何烧过火的地方，蒙古人从不再扎帐，甚至连从旧迹上走过都被视为不祥的征兆。自然，金国残破的宫殿，忽必烈无论如何是不会去触忌犯讳的。早在新城营建之前，忽必烈驻身燕京，就下榻在琼华岛上的广寒殿，而不是屈身于金人的废宫。

忽必烈的堪舆专家刘秉忠选定以琼华岛为中心的湖区及其周围旷地作为新址，规划好城池、宫阙后，由张宏略、段天祐等负责工程的具体指挥和组织。筑建工程以惊人的速度进展。1272年三月宫城竣工，1274年正月宫阙告成，忽必烈十分激动，在御正殿接受朝贺。

到1287年工程浩大的大都新城全部告竣，它以崭新的面貌屹立于世界的东方，其气势之磅礴，当年成吉思汗不敢仰视的金中都城简直无法比拟。

大都城坐北朝南、呈方形、南北较长。周围总计两万八千六百米，共计十一个门。比明清时的北京城大，同样它也带有忽必烈的浑雄气

魄。都城内套皇城、皇城中又置宫城。皇城、宫城是忽必烈的活动区域，皇城以外的城区整齐划一，共分五个坊，是百姓的聚居地。

与历代中原王朝的都城相较，其特色显而易见：第一，城、殿布局仍沿汉制。体现了《周礼·考工记》的"九经九纬，左祖右社，面朝后市"原则，建筑风格、形制一效汉制，城门、坊名均从《易经》中命名。因此从总体上它是一座汉城。第二，城内由于水源充足，绿化方面显然带有蒙古草地方面的特色。各城墙间种植有大量树木，甚至还辟有草场，饲养鹿、麝等动物。第三，皇宫内部布置基本上照搬蒙古斡耳朵里的旧制。在正殿大明殿内，忽必烈与皇后座位并设，左右排列诸王、贵族和张薛官的坐床，前方备有巨大酒瓮，桌上摆放着各种传统乐器。因此，从一定意义上它又是一座汉蒙糅合的、体现了忽必烈性格的城市。

忽必烈在大都的生活区间，主要集中在皇宫内的两个部分：一是以大明殿为中心，这是忽必烈处理全国政务的地方；二是以延春阁为主体的另一组建筑，是忽必烈居住、日常生活的地方。

马可·波罗在大都生活了十几年，对"人烟百万"的大都他在回忆录中作了动人的描绘。他几乎将人类创造的美好词句诸如雄伟奇观、登峰造极、壮丽富赡、气势轩昂等都倾泻到了大都城上。如果人们怀疑这是马可·波罗的信口开河，但随后的鄂多立克和伊本白图泰对大都却表示了同样的惊羡，大都作为十三世纪城中雄杰，看来并不真是马可·波罗的信口雌黄了。

我们再随历史的记载去领略一下十三世纪末的上都。

上都的建筑分两部分。一部分是刘秉忠所建的汉式城邑，也是由外城、皇城、宫城组成；另一部分是蒙古式的官帐，驻营在一个方圆二十多公里的御花园上。

与大都相比，上都给了忽必烈体味真正草原生活的乐趣。在御花园内，沟渠纵横、草地丰美，许多品种的鹿和山羊在这里游食，与它们为伍的还有成千上万色白如雪的牡马和北马，以及两百多种飞禽。忽必烈对这些动物禽类，异常珍爱，任何侵犯它们自由的人都将被震怒的忽必烈处以死刑。对忽必烈来说，飞禽走兽比人更可爱。

每年的六、七、八三个月忽必烈驻跸在气候温和的上都。每周他都去巡游这座天然的御花园，他骑马驰骋在这片草地上，带着鹰及数头小豹，行猎取乐。当他高兴时，忽必烈放出小豹，观赏豹捕鹿羊的雄姿。

忽必烈另一项娱乐活动，也必不可少，即饶有兴致地观赏术士的表演法术、魔术。忽必烈最感兴趣的节目有两个：一个是乌云密布，倾盆大雨即将来临，但术士们登上宫顶，一阵妖法完毕，天空却渐渐云开雾散，由雾转晴。另一个节目则更不可想象，当忽必烈坐在御膳殿就餐时，不用忽必烈以及侍卫们动手，术士们就能将酒或饮料注入杯中，然后杯子在空中飞越十数步，直接到达忽必烈手中。当忽必烈饮完后，杯子又会自动飞回原处。忽必烈曾不无得意地问基督徒："你们会这样的法术吗？假如能，我就改信你们的宗教。"

跟随忽必烈到上都的还有中央机关的首脑们，在这里忽必烈也处理政事。另外，更重要的工作是举行蒙古传统的祭天仪式，除蒙古人外其他族人均不得参加。如果忽必烈的兴致高些，忽必烈还会屡屡举行草原诸王大宴会，宣颂成吉思汗的札撒，并让每个与会者都说一段必力格（箴言）。

两都制将忽必烈一分为二，在上都他尽情表演蒙古旧俗以取悦诸王，放纵他爱好自然的天性；在大都他尽量装出一副勤政爱民的皇帝样子，批阅成堆的枯燥奏章，倾听腐儒们啰唆的说教。忽必烈留三个月给上都，一面避暑，一面游玩；留六个月给大都，一面过冬，一面处理全帝国的政务。另三个月忽必烈要去海滨或大草原行猎取乐。

每当春暖花开，草青地茂，忽必烈便带领数万人的各色随从投入大自然的怀抱，进行游猎大旅行。

每年春季，忽必烈便率领他的后妃、诸王、医生、星占学家、鹰师和各类官吏、服务人员浩浩荡荡地从大都出发，向东北方向前进。因为忽必烈早在中年时就患风湿病，他的坐骑不是马而是从安南等地进贡的大象。四头大象共载一个木制亭子，这个亭子忽必烈称之为"宝盆"。其高度可想而知，这简直是一座移动的宫殿，亭子精雕细琢，里面衬着金线织的布作垫，外面则挂着狮子皮。忽必烈的举足一动都带有他的个性，其胸襟之开阔由此亦可见一斑。

忽必烈坐在宝盆里，两旁有十二名最宠幸的侍卫、官员站在他的身旁，携带着十二只帝国最凶猛的大隼。在四只大象的两旁是骑马的随

从。当骑马的卫士观察到鹤或其他鸟类飞近时，便马上禀报忽必烈，忽必烈拉开宝盆门帘，看到猎物后，便命令放出大隼，而他则躺在宝盆的睡椅上，观赏空中鹰攫猎物的搏斗。

随从忽必烈的还有多达一万人的鹰师和两万人的猛犬看管者。狩猎不同的动物忽必烈豢养有不同的猎具。他用豹和山猫，追逐野鹿；用狮子袭取野猪、野牛、驴、熊、鹿、獐等；用鹰专门训练捕狼；用隼搏击飞禽。他养的许多狮子，皮毛光泽，颜色美丽，将它们关在笼内用车运至狩猎地；他养的鹰体大有力，犀利凶猛；他还养有最少五千头猛犬和猎狗。忽必烈十分喜欢观赏狮子追逐野兽，狮子凶猛的气势和捕获猎物的敏捷灵活，给忽必烈带去许多乐趣和启示。但给他带去启示最多的是围猎的壮观景象。

忽必烈将数万人的狩猎队伍分成许多小分队，从左右两个方向突进，犹如撒开大网，然后合围，将所携的猛犬、狮子、豹、鹰一齐放出，而忽必烈则安然地坐在他的高大宝盆上，置身于围场中央，欣赏围场内从四面八方扑来的猎人们的奋勇搏击。鹰犬的迅猛追逐，其震撼人心的盛况，恐怕连忽必烈本人也难以用语言描述。由此，我们想到忽必烈的灭亡南宋，其场景与这围猎有着惊人的相似，只是猎物由猛兽换成弱宋的臣民、江山而已。

忽必烈的一切似乎都是气势非凡的代名词。大行猎的官帐其大而豪奢也令人难以置信。这顶帐幕宽敞异常。据马可·波罗说，一万名士兵能在里面排列成阵，而且还留有高级官员和草原贵族们的坐席地。帐幕的入口处朝南，东边另有一帐幕与它相通，构成一个宽敞的厅堂。它的后面是一间华丽漂亮的大房间——忽必烈的卧室。每间厅堂或卧室，用三根雕花并镏金的柱子支撑，帐幕外面用白、黑、红条纹相间的狮皮覆盖、缝结紧密，既不进风，又不透雨。里面则衬以贵重的貂皮和黑貂皮。这是忽必烈的寝宫，也是召见官员、议事，处理紧急政务的地方。如果将它比之为移动的宫殿简直是恰如其分。整个春天，忽必烈就消磨在令现代人无法想象的游猎生活里。然后，他去上都避暑。

如果人们觉得忽必烈在大都的生活过于沉闷，那么，忽必烈用大朝宴和万寿节、白节弥补了它。

白节（指蒙古族的新年）这一天是新年伊始，所有在京的官员及各类公务人员都齐聚在皇宫的殿前向忽必烈磕头拜年。之后，忽必烈一除中原皇帝的小家子气，他不是检阅军队而是检阅由五千头大象组成的象队。全部大象都披上用金银线绣成鸟兽图案的富丽堂皇的象衣，每头大象的背上都放着两个匣子，里面满装着宫廷用的金属杯盘和其他器具。象队后面紧跟着庞大的骆驼队，同样也驮装着各种生活器具。整个队伍排好后，列队从忽必烈前走过，接受忽必烈的检阅。

九月二十八日，是忽必烈的诞辰。这是仅次于元旦节的另一个隆重而盛大的节日。所有的佛教徒、基督教徒、穆斯林、道士及各色人等，都必须分别虔诚地祷告他们的神主、祈求保佑忽必烈万寿无疆，其势之盛，无法形容。

在白节、万寿节或其他值得庆贺的节日忽必烈还举行大朝宴。参宴的人员常达万人，只有少数人能够入座，大部分官员乃至草原贵族都必须坐在大殿的地毡上进餐。珍馐佳肴的丰盛，超乎一切的常规。宴罢后，忽必烈开始欣赏喜剧演员的各种俏皮术和术士、魔术师们的各种戏法。

当我们撩开忽必烈神秘生活的面纱，你是不是会觉得那一小片思俭草是那么的柔弱无力，弱不禁风，以致它在忽必烈的生活里显得可笑、可怜。这就是忽必烈的生活与性格，荒诞而又合理。

在中国的史书里，每个朝代、每个帝国必有奸臣。奸臣似乎没有国界、民族之分，蒙古大汗、大元皇帝忽必烈身边的第一位奸臣是中亚花刺子模费纳喀忒人阿合马。将阿合马列入《奸臣传》本不需要争论，但假如忽必烈的在天之灵拜读了宋濂的《元史·奸臣传》，他会觉得有欠公允。如果让忽必烈去写阿合马传，他一定会从汉法派和"富国"理财派的长期斗争角度以理解阿合马一生的功劳。忽必烈站在自己的立场上去俯瞰不同族属的矛盾，可以肯定，他要比宋濂理解得透彻。

忽必烈是崇尚实际的政治家，他附会汉法自实效始，疏远汉人也自实效始。中统建元前后，忽必烈采用了儒家治术中的积极部分，也就是治国实践部分。义、利在忽必烈的初期政治生活中都具有重要的意义，尽管他身边的汉人儒士操术各不相同，但总体来说，姚枢、窦默、许衡儒学义理之流与王文统法家言利之辈均能为忽必烈所接受。

李璮的背叛将忽必烈的用人计划全部打乱了。这让忽必烈不仅摒弃了言义的儒流，就连言利的王文统等人也被忽必烈所摒弃。但忽必烈的聪明之处就在于此，他并不会因为个人就中断汲取汉法精华的脚步，所以他依然沿汉法的道路去建立统治国家的方针政策，逐步完善新的制度。直到1271年，忽必烈将国号改为大元，他依然在这条道上蹒跚前行，没有回头的意思。

其实在附会汉法的这条道路上，无论是忽必烈还是汉儒，他们本身都感觉到辛酸无助。忽必烈一旦被个人触爆了他装满猜忌的弹药库，那么朝中争斗的硝烟马上就会弥漫开来，紧随其后的结果就是阻止了他们在附会汉法道路上的脚步。但对于一个新建立的政权来说，最迫切的就是需要建立中央、地方的政权机构，这一点忽必烈早有认识。但忽必烈出生于蒙古贵族，他的出身决定了他的思想，在他的内心深处和大多数蒙古贵族一样，认为汉制对于蒙古帝国来说可有可无。因此这更加重了忽必烈对汉人的猜疑，这让他有一种自小建立起来的信仰被玷辱的感觉，他没有办法改变这种现状，只能痛苦地接纳着不得已而为之的汉制。因此这就致使忽必烈在附会汉法的道路上犹豫不决，时退时进。

满腔热情去再造蒙古大汗的汉儒们也被兜头盖脸泼上一盆冷水。理想被幻灭和在被怀疑、被牵制的氛围里忙忙碌碌的汉儒，也痛苦地品味着现实。1264年左右，忽必烈还没有从猜忌中喘过气来，致使中统年间"忝处朝端，谋王体而断国论"的汉儒群的一员王恽发牢骚说："皇上今则曰：彼无所用，不足以有为也，是岂智于中统之初，愚于至元之后哉？"骂完忽必烈的愚，王恽承认，儒士已处于"用与不用之间"。

政治摇摆的恶果是蒙古旧制过多地积淀到新政权中。如分封采邑制、遍及各生产领域的驱奴制、手工业中的官工匠制、商业领域中的斡脱制、朝会庆典的滥赐横赏制、贵族世袭的选官制、后宫中的斡耳朵制、怯薛制、贵勋投下制、遍布全国的达鲁花赤命官制以及各项民族歧视的法令，都被原封不动或稍加改造后搬到忽必烈的新政权的各个角落。中原王朝本来就有不少的奴隶制沉淀。中国的奴隶制发展不充分，因此造成秦汉以来的封建政权很容易就接承夏商周的奴隶制观念，直到19世纪徽州还有奴隶制的生产关系，由此对中国封建制开端的热烈讨论，我们也可以给予理解了。现在突然又涌进大量蒙古游牧民族的奴隶制度，忽必烈的施政思想就不得不引起汉儒的不满了。

令人遗憾的是中国封建社会的强心针不是更先进的雇佣工资的资本主义制度，而是逆流而施的更落后的奴隶制，中国文明后期的发育迟缓便可想而知了。推究中国封建社会为什么延续那么长和为什么17世纪后的中国反而大大落后于后起的西方文明，请不要忘了忽必烈，也不要忘了中国封建社会原本就是一个大杂烩。

谁也不会否认忽必烈的伟大，但也别忽视忽必烈大汗前后的蒙古贵族给中国文明注射的落后毒液，其余毒甚至到了20世纪初还能使中国文明感到阵痛。忽必烈摇摆政治的另一恶果是以盘剥为能事的西域商人登上帝国的历史舞台。王文统之流的言利要员，退出新政权后，高谈阔论的汉儒鄙薄理财，因此也无力肩负起筹划帝国庞大开支的重任。他们理想中的仁政与忽必烈的急需相去甚远，这样便出现一个讲求实效、忽必烈认为能够富国裕民官僚集团的空档。忽必烈除了利用汉儒去建造文职官僚系统外，就必须寻找能给他带来财富的第三支官吏集团，并用这支势力去牵制已使自己不放心的汉人集团。自然，以善于理财、经营的，以回族人为主体的色目人便成为忽必烈填空的最佳选择。因为蒙古骑兵虽然在攻城掠地、杀人、强暴掠夺上都很在行，但对经商和治理国家却稍逊一筹。

于是，在忽必烈的支持下，以阿合马为首的色目官僚集团粉墨登场，势力迅速膨胀。

阿合马势力的崛起与骤衰，基本上反映了忽必烈时代1282年前的政局走向。二十年间以1271年左右为分水岭，又可分为前后两个时期。前期阿合马悄然崛起，后期阿合马独擅朝政。

阿合马的背景材料极少，他不是靠显赫的家族和卓著的战功进升的。在中统二年他还是个默默无闻的小人物。据中外史籍的零星记载，阿合马很可能原是中亚费纳喀忒（今乌兹别克塔什干西南锡尔河右岸）的商胡。在蒙古西征时被弘吉剌部按陈掳为家奴。十分机灵的阿合马在察必还是个姑娘时就获得了她的欢心，所以察必在出嫁忽必烈时作为陪嫁的媵人而进入忽必烈的生活，供职于察必的斡耳朵。

也许就是因为察必的缘故，忽必烈才觉得阿合马是可倚重的心腹。中统元年，阿合马被忽必烈任命为上都开平同知兼太仓使。次年五月派他到燕京去检点万亿库的货物。阿合马以忽必烈的财政管家身份，到达

燕京后，提议立和籴所，充填仓廪，颇具成绩，其理财才能从而被忽必烈赏识。1262年十月，李璮、王文统之变后，阿合马借东风，乘忌雨，被忽必烈倚任为中书左右部的长官，并兼诸路都转运使，阿合马从此掌握了财务大权。在此任上，阿合马干得十分出色，他主要干了三件事：一是将铡冶之利笼为国有，由官府兴煽铁冶，然后卖农具给百姓，使忽必烈的国库迅速充实。二是整顿盐法，使官盐的销售在帝国弥久不衰，获利甚丰。三是整治策划了有关财赋方面的规章制度。阿合马一系列充盈国库的措施无疑使急需大量军用物资、粮饷的忽必烈极为高兴，比起汉儒的满嘴仁义道德，阿合马的实政自然使忽必烈更为欢心。

1264年，忽必烈撤中书左右部并入中书省，改任阿合马为中书省平章政事。中书令是真金并不理事，平章政事上是左、右丞相。在短短的几年间，阿合马以奴仆的身份被忽必烈升迁到宰相的高位，其速度之快令同僚望尘莫及。

1266年正月，忽必烈立制国用使司，阿合马以宰相位兼领使职。1270年忽必烈为筹措进攻南宋的军需，撤销制国用使司，特别成立尚书省，综理天下财用，原属中书省的六部及天下行省都归隶尚书省。尚书省的权力膨胀至中书省根本无法抗衡的程度，中书省虽然存在，但仅是备员而已。而忽必烈任命的尚书省长官就是阿合马。

阿合马在忽必烈的支持下，在中央迅速达到炙手可热的地步，至阿合马领尚书省事，其权势被推向高峰。

实际上，忽必烈的每一次改组中书省等中央机构，都为阿合马铺垫了一块权力的基石。1264年阿合马进阶宰相位后，首先排挤了与他同级的廉希宪、商挺。接着次年忽必烈罢免了中书省的所有宰相，包括汉人张文谦和汉化较深的线真、耶律、赛典赤铸等。任命木华黎曾孙安童为中书右丞相、伯颜为中书左丞相。在此之前的中书右丞相线真、史天泽根本无法与阿合马的能言善辩抗衡。在忽必烈面前，阿合马常常显露自己的生花妙舌，将史、线二人常常驳得无言以对，讷容不语，忽必烈更加"奇其才"。1270年的建尚书省与1272年正月的并尚书省于中书省，为阿合马的气焰再添柴薪。

以汉人儒士和汉化较深的少数族人组成的汉法派和以阿合马为首的、有忽必烈撑腰的理财派在这一时期进行了多次较量。

阿合马任职中书左右时，忽必烈对待汉人的态度已颇显冷漠了。此时阿合马的势力已令中书省官员忌惮。因为权力与赃物的分配不均，阿合马党徒间发生内讧、互相攻击，忽必烈"命中书推覆，众畏其权，莫敢问"。处处学习魏徵的"廉孟子"挺身而出，"穷治其事"，将所查结果如实上报忽必烈，忽必烈下令杖责阿合马，罢左右部。这是阿合马第一次败阵于汉法派。但阿合马因祸得福，忽必烈已离不开这位财神爷，不久反而超拜阿合马为宰相。随后又专门为阿合马立制国用使司。1268年汉法派与理财派再次交锋。在一群汉法派的建言下，忽必烈决定完善政权机构，在中央设御史台，于各道设提刑按察司。对于弹劾监察百官的机构设置自然对阿合马是一种限制，对这种威慑专总财利的阿合马立即提出反对说："庶务责成诸路，钱谷付之转运，如今再设御史台及下属机构，绳治其上，怎么干事？"廉希宪力争抗辩道："立台察内则弹劾奸邪，外则察视非常，访求民疾，自古如此。如果撤去，促使上下专恣贪暴，事情就好办了？"阿合马瞠目结舌，无言以对。

在此之前，十八岁的安童任相前后，对附会汉法忽必烈已心怀动摇。安童少有大志，十三岁时就是忽必烈的四怯薛长，出语惊人，尤让忽必烈亲重。安童深肖曾祖木华黎，与许衡、姚枢等汉儒关系密切，对实行汉法持积极态度。安童可算是汉法派的重要人物。安童入相后，上书建言十事，但却引起忽必烈的大怒。理财派阿合马之流又趁机构陷中书省行事"大坏"，忽必烈怒从天降，准备惩治中书省的宰相们，汉法派惶惧异常。姚枢冒险奏谏忽必烈说："中统以来，附会汉法、承继祖制已取得重大成就，本应继续光大，比美先王，臻于郅治。以陛下的才略，达此宽绰有余。但近来臣下却听说陛下圣听日烦，朝廷政令日改月异。树刚栽下，溉拔移别处，屋刚建成，就复拆毁。远近臣民，不胜战惧。臣恐大本一废，远业难成，实为陛下忧虑。"忽必烈认真咀嚼了一番这忠恳之言，怒气渐息。姚枢的"大本"说穿了就是汉法，在理财派的节节挺进下，看来汉法确有废置之虞了。

阿合马排挤安童没能得逞，接着因围困襄阳，急需筹备军需，1268年廷臣议设尚书省总理财政，以阿合马平章尚书省事。阿合马企图架空安童，向忽必烈建议宜升安童为三公。忽必烈还真当回事，交诸儒议拟意见。汉法派商挺倡言道："安童是国家的柱石，如为三公，是崇以虚

第二十章 营建开平 两派相争

名而实夺之权，决不可行。"忽必烈还不想在南宋未下就将汉法派摒弃，只好作罢，而且两年后才设立了尚书省。

阿合马的理财能力在帝国群臣中的确是出群拔萃的，连汉法派对阿合马的个人才能也没有提出过异议。蒙古人有一个特殊的爱好，他们非常重视口才的培养，每次聚会每人都要说一段箴言妙语。忽必烈也十分推崇能言善辩的人，阿合马便具有口才天赋，而且他还足智多谋。"急于富国"的忽必烈大惊其才，"授以政柄，言无不从"。将进攻南宋的一切军需调度大权全部委拜给阿合马。

借军事行动几乎全揽了帝国中枢权力的阿合马，骄横刚愎，决策行事从不咨文中书省。尚书省设置后，阿合马根本不依铨选旧例，擅将亲信党徒、子侄亲戚充委其间，导致中书省形同虚设。从而激起了中书省长官安童及顾问许衡等汉法派的强烈反对。

安童向忽必烈一再诉苦：阿合马的尚书省事中书省一概不知；阿合马擢用私人，不由部拟，也不咨会中书省；阿合马分管各路民政和财赋，还插手刑事案件。阿合马的种种骄纵，连忽必烈都为之惊诧，感到此人有点过分，抚慰已被架空的安童说："汝所言极是。岂知阿合马以朕颇信用，敢如是耶？其不与卿议非是。"但阿合马将忽必烈的话置若罔闻，甚至反驳道："事无大小，皆委之臣，所用之人，臣宜自择。"这句话使我们坚信，忽必烈一定有事无巨细全部委托阿合马的意思，不然，机巧到眼睛毛都会吹口哨的阿合马是不敢忤逆主子的。安童无可奈何，只好向忽必烈请求："自今以后，唯重囚犯和任命上都总管两件事，交移臣理，其他全部委付阿合马。"忽必烈马上满口答应。

耿直、古板但极有学问的许衡屡次被阿合马排挤出朝。许衡虽迂阔，但敢直谏，说心里话，不怕死。1270 年许衡得知阿合马任命其子忽辛为枢密院金书，主掌兵权，激辞进谏忽必烈："国家事权，兵、民、财三者而已，今其父典民与财，子又典兵，不可。"忽必烈大为不满，反问许衡："卿虑其反邪？"许衡毫不怯弱道："彼虽不反，此反道也。"阿合马听后火冒三丈，反诬许衡避辞利禄，是"欲得人心，非反而何？"

阿合马多次伺机报复，举荐许衡出任中书左丞，以便借事倾陷。许衡力辞不就。后来许衡听从朋友劝告，为避免夜间"卒有横逆"，向忽必烈力请告老还乡。

以阿合马为首的回族人势力异军突起，其前十年阿合马先掌财赋大权，进而控制了朝廷中枢政权。在阿合马的幕后，实际上的操纵者是忽必烈，阿合马势力的消长，基本上反映了忽必烈对待汉法的态度。1270年以前，忽必烈之所以没有令阿合马嚣张到为所欲为的程度，是因为他还需要建立适应汉地的封建专制官僚系统。而修补"文治多缺"又不是阿合马集团所能力任的，因此，对历代典章制度烂熟于心的许衡之流虽一再辞呈还乡，或一再被罢相，但过一段时间忽必烈仍不得不再安车召回。但帝国的政权建设一旦大体草就，许衡之流实质上已陷入飞鸟尽、良弓藏的境地了。所以，在下一个阶段的两派斗争中，汉法派迅速败下阵来。

1271年忽必烈改国号为大元后，阿合马的擅权进入新的历史阶段，直至1282年阿合马被杀。

后十年的朝廷政局与忽必烈时代前期相比，出现实质性的根本逆转。后十年阿合马只栽过三次跟头，一次是尚书省被撤，一次是真金殿打了他，另一次是阿合马被王著用铜锤砸碎脑袋，除此之外他一直春风得意。相比之下，汉法派凋零得连忽必烈都不堪回首。

1272年，在中书省的一派牢骚声中，忽必烈也觉得中书、尚书两省并置，职掌不清，冗员太滥，他还没有见过如此臃肿的宰相集团。因此忽必烈决定将两省合而为一。阿合马揣摸到忽必烈的心意，雷厉风行，奏请以安童为太师，企图借此撤中书省而尽揽政权。阿合马担心适逢入京参议其事的山东东西道提刑按察使陈祐提出异议，私许陈祐任尚书省参知政事，条件是附声附和。但颇有汉人良知的陈祐在讨论两省合并的会上却力言中书省乃国家政本不可废黜，并批驳阿合马议立太师之位是使之徒具虚名。汉法派群也力言痛谏，忽必烈于是撤尚书省并入中书省，但阿合马仍任平章政事。安童乘此疾风，向忽必烈控告："阿合马、张惠挟宰相为商贾，以网罗天下大利，荼毒黎民、困无所诉。"并揭露其党羽劣迹，忽必烈仍采取安抚手法，说："若此者，征毕当显黜之。"但这只是说说而已，阿合马的宰相之位仍无动摇。

这是以安童为首的汉法派最后一次垂死般的回击。自此，汉法派的命运便直转逆下，一发不可收拾。

改组后的中书省宰相，伯颜、史天泽主持南宋战事，许衡辞职，廉希宪和耶律楚材子耶律铸被罢，实际上主持中书省工作的是右丞相安童，左丞相忽都察仅是虚名而已。剩下的恰伯、张惠等都是阿合马的同党，汉人中只有张易和赵璧，赵璧此时已老病缠身，拜平章政事后竟毫无作为，而张易则"视权臣（指阿合马）奸欺，结舌其傍"，虽有不满，但只潜沉心底，表面上则唯唯诺诺。1275 年，安童终于被排挤出中书省，忽必烈命他陪北平王那木牢去出镇阿力麻里，名为重边，实为罢相。1276 年，赵璧病死。二人走后，中书省却没有作相应人事调整，中书省右丞相虚悬至 1281 年。中书省的权力实际上已落入平章政事阿合马的囊中。

在朝廷中还能走动的旧日幕僚，仅剩下张文谦、张易、赵良弼三人而已。其余的一大批金莲川幕僚，大多亡故，刘秉忠、史天泽于 1274 年、1275 年相继去世，接踵其后的是姚枢、许衡、窦默、董文炳、廉希宪、王恂、李德辉等人。硕果仅存的三位，结舌其傍以谋自保的张易抛开暂不管他，赵良弼先是忙于出使日本，返国后签书枢密院事，在蒙古人一手垄断的枢密院工作，实际上毫无施展能力的机会。我们不知道什么原因，"良弼屡以疾辞"。张文谦为人"刚明简重"，"数忤权倖"，遭到阿合马的猛烈轰击。阿合马再次奏请撤诸道按察司，这实际上是剥夺御史中丞张文谦的饭碗，同时也摆脱台谏机关的牵制，张文谦力争，恶陈利害，才在忽必烈的游移不决中保下监察机构。他也为自身的生命担忧，"力求病辞"。至此，汉法派已一败涂地。同样虚弱的忽必烈终于感觉到耳边清净了许多，只剩下阿合马动听的谗言了。

思索一下汉法派覆亡的原因，对蒙古人、汉人来说，都意味深长。

首先是汉化问题。

游牧人入主农耕定居的汉地，如果企图保持长久统治，就势必要采取驾驭农耕文明的权术，而积累了上千年权术势、霸王道经验的一整套统治术则是现成的。凡是从北方和西北俯冲到中原的少数民族无一不是涉及到这个问题，所不同的只是如何取舍汉法。但游牧民族和汉人相比人数很少，进入汉地，采行汉法很容易消失到汉人的汪洋大海里。如何保留本民族的个性、统治和特权，又不被汉人同化，这个度则很难把握。

忽必烈头脑十分清醒，全面改行汉法便意味着全面汉化。全面汉化的命运将同辽、金一样。对汉化，忽必烈十分警惕，他处处以金世宗为楷模，既采用汉法中的治术，但又倡导国俗，遏制汉化的速度。两都制和大游猎本身就带有这种性质。尽管忽必烈作了许多努力，而实际上进入中原的蒙古人，草原的落后习俗与汉文明的腐朽消极成分已经拥抱，特权的庇护温床已垂下帷幕，结合的后裔是蒙古草原的淳朴、强悍和蓬勃向上的进取精神向奢侈、腐化、懦弱和惰怠转化。

而汉化是汉儒们挟带而来的，忽然排斥、猜忌、疏远与打击汉儒，在一旦确立了国家政体之后，便不难理解了。

其次是汉儒本身问题。

忽必烈崇尚喇嘛教而薄禅宗，徒单公履投其所好，1271年建议实行科举制时譬喻说："儒亦有是（佛），科举类教（喇嘛教），道学类禅。"忽必烈闻之震怒，召姚枢、许衡与耶律铸廷辩。恰巧董文忠从门外过，忽必烈发泄道："汝日诵四书，亦道学也。"忽必烈还说过："汉人惟务课赋吟诗，将何用焉！"对汉人不务实用的风气，忽必烈的鄙薄之情溢于言表。

对"廉孟子"希宪忽必烈也发过怒。因廉希宪拘泥于诏书，释京师重囚匿赞马丁，忽必烈大怒道："汝等号称读书，监事乃尔，该当何罪？"廉希宪被罢相后，忽必烈得知廉希宪整日在家读书，不满地说道："读书固朕所教，然读之而不肯用，多读何为？"

许衡、姚枢也有许多迂腐滥调，根本无法解决帝国关乎国计民生的实际问题。对忽必烈来说，空谈等于犯罪。忽必烈对汉儒的疏远不能不说，汉儒本身也有不可推诿的责任。

第三，元廷费用浩繁问题。

忽必烈的帝国不是处于只有只牛拉辇车的开国时期。它是以豪奢巨赏而著名世界的蒙古帝国的继续。因为忽必烈继位的不合法性，忽必烈的岁赐例赏便更殷勤。维系贵族的奢侈需要银两；大兴土木，修建两京需要银两；而连绵不断的战争更需要银两的资助。各项支出让国家财政更加空虚。

忽必烈只能保证百姓不致饿死，但他不能仁慈到攻打南宋的军队不向百姓搜粮刮税的地步。时值灭亡南宋的前后，压倒一切的是增强军

力，保证财用。腐儒无力担起重任，忽必烈只有依赖经营策划有方的理财派。

阿合马通过兴铁冶、铸农器、官卖、增盐课、括户口、增税、推行钞法、滥发交钞、清核诸官府、追征逋欠等手段使帝国财政得以应付，为忽必烈解决了许许多多的难题，忽必烈自然会喜欢、倚重这个财神爷。忽必烈就曾这样评论、称道他的宰相："夫宰相者，明天道，察地理，尽人事，兼此三者，乃为称职。阿里海牙、麦术了等，亦未可为相，回回人中，阿合马才任宰相。"

忽必烈的言外之意，就是除此而外再也没有堪任宰相之职的臣子了。实际上回族人正是中书省的权力执掌者，因此，无论汉法派如何抗议、揭露阿合马，忽必烈也不会对其进行处置。甚至在汉法派受到打击，逐渐凋零之后，忽必烈还曾经帮助阿合马铲除异己。由此看来，综合以上的众多原因，我们就不难理解为什么汉法派会在斗争中灭亡了。

第二十一章

计除奸佞　立志革新

从 1272 年阿合马以平章政事的身份入主中书省后，直到 1282 年的时候，阿合马除了负责为忽必烈的国库输满天下财货，博取忽必烈的信任外，他还为自己营造了优越的环境。他本人的库府之中，天下良田、美女和银钞无数。虽然这样的事情都是忽必烈不愿听到、看到的，但谁也不能否认这样的事实。气焰熏天的阿合马的野心并不仅仅在于此，他在忽必烈的卵翼里援引奸党，向忽必烈推荐了郝祯、耿仁等人，让其进入中书省，主要负责全国的交通，最主要的任务就是蒙蔽忽必烈；在帝国权力各要津处，安插寻职，他的二十几个儿子遍布帝国权要之处，甚至连他的家奴也长期掌握着大都的兵权；广占良田，"民有附郭美田，辄取为己有"；渔猎各式美女，只要是他看上的漂亮女人，不管是少女还是少妇，都逃不出他的魔掌，他最文明的伎俩是许封美女父亲显爵，而最缺乏人道的是将部臣的母亲、妻子、女儿全部凌辱、蹂躏和奸污；倾陷忠良，党同伐异，只要对他稍不恭敬，那么，此人最起码会身陷图圄；大量收纳贿赂，甚至截留献给忽必烈的贡品。

阿合马横行霸道的结果使帝国的臣民怨声载道，对他深恶痛绝，愤恨至极；忽必烈也觉得其权力的无边无际，有失自己的面子。

忽必烈觉察到阿合马不仅能给自己带来财富，但也可能招致巨祸。于是决定裁剪阿合马的专权，将皇太子真金推到阿合马的面前。真金的思想是地地道道的儒术的翻版，他对阿合马的横征暴敛、骄恣枉法早怀厌恶，只是碍于父面、未敢发作。当接到父汗令他参决朝政的诏命后，他做的第一件事就是用弓敲打阿合马，当阿合马满脸伤痕跑到忽必烈跟前时，忽必烈问："你的脸怎么了？"阿合马嗫嚅而改口道："被马踢了。"真金当场揭穿他："你说得真无耻，这是真金打的。"真金感觉到父汗没有发怒的意思，接着干第二件事：当着忽必烈的面，狠狠将阿合马殴打多时。从此之后，阿合马见了真金像猫一般温顺，或者像老鼠一般溜掉。

被逼退到绝崖边上的汉臣终于出了两位勇士。一位是具有古士侠风、嫉恶如仇的益都千户王著，一位是王著的朋友僧人高和尚。王著冒着杀头危险偷铸了一个大铜锤，发誓要为民除害，为国除奸；高和尚则诈称身怀绝技，能役鬼助战、遥控敌人，取得枢密副使张易的信任。

1282年三月，忽必烈带着真金等家眷、鹰师及其他随从例行前向上都。大都只有阿合马留守，处理政务。王著、高和尚决意趁机行事。经过周密部署，十七日，王著矫传皇太子真金令，命中书省备办斋品供物，称真金要回都做佛事。中午，王著又遣崔总管通知张易发兵，于当夜会聚东宫。同时，王著本人亲自驰告阿合马率中书省留守官员到东宫等候真金；又分遣一部分敢死队前往居庸关控守，另一部分敢死队则簇拥皇太子的仪仗，浩浩荡荡，向健德门进发。

阿合马觉得事出蹊跷，但又慑于真金的雄威，仍如期赶往东宫，不过，他还是不放心，就派中书右司郎中脱欢察儿带数骑前去觇伺。脱欢察儿出健德门十里，碰到王著假扮的皇太子大队人马，尽被王著所杀。入夜二更时，王著的伪太子大队人马在烛光旗影中抵东宫西门。守卫东宫的高觿与尚书忙兀儿、张九思和张易均集兵东宫，准备迎候，高、张二人有些疑惑，派人询问。王著等见赚西门不成，转趋南门。至东宫南门，阿合马和中书省官员正在恭候。假真金传令阿合马率省官上前，责备了阿合马几句，王著立即将阿合马拽到一旁，抽出铜锤，砸碎其头。一代奸佞，顿时毙命。

接着又传呼中书省左丞郝祯，郝祯也莫明其妙地被杀。右丞张惠比较幸运，仅被传来囚禁一旁。

枢密院、御史台、留守司的官员们遥望着前面烛光下影影绰绰晃动的身影，忙忙碌碌，似乎飘荡了杀气，一个个敛声屏息。众人正迷迷瞪瞪之际，从西门跑到南门的张九思从宫中大喊一声："叛贼！"留守司达鲁花赤博敦闻声彻悟，持梃飞身上前，将马背上的假真金击坠，转身命令卫兵弩箭齐射。王著的部众四散奔逃，而王著本人则挺身请缚。次日清晨参与谋乱的人大多被处决。高和尚逃到高梁河，也被捕。

正驻帐察罕脑儿的忽必烈，听到因自己放纵宠幸而与阿合马一道暖孵的帝国炸雷后，惊愕了半天，但他随即便从震怒中清醒。立即回銮大都，同时派孛罗和礼霍孙等箭驰大都镇压乱党。二十二日，王著、高和尚被诛于市、张易也被处以极刑。王著临刑，凛然自若，大呼："王著为天下除害，今死矣，异日必有为我书其事者！"

大都暴动在忽必烈内心掀起了狂澜巨浪，汹涌的大潮拍打着他的一个个问号。阿合马为什么被杀？王著等人不惜抛颅洒血意味着什么？张易的神秘表演为什么没被戳穿真相？张易的幕后是否还有他人？层层谜团让忽必烈如坠云里雾里。

忽必烈冷静之后，收拾一下丛聚的疑点，再次施展他杰出的政治天才。他不断地想：阿合马虽然激起了绝大多数汉人的愤怒，但他显然是自己的替罪羊。如果自己也在大都宫中，后果简直不堪设想。对阿合马应该厚葬，借以抚慰回回以致整个色目人的惊悸，以防掌握着帝国各处权柄的色目人因恐惧而四溅愤怒和报复，汉人的暴乱已使帝国群情激昂，决不能让叛乱也蔓延到色目人中。因此，花费巨额金钱、派遣达官贵人去隆重埋葬阿合马是值得的。王著、高和尚死有余辜，但张易则更令人心寒，幕后策划人显然是张易，不然王、高无法调动那么多军队，王、高本人之所以能在宫廷走动也多得张易的引荐，而且最直接的理由是张易不仅率右卫指挥使颜义的军队前往东宫，还知道，最起码是在高鸒的一再追问下说过"皇太子来诛阿合马"的话。由此推断张易知悉王著的密谋，不能算冤枉张易。很可能是掌握着帝国一部分军权，而且对大都、对宫城、皇城都非常熟悉的张易为王、高策划了具体的暴乱计划。不处张易极刑不能泄自己的心头之恨，也不足以平色目人之愤，但更重要的是要敲山震虎，威慑汉人官僚不要再想入非非。对王、高、张最好是将他们的肉做成肉酱，分发给汉人官僚及其他有疑问的人，这不亚于剑架肉脖的威吓。

心理战是现在最合适的办法。看来这次暴乱非常有组织，除首恶外，多达上千人，甚至能将东宫的仪仗、印信都调拨出来，其中有不少的是汉人总管、千户，所以能顺利穿过大都城门、宫城门而进入太子宫。真金会不会真的与这次谋乱有关，因为他是最讨厌阿合马的。不，不，儿子是自己的骨肉，他怎么会干这种傻事呢？除了儿子，在帝国内还能信任谁呢？肯定张易的背后还有更大的人物，张易的老同学、过往甚密的张文谦就值得怀疑。这一次比王文统案更复杂、也更危险，再次庆幸，自己没有在大都。

元朝初创时期，就比较重视农业的发展。

1260 年，忽必烈即位不久，就设立了十路宣抚司，命令十路宣抚司注意农业的丰歉，并挑选通晓农业生产知识的人当劝农官，掌握旱涝虫情，领导督促农业生产。

1261 年，忽必烈又设立了劝农司，令汉人姚枢为大司农，以陈邃、崔斌等八人为劝农使，分头到各地去考察农业的生产情况，招集流民散勇，返回家乡，从事农桑。

1270 年十二月，忽必烈下诏改劝农司为大司农司，增加官员，到全国各地去巡视慰问经过战争灾难的地区。命御史中丞孛罗兼大司农卿。丞相安童认为，孛罗是朝内重臣，兼大司农卿，有些大材小用。就上书给忽必烈，让调换个人。认为孛罗不合适。

忽必烈看了安童的奏折后，说："管理农桑水利，这事非同小可！国家以人民为本，人民以衣食为本，衣食以农桑为本。我深感农业丰歉对治国安邦至关重要。只有派重臣管理，才能引起朝野上下的重视，不至于轻农桑、辍耕织，造成国穷民困！我是经过仔细考虑，才决定让孛罗总领大司农司的！"安童听了，心悦诚服。大司农司主要管理农桑水利事宜，并考察地方官的勤惰，申报提升在农业管理上有成绩的地方官，处治那些荒废农桑的官吏。

大司农司成立后，为了促进农业的发展，推广先进的耕作技术，忽必烈下诏书，专门组织人力，编写了一部适合当时农业生产的书籍《农桑辑要》。这部书成于 1273 年，是从古代农书中选择有实用价值的东西，再加上当时一些有成效的农桑种植经验编纂而成的。这本书对指导当时农业的生产，起了很重要的作用。

由于农业生产的需要，水利建设也就引起了忽必烈的重视。

1261 年，忽必烈就命令怀孟路广济渠提举王允中、大使杨瑞，招募民工，督领开渠治河，从太行山下沁口古迹处，开凿分水渠口，引沁水东流，经古朱沟流入黄河。这条大水渠可灌溉济源、河内（今河南沁阳）、河阳（今河南孟县）、温县、武陟等五县土地三千多顷。因收益比较广，所以就叫广济渠。

1281 年，忽必烈为了解决运输灌溉问题，下令修通隋炀帝时开凿的大运河。首先开通了从泗水到汶水一段。接着，又修通了自东昌路须城县的安山，经过寿张到临清进入御河的一段。这段叫通会河。

1292 年，都水监郭守敬建议开通大运河的最后工程。就是从昌平县白浮村开始，穿过大都，东至通州，与白河沟通。郭守敬还画出了详尽的施工图。忽必烈看后，异常高兴地说："好，马上动工！"在动工前一天，忽必烈命令满朝文武，自丞相以下，无论大小官员，都到工地劳动，挖土打坝。

1293 年，这段工程竣工。至此，纵贯南北的大运河又沟通了。

一天，忽必烈从大都往上都去。经过积水潭，见运河中大小船只来往不断，运输繁忙，非常高兴，就把这段运河叫通惠渠。郭守敬是河北省邢台人。他的祖父郭荣是位精通数学和水利的人，对少年时代的郭守敬影响很大。郭守敬十几岁时，就跟他爷爷的好朋友刘秉忠学习。刘秉忠通晓天文地理，精于术数，是当时很有名的学者。他与张文谦都很受忽必烈的重用。

1262 年，忽必烈急切需要懂水利的专家，张文谦就向忽必烈推荐了郭守敬。这时，郭守敬已经三十二岁。

忽必烈召见了郭守敬，询问水利方面的问题。郭守敬提出了兴修水利当时应亟待解决的六件事，很得忽必烈的赏识，马上被任用，受命提举诸路河渠。后来，又加授银符、任命为副河渠使。

1264 年，郭守敬随张文谦到西夏（今甘肃宁夏）视察水利，修复了唐来渠和汉延渠。

第二年，忽必烈就任命他为都水少监，使他专心致力于水利建设。

早在元朝统一全国之前，刘秉忠就认为，祖冲之的《大明历》，自辽金以来沿用了二百多年，误差越来越大，很不适用。提出要修改历法。可是，还没等实施，刘秉忠就死了。

1276 年六月，忽必烈诏命王恂和郭守敬主持修改《大明历》的工作。

忽必烈在修改《大明历》的诏书中说：如今天下大定，全国统一。从南到北一万多里，气候和时间有差别；东边到西边，同一天，日出和

日落便不一样。我们自从取得中原以后，至今仍沿用《大明历》，从南北朝到现在已七百余年。旧历错讹较多，时令计算不准，耽误农桑稼穑。放牧掌握不住气候变化，航海辨不准方向。现在极需要测天候、量地极、观星象、计算时数。所以，特命郭守敬等测天量地、定准方位、校正时间，制定新历。

忽必烈又特地召见郭守敬，对他说："国师刘秉忠一生有志于修改旧历，不幸早逝。临终时仍念念不忘这件事。你是国师的门生，理应担负此重任，完成他未竟的大业。"守敬说："陛下，臣定万劳不辞，呕心沥血，编制新历。请陛下放心！"并建议说："编制历法要靠实地测验。测验靠仪器，而我们现在的仪器都很简陋。像司天浑仪，是二百多年前宋仁宗皇祐年间，在汴京（今开封）制造的，与当今大都灵台（即天文台）的天度不相符合。测算南北极，大约误差四度。这些仪表古老陈旧，不可靠，需要重新制造。"

忽必烈同意了郭守敬的意见。并命张文谦与枢密张易、左臣许衡等，帮助郭守敬和王恂办好这件事情。

郭守敬自己动手，重新制造和改制天文仪器。他针对浑仪的缺点，制造了一种新的仪器——简仪。

元以前的浑仪很复杂。用它测量天体的赤道坐标、黄道坐标和地平线坐标的读数，每个系统都要有一个专门的圆环。这样，就有八九个大大小小的圆环相套，不但移动不方便，而且也妨碍观察。郭守敬大胆改造，精简了黄道坐标，而把赤道坐标和地平坐标分制成两个独立的装置：一个是赤道装置，一个是地平装置。这两个装置构造既简单，使用又方便。

另外，郭守敬还制造了日食仪，月食仪，候极仪，日晷定时仪，日出入永短图，量天尺（现完好地保存在河南登封郜城观星台），以及玲珑仪、灵台水浑等，二十多种观测天象和表演天象的仪器。

一天，郭守敬把制成的仪器（包括量天尺模型。量天尺是大型天文仪器建筑，不能搬移），一件件都摆在宫内，请忽必烈过目。忽必烈很有兴致地看着，不时地问着。郭守敬详细地介绍每种仪器的原理和作用。忽必烈听得津津有味，简直入了迷。他整整不知疲倦地看了一天。

第二天，忽必烈在太和殿召集文武大臣，盛赞郭守敬学问渊博，制作精巧，有创造精神。

郭守敬奏道："唐代天文学家一行法师，在开元年间，叫南宫说测量日影。从书中的记载看，当时在全国设有十三个观测点。现在，我们的疆域比唐代大多了。假若不设更远更多一些的观测点，则全国各处日月交食的时间不同，白天黑夜长短不一样，各地与日月星辰的距离远近不等，这就测验不准。要想测准确，需在全国建造二十七个观测站，派人日夜守候。"

忽必烈非常支持他的意见，马上任命了十四名监候官，到各地观测点去，建站进行工作。郭守敬就以河南登封观星台为中心台站，东到高丽（今朝鲜），西去滇池（今云南晋宁东），南过朱崖（今广东琼山东南），北至铁勒（在北极圈附近，相当于今苏联图拉河到黑海一带），纵横四海，跋山涉水，踏烂铁鞋，风餐露宿，在全国范围内，展开了规模宏大的测验活动。

郭守敬不辞劳苦，奔波于全国各地的观察站，收集第一手资料，日日夜夜守候在观测仪旁。经过四年的辛勤劳动，终于在 1280 年编成了新历。忽必烈亲赐名为《授时历》。

1281 年，《授时历》正式颁行全国。《授时历》推算出：一年为 365 日 5 小时 49 分 12 秒。它比今天我们测量出来的地球绕太阳一周的时间只差 26 秒，这是世界历法史上的第一次准测。《授时历》比国际上通行的格利哥里历早三百年！

元世祖忽必烈虽然出身于文化发展比较落后的蒙古民族，但他的思想非常先进，一进入中原，就将接触到的中原地区先进的文化和科技向蒙古地区传播。他认识到了蒙古民族文化和科技的落后，因此，即位之后迅速做出决定，积极采取措施，促进蒙汉民族的融合，大力发展科技和文化，取得了举世瞩目的成就，使其在中国科技文化发展的道路上起到了重要作用。

八思巴就是一个重要的人物，他本是吐蕃（藏族）萨斯迦人，出生于佛教世家，七岁的时候就能诵读数十万字的佛经，国人们都将他称为"圣童"，因此家人就给他取名为"八思巴"（"圣者"的意思）。

窝阔台在位的时候，蒙古发动了对西藏地区的战争，八思巴的伯父萨斯迦·班弥怛·功嘉监藏代表西藏地区的僧俗人民向蒙古表示归顺，

从此，他们就和蒙哥汗与忽必烈等人往来密切。1253年，忽必烈亲征大理，胜利凯旋，八思巴在六盘山谒见忽必烈，对答如流，深受忽必烈喜爱。后来，忽必烈让他管理天下佛教和西藏地区政务。

蒙古初兴之时，没有文字，据《蒙鞑备录》《黑鞑事略》等书记载，那时，凡发命令，遣使往来，皆用口传或刻木记事，很不方便。成吉思汗攻灭乃蛮，掳获了乃蛮的掌印官塔塔统阿。塔塔统阿精通畏兀儿（维吾尔）文字，成吉思汗就让他创制蒙古文字。塔塔统阿受任之后，以畏兀儿字母书写蒙古语言，用来教育成吉思汗的子侄等，正式创立了畏兀儿字体的蒙古文字，后世称为回鹘式蒙古文。但这种文字简略，表情达意不能尽如人意，用起来不算太方便。后来，成吉思汗又用金国降臣帮助他用汉字书写对金对宋公文，在其他少数民族中仍然使用本民族文字，如契丹文、女真文、畏兀儿文以及波斯文等。这种情况，不利于突出蒙古人的特殊地位，不利于民族文化的发展，也不利于大蒙古国的统治。

忽必烈即位以后，充分意识到这一问题，他说："我国家肇基朔方，俗尚简古，未遑制作，凡施用文字，因用汉楷及畏兀字，以达本朝之言。考诸辽、金，以及遐方诸国，例各有字，今文治寝兴，而字书有缺，于一代制度，实为未备。"因此，特任命八思巴重新创制蒙古文字，以便能够"译写一切文字，期于顺言达事"。

八思巴受任之后，遍阅藏文、畏兀儿文和汉文字书，仿照藏文字母创造了蒙古新字字母四十一个（后来又增加两个字母），行款仿照畏兀儿文字，以音节为单位自上向下拼写，行序从左到右。八思巴创制的蒙古新字是一种拼音文字，这些拼音字母按相关字母组合成新字的，叫韵关之法；以二合、三合、四合组成新字的，叫语韵之法。四十一个字母按不同的方式组合，可以组成新字一千多个。用这种蒙古新字拼写蒙古语，比原来的畏兀儿字准确得多。比如，畏兀儿体蒙古文，一个读 s 音的字母，又可以读作 sh、ds、c、z、zh，一字六音，太容易混淆。而在八思巴创制的蒙古新字中，这六个音是用六个字母表示的，分得很清楚。用这种蒙古新字来拼写汉语，就当时的水平来说，也是比较精确的。

八思巴创制蒙古新字以后，上奏忽必烈，忽必烈见了新字，非常喜欢，当即定名为"蒙古新字"。至元六年（1269年），忽必烈下诏以新制蒙古字颁行天下，规定，"自今以往，凡有玺书颁降者，并用蒙古新字，仍备以其国字副之"。后来又下诏，禁止把这种蒙古字称作"新字"，只称"蒙古字"，目的是要确立这种蒙古新字唯一的合法地位。八思巴所创制的这种蒙古新字，后人习惯上称为"八思巴字"。

八思巴字是中国历史上第一个拼音方案，其字母表的设计，特别是它的整个文字系统的建立，都是中国文字史上的一个创举，在中国民族文字史上占有重要地位。

八思巴文字是由忽必烈亲自提出，并在他的直接关怀下创制成功的，是忽必烈以武力平天下转向以文治国的措施之一。八思巴字创制以后，他大力推广，至元六年（1269年）七月，在诸路设置蒙古字学，第二年设蒙古字学教授。至元八年（1271年）又立京师蒙古国子学，以八思巴字教习诸生，于随朝蒙古、汉人百官及怯薛官员的子弟中选拔学员，用八思巴文译写《通鉴节要》，作为教本等。忽必烈在推行八思巴字的同时，并不禁止蒙古等其他少数民族人员学习汉文，当时，许多蒙古人对汉文都很精通。

忽必烈任用八思巴创制蒙古新字，方便了蒙古族的政治、经济、文化交往和经验传播，促进了民族教育的发展，特别是为蒙古族经济、文化的发展做出了重要贡献。

元曲与唐诗、宋词齐名，共同成为我国文学史上的瑰宝，名扬古今中外。

一般认为，元曲的发展分为前后两个时期，前期格调清新，最为兴盛活跃，后期则远远不及。即是说，元曲的最高成就在元代前期。元曲前期的主要代表人物是关汉卿、王实甫、白朴、马致远四大家，其中，关汉卿死于一千三百年，比忽必烈晚死六年，毫无疑问，与忽必烈是同时代人；王实甫虽然生卒年不详，但从零星史料分析，可知他是由金入元之人，主要活动在忽必烈时期；白朴大约死在1306年，在忽必烈死后又活了十二年，其元曲创作的辉煌时期亦当在忽必烈时期；唯有马致远死的晚一些，大约在1321年左右，比忽必烈晚死了二十七年，但他在忽必烈统治时期正值10至45岁风华正茂的时期，其主要成就恐怕也在这一时期。因此，我们可以毫不夸张地说，元曲发展的最高峰是在忽

必烈统治时期。尤其是关汉卿，他基本上与忽必烈同时代，所取得的主要成就都在忽必烈时期，可以确信无疑。关汉卿是大都人，终生从事杂剧创作，被誉为"梨园领袖""编修帅首""杂剧班头"。他才高风流，能吟诗写画，会弹琴吹箫，也能歌唱舞蹈，有时心血来潮，亲自登场演出，是一个能编、能导、能演的大戏剧家。

他一生写了六十多种剧本，现存十多种，其中，《窦娥冤》是他最出色的代表作。

《窦娥冤》的思想性和艺术性都极高，受到各国人民的喜爱，早在1838年就被译成法文传播到欧洲各地，后来又有日译本，苏联还演出过全剧。关汉卿本人也被列为世界文化名人而载入世界史册。

王实甫、白朴、马致远的成就也很高，均名扬海外。

忽必烈时期，元曲为什么会取得如此伟大的成就，固然是关汉卿等剧作家努力的结果，但与忽必烈的统治政策也不无关系。

由于忽必烈实行了一系列发展经济的措施，使元初的农业、手工业，特别是城镇经济有了一定程度的发展，这就为元曲的繁荣准备了充裕的物质条件。适应统治阶级欣赏宴乐和广大市民的文化要求，南北各大城市都出现了大批的伎艺人和集中演出的勾栏瓦肆，特别是大都和杭州，最为兴盛。同时，农村也经常开展戏曲活动，节日、庙会等成为农村的演出日，一些著名演员也经常到各地作场。元曲的这种繁荣只有在天下安定、经济发展的形势下才会出现。这种天下安定、经济发展的形势与忽必烈精心治国是分不开的。

忽必烈建立的元朝，疆域辽阔，民族众多。忽必烈虽然把人分成四等，但不反对民族间的交往、学习、通婚和融合。正是在民族不断交往的形势下，汉族、女真族、蒙古族等各民族的乐曲逐渐融汇，才出现了元曲这一新兴的文学艺术形式。据专家研究，元曲虽是在唐诗宋词的基础上发展而来，但吸收了许多契丹人、女真人、蒙古族的乐曲和文学精华，到了忽必烈建立元朝，正好为这种民族文化融汇提供了前所未有的社会条件，促使元曲迅速走向繁荣。

特别是忽必烈实行各种思想兼容并蓄的政策，允许各种思想自由发展，对元曲繁荣起到了极大的推动作用。当时，蒙元刚刚灭夏、灭金、灭宋，民族矛盾非常尖锐，亡国之人对蒙古统治者的敌对情绪十分强烈。忽必烈对这种敌对思想和情绪只是因势利导，决不随意挞伐，就是有人表示反对政府，或在戏曲等作品中鞭挞社会黑暗和统治阶级的腐朽，他也不兴文字狱迫害文人，随便文人随意嬉笑怒骂、嘲风弄月。忽必烈所实行的这种宽松政策，是当时元曲繁荣的主要原因。因此，我们可以毫不夸张地说，元曲的繁荣也有忽必烈的一份功劳。

忽必烈对各种思想兼容并蓄，实行各种文化自由发展政策，有力地促进了文化的发展，书法和绘画也随之繁荣起来。

忽必烈时期的书法绘画成就很多，其中，赵孟頫的作品影响最大，他是在忽必烈的直接笼络下发展起来的。赵孟頫，字子昂，号松雪道人，是宋太祖赵匡胤嫡传十一世孙。史书说他天资聪颖，读书过目成诵，为文操笔立就，而且学习十分刻苦，有强烈的"学以致用"思想，愿意为国家兴旺发达贡献力量。但是，还未等到他施展才华，南宋就被元军灭亡了。赵孟頫作为宋朝宗室后裔，只好闲居家中。

忽必烈即位以后，为了治理国家，大力搜集笼络人才，颇有求贤若渴的味道。至元二十三年（1286年），他又派遣行台侍御史程钜夫到江南搜访贤才和有声望的人物。程钜夫到达江南，听说赵孟頫很有才气，便劝他北上帮助元世祖忽必烈。赵孟頫经过一番思考以后，决心应召北上。

神采秀异的赵孟頫随着忽必烈的求贤大臣程钜夫来到大都，忽必烈见他才气英迈，神采焕发，有如神仙中人，非常喜欢，特让他坐在右丞叶李之上，并想重用他。可有一些人说赵孟頫是"故宋宗室"，不让忽必烈留在身边。忽必烈不听，先后授予赵孟頫兵部郎中、集贤直学士等职，并想让赵孟頫与闻中书政事，特旨令其出入宫门无禁。赵孟頫受到了忽必烈的特殊优遇。

赵孟頫越受优待，越有人以为他是"故宋宗室"，说三道四。赵孟頫见自己继续留在京师，不但对自己不利，也给元世祖忽必烈增添了许多麻烦，遂力请外出。忽必烈虽经百般挽留仍然留不住，只好出其为知济南路总管府事。

赵孟頫看到自己壮志难酬，便把主要精力放到了书法和作诗写画方面。

在作诗方面，赵孟頫提倡学习李白和杜甫，作文主张师法韩愈和柳

宗元，一扫宋末靡丽纤弱的诗文风气。他在《岳鄂王墓》诗中写道：

> 鄂王坟上草离离，秋日荒凉石兽危。
> 南渡君臣轻社稷，中原父老望旌旗。
> 英雄已死嗟何及，天下中分遂不支。
> 莫向西湖歌此曲，水光山色不胜悲。

这首诗在众多的歌吟岳飞的诗中，别具一番风采，长期为人们所传诵。绘画方面，赵孟頫的成就很大。他擅长山水、花木、竹石、人物、马牛、禽鸟等。他学习绘画特别注意博采众长之后自成一格。他学阎立本的人物画，学南唐董源的山水画，学宋人李公麟的马和人物画，学花光长老以墨晕作梅花，学赵孟坚用笔轻拂他石。每得到一张纸，总是画了又画，才肯丢掉。经过刻苦学习，他的绘画终于取得了重要成就。他画的马形神兼得，栩栩如生。有一天，他的挚友戴表元看他画马，当即题诗说：

> 赵子奇才似天马，顷刻飞龙生笔下。
> 画成抚卷复长歌，坐客喧喧不停写。
> 蹄势轻鞭秋跌荡，鬣毛出跳风萧洒。
> 似嫌文绣减天真，尽脱鞍鞯辔轻把。

赵孟頫的绘画一扫南宋院体，开一代绘画新风，成为元代初期画坛领袖，对元代后期以至明清绘画都有很大影响。赵孟頫的书法，更是别具一格。他自幼苦练写字，临摹各家书帖，仅陈朝智永的《千字文》，就写了五百多张纸。经过长期临摹，他能做到临摹谁就像谁。有一次，他与朋友谈论书法后，当即临写唐人颜真卿、柳公权、徐浩、李邕四家法帖，件件与真迹相差无几。又有一次，他用唐人褚遂良的笔法写了一卷《千字文》，他的朋友从市面上买到了那件作品，以为是唐人真品，拿给赵孟頫看并请他写跋语，方知出自赵孟頫之手。赵孟頫不但注重学习历代书法家的书法，而且注重融会贯通。经过努力，终于形成了自己的风格。他的篆、隶、楷、行、草书"无不冠绝古今"，用笔圆转流美，骨力秀劲，世有"赵体"之称，对后世影响很大。

赵孟頫认为书法和绘画方法相同，他曾作诗说：

> 石如飞白木如籀，写竹还应八法通。
>
> 若也有人能会此，须知书画本来同。

赵孟頫经过多年实践，悟出了书法和绘画的真谛，把两种艺术紧密地结合在一起，推陈出新，取得了举世瞩目的成就，号称"双绝"，名扬天下。当时，四方万里，以至日本、印度人士，都以珍藏他的作品为贵。《元史·赵孟頫传》记载说："天竺有僧，数万里来求其书归，国中宝之。"

忽必烈时期的书画等文化成就，与忽必烈鼓励发展文化是分不开的。

自从成吉思汗建立大蒙古帝国以来，他们就把驰骋疆场，掠夺人口和税赋，扩大统治范围看成是一种光荣而高尚的事业，因此，成吉思汗及其子孙们曾先后三次发动大规模西征，建立了钦察、察合台、窝阔台和伊利四大汗国。忽必烈夺取政权以后，虽然没有继续发动西征，但窝阔台汗国的海都纠集察合台汗国势力与忽必烈急夺汗位的斗争一直没有停止，钦察汗国和伊利汗国则想乘机走上独立发展的道路。忽必烈为了取得对阿里不哥及窝阔台汗国和察合台汗国斗争的胜利，相继承认了钦察汗国和伊利汗国对该地区的统治权，但规定他们必须承认元朝的宗主国地位，汗位继承必须取得元朝大汗许可，并分遣子弟入侍及朝聘往来等，于是，钦察和伊利汗国发展成为元朝的宗藩之国。至于窝阔台汗国和察合台汗国，忽必烈自始至终没有允许他们走上独立发展的道路，名义上仍为元朝直接统治范围，所以，忽必烈同窝阔台、察合台后裔诸王的斗争，是忽必烈巩固汗位和巩固国家统一的斗争，不是对外侵略战争。

忽必烈虽然没有发动西征，但他继承了成吉思汗的事业，仍然把扩大统治范围看成大汗应有的光荣和高尚的事业，在灭宋期间及其以后的一段时间内，相继对日本、安南、缅国、爪哇等国发动了战争。在对外战争及交往中，忽必烈能征者征，能抚者抚。征抚结合，交往频繁。特

别是同欧洲一些国家，采取了和平交往的形式，加强了双方的政治、经济和文化交流。这种征抚结合、弹性外交的政策，成为忽必烈外交的一大特色。

成吉思汗划分四子封地时，长子术赤的封地在额尔齐斯河以西、花剌子模以北，直到蒙古军马蹄所到之处。1235 年至 1242 年，窝阔台派遣术赤第二子拔都率军进行第二次西征，占领了乌拉尔河以西伏尔加河流域钦察、不里阿耳等部族，并征服了斡罗思（即俄罗斯）等地。1242 年夏，拔都接到窝阔台汗去世的消息，班师回国。1243 年初，拔都到达伏尔加河下游，以萨莱城（今阿斯特拉罕附近）为首都，正式建立了东起额尔齐斯河、西至多瑙河、南辖克里木半岛和北高加索的钦察汗国。由于拔都所驻的穹帐使用金顶，故钦察汗国也称"金帐汗国"。在钦察汗国境内生活着花剌子模人、不里阿耳人、莫尔多瓦人、阿速人、希腊人、俄罗斯人、钦察人、康里人、蒙古人等各族人。

在忽必烈与阿里不哥争夺汗位期间，钦察汗国已经进入别儿哥（拔都之弟）统治时期，别儿哥表面上表示拥护阿里不哥，但实际上对阿里不哥与忽必烈的汗位之争并不介入，只是向双方派出使者进行劝和。接着，钦察汗国与伊利汗国为了争夺高加索地区而发生了战争，因为伊利汗国是忽必烈同母弟旭烈兀建立的，所以不能不影响钦察汗国与元朝的关系，钦察汗国开始对忽必烈有所戒备。

忽必烈为了取得对阿里不哥及西北诸王斗争的胜利，表示承认钦察汗对其地区的统治权。至元三年（1266 年），别儿哥去世，拔都之孙忙哥帖木儿即位，正式得到忽必烈册封。海都叛乱，忽必烈为了联合钦察汗国共同打击海都，曾先后四次派遣铁连出使钦察汗国。铁连是乃蛮人，曾任过拔都王傅，为术赤系家臣。《元史·铁连传》说铁连"魁伟寡言，有谋略"，且善于"雄辩"。铁连到达钦察汗国，告以海都叛乱之事，请求忙哥帖木儿出兵夹击，忙哥帖木儿当即表示，"祖宗有训，叛者人得诛之。如通好不从，举师以行天罚，我即外应掩袭，剿绝不难矣。"后来，忙哥帖木儿虽曾一度出兵，但不久即与海都和好，曾与海都联合攻打察合台后王八剌，既而，与海都、八剌在答剌速河畔举行大聚会，划分了各自在中亚地区的势力范围，并支持八剌进攻伊利汗国。至元十三年（1276 年），皇子那木罕和丞相安童率兵抵御海都，由于蒙哥之子昔里吉叛乱，皇子那木罕被劫送到与海都联盟的钦察汗国，一拘留就是八年，直到至元二十一年（1284年）脱脱蒙哥即位时，才将那木罕遣送还朝。同时，脱脱蒙哥致书忽必烈，表示臣服。从此，钦察汗国与元廷的关系才走上正常发展轨道。

忽必烈时期，虽然与钦察汗国的关系一波三折，但并未影响双方的政治、经济、文化交流。

这一时期，钦察汗国的主要政治、经济制度和组织，都是仿照大汗之廷规制的。在元朝通行的驿传制度开始在钦察汗国生了根，忽必烈发行的纸钞也开始在钦察汗国的大地上出现，火药和火器也传入钦察汗国，俄罗斯等武士均从蒙古人那里学会了铁火罐等使用火药引起燃烧和爆炸的新式火器。不少元朝工匠被迁至钦察汗国，在那里从事武器制造、铜镜制造等工作。俄罗斯等贵族开始采用东方服饰，也穿起了皮靴、长衫，戴上了圆帽，扎起了腰带，配上了桦皮弓和蒙古弯刀等。钦察汗国的人们也普遍形成了饮茶的习惯等等。内地的经济和文化对钦察汗国的影响实在不小。

钦察汗国的文化对元朝的影响也很大。钦察、阿速、俄罗斯等族的将士和工匠纷纷入居元朝，忽必烈夺权时期，就有一大批钦察人曾经跟随着忽必烈征伐大理和南宋，为了方便管理，忽必烈还曾经将钦察人单独召集在一起，组建了一支独立的军队，并将其列入宿卫军。至元二十三年（1286年），又为其特别设立了钦察卫，大约有行军千户十九所，屯田三所，还曾经调集了一千五百一十二名卫士在清州等地进行屯田。忽必烈也曾将阿速人组建过单独的军队，也将其列为了宿卫军，至元九年（1272年），正式设立了阿速拔都达鲁花赤，为阿速军招募将士，编成阿速正军三千多人，又选阿速揭只揭了温怯薛丹军七百人，作为忽必烈的车驾随行，保卫京城等。

第二十二章

四处征战　国库空虚

忽必烈时期，文化科学都得到了很好的发展，为元廷服务、属于钦察汗国地区就有很多著名的将领和科学家，其中影响最大的就是土土哈和不忽木等人。

土土哈（1237 年—1297 年）属于钦察人，班都察的儿子。拔都西征时，班都察曾经向蒙古投降，后来又投奔到忽必烈的帐下，随后便跟随着忽必烈征伐大理和南宋。到了中统元年（1260 年），土土哈也加入了忽必烈的大军，与其父亲跟随忽必烈征讨阿里不哥，并在战争中立下大功，父亲死后，土土哈便承袭父职作为了循卫哈刺赤长。至元十四年（1277 年），海都叛乱时，土土哈率领着钦察军从伯颜北征，在追击脱脱木儿及昔里吉时，立有战功，得到大量赏赐。后来，被提升为枢密副使兼钦察亲军卫都指挥使，得到自任族人为官属的特权。又在平定乃颜、哈丹叛乱和抵御海都等西北诸王叛乱斗争中立下汗马功劳，受到忽必烈赞扬。

不忽木（1255 年—1300 年）出身于西域康里贵族家庭。"康里，即汉高车国也"。高车，也称丁零，魏晋以后称敕勒、铁勒等，南北朝时为突厥所并，隋时发展为回纥，在反抗突厥的斗争中不断发展壮大起来。唐德宗时改称为回鹘，元朝时大部分发展为畏兀儿，其中一部为康里。据陈垣先生考证，康里在畏兀儿西北，为成吉思汗长子术赤所封之地，即属于钦察汗国之人。不忽木的祖父海蓝伯和父亲燕真均为成吉思汗所俘，燕真被赐给庄圣皇后（忽必烈母唆鲁禾帖尼）抚养，后来送给忽必烈为侍从。因此，不忽木得以留在忽必烈身边。并给事太子真金之东宫，从学于大儒王恂、许衡等，成为儒家思想的忠实信徒。忽必烈晚年提拔为中书平章政事，为忽必烈晚年的政治稳定作出了重要贡献。

钦察汗国地处欧亚北路交通要冲，欧洲商人和使节大多取道钦察汗国来元朝，他们走这条路虽然比较艰难，但很安全。元人前往欧洲，也有不少人通过钦察汗国。也有的商人先将货物运到钦察汗国，再转运到元朝；元朝商人也将货物运到钦察汗国，再转运到欧洲等地。因此，钦察汗国的首都萨莱成为沟通东西的国际性都市，输入产品极多，且成为东西方交往的中转站。钦察汗国在沟通欧亚交通，促进欧亚政治、经济和文化交流方面，作出了重要贡献。

伊利汗国是忽必烈的三弟旭烈兀建立的。1252 年，蒙哥汗派遣旭烈兀率军进行第三次西征，旭烈兀在成吉思汗和窝阔台时期占领波斯大部分领土的基础上，攻陷报达（今伊拉克巴格达），灭掉黑衣大食（阿拉伯帝国阿拔斯王朝），又分兵攻占叙利亚等地。蒙哥死后，忽必烈与阿里不哥开始争夺汗位，忽必烈为了取得旭烈兀等人的支持，派人告知旭烈兀道："各地区有叛乱，从质浑河（阿母河）岸到密昔儿（埃及）的大门，蒙古军队和大食人地区。应由你旭烈兀掌管，你要好好防守，以博取我们祖先的美名。"正式答应将阿母河以西直至埃及边境的波斯地区的蒙古、大食等军民划归旭烈兀统治，正式建立了伊利汗国。伊利是突厥语"从属"之意。旭烈兀以"伊利"为汗国名称，表示他愿意从属于大汗忽必烈。确实，在所有的宗藩之国中，伊利汗国与元朝的关系最为密切，在忽必烈与阿里不哥、北方诸王斗争中，伊利汗都站在忽必烈一边。

旭烈兀以后，伊利汗国的汗王即位，都必须接受元朝册命方为生效。《史集》记载，旭烈兀以后，诸王和大臣们一致拥护旭烈兀的长子阿八哈继承汗位，阿八哈说："忽必烈汗是长房，怎能不经他的诏赐就登临汗位呢？"后在诸王和大臣们的强烈拥戴下，阿八哈表示同意继承汗位，但要权摄国政，同时遣使向忽必烈报丧，请求忽必烈册命他为汗。在忽必烈合罕陛下的急使送来以他合罕名义颁发的玺书前，他端坐在椅子上治理国家，始终不坐大汗之宝位。直到至元七年（1270 年），忽必烈派来使者"带来了赐给阿八哈汗的诏旨、王冠、礼物，让他继承自己的父亲成为伊利地区的汗，沿着父祖的道路前进"，才"第二次登上汗位"，正式举行即位大典，"照例举行了欢庆仪式"。此后，伊利汗接受元朝大汗册命，正式形成为制度。

忽必烈在册命伊利汗即位同时，颁授给伊利汗印玺作为权力的象征，忽必烈先后赐给伊利汗的印玺有"辅国安民之宝"和"王府定国理民之宝"等。现存 1279 年阿八哈汗颁发的一张敕令上，盖有汉字"辅国安民之宝"方印，就是忽必烈颁赐给阿八哈的汗印。当时规定，在伊利汗颁发的诏敕、国书中，都必须把元朝大汗列在他的前面，如至元二十六年（1289 年），伊利汗国阿鲁浑汗给法国国王菲力四世的国书中，开头便写"长生天气力里，大汗福荫里，阿鲁浑谕法朗国国王"。伊利汗的铸币上，也把元朝大汗之名列在旭烈兀之前，其上阿拉伯文曰："最大可汗、伊儿汗大旭烈兀。"这一切，都充分说明元朝与伊利汗国的关系是一种宗藩关系。元朝与伊利汗国的关系始终十分密切。官吏任用也常常互相交换。比如，阿八哈汗曾经派遣伯颜入元廷奏事，忽必烈见伯颜体貌雄伟，奏事清楚机敏，非常喜欢，便留在自己的身边，后来任为灭宋统帅及丞相、枢密院长官等，成为忽必烈一朝最为显赫的人物之一。忽必烈也曾派遣撒儿塔与奥都剌合蛮等出使伊利汗国，钩考他在伊利汗国的属民与分户应缴的财物。至元二十年（1283 年），忽必烈又派遣丞相孛罗和拂林人爱薛出使伊利汗国，爱薛充当翻译。两人到达伊利汗国，见到阿鲁浑汗，深受阿鲁浑汗器重，阿鲁浑汗于是奏请忽必烈，把孛罗留下作为自己的丞相。从此，孛罗丞相定居伊利汗国，相继辅佐阿鲁浑、亦邻真朵儿只（海合都）、拜都、合赞、合儿班答（完者都）等人治国，为伊利汗国的发展作出了重要贡献。

忽必烈与伊利汗国交往频繁，促进了双方政治、经济和文化的交往与发展。据周良霄等人研究，元朝的政治、经济和文化制度对伊利汗国影响很大，其汗廷的组织与制度，几乎完全同于蒙古汗廷，选汗的忽里台制度、汗的即位仪式等都沿袭蒙古制度，与元朝一模一样。伊利汗国定都桃里寺（今伊朗阿塞拜疆大不里士），以蔑剌哈为陪都，亦仿效忽必烈实行冬夏两都巡幸制度。此外，陵墓的禁地设置、后妃的守宫继位、宗王出镇与分封制度、四怯薛制度、达鲁花赤制度、驿传牌符制度、崇信佛教及对各种思想兼容并蓄政策、军户的份地采邑制度、斡脱制度以及风俗方面的妻后母、兄死妻嫂、饮金屑酒宣誓、萨满占卜等，都几乎与忽必烈时期的元朝一模一样。伊利汗国还将忽必烈所行钞法搬移过来，也采用雕版印刷纸钞，发行全国。伊利汗国发行的纸钞完全仿照元朝至元钞，长方形，上面也有汉文"钞"字，四周纹饰照样刻印，不过多了阿拉伯文的颁发年份而已。钞面价值从半个迪尔汉到十个第纳尔不等。这是在辽宋金元以外的世界上第一次发行纸钞，具有重要意义。

忽必烈在将元朝政治、经济和文化传播到伊利汗国的同时，也大量吸收了伊利汗国的科技和文化。早在忽必烈出兵灭宋时，就曾遣使向阿八哈汗征用炮匠，阿八哈汗即遣炮手阿老瓦丁、亦思马因等赴元朝应命，将新火炮技术传入元朝。伊利汗国的天文学有一定的成就，忽必烈让来自叙利亚西部操阿拉伯语的拂林人爱薛掌管西域星历和医药二司，开始将回历算介绍到元朝。接着，西域天文学家札马鲁丁根据回族天文学撰成《万年历》进献忽必烈。后来，郭守敬创制《授时历》时，大量吸收伊利汗国的天文学知识。忽必烈在恒星观测方面开始编制星表，主要是学习撒马尔罕和马拉格天文台的经验而后才实行的。郭守敬改革和设计的十三架天文仪器，在数量上与马拉格天文台相仿，功用也大体相同，其中简仪尤其有名，实际上是在学习马拉格天文台的黄赤道转换仪而后制成的，由于青出于蓝而胜于蓝，故称简仪。伊利汗国的医药学也颇为有名，当时大量传入元朝，为元朝医药学的发展输入了新鲜血液。

总之，在忽必烈时期，有大量的伊利汗国境内的波斯、阿拉伯等各族人入元做官，经商、行医和从事各种手工业等，也有不少汉族官员、文人、工匠和商人等留居伊利汗国，双方往来如同一家，经济文化交流发展到前所未有的程度，对促进双方政治、经济和文化的发展做出了重要贡献。

此外，伊利汗国地当欧亚南路交通要冲，通过伊利汗国境内的传统的"丝绸之路"以及从波斯湾到泉州、广州的海路都十分活跃。忽必烈曾经派遣扎木呵押失寒、崔杓持金十万两，通过伊利汗阿八哈市药于狮子国（今斯里兰卡）。又曾经颁给列班·扫马和马忽思二人铺马圣旨，允许他们赴耶路撒冷朝圣。列班·扫马通过伊利汗国出使罗马教廷和英法等国，加强了中国和西方各国的往来。忽必烈通过伊利汗国，确实为中西方的发展及其政治、经济和文化交流作出了不可磨灭的贡献。

高丽是918年由王建建立的政权，都城开京（今朝鲜开城）。高丽

政权建立以后，先后灭掉新罗和百济，统一了朝鲜半岛。当蒙古军队进入中原灭金取宋时，高丽处于高宗王统治时期（1214年—1259年）。

元太祖十年（1215年），成吉思汗攻占了金朝首都中都（今北京），十一年，一部分反蒙契丹武装逃至高丽，攻取江东城而据之。元太祖十三年（1218年），成吉思汗为了消灭这支反蒙武装，派遣哈只吉、札剌等率领军队进入高丽，哈只吉请求高丽出粮出兵援助，于是，蒙古和高丽联合镇压了这支契丹武装。事后，哈只吉曾表示，愿意和高丽结为兄弟之邦。

但成吉思汗不愿意高丽与他们平起平坐，令高丽为臣下之国，并派遣使者催督高丽向蒙古缴纳岁贡，因此，引起蒙古和高丽的连年战争。

当时的高丽哪里是蒙古的对手，高丽国王王燉只好将世子即王储（相当于汉人的太子）王倎派到蒙古做人质，以换取暂时的和平。

中统元年（1260年）年，忽必烈即位，正值高丽国王王燉亡。陕西宣抚使廉希宪向忽必烈建议说，高丽国王曾遣其世子王倎入觐以为人质，如今已经三年了。现在王燉已死，如果乘机礼送王倎归国，帮助他继承王位，王倎"必怀德于我，是不烦兵而得一国也"。忽必烈听了，觉得很有道理，于是决定改变以前对高丽的征讨政策，实行挟植驯顺国王的招抚政策。忽必烈盛礼款待王倎，派兵护送归国，帮助王倎继承高丽国王之位，是为高丽元宗。

忽必烈扶植王倎（后改名王植）即位以后，发布诏书，表示"解仇释憾，布德施恩"，答应王植可以恢复高丽往日疆土，保证王氏家族安全等，但高丽必须"永为东藩"。王植高兴地答应了。从此，蒙古和高丽结束了几十年的战争，两国进入宗主和藩邦的和平相处时期。

王植当上高丽国王以后，除自己亲自向忽必烈朝觐以外，还遣世子王愖（又名王賰，后改名王昛）等人入元朝觐。中统元年（1260年）六月，王倎遣世子王愖以自己更名王植之事奉表告知忽必烈，这是王愖第一次使元。至元六年（1269年）四月，王愖又一次入元朝觐。六月，高丽权臣林衍由于不满意王植附元，起兵逼迫王植退位，改立王植弟弟安庆公王淐为国王。林衍害怕元朝不满意，谎称王植病危，不得不传位给王淐，并上书元朝，企图骗取忽必烈批准。这时，王愖已离开元朝首都（今北京）返国，当王愖走到婆娑府（今辽宁丹东一带）时，听说国内发生政变，并了解到实情，立即返回元朝首都向忽必烈报告。忽必烈听后，大怒，立即派遣斡朵思不花、李谔等赴高丽了解情况，接着，敕令王愖率兵三千，与大将蒙哥都等人前往征讨高丽，解决高丽政变问题。同时，忽必烈又派遣中宪大夫、兵部侍郎黑的等人持诏前往高丽，令王植、王㥠、林衍同时入朝"面陈情实，听其是非"，又遣头辇哥国王等率领大兵压境，如果三人不按时来朝，即用武力解决。林衍心虚，不敢来朝，不得不废弃王㥠，重新拥立王植复位。林衍不久病死，其子侄和同党不是被处死，就是被流放，政变者受到了应有的惩罚。接着，忽必烈令忻都、史枢为凤州（黄海凤山道）等处经略使，领军五千屯田于金州；又令洪茶丘领民二千屯田，而以阿剌帖木儿为副经略司，总辖之，从政治、军事方面加强对高丽的控制。

忽必烈帮助王植恢复了王位，王植感激涕零，至元七年（1270年）初，亲赴大都（今北京）拜见世祖皇帝忽必烈，表示感谢，同时上书中书省为世子王愖请婚，恳请世祖皇帝把公主嫁给自己的儿子。忽必烈见高丽王请求和亲，也有意通过这种政治联姻将高丽对元朝的依附关系进一步巩固下来，因此，他没有拒绝，只是说通婚是件大事，不能因为来京办其他事而顺便求婚，显得很不郑重，如果确实想联姻的话，就请国王回国后再派使者专程前来求婚。

至元八年（1271年）正月，王植再次遣使向元朝上表请婚。七月，王植又派王愖等二十八人入侍元朝。由于高丽一再请婚，忽必烈终于答应了这桩婚事。这样，入侍元朝的高丽世子王愖就成了元王朝的未来驸马。王愖为了讨取忽必烈的欢心，主动改穿蒙古服装，学习蒙古族的一些风俗习惯等等。王愖在元朝居住接近一年，至元九年（1272年）初返回高丽。十二月，王愖再次入元。到至元十一年（1274年）五月，忽必烈把自己的女儿忽都鲁揭里迷失（为阿速真妃子所生）嫁给王愖。两国通过和亲，关系更加密切了。

至元十一年（1274年）六月，王愖在大都完婚不到一个月，王愖的父亲王植就病死了。王植在遗嘱中明确指出由王愖继位，在给元朝上奏的遗表中也说王愖"孝谨，可付后事"，请求元朝尽快批准他为高丽国王。七月，忽必烈下诏，正式册封王愖为高丽国王。八月，王愖回到高丽，举行盛大典礼，正式即位，成为高丽史上的忠烈王。

　　忽必烈从派兵卫送王愖回国即位到将驸马王愖扶上高丽王的宝座，把元朝和高丽的关系推向一个新的阶段，可以说，忽必烈时期，是元朝和高丽两国最为友好时期。

　　然而，忽必烈时期的两国友好却是不平等的，一个是宗主国，一个是臣下的藩国，忽必烈决不允许一个藩国的国王与他平起平坐，因此，在政治制度以及风俗习惯等方面都做了不同规定。高丽国王过去模仿中国帝王，自称曰"朕"，对下面的指示命令曰"宣旨"，国王宣布的减罪免罪令称"赦"，百官向国王的报告和建议也称"奏"。忽必烈认为高丽国王作为藩王不应该使用这些字眼，令其改正。高丽国王只好唯命是从，把自称的"朕"改为"孤"，把对下的命令"宣旨"改为"王旨"，把减免罪行的"赦"改为"宥"，把百官向国王报告和建议的"奏"改为"呈"。

　　在政治制度方面，忽必烈虽然允许高丽保留原有的政权机构和制度，但"遣使谕旨，凡省、院、台、部官名爵号，与朝廷相类者改正之"，高丽于是将政府官称改为金议府、密直司、监察司等。元朝又在高丽首都及其重要地区派驻达鲁花赤，以监视高丽国王和各级官吏，干涉高丽军国大事。后来，忽必烈为了进行远征日本的准备和军事部署，特设征东行中书省，以高丽国王为丞相，高丽成为元朝的一个特殊行省。忽必烈还规定，高丽必须向元朝送纳质子，赞助军役，输送粮饷，定期向元朝朝贡等等，为此，忽必烈将驿站制度推广到高丽，大大方便了交通。忽必烈还规定，高丽必须使用元朝历法，每年都向高丽颁赐国历。由于高丽为臣下之国，所以，高丽国王在接见元朝诏使或达鲁花赤时，都是东西相对而坐，也就是通常所说的"分庭抗礼"。高丽国王与元朝大臣分庭抗礼，说明高丽国王已经降到与元朝大臣相等的地位。后来，由于忠烈王王愖成了天子忽必烈的驸马，身价倍增，接见元朝诏使和达鲁花赤时，王愖坐北向南，元朝诏使和达鲁花赤则分列东西相向而坐，虽然改变了以前高丽国王的屈辱地位，但仍然不能和元朝皇帝等同。

　　忽必烈时期，元朝和高丽两国地位虽然不平等，但双方建立了十分亲密和友好的关系，双方人员往来十分频繁，不少高丽人到元朝学习并在元朝做官，元朝也有不少人到高丽做官。高丽使节频繁入元朝觐，特别是尚公主的忠烈王王愖，先后十一次入元朝觐，并且引经据典地说，"朝觐，诸侯享上之仪；归宁，女子事，亲之礼"，要求与公主一起入元。这些使节入元朝觐，规模都相当大，比如，至元二十一年（1284年），王愖和公主一起入元，扈从臣僚竟达一千三百多人，一般使节朝觐每次也不少于数百人。这些使节人元时都带去大批礼物，凡是高丽有特点的产品以及金银财宝等，都应有尽有。元朝更是以天朝大国自居，不占小国便宜，每次都给予来使大量回赐。实际上，每次使节往来都是一次重要的经济文化往来。这样，元朝与高丽的经济文化交流便呈现出空前繁荣的景象。

由于双方往来密切，思想文化日益接近。两国虽然语言不通，但汉字在高丽普遍通行，政府设有各级各类学校，以《资治通鉴》为课本，学习唐宋经验，实行科举，以儒学取士。元朝至元十七年（1280年），高丽国王曾下令，"今之儒士，唯习科举之文，未有精通经史者。其令通一经一史以上者，教育国子"。在全国全面推行儒学教育。在高丽王王愖的倡导下，蒙古族的一些风俗习惯也在高丽渐渐流行。同时，元人从高丽人身上也学到了不少东西，如高丽的音乐舞蹈，对元人影响很大。火熊皮、香樟木、金漆、蜃楼脂（鲸鱼油）等物品的输入，也丰富了元人的物质文化生活。

忽必烈改变了一直以来对高丽的征伐政策，开始在高丽政权中寻求忠实的代理人，希望用和亲的政策来加强两国的友好和平，这无疑是一种明智之举，这样的政策为后世维系两国和平奠定了基础。忽必烈以后，元朝皇帝曾经多次将本国的公主下嫁给高丽国王为妃，而蒙古的皇室贵族也有很多人迎娶高丽女子为妃。到元朝后期，甚至后宫之中出现了两位高丽皇后。忽必烈的这一创举，为维系元朝与高丽的友好关系创造了奇迹。

回溯中国的历史，中华大地上每一次皇朝的更迭都会影响到高丽。高丽就如同中华的连体儿一般，岁岁年年都要默默地承受战争带来的震撼。视天下四海为已有的忽必烈更不能例外。中统元年（1260年）三月，刚刚建立新政权的忽必烈还没有立足脚跟，就有了征服高丽的雄心，他曾经对高丽派过来的信使说过，将高丽与顽强抵抗的南宋混为一谈，其深意不言自明。高丽自然不敢与蒙古的铁骑进行较量，只能一次又一次地在忽必烈苛刻的条件中妥协。

但忽必烈既然视"太阳能照射到的地方均为吾土",怎会对日升之国没有一点征服的欲望呢?既然日本国拥有无数的黄金、珠宝、钻石、玉器,怎能不把它掌握在自己的手中呢?当忽必烈如雄鹰一般,在高丽的天空上飞舞时,他那双敏锐而又饥渴的眼睛,已紧紧地盯上了东瀛。

自至元二年(1265年)起,忽必烈就开始了他征服东瀛的序曲。

他先是三番五次地派信使到东瀛,修书内容多是欲与毗邻结好之词,最多也不过是在信尾附上一句"若不与吾修好,吾将视汝为敌"之类略带威胁的话。

可日本国是深受中华儒家理念熏陶的国度,面对蒙古人篡夺了华夏皇权已是视之为"僭越",视之为"野蛮践踏了文明",又怎肯与茹毛饮血、在荒原中放牧的蒙古人修好?面对忽必烈信使接踵而至,日本天皇开始还以礼相待,继而便拒之不见,后来索性将信使扣押数月,方才放还。

忽必烈龙颜大怒。下令龙广天书为元帅,率二万五千名大军东去征服日本。龙广天书及其属下均是旱地征战的好手,却从未有过水战的经验,在渡海侵袭了对马、歧两岛后,遇到大风,元军船舰尽毁。龙广天书只能携余部返回了大元朝,承受了他生平第一次战败的苦恼。

接下来,由于忽必烈忙于征服安南、爪哇的同时,还要时刻警惕西北防线,便暂缓了征东的举动。但忽必烈从未忘记东海那边肥沃与桀骜不驯的东瀛,现在,忽必烈觉得时机来了。

首先是近两年风调雨顺,国库丰盈,再有就是自己年事已高,须加紧完成一统天下的宏志。当然还有两个极为重要的原因就是降俘的宋军及塔儿浑部族这两个问题。自南宋灭后,大元朝俘虏了宋军兵卒二十余万,这些降俘兵卒被化整为零,分到了大元军营的各个地方。这些兵卒中颇有些"念旧",时不时会惹起几宗小型的反叛之举。忽必烈看在眼里,记在心上,此番远征东瀛,他指明了由这些降虏打头阵。

但打仗就需要耗费人力和物力,忽必烈建立元朝之后,一直带领着根基不稳的国家南征北战,致使国库空虚,因此才四方搜寻人才,为自己收敛钱财,以补充国库的不足,卢世荣就是其中一个。虽然他很懂得敛财之术,但往往会得罪朝中不少权贵,给忽必烈带来了很多烦恼。

且说忽必烈陛下为大元朝财力之事烦恼之际，便想外出散散心，遂与南必一起驱车朝斡难河飞驰而去。南必皇后是元世祖忽必烈的第二任皇后，继察必皇后之后守正宫车轮滚动着，马奶酒的威力越来越大，最后完全主宰了人的灵魂。

　　忽必烈和南必同坐在一辆宽敞的马车上。车厢四周用名贵的貂皮相围，四边是用兽皮铺盖的木凳，中间有一个不小的方桌。桌上酒杯盈满，菜肴飘香。二人一边饮酒，一边说笑着。

　　忽必烈笑问："南必还没见过蒙古汗王祭祖的场面吧？"

　　"没有，我只见过一位功盖千秋的汗王。"

　　"你又恭维我了。"

　　"南必说的是心里话。此番回家，太让我兴奋了。"

　　"家？我们要驻扎在呼兰皇后家，怎么是你家。又说笑了，该罚。"忽必烈说着，捏着南必的脸蛋，笑道。

　　"陛下，民女冤枉。"南必佯装着痛不欲生的样子。

　　"何冤呢？"忽必烈非常喜欢南必的调皮，不禁也佯装审案的样子问。

　　"民女是大草原上奔跑的小鹿，饮的是母亲河斡难河的乳汁，吃的是长生天赐给的青草。请老爷明察。"

　　忽必烈哈哈大笑起来，南必也伏在忽必烈的膝上笑疼了肚子。

　　两人说笑着推杯换盏，不一会儿，二人就酣醉着进入了甜美的梦乡……

　　呼兰皇后的车辇就跟在忽必烈的车后，听到前边的车中不时传出的笑声，心里没有一丝妒意。自从陛下得了南必后，心情畅快，很少发脾气。而南必被封为皇后之后，仁贤善良，在四大斡耳朵中颇有人缘。按蒙古汗王们的习惯，四大斡耳朵里主管事情的都可称为皇后，呼兰就是忽必烈的斡耳朵里的一位皇后，与南必皇后私交甚好。

　　呼兰的侍女阿勒塔妮坐在呼兰身边，也听到了传来的阵阵笑声，不禁羡慕道："我要能像南必皇后般漂亮，该有多好！"

　　"小丫头！想让陛下临幸你不成！""皇后，"阿勒塔妮脸红了，"我是个从小离家的孤儿，多亏皇后带我入宫，唯有侍奉好您，方能报得大恩，我怎么会离开您呢。"

呼兰皇后笑了："好一张利嘴！拿酒来，我有些渴了。""是。"

很快车过斡难河，来到了呼兰家的毡帐前，猎狗把她从酣醉中唤醒。她突然想到了生身的老母，索性背着金弓、银囊跑下车来，牵着挂在车边的坐骑，奔自家的毡帐走去了。呼兰也是忽必烈的斡耳朵中的女人，这回伴着皇上、皇后来到了她的家乡斡难河畔。忽必烈汗仍在酣醉中。

忽必烈汗和南必皇后就在呼兰家酣醉中不起。

次日清晨，百鸟还没有鸣叫之时，忽必烈就醒了过来，他和南必相视看了一眼，都兀自笑了起来。

忽必烈汗和南必回到自己的金帐，这时，他们醉意已被驱除。突然，唤起呼兰来，左右人急忙回禀："陛下，呼兰皇后回家探她的母亲去了。"

忽必烈一阵苦恼："走了？那么，我的金弓呢？"

"仍在呼兰那儿？"南必问一下身边的怯薛，怯薛点一下头。

也许左右人已经意会，大蒙古国素有"没有陛下的赐准，金弓离帐，隔夜不归，以死刑处之"的规定，忽必烈正为此事恼怒之时，呼兰匆忙地从家里拎着银囊回来了，却不知弓丢在了什么地方。

忽必烈见此情形，更是火上浇油，一怒之下，唤来八思巴，令他翻开钦定《青册》，确有关于金弓之载，因此，要按先汗青册判决呼兰为死刑。

平定周边之乱后，忽必烈陛下有意让八思巴整理《青册》，平时，忽必烈也是很少按《青册》治人之罪。

呼兰是忽必烈一个大斡耳朵之妃中较美丽的一位，南必也很喜欢她，她不但弓马娴熟，而且能说会唱，在淮北师从过一些说唱名家，还师从过王社教、元好问、白朴、马致远等名家学词治文，得到李令华等名家治学之真传，忽必烈在悠闲之际总会找她作伴，此次违律，忽必烈真不忍判她死刑，所以召她来，只是想问个明白，但呼兰心中不知，很害怕。

呼兰说道："难道，金弓一夜不归帐，还能起到阻汗返朝之罪吗？"

忽必烈点一下头说："起来吧，你说的我已明白，《青册》从你开始破例了。"三百人的胡笳、火不思乐队，奏起了《忽必烈汗之歌》。

金帐前，一千人的看台之上，坐满了忽必烈汗的亲族、将领们。按照古老的风俗，大会第一项就是祭鹰族，他们要欢迎忽必烈回到怯绿涟河，还要祭战神苏鲁锭，由萨满教主人腾格里主祭。

接着，又是祭圣山，忽必烈站在看台中央，把带子搭在臂上，把皇冠捧在怀里，向不儿罕山敬了九叩礼，接着，指蘸奶酒，弹向不儿罕山，泼进斡难河水，接着，公祭性的泼酒开始了，无数的部众们，向山、水弹祭奶酒，奶酒春雨般的下着，空气中充满了乳香、酒香，白云也像是醇乳凝成的。

忽必烈坐在龙座上，九大臣子把他连同雕花的龙座，高高地抬起。龙座是九张白马皮包裹而成的。这样簇拥着，绕场一周，数万之众，扬起片片的白色花朵。龙座一直被抬起放进金帐里。

数千名的亲族、将领们、夫人们、侍从们，聚在等级不同的帐幕内，一般部众"蘑菇圈"般的围拢着，煮熟的全羊成车的运来，成排的皮桶里，满是芳香的奶酒。忽必烈坐在高大的金帐里，稍低的位置，右翼是哈萨尔亲族们，还有九大臣子们，左翼是河兀伦系的娘家人，还有呼兰的族人。忽必烈面前，金器、银器、毛皮、刺绣堆积如山，他大把大把地赏给人们。

凡是进帐拜忽必烈的人，不管其身份、等级如何，都领到了珍奇的赠礼。忽必烈乘兴喝了很多的酒，他每喝一碗，都要奏起乐来，众人起立，男人在他面前，女人在南必皇后面前，翩翩起舞。

此时如同一个欢腾的节日顶峰，远远的部族使者也陆续到来，他们听说老年的忽必烈陛下回到怯绿涟河，他们都携带着礼物送来，忽必烈将大部分礼物分赠给大家。

九千部众的九千匹骏马，马尾上都系上了红绸，赛马时，从远处看，就像满天红霞落在草原上。

比箭之时，羽箭跟刮风似的，草原都伏在地面上，唱歌跳舞时，山峰在摇摆，河水在翻浪。

跳舞跳到第九天时，九千部众从九千尾马上解下红绸，围成一个圆圈，跳起团圆舞，跳到高兴之时，就摘下长弓，弹着弓弦，发出"嗡嗡"之声，跳到最狂热之时，拔出腰刀，弹着刀背，发出"当当"之声。

九千双脚，踏出九十个圆圈，踏平了九十圈花草，花瓣挂在靴筒之上，随着舞步飘荡，唱呵，跳呵，胡笳和着四弦的"火不思"把日唱停了，百灵鸟也收住了翅膀，不儿罕山的森林也舞起了松涛。

从这以后，才出现了彩虹蘑菇圈，每当甘露降落之后，在九千部众围成的九十个圆圈之上，就圈出长了洁白的草蘑。每当降雨之后，天空就出现了彩虹。——它们都是欢庆忽必烈回到怯绿涟河呀！

呼兰的族人之首是者革力，他眉开眼笑，充满智慧的眼睛，献出了祝酒词一般的诗句，很悠扬的歌声，让忽必烈和南必听得心旷神怡。

忽必烈和南必皇后坐在正席之上，他们用持重而温暖的目光，投射在众臣子的脸上，显然是在掂量着他们的分量。而呼兰的族首者革力在狂欢狂吟之后，则大笑着走出宴会大厅。

者革力登上一匹白马，银镫映照雪光，忽东忽西，箭一般的来往穿行，从这个万户到那个万户，从这个二千户到那个千户。者革力身穿白袍，套着貂皮坎肩。唯独帽顶之上镶缀着铜制的小鹰，闪着金光。

此时者革力已到一个疯狂的境界，他被一种权力欲望冲得头昏脑涨，翻身下马，来到忽必烈面前说："启禀陛下，长生天的两道圣旨，均被我从天上驮了回来。第一道圣旨，教手推日月的忽必烈陛下再活上八十年，尽管操九种语言的百姓，指令——山川为您倾向，江河为你流淌，五畜为你供肉，虎豹为你站岗。我的汗主，长生天还说了第二道指令，他命我为萨满教主。"

南必一愣。忽必烈也惊惑不已。

者革力说："第二道指令教活吞牛狗一样的者革力替陛下管漠北。陛下您只须待在上都几日，回大都去吧。日后，这里就有者革力来管，如何？"

忽必烈和呼兰都沉默不语，南必大笑起来，笑得者革力有些莫名其妙。者革力心想，你南必只不过是一个小丫头，又能奈我何？者革力把心一横，心想，成败与否，在此一举。于是，者革力大唱不止，且手舞足蹈。

正在这时，有一只猫头鹰飞来，落在金帐前的白色鹰旗顶之上，一连"嗷嗷"叫了三声。

忽必烈陛下心中不禁悚然，预感到灾祸要临头。南必则附在忽必烈的耳畔说："陛下，不可听信妖言惑众。"

忽必烈用手指了一下猫头鹰说："皇后，快把它射杀了。"

南必受令后，随即搭上雕翎箭，张开七石弓，"嗖——"的一声过去，不料正在此间，忽有一只喜鹊从旁飞过，正巧撞在南必的箭镞之上，"噗啦"一声落了下来，顿时丧命，而那只可恶的猫头鹰却死里逃生，又"嗷嗷"一阵狂叫，慢慢地往天边遁去了。

第二十二章　四处征战　国库空虚

第二十三章

女子救急　漠北迎战

　　南必皇后搭弓射箭，不但没有将猫头鹰杀死，反而将飞来的喜鹊杀死了，南必也很懊恼，她不因手乏而弓落，是因为她心中郁懑，把弓弃在地上，念了一声"不幸的吉鸟啊，不幸的吉鸟啊"。她手捧起这只中箭的喜鹊，对着竖在金帐右侧"金鲁锭"祈祷了几句。

　　者革力说："陛下，以前我听说你曾与七个晃豁坛的人一鼻孔出气，这些我可不信，之后呢？你又未能送来兀鹫羽毛，现在南必皇后又射杀那只吉祥的喜鹊，陛下，这将招之大患！陛下，在上都，这是任何一个大元朝子民都不能容忍的。"

　　南必怒道："我是皇后，你却说怎的不能容我？"

　　者革力说："皇后又怎么着？你射杀吉鸟当治罪。"

　　南必说："怯薛，过来给者革力上枷，关上百日。"

　　四名怯薛当即给者革力戴上重枷押了下去，然后抛在带有栅栏的干井之内，只宰杀一口野牛供其食用。

　　至今，在内蒙古巴彦淖尔盟的乌拉特前旗，还有一地名叫者革力井子，据说是因关者革力而来。

　　呼兰皇后蓦地从寝床上惊起，她越想越觉得该替族长者革力到忽必烈那儿去求个情，也只有她能救者革力。

　　夜已经来临。

　　呼兰皇后来到金帐门前的时候，宿卫想阻止她，但谁也不敢触她的手，她毕竟是忽必烈四大斡耳朵的女子。

　　忽必烈见呼兰夜里闯进大帐，知道是为她的族长者革力之事而来，便站起身，迎上两步说："何事？"呼兰开口直言道："陛下，今夜我若不来，我难受得一夜不会安生。者革力乃我族人之首，他在天井受罪，我又怎能睡得安生？陛下，放了他吧。”

南必说：“呼兰皇后，你是多么贤惠善良的女子呀。”

忽必烈传怯薛把者革力押过来，让他来见呼兰。

金帐的大门突然打开，者革力戴着木枷被押了过来。

呼兰说：“者革力，你究竟犯了什么罪？快向陛下认罪吧。”

者革力不语。呼兰说：“族长，难道你的舌头冻在嘴里了吗？”

者革力见到呼兰，心一酸挤出两滴眼泪，但立刻又冻在睫毛上了。他的嘴唇在颤抖着，舌头真的冻在嘴里了吗？咳，者革力真是有话难言。

忽必烈示意呼兰去解了者革力的枷，呼兰便走过去持刀割了木枷上的皮制结绳，边割边说：“陛下，饶了他吧，他是醉后胡说，不是真心话。”

忽必烈说：“你这话是何意？我却听不明白。”呼兰说：“陛下，可留给者革力一个改正的机会。”者革力说：“君一怒可倾国，君一怒可破城，陛下，我日后一定会拥戴陛下，不再有什么不轨之行。”

南必朝忽必烈点了一下头。忽必烈说：“鸟儿不应自毁窝巢，你是上都重臣，要一心想着全国的利益，不要只想自己如何争权夺势。”者革力不住地点头称是。

者革力虽被释放，但呼兰心中仍有一个芥蒂，她回到自己的寝帐，一连数日也没有出来，脖子上好似勒着一个套杆，闷闷嘘嘘，喘不上气。

寝帐里很静。火炉旁有一位年轻美貌的女子正跪着在煎熬草药。这个女子便是耶律美的侄女阿勒塔妮，今天，是她守帐的日子。她自入宫以后，呼兰很喜欢她，在生活上关怀她，令她很感动。呼很是蒙语女儿之意，呼兰叫了一声“呼很”，阿勒塔妮心里阵阵激动。呼兰说：“你把挂在帐壁上的那口七星宝剑递给我。”

贤惠而温顺的阿勒塔妮才站立起来，离开炉旁，把那口宝剑递了过来。呼兰把宝剑顺放在胸前，从护手一直抚摩到剑的一端，然后把它紧紧地搂在身边。这口剑是忽必烈先祖之物。也速该在临终之时，曾对夫人说过：“这口剑留给你，教育子孙后代。”几十年风雨过后，呼兰想着片片段段的往事，时隐时现，回首往事比起喝下马奶子酒还要香甜。

第二十三章　女子救急　漠北迎战

呼兰的寝帐很静，阿勒塔妮端着药壶，轻轻地走来了。阿勒塔妮半跪在呼兰的床头，用弯弯的牛角勺喂起药来。

阿勒塔妮在呼兰眼中就是一个好女儿，她也从内心喜欢阿勒塔妮，忽必烈得知此事，知道呼兰没有自己亲生的孩子，也感到非常宽慰。

南必说："陛下，不如就封阿勒塔妮为公主吧。"忽必烈点头称是。

也就在呼兰收阿勒塔妮为义女那一天，突然就来了一个以"行善者"为名的人，她是耶律美派来的人，是想催阿勒塔妮回帽子山。来者正是九九妹。九九妹走进帐幕，要求布施，呼兰皇后对九九妹说："既然是行善者，就进来坐在左床。饿了有肉，渴了有乳。尊贵的客人，随便吧，请不必客气。既然是第一次见面，那就请珍惜这个可以纪念的时间。"

"行善者"跪下给呼兰皇后三叩礼，表示敬意。

呼兰皇后将行善者扶起，并陪坐在桌前，一同饮酒、一同进餐，吃饭间，行善者总是打听忽必烈和南必之事。

那时，十七岁的阿勒塔妮已与呼兰有了母女般的情谊，她像一面镜子似的能照进慈母的心，她随着母亲呼兰的喜怒哀乐像四季一样跟着变幻。

阿勒塔妮对待母亲呼兰喜欢的客人，表现得更为殷勤。当客人一撂筷子，阿勒塔妮就忙着端上奶茶。

阿勒塔妮那轻盈的步子，就像花间翻飞的蝴蝶，别说是男性，就是女人也没有一个不喜欢她的。正在这时，跑进来一个十岁的小男孩田木吉勒失剌，他骑着木马，背着玩耍的弓箭，当行善者问明田木吉勒失剌是安童之弟时，行善者九九妹眼珠一转，闪出了两道饿狼般贪食的目光，瞬间又温顺下来。

九九妹心想，杀不成忽必烈，杀一个他手下臣子之弟也是很合算的。九九妹并不想把阿勒塔妮招回来，她瞪着田木吉勒失剌，立刻燃起了复仇的火焰。突然之间，这个所谓"行善者"凶相毕露，将小男孩夹在腋下撒腿就跑，一闪出了帐门。

呼兰大声呼喊："孩子！安童的弟弟，完了，完了。"

惊唤之中，阿勒塔妮从帐门之中闪出，当她赤手空拳出去的时候，九九妹已上了马背。正当九九妹抖缰欲逃之时，阿勒塔妮追到了这里。

阿勒塔妮也上了马背。阿勒塔妮伸手拽住了田木吉勒失刺的辫发紧紧不放。

一阵厮打，那马也旋转起来。九九妹无奈，只好拔出刀子来，回首对着阿勒塔妮的左肩刺去，顿时，血顺着刀口淌了出来。阿勒塔妮的左手再也抬不起来了。但她换上右手，还是紧抓不放。

就在这时，那马儿兜了一个圈子后，只听"扑哧"一声，刀子又插进阿勒塔妮的右肩，她终于坠下马来。

万幸的是安童之弟也在挣扎之中滚落马下，九九妹一刀砍向他，这时，只见阿勒塔妮拖着伤臂一跃而起，一脚踢向九九妹的右手，结果这一刀未中。当九九妹第二次举起刀之时，她的右手中了一箭，刀子飞了出去。

安童赶来了。

还有忽必烈和南必皇后，他们身后有数不清的怯薛。九九妹落荒而逃。忽必烈非常欣赏阿勒塔妮的忠勇。他下决心把她带回大都。南必同意了。

南必说："我们把阿勒塔妮带走，呼兰皇后怎么办？"呼兰皇后说："陛下那儿正缺人手，让阿勒塔妮去吧。"忽必烈笑了。

在这同时，财神卢世荣也笑了，他得知忽必烈在去漠北时发生呼兰皇后的族首者革力事件后，他决定亲往漠北。

者革力很热情地款待了财神卢世荣，欢宴过后，卢世荣酒意未过，朦胧中仿佛有一群美女向他走过来，并翩翩起舞，为他唱起祝福的歌。

卢世荣一惊，猛睁睡眼，帐空空，轻淡淡，伸手不见美女来，愤怒地起身，跟跟跄跄地拿过佩剑，背上彩弓，带上侍卫朝者革力的林中走去。他要问一下者革力为何不给他美女呢？都知道者革力部有许多美女，者革力也常拿美女送人，朝大都那里疏通关系。那里的百姓被称作林中之花，他们以狩猎为生，以兽皮为衣，客店般的天穹笼罩着他们的帐房，比较而言，这里还是自由的王国。

大概，正因为如此，这里才被称作是美女之乡吧。者革力正与族中长者商议，他想退出族长之职，由上一任族长之妻莎豁儿之塔儿浑执掌部落。者革力深知自己酒后闯祸之事，虽在呼兰皇后的求情下免受责罚，但自己毕竟是冒犯了天威，忽必烈陛下原谅自己并不表明他会忘掉

第二十三章 女子救急 漠北迎战

此事。者革力有意给忽必烈留下一个洗心革面的印象，他这叫识时务，或者叫急流勇退，待机再动。

塔儿浑年轻、美貌、有勇、有谋，还有一手好箭法，因此，部众也很拥戴她，者革力对此心知肚明。

塔儿浑答应了者革力让她接任族长之职，她有意完成先夫之志，把族人的家园建设得更好。

正在这时，有族中望哨前来向塔儿浑报说有几十人朝这里驰过来。塔儿浑问："这会是谁？不会是来庆贺的吧。"者革力说："是卢世荣。"

"先迎接卢世荣？"

"对，要迎他。""这一个为咱们族人带来灾难之人为何要迎他？真是令人百思不得其解。"塔儿浑很生气。"要迎！""为何？"塔儿浑说，"那样做，是引狼入室嘛！"

"卢世荣乃忽必烈陛下宠幸之财神。"者革力说。

"那又如何？"

"如何？"者革力说，"如果他掩其意图，到忽必烈陛下那儿告说咱们对他不周，陛下会责怨我们的。"

"我可以面见忽必烈陛下。""族长，您是刚继任的族长，对大元朝规矩还不太懂。""规矩？""对，"者革力说，"咱们族多出俊男美女，忽必烈陛下会每年到咱们这儿来上一次，总要挑走几个女人。"

"那又如何？""要等到忽必烈陛下每年来咱们族巡幸之时，才能得见忽必烈陛下。"

"那么，我就耐着性子去迎他吧！不过，我要忍一些的，"塔儿浑说，"如果我忍不住，那就会开杀戒。"

"去吧。"

"快！传令，"塔儿浑说，"箭筒士准备，出迎。"

塔儿浑披上族长官袍，固苏冠上插上盔缨，简装速行。蹄声在山谷里"踢踢踏踏"地传着回音，塔儿浑迎上卢世荣，一直陪着卢世荣走进三程望哨。

每程望哨均处在山口险要之地，上有浓绿的松荫，下有深谷的溪水，中间架有人工石板小路，只能一骑通行。卢世荣很紧张，他并未过过深谷溪水，瞪着眼，冒着汗，只好把鞭子夹在腋下，还嫌马儿太快。

卢世荣很担心一时不慎，连人带马跌落水中。

卢世荣不停地擦着汗，被塔儿浑迎进兽皮帐内。帐内，别有一番林中百姓独特的点缀。

正位是一张大型的木椅，铺着一张完整而斑斓的虎皮，四只虎爪落地，张开的巨爪各抓着一柄卧地短剑。

塔儿浑就坐在虎皮椅子上，她随时都可以抓起四把剑。

虎皮椅的前面，是一张原木雕凿的案桌，桌上摆着四具七角八叉的鹿头，鹿头上挂着精美的食刀，镶银的火镰等炊具食具。帐壁满是黑貂皮缝制的帷幔。卢世荣心想：这娘们儿，她的帐篷要比我那儿还要富丽。

塔儿浑为了迎接卢世荣，在四座兽皮帐内同时举行酒宴。卢世荣从大都带来的三十个宿卫，被请进普通兽皮帐内，由塔儿浑选定的族中之十名骑射高手作陪。塔儿浑看了一眼卢世荣。卢世荣得意扬扬地坐在虎皮椅上，塔儿浑请来九位长老陪宴。

那张原木雕凿的案桌之上，摆满了山珍野禽，满帐飘着奶酒的芳香。据说，塔儿浑所在的部落秃马惕人最能酿制马奶酒，也正是部落中的美酒酿制之法，深得忽必烈的赏识。

忽必烈晚年很爱饮酒，秃马惕人除能酿造马奶酒外，还能酿造烈性的奶酒，经六蒸六酿工艺流程者为上品，其名称也因回锅次数而异。头次酿出的奶酒称"阿尔乞如"，此品酒力不大，度数也低。将"阿尔乞如"酒入锅，加上一定比例的酸奶子再酿出酒称为"阿尔古"酒，也叫"回锅酒"，三酿的称"好尔吉"，叫二次回锅，四酿的叫"德善舒尔"，五酿的叫"沾普舒尔"，六酿的为"薰舒尔"，这都是被称为最佳酒。塔儿浑生性好酒。塔儿浑连喝五十碗薰舒尔酒，卢世荣已感不胜酒力，瞪着血红而混浊的眼睛，死死地盯着塔儿浑。他才喝到二十碗，塔儿浑已比他多喝三十碗，且喝个不停，让他吃惊不已。卢世荣仿佛感到有三十个塔儿浑在他眼前转成一个圈、还是舞成一个圈又难以说清。

卢世荣吐着酒气熏天的舌头，把金盔、佩剑通通堆在案桌上，压翻了盘子，推倒了杯子。一气之下，只是伸着脖子，瞪着眼睛，干嚼着舌头，却不知说些什么。

塔儿浑已是酒壮英雄胆，她伸手收来忽必烈陛下赐给卢世荣的金盔和佩剑说："这个金盔，狗脑袋可戴，猪脑袋可顶，它怎能算是陛下之

令？你身为忽必烈陛下重臣，被人捧为大元朝财神，我看你有名无实。你来这里，纯是招摇撞骗。来人哪，我要举着你的脑袋去见忽必烈陛下，让你到他那儿说一下，忽必烈陛下老矣，他的皇位该如何办！走吧，咱们一块去大都，到那儿再说吧。"

卢世荣想唤来他的宿卫，但是已经来不及了。门口闯进两个大汉，抓鸡般地把卢世荣提了出去。卢世荣的三十名宿卫如同一网黄雀，被缴了箭、腰刀。

再说忽必烈正与南必皇后在拜喀勒湖畔避暑，有时出去打猎，玩个痛快，当他听说卢世荣到秃马惕部被那里的人捆了起来，起初他是不相信的。

忽必烈开始以为是秃马惕部那里的风景把卢世荣陶醉了，抑或是那里的美女把卢世荣挽留？忽必烈就这样疑虑着。于是，忽必烈唤来国师八思巴，命他前去接应一下，因为卢世荣去秃马惕部，是忽必烈应允的，名义是到那里巡视，却几日不见音讯，这令忽必烈很是忧心，忽必烈对八思巴说："秃马惕人历来都是桀骜不驯，莫不是一反常态，有什么举动，尚不可测，你是国师，到那里不必大动肝火，因为刀柄在咱们这里。"

八思巴也带三十骑，匆匆忙忙地奔向秃马惕部。

塔儿浑得知八思巴是不请自来，她弄不明白八思巴是何意而来，决定先把他囚起来再说。有几个族老不同意，带着酒意的塔儿浑说："这样做干净利落，省得他来到这里再多嘴多舌，他们都以为咱们丛林的人容易造反似的！还不是他们不信任咱们？如果信任我们，也不至于有不轨之图的人都到咱们这里来。他们这样来，分明对咱们是不信任的。与其这样，不如咱们先把来人囚住，以后再说。其实，咱们何曾不是心里向善忽必烈陛下。"

塔儿浑遂命手下一视同仁，在八思巴用马蹄丈量了一天萨彦岭之后，立刻被秃马惕人前哨所劫。

八思巴通过几处悬桥，被引进了塔儿浑的兽皮帐。八思巴在吐蕃自幼狩猎在失必儿，东至拜喀勒湖，西至边儿的石问，都曾有他的足迹。塔儿浑在十三岁那年曾到过吐蕃的布达拉宫，并在那里与八思巴相遇，那时，八思巴已是吐蕃佛教领袖。塔儿浑之父与八思巴曾结拜过兄弟，住过一个帐房，但这都是往事了。因此，八思巴到这里来，自以为早有故人情面，又以元朝帝师兼钦差的身份，当然既任性，又有几分轻狂。

他坐在虎皮椅上，大发雷霆，对塔儿浑训斥不已。

塔儿浑的几个侍卫看不惯，上去就打了八思巴几个大嘴巴。八思巴大怒，令三十个侍卫一起动手，把塔儿浑的几个侍卫砍成肉酱，接着又要治塔儿浑的罪。

塔儿浑见事已至此，她便没听分说，以无知之罪将八思巴拘禁在一个岩洞里。八思巴在洞中大声号啕："塔儿浑，居然敢囚国师。""国师？"塔儿浑愤怒地说，"什么国师？哪里的国师？"

"元朝。"

"什么元朝？"塔儿浑冷笑一声，"你们把咱丛林百姓当作元朝的子民看待了吗？来一个要抓咱，来两个要杀咱，咱就是那刀案上的一块肉吗？"

"只要放了我和卢世荣，咱们凡事好商量。"

"有什么可商量的？"塔儿浑冷笑一声，"你们都是什么人物？真是笑话！与你们能有什么好商量的。"

"我们是何人物？"

"乃国师也，乃财神也。"

"正因为此，我们可在忽必烈陛下面前为你求情。"

"那么，现在谁为你求情呢？"塔儿浑冷笑一声。

"我与汝父有安答之谊，"八思巴眼见塔儿浑杀心渐起，心中也有几分害怕，"塔儿浑，把汝父特儿亨找来。"

"他四海为家，到哪儿去找他老人家？真是笑话！"

"塔儿浑，你记不起我当年对你的好处了吗？"

"什么好处？"

"特儿亨带你到吐蕃布达拉宫，我对你那么好，你总不会以怨报德吧？"八思巴有些害怕了。

"你对我好，还会来到我的部族动辄杀人吗？"

"那是误会。"

"误会？"

"对，"八思巴很后悔自己初来的强硬，"侄女，我与你父特儿亨有八拜之交，你应当体谅我的难处。"

"有何难处？"

"对你们林中百姓，陛下已是够宽厚的了，不过，你们有时是做得太过分一些。不管怎么说，你们也不应因了大元朝财神卢世荣呀！他可是忽必烈陛下的宠臣呀！塔儿浑，我的贤侄女，要三思啊！"

"他和你还不都是一个样？"塔儿浑说，"要我们的女人，要杀我们的男人，还对我们一百个不放心，要我三思什么？"

塔儿浑干脆一不做，二不休，当即召集部众，发动起义，宣布秃马惕部独立，脱离鹰旗汗国忽必烈陛下的管辖，并宣告部族之人严阵以待，如有来犯之敌，只可进攻还击，不可退却，要与敌人决个雌雄。

来犯之敌是谁？还能有谁，没几日，忽必烈陛下便得知秃马惕人已经反叛，于是，忽必烈通过"箭的传骑"招来阿术和伯颜，命二人协同征讨秃马惕。

阿术率精兵一万，以"箭的传骑"为先导，火速赶到喀勒湖畔，在行宫里，见到了避暑的忽必烈。忽必烈说："不可乱杀。"

阿术领命而去，他命部将加快行军速度，因为伯颜大军已以人行十日马跑一天的速度，向萨彦岭出发了。

夜里，伯颜就在萨彦岭下宿营。一早，伯颜派三十骑为前哨，过山口之时，不见秃马惕的望哨游动，更不见阿术兵马的行踪。

被伯颜派去的那三十骑兜了一个圈子，观山赏水，轻松而归。

伯颜根据蹄迹行踪，判断阿术还在途中，虽已料到孤军作战之弊害，但又想，卢世荣和八思巴都在塔儿浑手里，他们的性命危在旦夕呀！不入虎穴，焉得虎子？伯颜当下把心一横，下令军士前行。

萨彦岭，密林遮天，密得饱蛇也难以钻过去。若不是自幼生在这里，别说是一条阡陌小径，就连个旦夕也难以辨认，好不容易才找到一个巴儿思的山口。

巴儿思，伯颜听说过，通过这个山口，才算到了秃马惕的前程望哨。

伯颜率一千精兵通过山口，上了石板桥，弯弯曲曲有如魔窟一般。

石板桥上发出的蹄声，迸起了火花，伴着阴冷的山风，似乎震聋了耳鼓。若有一匹马打个前蹄，就会把山口堵个水泄不通，因而，兵士们个个谨慎前行。

阿术之部还未到来。

伯颜觉得已经到了一程望哨，但不见一人出来拦阻。

秃马惕人的兽皮帐已经历历在目，却不见一人进进出出。伯颜正在生疑，突然山崩地裂，一声呼号，石板桥落下一排。就在这一刹那，伯颜猛然回头，见到的是天塌地陷，堵塞了回路。塔儿浑的兵马雄赳赳地开战列阵，杀将过来。这时，厮琅琅嚼环响，叮当当撞镫声，呀啦啦的一阵乱箭，随后就是刀光剑影。伯颜和他的千人精骑陷入重围。千人兵马除了葬进深渊的，箭穿刀砍的，只剩了几百人，他们被一同押进部落里。

夜里，塔儿浑来到伯颜囚处。伯颜身体多处受伤，他一阵清醒，一阵昏迷。塔儿浑知道伯颜自小追随忽必烈，屡立战功，曾攻下南宋都城临安，并俘宋之末帝还有名将文天祥，于是，塔儿浑心中对伯颜产生了几分敬慕之情。塔儿浑命身边的人走开，她独自一人走进了囚伯颜的室内。

一炷松明亮了起来。

塔儿浑轻轻地走近伯颜身旁，一双秀目停在淤血的箭伤上。

"将军，委屈你了。"

"去。"

到这个时候伯颜还有英雄气概，塔儿浑更是敬佩之至。

"元帅，我来看你。"

"少来那一套。"

塔儿浑说："难道元帅如此不近人情。"

"什么人情?"伯颜说，"我千人精兵所剩无几，什么人情? 你把卢世荣、八思巴放了，咱们再谈。"

"不行。"

"怎么?"

"卢世荣来策反我。"

"策反?"

"千真万确。"

"胡说。"

"有我族人作证。"

"那有何用?"伯颜冷笑一声说，"你的族人当然要为你说话! 塔儿浑，你不要与大元为敌。"

"分明是大元不信任我们。"塔儿浑气呼呼地说。

第二十三章　女子救急　漠北迎战

"如何信任你们？来的人被你们杀的杀，抓的抓，如何让大元朝信任你们？真是天大的笑话。"

"你们都是来干什么的？"

"你说呢？"

"我敬重你是个英雄，才来看你。未料到你如此懵懂无知，"塔儿浑说，"我不知道你都在想些什么！"

伯颜平静下来道："陛下命令我不要杀戮你们的，故才带千人兵马。"

"笑话。"

"怎么是笑话？"伯颜说，"难道我带十万之兵来了吗？"

"没有。"

"那还不是你们有意与我大元为敌！"伯颜愤怒地说。

"与大元为敌？"

"是的。陛下命我了解真相，他不相信呼兰皇后的部族会背叛他，这其中定有误会。"

"你说过是大元来剿灭我们的。"

"可陛下吩咐我要以和谈为主。"

"和谈什么？有什么可谈的？"塔儿浑冷笑一声说，"忽必烈陛下既让你们来剿灭我们，又让你们少杀生，这不是一件很可笑之事吗？天大的笑话。"

"我只来千人，难道还不明白元军的真实意图？"

"对你们来讲，真实的意图还不是打个前哨。"

"什么意思？"

"大批元军在后面。"

"这倒是真的。"

"让我不幸言中，"塔儿浑说，"你真是假仁假义。"

"辱我还不是辱了忽必烈陛下的仁爱之心？你放明白一些。"

"是的。"

"忽必烈陛下对我部族有了仁爱之心，就不应让元军前来。"

"怎么？"

"我们并无开战之意。"

"千人精骑，还不叫开战？"塔儿浑冷笑一声说，"不念在你是天下少有英雄的分上，否则早已射得你像个仙人掌。"

"你知道我？"

"你是忽必烈陛下的总角之交，还有阿术，你们都是从小就随忽必烈陛下东征西杀的将军，"塔儿浑说，"你与阿术总是一块用兵，我没猜错的话，这一次，忽必烈陛下又是让你和阿术协同作战。"

"正是。"

"你和阿术都是忽必烈陛下帐前百战百胜的将军，派你们二位前来，还有什么和谈之理？谁信？"

"忽必烈陛下命我和阿术前来，正是让你明白一个事理。"

"什么事理？"

"放了卢世荣、八思巴。"

"不放又如何？"

"死路一条。"

"谁？"

"你们部族。"

"真是笑话。"塔儿浑笑了笑，她抽出箭矢搭弓在手，"嗖"地一箭，射灭那炷松明，扬长而去。

塔儿浑走后不久又折身而返，这令伯颜大感意外。塔儿浑亲自点明松火，她像是尽最大努力克制自己的愤怒。塔儿浑的秀目紧盯着伯颜的箭伤，一下启动了女性的怜悯情怀，战时的杀气减退了，握剑的手腕松弛了。

塔儿浑把松明火把慢慢移到伯颜的面上，尽管由于箭伤所致，微合的眼睑已经染上了紫黑色的圈儿，尽管嘴角上还挂着斑斑点点的血迹，但端庄的相貌，包括整齐的胡须，仍不失当年刚武英俊的风貌。

这一切，触动了塔儿浑的情肠：他若能有诚心不杀部族，宁愿做他的偏妾，一马同鞍，杀个痛快。何况松明下，金盔、银甲还在闪闪发光，对于这个女性来说，又是更大的诱惑。塔儿浑唤来女仆，欲给伯颜饮水的时候，伯颜心神一振，他也感到了塔儿浑对他的关爱，遂放松了一身的骨节。

第二十四章

女子为帅　出征日本

塔儿浑惊呆一阵后，落下几滴眼泪。她悄然走了，是时，伯颜的目光一直注视着她的背影。

秃马惕人这一夜都没有入睡，有的饮酒，有的跳舞，庆祝着他们的胜利。死者的盔缨，他们挂在帽子上；死者的弓衣，死者的箭囊，他们背在身上……这样欢乐着。却不知，阿术大军已经排山倒海而来。

先是在巴儿思山口，有阿术大军虚张声势，呼喊着要捉拿秃马惕人，然而精锐已从兽行小径而入。阿术见军马畏怯不行，则令人折枝为鞭，不进则打；又令人各带斧、锛、锯、凿之器，以扫山径之障。

阿术救回伯颜、八思巴和卢世荣，塔儿浑又惊又恐又痛惜，她回到自己的大帐，坐在虎皮帐上还没等定过神来，阿术大军已到达山巅，如临秃马惕人的天空之上。杀声起处，秃马惕人如黄雀遇了大风，如黄羊掉进陷阱。

一个时辰，塔儿浑和部将就被全部捉拿，在一个山洞里，还找到了塔儿浑的父亲特儿亨。特儿亨在洞中文武双修，不仅武功出神入化，还练得精于各国方言土语。手中翻弄着书的特儿亨，和他的部族被一道带到大都。

阿术和伯颜向忽必烈讲述了平定塔儿浑经过，忽必烈看一眼南必，南必说："他们基本上执行了陛下的意图。"

安童受命去看望了被安置在伯颜家的塔儿浑父女。

塔儿浑这回反叛可谓是被逼上梁山。在父亲的一番开导下，塔儿浑向安童诉说了这次反叛的前前后后。安童听后，心中大惊：莫非卢世荣与西北的海都有勾结？否则为何会在微醉之下向塔儿浑述说"陛下高龄"之类的话呢？卢世荣在阿合马被杀后，大元帝国上下均不敢再言财钱之事，唯恐被看成是阿合马的余党。唯卢世荣看出了陛下的心思，他知道陛下四处出兵，又要戍守西北漫长的防线，需要大把的银子应付。于是，卢世荣自荐为大元朝掌理钱粮，也取得了一点成绩。受宠于陛下后，应该满足了，可他为何却在掳要美女之前说那些令人吃惊的话呢？

安童感到事态严峻，便直接禀告了忽必烈。忽必烈未动声色，又遣伯颜回家再探虚实。被安置在伯颜家中的塔儿浑，早就盼望着能再见伯颜。当伯颜迈步进入她住的房间时，竟情不自禁地扑到伯颜的怀里，痛哭起来。

在伯颜的好言温慰下，塔儿浑方止住哭声，又一次向伯颜叙述了此番叛逆，纯是激将而发。伯颜见塔儿浑双目红肿，泪流满面的模样，心中也甚是怜惜。

忽必烈又一次听毕伯颜的回复，冷冷一笑："说谎的人不会撒同样的没有一丝不同的谎，塔儿浑所述不是假的。安童。""臣在。""你把卢世荣收入大牢，问口供。""臣遵旨。"

当卢世荣被安童一番软硬审问后，承认自己说了对陛下不恭的话及向塔儿浑索要美女之事，但拒不承认自己与海都有联系，也没有颠覆皇权的阴谋。安童向忽必烈回禀之后，忽必烈沉思了半天，才道："宁信其有，不信其无，安童，着人去办吧。""臣遵旨。"就这样，卢世荣被诛。

而塔儿浑父女则被接到了宫中，去朝见陛下。

塔儿浑跪在大殿之下，痛哭不已。忽必烈走下丹墀，亲手搀起塔儿浑父女，好言安慰了一番。忽必烈设宴招待了塔儿浑父女。一杯酒下肚，特儿亨就红了脸，二杯酒才入怀，特儿亨已经头晕眼花，他从千变万化的语言中，挑来挑去，才选中这样几句话："月亮在天上也亮，在水中更亮，您在蒙古是知名的陛下，在蒙古以外还是陛下，请不必介意，你的威名超过白厮波。"忽必烈笑了。

塔儿浑和南必不停地喝着酒。塔儿浑自恃酒量过人，一坛又一坛地喝下去，却总不见南必醉倒，这令塔儿浑很吃惊。

特儿亨说："我的陛下，您不仅是一个能转生的佛体，而且还应是天下之汗。东方的岛国还未称臣，是您的一块心病。早晨，那里会变成一条黑花大蛇，那时您捉不得，中午，那里又会变成一只花斑的猛虎，

那时您又捉不得，夜晚睡觉之时，那里又会变成一个俊秀而稚气的仙童，坐在您的心头上，与您美丽而年轻的妃子欢聚，到那时，您又是捉不得。陛下，对吧？"

"嗯。"忽必烈点一下头，微笑而沉静地听着，边捋着他那棕黄色的胡须。浓重的眼眉不时地跳动着，像鹰的双翼，展翅欲飞。他冷冷地道："他若是花蛇，那么，我忽必烈汗就变鹰。"

"变鹰？"

"对。"

"那也捉不得。"

"他若是猛虎，那么，我就变成一头雄狮又如何？"

"捉不得。"

"他若是仙童，我就变成一个顶天立地的力士。"

"那也捉不得。"

"特儿亨，那你说该怎么办？"忽必烈用眼盯着特儿亨。特儿亨并不言语，酒后的特儿亨把三寸之舌锁在嘴里。忽必烈还是追问他怎么办，他站起来，忽必烈也站了起来。忽必烈示意特儿亨到宫外走一走。

特儿亨并不想出去，他看一眼宫外，低下头想了一会儿，又坐了下来。忽必烈也坐了下来，他问特儿亨在想什么，特儿亨唱道："铜镜里的鲜花，就要失去芬芳，铜镜里的明月，就要失去光亮。月儿碎了，花流水了。一重天地一重水，一方人土一方情。来时一溜烟，去时一溜风。永存的敖包上，燃起飞腾的火，燃烧吧永存的火，有火就是有生活。"忽必烈笑了，他知道特儿亨已经醉了。

塔儿浑和南必皇后正喝得兴起，她们越喝越有相见恨晚之意，越喝越觉得二人情投意合。

忽必烈也是乘着酒兴，问了些塔儿浑关于其父的情况，塔儿浑如实相告，她说其父特儿亨早有意为大元朝建功立业，躲在山洞修文修武，一心等着为大元朝效力之机，但一直是时乖命蹇，没有机会。忽必烈笑了。

此时已近初夏，这个时节的大草原应该是古丽盖花开过，银吉嘎花怒放。这正是黄羊、牝鹿产羔的季节。湛蓝的天空，才掠过几对飞鸿的倩影，浓绿的树丛，刚传出几声鸟儿的鸣啼。

寝殿被打开天窗，窗外几片白云浮动。忽必烈仰视着高不可测的晴空，在他那宽阔饱满的额头下面，生着一双威严的浓眉，眉下那目光锐利的眼睛，常常使人望而生畏。线条直挺的鼻子，同脸部那端庄的轮廓相衬，既刚毅坚韧，又顽强自信。

南必皇后居然与塔儿浑饮酒到天亮。忽必烈走到屋外，此时，滚出地平线的红日，跃上霞云，把丛林、草莽镀上一层金灿灿的光亮，静静的皇宫外的城河水，映着飞动的云彩，犹似马群滚动。

忽必烈起个大早，在贴身怯薛的陪同下，向校场走去，途中，忽必烈还在想着特儿亨说的一些事情。

忽必烈漫步在松软的大地，扪心自问：作为浴血奋战曾一度统一蒙古民族的合不勒汗之后，自己一生都是在马背上度过，但今天呢？难得特儿亨说的那个太阳升起的地方，自己能不想让那里称帝吗？要征服扶桑！忽必烈这样想着，决定攻打日本。

塔儿浑虽然已经在他面前尽表了一片忠心，但他的部族向来以骁勇好战闻名于草原，又居住在上都与和林之腹地，忽必烈心中颇有忌惮。此次东征，塔儿浑部亦是一支绝对的主力。

忽必烈早已筹划周密了，他不但命塔儿浑为东征元帅，而且大胆地任命宋降将范文虎为都元帅，二人在叩谢皇恩之时，又怎能体察到老谋深算的忽必烈会别有用意呢？而且，出征之前，陛下还要大祭祖先，以求保佑他的东征之师。

此时，日本的一位使臣名叫杜秀的，来到了大都。为了对东瀛展示大元帝国的威风，忽必烈命人把日本使臣叫到校场。使臣走近忽必烈。忽必烈问："扶桑之主，现在何人？"使臣回答："川田秀吉。"

忽必烈听后，似乎例行仪式之样，向南方看了一下，并不说话。怯薛牵来一匹马，忽必烈翻身上马，轻轻一拍鞍鞒，两脚一扣，箭也似的飞走了。忽必烈那娴熟的换乘骑技，就像喜鹊跳在马背之间。

使臣杜秀一点也不相信忽必烈已是年近八十的老人，他决定回到东瀛，要向天皇陛下好好说一说忽必烈的文治武功，说说这大元朝是多么的危险与可怕。

忽必烈的骑技赢得了众人的掌声，当他掉头归来，左三刀，右三刀，砍断了六棵木桩之后，"镫里藏身"把刀插在地上，再掉转马头过

来，"海底捞月"把刀拾了起来，然后才"鹞子翻身"，甩镫跳下马来。

骑士和怯薛们蜂拥而至，把忽必烈抬了起来，举呀，举向天空。日本使臣告辞了。

忽必烈汗开始着手训练攻打东瀛之军。备战是严肃的，有水战，有攻城的云梯、砂囊的使用法及攻城的掩护法。还有，军士接近敌人时用的大盾制作法和使用法。忽必烈汗让塔儿浑挂帅东征日本，一直把队伍训练到都能顺从忽必烈意愿为止。军士们一个个都练得"镫皮为之抻长，铁镫为之磨热"，似紫焰中锤打出来的铁钻子，各图门之间，似赛马一样的争先恐后，像摔跤似的互不相让，骁勇的军士都能以一当十，无所畏惧。每每蓝天为被，马背为床，忽必烈要强化训练准备东征日本的军士，立志要把一年的里程缩为一个月，把一个月的路程缩为一天，把一天的里程缩为一辰，把一辰的路程缩为一瞬。忽必烈最不赞成的：早上说的，晚上改了，晚上说的，早上改了。忽必烈的士兵常常宣传"枪刺扎来不眨眼，羽箭飞来不低头"的尚武精神。

有时，忽必烈不顾年迈之躯，还钻进普通的帐幕，枕着衣袖，铺着鞍垫与士兵共宿；有时，他跳上普通坐骑，张弓搭箭，挥舞刀剑与士兵同练。他也常常宣传"以流涎解渴，以牙肉充饥"的艰苦作风。士兵们开始食以粗茶淡饭，受尽清贫之苦，以备适应战时。近一个月，每个图门只设一次便宴，嗜酒者略饮涓滴，只好以歌舞助兴。

到第二天熹微之时，各个图门包括千户、百户及十户，到这时已经变成了步调一致的一个人。士兵到了这个地步：流言蜚语消歇了，懦怯心理消释了，厌战情绪消弭了，恋爱思想消失了。众星捧着月亮，江河归向大海；元军四十万铁骑的将领，对忽必烈的情感由敬慕发展到敬爱、敬仰；把自己生的欲望、死的怀念，全寄托在忽必烈陛下的宏图远略里，誓死随他同涉冰川、共度关山，甚至置身于血海之中而面无惧色。百川汇海，天下归心，忽必烈陛下的宏图，正向四面八方扩展着。

忽必烈的二百位使者，像一片巨网似的撒在日本国内，他们有计划地完成着关于东瀛的情报任务，其中最受推崇的是忽必烈陛下的女婿孛秃。那是龙儿年斡里扎河之役之后，在一次比箭中选定的。

孛秃是网上的大纲，东瀛之情报须汇总到他的手上，才能向忽必烈陈报。忽必烈在盼着孛秃的到来。"怎么？遇到了什么不测之事了吧！"

正当忽必烈与南必皇后焦急地翘首期待之时，孛秃，这个神秘的大探，风尘仆仆地回来了。

孛秃身着东瀛和服，峨冠博带，腰佩一柄镶金嵌银的宝刀，俨然一派中原将相之风。忽必烈见此情况，虎眉倒竖："我的孛秃，快去把衣服换过再来，虽说彼此别离多日，怀念之情殷切，但穿着异国之装，总不得体吧。"

孛秃在忽必烈身边也有十五年了，并先后娶了两位带有黄金家族血统的妻子，此时，他太了解忽必烈了。于是，孛秃默默不语，急转身跑出金殿，换了一身蒙古式的袍靴，前来拜见。富丽堂皇的金殿里，堆满了不少东瀛的梨花银枪、青龙月刀、方天画戟、七星宝剑，明光熠熠，青锋森森。

忽必烈以严厉的目光，搜索着每一件兵器，然后，他淡淡地笑了，对孛秃说："明天，你看看咱们的兵库，再到校练场上看看吧！"

阔别大都已久的孛秃，在第二天来到金殿前广场上。在林立的兵器库内，见到了种类繁多的新式锋刀利剑、钢枪铁镞，不禁内心为之一震，双眼发呆。真是巧夺天工之妙。一支名叫"飞锁"的羽箭，在南国和金国很难见到，一张弓可以同时搭上十五六支箭，瞄准之后，扫开飞锁，利箭脱弦飞去，射中目标后，箭镞便轰然起火。

这种妙箭，乃汉人到东瀛之后所造，是孛秃又把图纸送回大都仿造的。但是，此次孛秃腹内却装着忽必烈所不知的更奥秘的治国经纶、安邦韬略，装着东瀛的通都大邑、险关要隘，装着东瀛国的意向、村野民心，乃至于东瀛的人口和粮秣来源。

又是一个牧草滴翠，马膘流油的季节，忽必烈命箭臣使者孛秃率四十万大军，以塔儿浑为帅。塔儿浑在征东前，忽必烈和南必皇后带着他的黄金家族包括他的母亲氏族以及妻室氏族的人，来到祭祖台前。忽必烈解下腰间佩带，搭在肩上，摘下金盔，捧在手里，与众人向着太阳，向着不儿罕山，向着祭祖台，行了九叩礼。

如果说大都是一个天大的棋盘，那么以四百个图门组成的方阵，就像围棋的棋子一样，摆在其间。每个方阵，百户长列于五面军鼓之前，手握腰刀，犹如欲飞的猎鹰，就要扑向东海。

往日，金帐前的广场上，林立的兵器帐内，满是种类繁多的新式钢

刀利剑、钢枪铁镞，今天已经背挎在士兵的身上。每个百户方阵，均有一张可搭十支箭的巨弓，"飞锁"火箭驮在军马背上，真是兵器壮胆，好不威风。

南必皇后扶着忽必烈走上阅兵台。台下是忽必烈最高统帅的大型四轮帐车，车上架着一座能容纳百八十人的白毡帐幕。此时，拴吊在一旁的二十一匹白骟马，尚未驾靷。九足白旄纛在右，九足黑旄纛在左，汗车前插着擦拭一新的苏鲁锭。

至此，士气已如翻滚的江河，奔腾的万马，然而，只有忽必烈本人知道，他这次命四十万大军东征日本，并不是轻而易举就能成功的，元军远离本土跨海东征，赌输了命运，大元朝将元气大伤。

但是，如果能一战而胜，那收获就不仅仅是东瀛的疆土与财富了，同时也会令一切心存反念的人不敢再起反叛的念头。而且说不定会让塔儿浑的部族坚定了跟随大元帝国的信心，真是一举数得呀。忽必烈考虑到这些，于是，他把原部族的首领直到他的"图们"、千户以及兄弟、儿子、至亲、那可儿们，通通率领在身边，一起为大军祭祖祈福。留下的只是年幼或年老的人，到了这时，忽必烈对汉人的兵法已经趋于实备，如果说灭金宋等国用了穿凿法、火掠法，那么这一次跨海东征，他则想试一试扇形法的进军，以诈术法取胜，先着塔儿浑之父特儿亨到日本为使，以达到远涉大海后歇兵整备和以逸待劳的目的。在忽必烈年届古稀那一年的仲夏，忽必烈祭祖、祭族之后，率领黄金家族的人为塔儿浑元帅送行。范文虎、塔儿浑和龙广天书组成三个翼的庞大前锋，犹如三对坚硬而锋利的犄角。从东海之滨一直蜿蜒到起伏的金界壕，约有八百伯勒，大军爬山越岭，没有损失一兵一卒。每个骑士挂上一匹从马，无论箭囊、盾牌、还是革囊里的阴阳刺轮圈、套马索，均成了投掷兵器，还有肉干和少许的鲜乳以及夜宿的毡褥等，通通在马背上携带。此时，仿佛天在动，好似地在走，四十万大军占据着庞大的海面，像一座大山在海面上移动。

东征军登上东瀛之后，以席卷之势，扫清了驻守在大水泺的东瀛兵。进而，元军触角般的三程望哨，已经插到东瀛的乌少土。乌少土地处东瀛西门，是马八年刚刚修筑起来的边门。乌少土竣工还不到三个月，就曾被孛秃派游骑攻破，并将它砸个粉碎。但是，就在孛秃击破乌

忽必烈传

HUBILIEZHUAN

· 326 ·

少土不久，那里不久却又像雨后的蘑菇一样，又修复起来，据说，那是东瀛的第一大城堡，像一只猛虎守在边门一旁。

那段边城，犹如一道铁链系在数十座险峰之巅。

边门前是乌少土西去的要隘，而后就可从这里渡海。门旁修复一个大堡，堡下有三十盘暗箭，只要有一人一马踏在翻板之上，只要在它的射程之内，定会遭到暗箭的射杀。

那时的东瀛正面临岛内和高丽及大元三面夹击的危机。

高丽王从南面派兵，东瀛内乱又在西方与乌内军队对峙。如神兵天降的元军再袭过来，东瀛已是首尾难顾。

乌少土虽然修复了，但东瀛天皇却依旧心神难安，对于蒙古兵的来犯，他惊恐万分。那个因擅生边隙的罪名被囚起来的使元使者杜秀，在投入监狱之后不久，又被天皇像宝石一样看重起来。

东瀛天皇不但将他释放出狱，而且派他率军驻守乌少土。在日本素有"天上乌少土，人间鬼门道"。不知何人大胆敢闯乌少土，除非是个九头魔王。原来，早在孛秃袭乌少土之时，这里还没有暗箭的装置。在俘虏的工匠中，有一人曾对孛秃说，乌少土的三十盘飞锁暗箭还没有安装的时候，你们就袭过来了。不然，这套暗箭的装置，孛秃怎么会知道？

当孛秃率领的前锋轻骑接近边门的时候，只见大门四开，无人把守。

孛秃举目望去，乌少土像一个巨大的海龟，趴卧在层峦叠嶂的边墙之上，没有一点生气。孛秃思索了一阵，脑子里浮现出那位工匠的影子。孛秃看到这般情景，定是埋伏暗箭的迹象。于是，他当即传令前程望哨立刻勒缰下马。这时，穿行在烟尘里的兵马，戛然停下，个个都握弓搭箭，严阵以待。乌少土下了一道密令之后，只见一群卸下鞍鞯的从马，被赶到边门下。然后，一阵排箭射过去，屁股中箭的马群惊炸了。在狂啸之下直向边门奔了过去，果然，"叭叭叭"，"嗖嗖嗖"，暗箭齐发，雨点般射过来。

那些被孛秃下令冲出去的从马，在一阵悲鸣之后，像伐木倒下一样，横七竖八地摔在地上。以杜秀为首的东瀛督阵将领，立刻从乌少土的瞭望口里传出了一阵狂笑。可是，不等东瀛之兵再次发箭，孛秃素有

训练的精骑，飞箭般地冲了进去。

杜秀在元军精骑的突袭之下，中箭后掉头先逃。又一阵厮杀之后，除了抛下的具具死尸，其余的残兵败将都仓皇地撤退了。这样，塔儿浑的先头部队就在孛秃的带领下，跨过了东瀛边墙，全部开进东瀛。

已是八月天气，孛秃所率前锋兵马，穿过乌少土，连拔五座营，从此，得以长驱直入。不久，触角就已插到富士山脚下。东瀛天皇得知之后，火速调遣防御使川田秀吉。如果说乌少土是东瀛外墙，那么富士山则为东瀛内院，因此，东瀛天皇才遣川田秀吉屯兵富士山，据险结阵，整兵以待。

富士山有九大险峰、六大沟壑，雁飞到此，遇风辄落。

孛秃准备强攻富士山脚下的川田秀吉之部，他想借乌少土之战东瀛之军元气未复的良机，准备血战一场。

黄昏之后，孛秃再次下令，将铁车军暗暗地开进富士山的脚下，在车上架起火炮，将炮口对准几个重要的目标。另一部军队在东西两处进行埋伏，塔儿浑亲自乘着游骑，临阵部署：命令军事在几处重要的地理修筑防守工事，在道路两旁埋伏好精兵，在高阳崖岭上，安放着很多的滚木礌石，还在沿河的峡谷中，设置了横木障碍。所有的一切都布置好后，她才通过七道宿卫，走进自己的行帐之中休息。

自从塔儿浑下定决心归顺元朝以来，她就付出了自己所有的忠心，从来不会抱怨疲劳和困倦。她走进大帐之后，让两个宿卫把一个沉重的大酒瓮移到了帅帐之前，然后就坐在酒瓮旁边，自饮自酌起来。她亲自为自己斟满几大杯，招呼左右的将士们，鼓舞大家一定要不负众望，誓死夺取胜利。说完便带领着大家一起将酒喝下。

孛秃喝过酒之后，突然诗兴大发。他一生游历广泛，自小读书，因此也能出口成章。孛秃说："我要登上富士山，变成老虎多凶残。"

塔儿浑说："你若成为西山虎，我是猎人挽强弓。"

孛秃说："我就走上东山坡，变成一只大黄羊。"

塔儿浑说："你变黄羊无处逃，我拿利箭把你射。"

孛秃说："我要钻入草丛中，变成鹌鹑躲进窝。"

塔儿浑说："你变鹌鹑钻草丛，我变鹞鹰把你捉。"

二人边饮酒边说笑，滑稽而幽默的孛秃还扮作各种动物，着意模仿飞禽走兽的动作神态，栩栩如生。塔儿浑兴奋地又饮下一口酒，站起来对孛秃说："来，孛秃，你扮作野兔，我扮海青，玩一个《鹰兔之戏》如何？"几位大将听塔儿浑如此一说，皆击掌称快，唯独塔儿浑带来的老族长者革力瞥了孛秃一眼，但"扑哧"一声又笑了，看来有些无奈，只好转身离去。

且说孛秃，蹲下两腿，蹦三蹦，跳三跳，不时地左顾右盼，形象动作逼真极了。随即，引来一片掌声。这时，塔儿浑走下帅位，笑微微地解下佩带，拎在手里，另一手拎着五尺长袍，一抖，亮出猎鹰起飞的姿势，然后站定不动，又一阵鼓掌之后，这个"女鹰"才飞了出去。起初，野兔蹦三蹦，猎鹰盘三旋。然后，野兔窜进林里，翻身搂住微细的柳条，好似一张弯弓。当鹰儿俯冲过来时，野兔将变柳一松，犹如开弓一箭，鹰儿被打了回去。也就是这样，塔儿浑拎着宽大的衣襟，在行帐里转了七八圈，当帽子掉落在地上的时候，将臣们一片惊呼。最后，以"兔子蹬鹰"的神奇动作，为之收场。

当塔儿浑扎上佩带，重回帅位之时，者革力对他悄声说："元帅，明日将临一场血战，你何不与众将臣议些军事？再者，这一番'兔子蹬鹰'，不仅显得粗野，没有半点文雅之气，而且也显得不吉利。"塔儿浑大笑，然后对者革力说："临阵者，安而不惧，方是常之剑；悦而不忧，方是制胜之弓。何谓粗野？何谓文雅？何谓吉利？我却通通不顾；我想的却是：心安义正。安则悦，惧则惊；我若有负于忽必烈陛下，天必厌之，安得不惧？今我顺乎忽必烈陛下之愿，收四方也，安得不悦？"塔儿浑说完之后，挥手告示将士们离帐入寝。然后，塔儿浑自己也走进寝帐，安然大睡，响起雷鸣般的鼾声。这一夜，者革力却没有合眼，他怕川田秀吉来袭。

塔儿浑得特儿亨真传，受训于《孙膑兵法》。兵法云：合军聚众，务在激气。临境强敌，务在厉气也！但塔儿浑还懂得：临阵者，安而不惧，悦而不忧，激励斗志，乃为攻战夺胜之妙法。

川田秀吉把军士安顿在富士山脚下的鸡毛沟，这一夜，川田秀吉却怎么也睡不着，在一片嘈杂之后，才举火煮饭。

防御使川田秀吉依仗地形、兵力的优势，也有与元军拼个雌雄之心。

　　自川田秀吉任防御使以来，统兵最多不过十个谋克，现在，他手里却握有四十万大军，犹如一柄千斤大剑，使他握不起来。

　　但是，他又知道"重马压阵、巨剑敌畏"之说，所以时而显得坦然，高傲居上，时而又显得恐惧，手足无措。

　　夜里，川田秀吉正在他的营帐里踱来踱去的时候，麾下有一将领叫作方天化吉的向他进谏。

　　方天化吉非常顺利地来到元军大营，然后通过几百箭筒士的营帐，才被引进塔儿浑帅帐。

　　元军的一切都显得安泰，也显得沉默，没有一点鏖战在即的感觉。这里的一切显得很乐观，更显得恬然，没有半点生死临头的滋味。方天化吉在这里受到了使臣级的厚待。塔儿浑元帅亲自为他斟酒，亲自为他夹肉。酒过三巡，方天化吉把要说的话全讲尽了，但塔儿浑却未说话。

　　塔儿浑犹如一尊佛像，沉默不语，更使人肃然起敬，更叫人难以揣测。这个静的凝重，就是动的开端，方天化吉在无奈的状况下，只好又先搬动口舌："尊贵的塔儿浑大元帅，您是受忽必烈陛下之命前来，与我东瀛并无深仇大恨，该收步了。"

　　真是可恶，塔儿浑元帅还是一言不发。方天化吉接着说："退吧。"接着，他从南宋讲到西夏，从金国讲到西辽，从金字塔讲到交趾。

　　"你回去吧，使者。"塔儿浑在沉默之后，只讲了这么一句话。

　　方天化吉没有直接回话，只见他起身向塔儿浑行了三叩礼。但最后一叩，没有抬起头来，显然是等待着塔儿浑元帅的再次规劝。塔儿浑说："你若归去，我派人送你回去，你若留下，可任你大位子。"

　　方天化吉终于留了下来，他懂得战争的双方，犹如演戏，一方是喜剧，另一方则是悲剧，这一次，他很明智地知道自己是扮演悲剧中的丑角。因此，他不愿再这样演下去了。方天化吉还记得：他自小就有倾慕忽必烈陛下之心，现在上天给了他这个机会，他才觉得活在这个世上有些意义。

　　在天色大亮之前，鸡毛沟已陷入包抄之中，就像狐狸陷进围猎的圈子一样，看来，这场悲剧已到了尾声，但川田秀吉却还在等着方天化吉的到来。

　　方天化吉此时仍在元军的帅帐里，他在接受着塔儿浑的款待。塔儿浑想起忽必烈陛下曾说梦幻者，常常不被军事家称道，原因就在这里。当川田秀吉还在梦幻之中，二十万先头元军在杜秀带领下，已经杀来。迅雷不及掩耳，四十万东瀛之军，如套中惊马，又似中箭之伤鹿，全部被元军堵截在深谷之中。那幽深的山谷，哪是能逃脱的。

天还未明，在昏暗中，二十万蒙古军精骑人不遗鞍，马无颠踬，沿六道深壑杀奔而来。此时，弓箭没有什么用处，只好挂在鞍边；腰刀和佩剑才是得心应手的东西。围得东瀛之军，接仗的人自相杀戮，逃走的人自相践踏。几十里鸡毛沟不到几个时辰，已是积尸满谷，惨不忍睹。

川田秀吉单马脱逃，遁入川田家族内堡，元军则乘胜追击，直逼伊豆州。

伊豆拥有上万人口，统辖十二个州，尤其是制毡、制革、造车、兵器等手工作坊，最为发达。

孛秃和三百密探，早已像蚊蝇般密集地附在伊豆周围。

自从破了乌少土，又攻鸡毛沟，现又直逼伊豆，节节取胜，川田秀吉也看到了元军的所向无敌，如今，他只是想用伊豆再与元军决一雌雄。

塔儿浑的帐车在摇晃着，就像孩提时荡在银摇篮里一样，但彼时可以睡，此时不可眠，因为伊豆岛已经依稀可见。嗒嗒嗒，一串清脆的蹄声传来，一个前程望哨来报："此地已近伊豆城池，前程望哨各乘马匹，惊叫着卧地不起，惊乍者难勒嚼环。经巡查，既没暗箭，又无伏兵，不知乘骑为何惊惧而失蹄？"

第二十五章
征日失败　太子领兵

　　塔儿浑投奔忽必烈汗之前也是马背十余年，她不愧是一个望坐知兵马，嗅地知远近的军事家。她听过之后，如饮醍醐，甜甜地一笑说道："何以惊怪？川田秀吉从乌少土败阵下来，经鸡毛沟巡守此城，俗话说狡兔三窟，狡狐三迷，他定是习以为宝；川田秀吉是布置铁蒺藜，撒满要隘，快掉马回去，待查明来报。"

　　望哨领命而去。

　　风去风来，望哨又回报说："元帅，经查果然是布以铁蒺藜百余里，马匹确实难以动蹄，难怪阵阵惊乍。"

　　塔儿浑收回扇形法进军战策，开始施展分进合击的战术。

　　元军开始分路。

　　塔儿浑先率一支中军右翼以穿凿之法抵伊豆岛北岸，折向西北，又令一支左翼攻占滦堵等地，第三支是做前锋的一翼，再经鸡毛沟直指东京。因为塔儿浑知道其父特儿亨同扎八儿去往东京，准备与东瀛天皇密谈。富士山脚下，只剩下塔儿浑万人箭筒士和者革力所率领的一翼前锋，共有五万兵马。这五万兵马，尽是塔儿浑的族人，他们都是秃马惕人的精英，尽是些紫焰中锤打出来的铁钻子，特别是那万人箭筒士，尽是些生铜煮的、熟铁锻的、钤没地方、扎没空隙的铜兵铁将，以鞭为刀，饮露骑风，以一当十。

　　兵书云，席卷天上、包举宇内、囊括四海的圣主，马背托天，四蹄动地，积有兵书万言也：丛草般行进，海子般列阵，凿子般攻取，大蛇般猛进。虽出偏师，亦必先发精骑，四散出走。登高眺望，探哨一二百里，以窜左右前后之虚实。如某道可取，某城可攻，某地可战，某处可营，均归探马负重。百骑环绕，可裹万众。

接下来，忽必烈以兵部侍郎黑的、礼部侍郎因弘为国信使、副国信使，配以虎符和金符，持国书出使日本。

　　忽必烈在给日本的国书中写道：

　　大蒙古国皇帝奉书日本国王。朕惟自与小国之君。境土相接，尚务讲信修睦。况我祖宗，受天明命，奄有区夏，遐方异域畏威怀德者，不可悉数。朕即位之初，以高丽无辜之民久瘁锋镝，即令罢兵还其疆域，反其旄倪。高丽君臣感戴来朝，义虽君臣，欢若父子。计王之君臣亦已故之。高丽，朕之东藩也。日本密迩高丽，开国以来君臣亦已知之。日本至于朕躬而无一乘之使以通和好。尚恐王国知之未审，故特遣使持书，布告朕志，冀自今以往，通问结好，以相亲睦。且圣人以四海为家，不相通好，岂一家之理哉。以至用兵，夫孰所好。王其图之。

　　忽必烈在国书中表示了与日本"通问结好"之意，虽然没有明令日本称臣，但以高丽为例，暗寓其意，并威胁日本，不来通好，"以至用兵"。至于他心中是如何想的，谁能不知。

　　黑的、因弘二人持忽必烈国书和扎八儿一起前往日本。三人一边走，一边议论着东征的一些事情。

　　黑的说："不如咱们先去高丽，会更好一些。再说，也好有个照顾。忽必烈陛下似有意提及可先往高丽。"

　　"忽必烈陛下这样说了吗？"因弘说，"我没听到。"

　　"我听到了，"扎八儿说，"忽必烈陛下似乎有这个意图。"

　　"听到了什么？"黑的说，"这可是军国大事，我们马虎不得。"

　　"怎敢呢？"因弘说，"也许忽必烈陛下有意让咱们去高丽呢！"

　　"这不可能，"黑的说，"因弘，你说这不可能吧？"

　　"我也这么认为，"因弘说，"我一直都不认为忽必烈陛下会同意我们绕道高丽，你们想，那又何必呢？"

　　"怎么又不可能呢？"扎八儿说，"高丽国主也会助我们一臂之力。"

　　"什么一臂之力？"黑的问，"扎八儿，你这是何意？"

　　"我认为这是忽必烈陛下之意，"扎八儿说，"也许忽必烈陛下有让你我明修栈道，暗度陈仓之意。"

　　"什么明修栈道？"黑的问，"修什么栈道？"

　　"你不懂吗？"扎八儿说，"陛下在修书中写得一清二楚。"

"我怎么看不到什么一清二楚之事？"因弘笑了笑。

"国书上说高丽无辜之民久瘁锋镝，即令罢兵还其疆域也，"扎八儿说，"其意即是让日本小国快识时务，像高丽那样，俯首称臣。"

"识时务？"因弘说，"日本人会识什么时务？我却不信。"

"日本人不会像高丽那样听命陛下，"黑的说，"他们有什么武士道之类的东西，挺可笑的。"

"什么可笑？"扎八儿说，"他们那是忠于天皇。"

"更是可笑，"黑的说，"不如找一下你的师祖特儿亨。"

"算了吧，"扎八儿说，"忽必烈陛下此次再遣使臣，摆明了是不相信特儿亨师祖。找他又有何用？"

"不需要找他，"因弘说，"咱们可去高丽找公主。"

"更没必要了，"扎八儿说，"忽必烈陛下又没明示让我们去高丽，现在去高丽已是冒天下之大不韪。"

"不要这样说，"因弘说，"忽必烈陛下在大都不了解战况，何必事事都向他奏个一清二楚呢？"

"因弘，你这话有理。要是塔儿浑元帅能像你这样想就好了，"扎八儿说，"我一直坚持，将在外君命有所不受。"

"不受君命是不对的，"黑的说，"塔儿浑有苦难言。"

"她有什么苦？"扎八儿说，"那里有忽必烈陛下信任的一些重要将领，即使有过失，忽必烈陛下也会宽恕塔儿浑的。塔儿浑元帅前怕狼，后怕虎，难成大器。"

"扎八儿，算起来你也该称塔儿浑为师叔的，不要对她不敬，"因弘说，"塔儿浑人还是不错的。"

"我是这么认为，不过，她过于呆板了些，总是唯汗令是从，贻误了战机。"扎八儿叹了一口气。

"怎么可以这样说呢？"黑的说，"忽必烈陛下又遣我们去日本，难道不还是着意要对日本文武兼攻吗？"

"我总觉得忽必烈陛下此计甚妙，"因弘笑了笑说，"也许这才叫作明修栈道，暗度陈仓之计。"

"话是这样说，就是不知有多少胜算，"扎八儿笑了笑，"我一直都不赞成这个计策。"

"那你是何意?"因弘说,"你总不会抗旨不遵。"

"那倒不会,"扎八儿说,"这个意思里面一定有南必皇后的见解,我这样想,又觉得有几分道理。"

"南必皇后?"黑的说,"真还没有想到呢。"

"我起初是并不信服南必皇后的,"扎八儿笑着说,"一个美貌的女子,有何计谋?"

"现在呢?"因弘说,"现在又如何信服南必皇后呢?"

"只是觉得南必皇后目光中有一种洞察世事的光芒,让人有几分敬畏,"扎八儿说,"真没想到。"

"没想到什么?"因弘说,"没想到南必皇后很聪慧?"

"嗯,"扎八儿点一下头,"确实有点没想到啊!"

"事实也是如此,"黑的说,"大元朝的命脉在她手上。"

"谁?命脉?"扎八儿说,"大元朝的命脉在谁手上?"

"南必皇后,"黑的说,"你难道不这样认为?"

"是的,事实上忽必烈陛下有些过于宠信南必皇后。"因弘说。

"这有什么不对吗?"黑的说,"南必皇后确实有治国之才。"

"比孛儿帖,比察必,比唆鲁禾帖尼她们如何?"扎八儿问道。

"她们?"黑的说,"我并不认为南必皇后比她们差。"

三个人正在行走之时,恰好日本浪人迷四郎赶来,问起缘由,迷四郎说:"你们最好不要去高丽。""这是为何?"扎八儿问,"迷四郎,你为何要这样说?"迷四郎笑了笑说:"诸位,你们有所不知,我刚从高丽国回来,正有要事去禀忽必烈陛下。你们不知道我是孛秃的箭的使者?这样说你们懂吗?"

"孛秃的人?"扎八儿说,"那不是专门搜集敌情之人?"

"正是,"迷四郎说,"我是为忽必烈陛下效命之人。"

"如何效命?"扎八儿说,"你一个日本浪人,有何能耐?"

"话不要这样说,"迷四郎说,"说穿了就不好了。"

"这是什么意思?我有些听不懂。"扎八儿笑了笑。

"听不懂吗?"迷四郎说,"听不懂,总会看得懂。"

迷四郎说着朝路边瞅了瞅,见一块牛头石,他把手掌搓了几搓,一掌插进去,那手掌竟插进牛头石里。扎八儿嗤之以鼻。黑的有些吃惊。

因弘惊呆了。扎八儿说："这有什么了不起？真是雕虫小技。"扎八儿放眼瞅了瞅，也没找到物什，他上前探了一步，拾起迷四郎抓过的那块牛头石，两掌搓了搓，内三合加外三合，六合劲到子午中冲功要害之时，大叫一声，竟把那块牛头石像揉细沙一样，稍顷，牛头石化为沙，"哗哗"一会儿就流完了。

迷四郎惊傻了。

扎八儿笑微微的，他拍一下黑的肩头说："黑的，这只是小技。"

因弘说："大技如何？"

扎八儿说："不要说叫我师祖特儿亨来了，就是叫我师妹东儿前来，即可把一柄钢刀揉成细沙。"迷四郎瞠目结舌了许久，才恍然离去，临走之时，还不停地回望扎八儿，只是觉得扎八儿很平常。

至此，迷四郎才知道中原武功之奇，也明白了"真人不露相"之说。他想，以后还是少在人前丢人现眼。

见到忽必烈之后，迷四郎说明高丽国的情况，忽必烈惊问："怎么，高丽国在搞夺权之变？"

"是的。"迷四郎点一下头。

"这是为何？"忽必烈大惊失色，"怎么会发生这等事？"

南必皇后也愣住了。

忽必烈叹了一口气，他有些不忍心想下去，他甚至不相信高丽国政变这个事实。这是因为高丽国还有他一个女儿，他怎能舍弃他的女儿呢？

南必皇后也似察觉到忽必烈的心思，却又找不到话来安慰他。

扎八儿和黑的、因弘是不是还要去高丽呢？他们会不会误了大事？这都让忽必烈心乱如麻。

南必皇后问迷四郎："高丽国王禃要另立其弟？"

"对。"

"这又何必？"

"天知道是怎么回事，皇后。"迷四郎叹了一口气。

南必看一眼忽必烈说："陛下，王子的品行不好。"

忽必烈点一下头。

迷四郎说："听说国王之弟有意夺权，是挟天子以令诸侯。"

"这当如何是好?"南必皇后说,"陛下,派兵过去?"

忽必烈说:"派谁去呢?眼下只有一些不善战者,派谁去呢?"

迷四郎说:"陛下,要不然我去,怎么样?只是陛下要信得过我。"

"信得过你?"

"对。"

"这是何意?"

"陛下。"

"怎么?"

"我只是个日本浪人。"

"这又有何妨?"忽必烈纵声笑了起来,"四海之贤才尽为我所用。迷四郎,不要这样说。金人、西夏人、回回人、汉人、南人、交趾人、爪哇人、高丽人,马可·波罗都在扬州当了十六年的官,迷四郎,你懂吗?看起来你不懂。"

迷四郎点一下头。

"你和孛秃为大元朝确实是立了大功,"忽必烈笑了笑说,"不过,你既为大元朝所用,就要一心想着大元朝。"

"陛下,我是想着大元朝。"迷四郎心里却在说,我想大元朝,大元朝能一心想着我吗?还是疑我不用。谁不知道你忽必烈将天下人等分了四等?

迷四郎敢怒不敢言,只是耐心地听着忽必烈的训斥,而忽必烈呢?也越说越来劲。

"不要对大元朝有所疑惑,大元朝是相信你的。你和孛秃确实为大元朝立下奇功,这一次,你又传来高丽政变之讯,很及时。"忽必烈说。

"听陛下安排。"

"很好。"

"陛下,你说如何安排我回去,我一切都听您的。"

"先去高丽,"忽必烈说,"到高丽国之后,找金方和金亮兄弟,他们自然会接应你。"

"金方和金亮?"

"对。"

"二人是何等人物?"

"那金亮曾与武子君雄、杜文化郎通好，他出兵征日，自有妙计，"忽必烈说，"眼下只有此计了。"

迷四郎笑了。

忽必烈说："迷四郎，他们助你攻进东京，你就会立大功了。"

"谢陛下。"

迷四郎拿着忽必烈的诏书去了，他一路上都沉浸在登上日本岛立功加爵的喜悦之中。到了高丽，和金氏兄弟调一万五千兵马，大举进攻日本。此时，塔儿浑已渡过对马海峡，正进攻日本马岛，正与金氏兄弟会合。

日本天皇俊宇我闻讯大惊，急调川田秀吉迎战。

元军与日本军相遇博多（今日本福冈），元军用火炮猛轰日军。

"用炮打，狠狠地打。"塔儿浑令兵车营用炮轰击，塔儿浑的侍卫突见三面拥过来无数日军，不禁大惊失色。塔儿浑看到宿卫惊慌的样子，忙问："何以惊慌？"

宿卫用手指了一下。

塔儿浑环顾一下，也惊得瞠目结舌，他大声叫道："快撤！"

"朝哪撤？"

塔儿浑说："下海。"

就在元军登上战舰后不久，龙卷风刮了起来。

忽必烈不懂海洋气候，塔儿浑更是不懂。飘荡在海面上的几千艘战船，在惊涛骇浪中，就像一叶小草般脆弱无助。一艘、十艘、无数艘战船在转眼之间就被巨浪打碎了，无数元兵哭天喊地，挣扎着。塔儿浑在海中挣扎着，她到死也没明白，为什么在自己占尽先机的境况下，一缕亡魂竟不能回归故里。

但令士兵们更加愤怒的是当风息浪静时，十多万士兵却找不到了他们的统帅。忻都、范文虎等高级统帅乘高丽的几艘坚船，可耻地抛下十多万军粮和武器丧失殆尽的士兵，逃回国内。

被遗弃在岛上的士兵，既无船可渡，又没有武器和粮食，其惨状可想而知。他们哀天动地之后，冷静下来，推举一位姓张的百户作主帅，率领大元帝国的弃儿，伐木造舟，制作木排，准备回国。

但镰仓幕府不允许他们生还，立即派出大军，前来进攻已失去抵抗能力的敌军。八月七日，日本劲旅开到，张百户率军肉搏，元军六七万人被屠。剩下的二三万人被驱至八角岛。八月九日，大元帝国的军队也尝到了蒙古铁骑分类屠戮敌人的滋味，日本将蒙古人、高丽人、北方汉人捡出，尽数杀掉，而日本镰仓幕府将南方汉人视为唐人，为表示对唐人的友好，他们知恩图报般将"唐人""不杀而奴"。

十余万大军只有三人乘舟生还国内。

忽必烈轰轰烈烈、大张旗鼓发动的第二次征日战争就这样以悲壮的结局，画上了句号。

忽必烈眼见征日失败，又决定遣礼部侍郎王文灿、乐部侍郎万东、计议官张峰和撒都鲁丁等出使日本，由高丽人郎将夫离集及捎工上佐等人为向导，先至长门津室，既而移至太宗府。

日本国王不但不接见元使，还下令杀了部分使节，并斩首示众，几个回来的使臣向忽必烈禀明实情之后，忽必烈又遣几个使臣过去，也被日本人杀死。

忽必烈怒不可遏，立即召来大将忻都和共卫冬等人，让他们立即去攻打日本。刘宣等人劝了半天，忽必烈才稍稍息怒，并没有马上出兵。

忽必烈不甘心失败，又决意以阿塔海为征东行中书省丞相，发兵卫军二万人，准备第三次征战日本。

忽必烈责令江南各行省大造船只，地方官不管人民死活，按人头摊派造船数目和造船之料。

淮西尉宣使昂吉儿见状，上言民苦，请求暂停征战日本之役，"昂吉儿，好大的胆子，叫他来大都领罪。"忽必烈把昂吉儿的奏折弃于案上。

南必皇后说："陛下休怒，也许昂吉儿所言有理。"昂吉儿到大都后，被陛下责骂一番，还是南必皇后说情，方免了"渎职"之罪。昂吉儿怀着满腹怨恨，来到太子真金那里诉苦，而真金此时正听国师八思巴谈经论道呢！八思巴说："佛言，昔者有鹿数百为群，随逐美草，侵近人邑。"太子真金问："也许是美草之惑，它终不该侵近人邑。"八思巴说："国王出猎，遂各分进。有一鹿母怀妊独逝。""丢了吗？"太子真金似有惋惜之情，心情也好像很沉重。

"是的，"八思巴说，"被逐饥瘦，失侣怅怏也。时生二子！""那母

第二十五章 征日失败 太子领兵

鹿产了两个小仔?"太子真金一副天真之态。八思巴点一下头。太子真金问:"后来呢?"昂吉儿这时进来说:"国师,太子,人为万物之灵长,人是不应杀生的。但世人多昧,却杀之。"

八思巴点一下头,对昂吉儿说:"你来得正好,在淮西,你也能算得上我的得意门生了。昂吉儿,对吧。"昂吉儿作感谢状。太子真金说:"国师,那鹿母是不是有性命之忧?"

八思巴说:"坠猎弶中,悲鸣欲出,不能得脱。"太子真金说:"可惜。"八思巴说:"猎师闻之,便往视之。见鹿心喜适前欲杀。"太子真金问:"真的要杀?"昂吉儿说:"太子,且听国师讲下去,你自会一清二楚。"

八思巴说:"昂吉儿,我受忽必烈陛下之命,来给太子真金传道,尔今太子佛学大进,我会禀明忽必烈陛下的。"太子真金说:"多谢国师。"昂吉儿看了一眼八思巴,又看了一眼太子真金,他似乎明白了什么。心道:太子,不过装作虔诚之态。八思巴说:"鹿乃叩头求哀,自陈:向生二子,尚小无知。"太子真金居然流出了泪。"你哭了?"昂吉儿见太子真金流泪,只是感到好笑。

"我哭了,"太子真金泪涟涟地说,"我流泪了。"八思巴说:"太子悲天悯人,多有怜悯之心,我看到了。"太子真金说:"多谢国师,望乞多在父皇面前美言。"

八思巴点一下头。昂吉儿说:"恩师,却说那母鹿求人,实是感天动地。"八思巴点一下头说:"正是,闻所未闻鹿母求人。"太子真金说:"佛喻世人多行善,国师,对吗?"八思巴说:"太子聪慧之极!"昂吉儿笑了。"你笑什么?"八思巴问。"国师,我笑佛家言有时未能劝人尽善。"昂吉儿说。"这是何意?"太子真金问。

"忽必烈陛下征东以来,多劳民伤财。"昂吉儿说。八思巴说:"有时仗是要打的,只要打仗,还能不死人?"太子真金说:"我认为国师言之有理。说实话,我也想打仗。""你也想打仗?"八思巴说,"太子也想去日本?"

昂吉儿说:"目前山东有多股叛匪正在作乱,忽必烈陛下不去剿灭他们,竟搞跨海征东这种劳而无功之事,真是有些得不偿失。"八思巴说:"昂吉儿,以后不要信口雌黄,不然的话,影响你的前程!小小年纪，不知深浅。"

也就是在这个时候，忽必烈和南必皇后来到了这里。忽必烈一直不放心太子真金真的能修成道，便悄然而至。忽必烈和南必皇后听了一阵子，确感到太子真金已是有些佛心。南必皇后扯开一点帷幕，忽必烈看到了太子真金泪流满面。

八思巴说："鹿母命曰：尔还勿来，无得母子并命俱死。吾没甘心，伤汝未识。世间无常，皆有别离。"昂吉儿说："世间无常，皆有别离。比如忽必烈陛下的征东之事，不知要有多少家人都是别离无常。"太子真金说："征东之事乃忽必烈陛下之意，谁也不许违抗。"

帷幕后的南必悄声对忽必烈说："陛下，征东之事不可再行了。现山东又有乱军作乱，先打内仗?"忽必烈说："不，交趾也是我的一块心病。"南必皇后说："看起来八思巴确实点化了太子。"

就这时，八思巴和太子真金，还有昂吉儿均已听到帷幕后忽必烈和皇后南必的言语，他们伏身拜请陛下和皇后出来。忽必烈见状，便和南必皇后一起出来了。忽必烈笑了。南必皇后也笑了。

回到紫檀殿，忽必烈问南必皇后："你觉得太子可用?"南必皇后点一下头。适有自称为红月义军的一支队伍，在山东已攻占相城等许多山寨，忽必烈便有意遣太子真金前往应战。

"行吗?"南必还有些犹豫，"陛下，是不是再考虑一下?"

"考虑?"

"是的。"

"不必了，"忽必烈笑了，"太子一定不会令我失望。"果然，太子真金出征后连连告捷。

太子真金率元军攻破义军大营后，突然觉得自己神清气爽许多。但是，他并不知道自己是回光返照。铁穆耳此时还在与反元义军奋战。

兵车营的兵卒见太子真金来参战，真是兴奋异常。而恰在此时，铁穆耳已战得竭尽全力，却不见相城的人出降。太子真金不见攻下相城寸地，便责怨铁穆耳，铁穆耳心中十分懊恼。

相城地处龙城之南，有瓦子口、龙山子、木集、郝店四个外城，主城连为五虎之势。尽管铁穆耳几经攻打，无奈都是羊入虎口，有去无回。至此，铁穆耳方相信中原处处有高人，义军并非等闲之辈。

太子真金来到相城与铁穆耳汇合一处，便屯兵在相山北大营，那里有个溯里大峡谷，元军便在那里依帽山、瓦子口几处安营扎寨。那里的人都说帽山的萝卜瓦子口的葱，吃食自然是有一套，元军也非常乐意驻扎在那里，但久攻不下义军大营，待在那里，太子真金自觉脸上无光。

正在太子真金愁闷饮酒之际，怯薛来报："杨玉求见。""快请。"太子真金久闻速不台元帅在巴儿思溜溜三界大营训出的大将军有八人，他们号称八大金刚，按辈分太子真金得管速不台的孙子阿术叫长辈哩，少小之时他和一些黄金家族的小辈，还常缠着速不台学用兵打仗哩！只是在渤海他一时冲动想提前称汗，被忽必烈责骂之后，便与速不台少了一些来往。而今，速不台手下大将军来见，太子真金自有几分亲切。

杨玉进了帅帐，纳头便拜，太子真金急令怯薛将杨玉搀起。翟大老泪纵横地说："太子殿下，我兵车营损兵折将，寸功未立，实是罪该万死，特来向您请罪。"

"言重了。"太子真金令人摆宴与杨玉、翟大接风洗尘，恰在此时，兵车营又有靳华一干人等前来领罪，都承认自己有损三界兵车营的威名，未能与忽必烈立功争光。

太子真金笑着说："诸将都是大元朝功臣，速不台老帅手下大将军，你们都是久负威名的将军，用你们汉人的话说，叫小咎不折光辉，此次攻相城，正想讨教。"

"在下不敢，"张海说，"我父张宇在三座楼当统领之时，就让我为忽必烈陛下立功，可我现在寸功未立，真是有些惭愧。"

"我很欣赏诸位汉将勇猛之举。"太子真金把语气说得尽量柔和一些。

天刚大亮之时，翟大向太子真金请命："殿下，在下愿打头阵，如果不幸身死，当请殿下庇我子孙。"

太子真金从没听过如此丧气之语，不觉触动心思，皱了下眉头说："我会的，我令你与诸位汉将打头阵。"

翟大欣然答应，就和杨玉率兵马当众冲出，此次出击的兵马都是巴儿思溜溜训练出来的精兵，多有兀鲁人，那兀鲁之人以杀为勇，有时以人血当酒饮。虽然众寡悬殊，却没有一人畏缩，见诸位将领身先士卒，兵士们更是杀心顿起，嚎叫着向前冲杀。

相山北城及义军瓦子口守将周某，为帽山人，让他守瓦子口，是想用他对帽山一带的地形熟知之巧，而大破元军来袭之兵。此次来了一些汉将，周某暗下决心：誓与北城共存亡。

几个回合打得元军并无寸功，今又闻有元军来犯，周某气得暴跳如雷。他亲自指挥全军，命令北城义军出城迎战，奋勇杀敌。两军相接，掀起疯狂的屠杀，他们不计生死，不计个人得失，勇往直前。义军们个个都勇不可挡，双手舞刀，一个个都像舍了命一般。

元军很快占了上风，义军被杀得遍地横尸。兵败如山倒，义军已无心恋战。寻路退却。

太子真金大喜，正考虑是否命大部人马全面出击。正当太子真金稍稍犹豫的当儿，不提防背后射来冷箭，一箭中背，翻身落马。

元军和义军都有军士去抢太子真金，木合剌快了一步，一个燕子掠水把太子真金拎上战马，冲开义军众骑，直向元军大营，并大叫："快传令救太子，快传令救太子，快传令救太子！"

三声呼救声让太子真金感动得热泪盈眶，太子真金问："如果让你留在这里，你可愿意?"木合剌点了一下头。铁穆耳带领众将奔到太子真金近前，亲自为太子真金拔箭裹伤。

太子真金的伤口很深，鲜血大量涌出，染红了整件战袍。"铁穆耳，为父真的是老而无用了。"太子真金大口地喘着粗气，爱怜地望着儿子说，"这一役要靠你了。"

"父亲莫急，无大碍的。""可我还是感到老矣。"太子真金居然流下了眼泪。几个围过来的将军都劝太子真金少说一些话。铁穆耳说："赶快修书呈禀忽必烈陛下，要忽必烈陛下得知此事。"太子真金笑了。铁穆耳也笑了。

太子真金对铁穆耳说："你真是一个聪明的孩子。"铁穆耳说："我不聪明，我只是为黄金家族的和睦做些力所能及的事。家族要和睦，外族不得入。"

"不行了，感到胸闷得很，"太子真金苦笑一下说，"太子殿下勿急躁妄动。"杨玉安慰太子真金的时候，不知不觉中眼泪涌了出来，他是从内心感到焦急，发自真心地流出了眼泪。这令太子真金十分感动，他觉得此人是难得的忠勇之将。

铁穆耳喃喃地祝祷着他的父亲早些安康，但见太子真金气喘吁吁，方知其父伤势不轻。铁穆耳一边督请医生赶快为父亲疗伤，一边把木合刺叫到一边：

"太子就交给你照看了，有半点差池，唯你是问！""是！"

铁穆耳飞身上马，怀着满腔的激愤，准备对义军赶尽杀绝，以报伤父之仇。

在蒙古人统一了华夏大地之后，类似这支红月义军的反蒙抗争在全国时有发生，多数均已被剿杀干净。但山东为孔孟之乡，这里的百姓最容不得由他们称之为野蛮人的蒙古人来统御，所以，这里的反蒙火焰一直是熄而未灭。忽必烈近年忙于四面出击，征服邻国，放松了对国内叛逆起义的镇压，这支由江湖人士组成的红月军便发展神速，还占了相城、里城等几个小城。

铁穆耳把兵力合在一起，重新组合，由杨玉和翟大各率一支。杨玉佯攻相城，翟大埋伏在相城通往里城的路上，准备引敌出城。在元军的炮火猛攻下，城中守军果然在半夜悄然出城，不想被翟大候个正着，近万名红月军无一生还。铁穆耳又马不停蹄，一举攻下里城，至此，山东境内数年未再起抗蒙战事。

同样的月夜，忽必烈和南必在得知太子真金伤情之后，也是辗转反侧，二人披衣来到皇宫之外。

忽必烈长吁短叹。

南必也叹了一口气。

忽必烈说："把太子真金调回来了，可前方由谁去顶替他？"

南必沉思不语。

月光如流水一般，静静地泻在甬道上。

庭院有一个塘，忽必烈和南必就依偎着立在塘边。

忽必烈决意和南必一起去看一下太子真金，他知道太子真金的病情已是严重之极。南必同意了。到太子真金那儿，忽必烈又有些踌躇，他心中似有些烦乱。

月光如流水一般，静静地泻在太子真金庭院里的水塘里。

忽必烈也就是在那一刹那似有一种超脱之感。那月光静静地照着甬道旁的水池，水池里则有青雾腾起。太子真金强撑着身体来见过忽必烈和南必皇后。

南必皇后对太子真金嘘了一下，她用手指了指若有所思的忽必烈。太子真金也愣在那儿。

忽必烈盯着月光下的水榭，一动也不动，如木雕泥塑一般。南必愣了。太子真金也僵在那儿。一时间的宁静，谁也没有说话，似乎都能听到别人的心跳声。

忽必烈叹了一口气，看着瘦如枯木的儿子，他心疼至极。南必皇后忙安慰说："太子还好，能下来走动了。"太子真金说："多谢父皇和皇后的关爱，还亲自跑一趟。"

太子真金叹了一口气。忽必烈问："因何叹气？"太子真金又流下眼泪。南必皇后问："太子因何落泪？怨陛下和我来看你迟了？"

太子真金说："父皇，目前大元朝战事不断，伯颜又已老迈，我以太子身份荐史弼前往。"忽必烈说："我正有此意。"南必皇后也点头同意。

真金终于没能斗过病魔，没能从父皇手中承继大元帝国政权，在四十三岁的英壮之年，离开了这个世界。

忽必烈时期虽然发动了征伐日本的战争，一时激化了两国矛盾，但双方的经济文化往来却始终没有间断。

当时，双方的佛教往来不断，为两国的文化交流作出一定贡献。中统元年（1260年），兀庵普宁抵日，在日本作有《兀庵禅师语录》；至元六年（1269年），大休正念抵达日本，编有《佛源禅师语录》；至元十六年（1279年），旅日的无学祖元又给日本人留下了《佛光国师语录》等著作。这些佛教徒都兼通儒学，他们在传播佛学的同时，也将儒学传播到日本各地。日僧国尔辨园于宋端平二年（1235年）入宋，淳祐元年（1241年）以后返回日本，带回朱熹的《大学》《大学或问》《中庸或问》以及《论语精义》《孟子精义》《论语直解》《集注孟子》等大量儒学著作，宝祐五年（1257年）在最明殿寺为幕府执政北条时赖开讲《大明录》，至元十二年（1275年）又向龟山法皇介绍儒、佛、道三教旨趣，最后编定《三教典籍目录》，为传播汉文化作出了贡献。

其间，两国经济往来接连不断。到了至元十四年（1277年）的时候，忽必烈就同意了加强与日本的经济贸易。到了至元十五年（1278

年），忽必烈再次下诏鼓励与日本进行贸易往来。直到至元二十九年（1292 年），日本又派商船前来贸易，但忽必烈担心日本的商船故意刺探本国信息，于是便设置了专门的机构进行管理。虽然接待日本商船如临大敌，但忽必烈允许其往来贸易，对两国经济文化的交流与发展都有一定的好处。

忽必烈突然丧失了爱子，内心感到异常悲痛，但他并没有沉浸在悲痛中不能自拔，他知道儿子是为了大元朝的未来牺牲的，只有让元朝更加强大才能让英年早逝的儿子安息。于是忽必烈启用了史弼，继续开拓大元帝国的疆土。

第二十六章

开拓疆土　御驾亲征

　　史弼乃史天泽之孙，也能算得上汗国的忠良之后了。他看上去实在很平凡，弱冠之年却有着稍微发胖的身材，脸庞长圆，眼睛不算大，但能闪闪放光地看人，人们都说薄嘴唇的人能说会道，但史弼却长着一对厚嘴唇，从他那对厚嘴唇里讲出的话语，总是那么热情、生动、流利。史弼的眼睛有些发黄，头发一直挂到眉毛上，鼻子是尖的，耳朵很大而且透明。史弼的颧骨很高，柔白的皮肤与沉毅的眼神，足以表明他绝不是温顺之人。他神采焕发，光辉夺目，如同这个被忽必烈夸奖过的晴朗春日，也如同整个大地——大地上华丽地点缀着春草和树叶的嫩绿，飘着松树和小桦树的清香。

　　至元二十九年（1292 年）的秋天，史弼在率领万人征战爪哇之后，又与刘整大军会师，开始对交趾国开战。交趾，位处西南，为一岛屿。闻听元军又来，国王和国师二人心惊肉跳，饮酒浇愁。

　　交趾国国王和国师边饮酒边叹气："国师，没想到史弼大军来得这么快！就怕他与刘整对交趾东西夹击。""此为在下忧虑之处。"国师饮了一口酒，叹一口气："国王，难呀！眼下我国兵马听说史弼战爪哇之勇，都有些怯敌，不敢作战。"

　　"国师，此役全凭你去督战！"国王说，"国师，君命有所不从为罪也！你去督战，切不可懈怠。"国师点头称是。"那么，我就誓与安南联手，保我子民安居乐业，"国王说，"与将士们共同守城，不敢懈怠。"

　　史弼从东路进发，刘整从西路进发，两支元军像两柄大钳夹住交趾国。交趾国王亲率大军，决定先向史弼大营进发。史弼大军固守交趾国都城外仅五十里，哨兵前来报告，说是交趾国国王发兵前来。史弼连夜派人去通知攻打西城的刘整，让他分兵前来助战。

史弼以为交趾国王要将兵力沿东城倾巢而出，所以才让刘整派兵来援。史弼此时则佯装无事一样，仿佛他压根儿就不知战火已迫在眉睫。不过一日，频繁传来交趾国王逼近的消息。最先开道的是前来援助交趾国的安南国兵马大元帅高穷，他得知史弼正在山中围猎，不免暗自庆幸。

"真乃上苍赐我立功之机。"高穷对交趾国师说。"是的，能活捉史弼，则可与忽必烈谈些条件，"交趾国师说，"这样，对你们安南国也非常有利。"

"吹号角。"高穷命手下吹号，于是，全军向山上进发。高穷以为史弼做梦也不会想到他们会这般神速到达，而且难以反击他们的，他心中暗笑史弼已是他打败之鸟，难以振羽高飞，只会哀鸣。

没想到交趾大军还没有爬到半山腰，便遇到元军的有备反击。史弼大军的抗击，瞬间像塌方滚石一般冲将过去，迫使高穷向山下退却。交趾国师慌乱不堪，一抬头瞥见史弼挡住去路，举刀便砍。没过几个回合，交趾国师马肚带突然绷断，鞍子一偏，他便摔下马来。史弼手持长矛对准交趾国师的脊背说："想活吗？""嗯。"

"是人都想活下来，"史弼说，"蝼蚁尚且贪生。""史元帅，你是什么意思？"交趾国师皱了一下眉头。"我想放你。"

"放我？""对，给你一条生路。"史弼说着纵声大笑起来。"史元帅不杀我？""正是。"

"不过，你不杀我，咱们日后还得在战场见。""战场上见？""对！我是交趾国师，咱们只能在战场相见。"史弼说："你如果和我换一下处境，我也会一心只忠于忽必烈汗的，这叫各为其主嘛！"

"多谢史元帅大人有大量。"交趾国师喜出望外。"谢我？"史弼冷笑一下说，"国师打算怎样谢我？"

"史元帅，你？分明是刁难于我呀。"交趾国师叹了一口气。"这从何说起？""你说过放了我，可又为何还让我报答你呢？""我不反悔。""那就放了我。""凭什么？""是你说的！"交趾国师说，"难道史元帅准备食言？""不，我不会食言的，"史弼说，"国师，你是汉人。"交趾国师浑身哆嗦了一下，这许多年以来，第一次有人称他是汉人，这使他有些惊惑不已。"我是汉人？""国师，你乡音未改，"史弼说，"何必自欺欺人！"

"是的，我是汉人，"交趾国师说，"史元帅，我有苦处呀。""苦处？""对。"

"有何冤苦？""史元帅，我也知道忽必烈陛下英明！但这许多年以来，我已在交趾国安家生根了，"交趾国师说，"还有前来助战的安南国元帅高穷，我们都是汉人呀。""这就好办了。""史元帅是何意？"交趾国师说，"让我们屈从你吗？""不。""那是为何？""去事忽必烈汗。""我也崇尚忽必烈陛下的文治武功，但我们已离中土太久。""落叶终要归根。"

"可中土并不要我们呀，"交趾国师说，"当初我们是被宋朝奸相贾似道迫害出逃的，一路上，我和高穷相依为命，后来高穷在安南有了出息，我也在交趾有了作为，才渐渐地把中土淡忘了。"交趾国师想了想，又问道："史元帅，忽必烈陛下真的肯接纳我和高穷吗？"

"是的，忽必烈陛下一定会很高兴接纳你们的。"史弼高兴地笑了。"史元帅，你南征以来，特别是大战爪哇国，已是英名远播！"交趾国师说，"其实，我早有归顺忽必烈陛下之意。"

"有归顺忽必烈陛下之意？"史弼说，"如果是这样，一切都好说。""我想归史元帅去侍奉忽必烈，可高穷就怕不会十分乐意，"交趾国师说，"高穷有一帮呼风唤雨的绿林英雄，这一次，他把他们都拉过来了。"高穷就是安南国派出的领兵将领，意在与交趾国联合起来抵抗大元朝的进攻。史弼疑惑地问道："绿林英雄？""嗯，"交趾国师点一下头说，"眼下，他们已随高穷来迎战元军。"

"是这样吗？""正是！"交趾国师说，"那一帮人都有降龙伏虎的本领。""不会吧？""是的，是非常勇猛，"交趾国师说，"他们一个个都是南国武界顶尖的精英，且都视死如归。"史弼的眼睛转动几下说："国师，我决定放你。""史元帅，我刚才说过了，你放我，我还会带兵和你作战。"

"真的？""各为其主。""可你终是汉人。""汉人才知忠义二字，"交趾国师说，"史元帅，请谅。""那么，你能发来多少兵马？"史弼说，"不过，你可对下属说，只要归附大元朝，只要忠于忽必烈陛下，都可封妻荫子，谋一个千户长什么的。"

"这办不到，"交趾国师说，"那样，不叫忠义。""何为忠义？"

"汉人都知，"交趾国师说，"我大汉千年之文明，就讲究忠义二字，也是靠忠义二字打天下的。""嗯，"史弼点一下头，"回去告诉高穷，你们唯一的出路就是侍从忽必烈陛下，只有跟着忽必烈陛下，才有出路。谁不跟着忽必烈陛下，都得死。"

"史元帅，高穷不会顺从您的意思。"交趾国师笑了一下。"尔等当知进知返，"史弼说，"我是在放你们一条生路。""史元帅，"交趾国师说，"高穷恨透了汉人，无意归忽必烈。""休要多言，"史弼挥了一下手说，"你快点走吧。"

箭筒士放了交趾国师。交趾国师爬起身跳上战马，带领残兵扬长而去。

史弼对着交趾国师的背影道："下次擒你定斩不饶。"刘元帅问史弼为何放了交趾国师，史弼笑了笑说："他只是一个小饵，大鱼很快就会倾巢而来。""真的吗？"刘元帅兴奋地睁大眼睛，感到很意外。"高穷会来的，"史弼说，"到时候，咱们将高穷的人马一网打尽。不过，这一次要好好地布置一下。"

"布置一下？"刘元帅说，"如何布置？"刘整元帅是刘秉忠之孙，正如史弼是史天泽之孙一样，忽必烈此次派出的征南之军，都是世代通好黄金家族的汉人，他们最讲究忠义二字。

"就按八卦阵法？"史弼的口吻有点像和刘元帅商量，"咱们重新布置一下兵力，擒杀高穷和他的部下。""八卦阵？""对。""我都有些忘了。"

"这怎么可能？"史弼睁大了眼睛，感到很惊奇。刘整哑然大笑，其实，他是有意考一下史弼的。

"一字长蛇阵。"

"二龙吸水阵。"

"三才天地人阵。"

"四门兜底阵。"

"五虎吃羊阵。"

"六子登科阵。"

"七星伴月阵。"

"八卦阵。"

史弼和刘整二人按八个方阵布置好了兵力。

高穷此次损兵折将而归，交趾国师又被擒而纵之，惹得他暴怒异常，不时地大声吼叫，大骂不绝。交趾国师被史弼擒而纵之，高穷猜测是史弼故意派来作内应，立马下令把交趾国师推出去斩首。

交趾国王亲自出面求情，高元帅才免去交趾国师死罪，当场按倒在地，一番辱骂后，还打了四十军棍。

交趾国师肥胖的身躯趴在地上，好半天才爬起来，佝偻着腰说："高元帅，这一次在下要打头阵。"

"打头阵？"高穷怒目圆睁，"丢了你们交趾，我那安南也守不住了。这叫唇亡齿寒，你懂吗？""懂。""所以，你们交趾国一切都要听我的。"高穷大声说。

"我要立功折罪，才想请兵再战。"交趾国师说。高元帅沉吟一会儿说："史弼如此嚣张，居然捉你再放。""史弼让我去降忽必烈。""忽必烈？""正是。""咱们是汉人。""是呀。""怎能去事蒙古人？""对。"

"那你怎么说？答应作元军内应？"高穷揪住交趾国师的衣袖说，"史弼放了你，乃诱兵之计，"高元帅接着说，"史弼乃忽必烈之良将也，善用兵。""诱我们出战？""对，"高穷说，"你明知道去投罗网，还要请战？""不知，在下不知，"交趾国师说，"高元帅，在下确实不知。""真的不知？""我可对天发誓。""哼！"

"高元帅，没想到史弼会如此狡诈，"交趾国师惊出一身冷汗，"我如果贸然出兵，还不进了他的陷阱？""有去无回，"高穷说，"国师乃国之师也，未料到你如此懵懂无知，真不知你当初怎么学的。"

"我被气糊涂了，"交趾国师说，"不到他那儿送银子，你就没有出头之日，真是气人。"

"可恨！卖官的世道，贤人不得出呀！"高穷叹了一口气。"不跑不送，你就得待在那儿不动。我友王社教因不会逢迎上级，不会请客送礼，不会朝上边送银子，纵使他满腹经纶，才高八斗，学富五车，又有何用？"交趾国师说，"听说他有闲云野鹤之心。"

"别提闲云野鹤那些事！"高穷说，"你的国王都快让你说动心了。"

"真想去天下游历一番，尔后，再归隐山林。""眼前，咱们要对付的是忽必烈派来的元军。""是的，高元帅。"

"可有计策？""高元帅，不如让术士前来作法，在今夜子时，火攻敌阵。"交趾国师说。

"他真能呼风唤雨不成，"高元帅笑了笑，"都是谣传吧。""请来一试，"交趾国师说，"一试便知分晓。高元帅，真的假不了，假的真不了，这是句古语。"

"信那些东西吗？大哥！"高穷带过来的几个绿林英雄插话道，"咱们都是练武之人，不信邪。"高穷请了一位术士来作法助阵压下不提，单说史弼元帅，在几员大将陪同下，巡视自己的军营。

史弼看到营帐座座，秩序井然。骑兵五万人，步兵七万人，共计十二万兵马，气氛凝重，等待战机。史弼登上高处，看到高穷大部隐在山谷，只见几个军士在山腰砍柴，围坐一起打火镰，一时火起，野草燃烧，飘起一股黑烟。史弼脑子一闪，此时正值深秋，树叶凋落，枯草遍地，如高穷采用火攻，我军岂不陷于火海之中？刘元帅见史弼鸟瞰山下浓烟沉思，便上前禀道："主帅，莫不是怕交趾敌军用火攻我？是也不是？"

"正是，"史弼很赞许地目视着刘元帅，笑了笑说，"刘元帅，我二人不谋而合，真是巧得很哩！""主帅，何不传令三军移阵拔营？"刘元帅说。史弼传令箭筒士："立即撤出山寨。"

就在史弼元军撤出之际，高穷已派人使山川着起大火。火光冲天，三天不熄，把一个葳蕤的山川烧成一个光秃秃的山冈。

史弼指挥大军迁营，仍按左、中、右三军序列，在用餐之后又进入阵地。负责护卫史弼的箭筒士牙将武子君和杜文化、丘大魁觉得不能在史弼身边很委屈，刘元帅笑着说："将军还有一美差：明日进攻高穷交趾大军，溃军必向南方相山逃窜。那里有一道险要山口名曰瓦子口，你带五百弓箭手在瓦子口那里埋伏，等高穷的军队全部进入瓦子口时，你就可堵住山口，这叫瓮中捉鳖，逮巧了，会有十几个大员，你将立头功。"

"真的？"丘大魁显得异常兴奋，"会有歼灭高穷的可能？""有这个可能，"刘元帅说，"到时候军功一件。"史弼在战前又重申军纪，要求全军将士勇往直前，拼命杀敌，战利品全部充公，将来再论功行赏，谁人不从，严惩不贷。众将皆豪气冲天，同声应诺。

次日天刚亮，元军便与交趾大军摆开对阵之势。高穷先命那几个绿林兄弟的老二、老三首先拍马迎战。

老二、老三也是汉人南迁，老二孙红开，老三盼霞，还有老四搪拦拦，老五往北开，老大叫往登涌，这五兄弟对称霸中原的元军恨之入骨，到交趾之后方有报仇之地，心中十分高兴。老三对老二悄悄地说："老二，我看史弼右翼比较薄弱，我佯装和他迎战，你且指挥军队发起全线进攻。""好。"老二点一下头。

"这样，元军左中右三路大军都会乱了阵脚的。"老二道："他们都是忽必烈的元军精英，总不会不战而退吧？"老三有些不大相信史弼乃史天泽之后。

"不管他是谁，按我计开战，必将取胜。"老二说。"那好吧。"老三同意了，但他还是坚持让老二先出兵。刘元帅率军杀将过来，老二急忙去迎战，刀来剑往，马蹄扬尘，你进我退，无懈可击。这时，老三一声狂啸，突然全线出击，直逼得刘元帅右部被迫后退。正在老二追击得意之际，炮声响处，闪出一彪人马，原来是杜文化率领六百名甲兵，全部穿戴虎皮盔甲，手持盾牌钢刀，就地滚爬而来。

交趾兵正纵马驰骋，何曾有人来得及收缰，皆一头冲进阵地。杜文化下令刀砍马踏，老二和老三阵营顿时大乱。老二和老三不明底细，正在犹豫，杜文化举枪刺来，没有几个回合，老二和老三便大败而逃。老二和老三负伤而逃之后，交趾大军便陷在元军重围之中。

元军夺得许多交趾国旗子，插在空无一人营房的周围。

高穷元帅一看大怒，急令其余三兄弟全线出击。打虎亲兄弟，老弟兄几个当年曾在涉敌台对天而拜，成为金兰之好，其余三个兄弟大叫着，要与元军一决雌雄。

午时已过未时来临之际，忽然狂风大作，高穷大军以为是那术士呼唤来了狂风法术，哪知交趾大军冲入元军之阵，一时人影全无，心中不免诧异。

炮声响处，刘元帅率军猛扑过来，把交趾大军拦腰砍断。元军乱砍乱杀，使交趾大军首尾不能相顾，只有四散而逃。交趾大军节节败退，

真是兵败如山倒！败军何以言勇，他们一个个已无心恋战，很快就全线溃败。

高穷无奈，不得不亲自出战。史弼主要兵力仍被刘元帅统制着，本应按兵不动，可是刘元帅经不起高元帅的挑逗和辱骂，按不住心头怒火，出战了。

刘元帅擅自传令击鼓，率领了箭手、盾牌手冲出营门，和高穷交锋。没有几个回合，高穷佯装败北，调转马头逃回自己的阵地，大军节节而退。

刘元帅自恃军家子弟，又是此次忽必烈敕封征南先锋元帅，也算得上久经沙场的将军，再说，有刘秉忠在世之时的家训，熟读诸家兵书，再加上已经打得交趾军大败而退，他便轻敌了。刘元帅下令追击。

正在史弼看到情况不对，想差人去制止之机，刘元帅大队人马正中高穷圈套。交趾大军向两旁一闪，顿时火炮枪箭林木滚石劈头盖脸喷向元军。交趾大军的反击犹如狂风骤雨，令刘元帅无法招架。

当然，元军也无处躲藏，躲到哪里都是箭如雨下，火光冲天。刘元帅所率元军大都被烧得浑身冒火，七窍生烟。一时间人马倒毙，哭爹喊娘，不绝于耳。火势又借风力，向史弼大营烧过去，造成阵容大乱。高穷趁机命士兵卷土扑过来，大叫着活捉史弼。

元军死伤近五万大军！幸好史弼和刘元帅皆逃过此难。史弼想，都夸刘元帅会分兵布阵，还夸他懂兵法，就连忽必烈陛下都夸刘元帅有雄才大略哩！

元军误入敌阵受挫，而此时已是大局倒转，烈火重围，眼见交趾大军占了上风。损失这么多兵马，怎样向忽必烈陛下交代？忽必烈陛下又会怎样看待此次远征交趾？史弼忧心如焚。"忽必烈陛下，我对不住你呀！"史弼号啕大哭。史弼抽刀砍去。瞬间刘元帅便人头落地。

史弼许久才清醒过来：我怎么把刘元帅给杀了？杀了刘元帅，如何向陛下交代呢？史弼痛苦不堪。史弼抽刀想自刎，几员副将拦住了史弼，他们说："史元帅，不要死。"

"我杀了刘元帅，他是圣上敕封的兵马先锋大元帅，居然被我杀了！圣上能饶我吗？""我们保你。"回到大都之后，史弼向忽必烈汗哭诉实情，忽必烈问了一些目睹此事的副将，他们都众口一词地说史弼全是为元军惨死而惩治冒进的刘元帅。

忽必烈听了之后，十分大度，对史弼微笑一下说："史弼，你起来吧！此事已经过去，我不再追究。""多谢陛下不杀之恩。"史弼连连叩头慢慢站起身。

史弼没想到忽必烈会如此宽容他，按资历，他们史家确实比不上刘家在大元朝的位置，但此次既然不杀他，他也就暗暗发誓，一定为大元朝赴汤蹈火。

忽必烈很会用人！安童当时就有这样一种想法。

忽必烈见安童似乎若有所思，就笑了一下道："史弼，你和安童可谓我汗国后起之秀，乃一文一武呀。"

"微臣不敢妄言为大元朝重臣。"安童急忙伏地而拜。

"起来吧，"忽必烈叹了一口气说，"诸将都在离去，我的金莲川幕府也没有了，没有几个人活着了。"

忽必烈似乎很伤感。安童有些不知所措。史弼说："陛下，有我史弼在，就有大元帝国的安稳。"一些蒙古诸王眼斜着史弼，都在心里恨得直骂史弼：真是不知天空高远，初生之牛，不知水深浅。

史弼见忽必烈微微一笑，他自己也笑了。年逾古稀的忽必烈感到自己真的老了。

已是四月的早春时节了，可忽必烈仍旧叫怯薛在紫檀殿内架起了炭火盆。望着窗外冒出的新芽的柳枝，他却感到仍是浑身发冷，没嗅到春天的气息。"陛下。"南必笑着走入了大殿。"大清早的，干什么去了？""出宫去了。""出宫？""嗯，桑哥说大都城外有一株腊梅在春日开花而不凋，已有三个月，我太好奇了，就跑出去看了看。"

"疯丫头，都是做母亲的人了，还这么孩子气。"忽必烈虽然接南必进宫时已近花甲，但他还是赐给了南必一位龙子，故而才这般嗔怪南必。南必笑着坐在忽必烈身边，问道："陛下，可闻到香味？"

"有哇，香自何来？"

"是桑哥自交趾带回的熏香，特意送给我的。"

"这个桑哥，倒会向皇后邀宠。"

桑哥是忽必烈的又一位主理大元帝国财政的官吏，刚刚上任不久。"陛下，那株腊梅颇为奇怪，花瓣有四种颜色，美极了。""有朕的南必美吗?"忽必烈抚了抚她的脸。

"陛下。"南必娇嗔地道。"报——!"怯薛在门外叫道。

"进来吧。"扎察的手也有些颤抖了,步子也不似年轻时矫健了。他手捧折子,急道:

"陛下,伯颜将军的告急信!"忽必烈心中猛然一惊,嘴里念叨着:"出事了,果然出事了。"

南必见他如此神态,便连忙把信接了过来,念给他听。原来是乃颜与海都反了。忽必烈"嗖"地站起身来,急命扎察叫来李庭。李庭为中书左丞、骠骑卫上将军。

李庭跪见忽必烈后,忽必烈二话没说,便命道:"遣使火速到伯颜处,封锁一切可能接通乃颜与海都之间联系的关卡,并飞赴和林,震慑漠北诸王。""是。"李庭不敢问话,点头道。

忽必烈接着命令道:"遣使火速传令,命阿沙不花深入东道诸藩王属地,游说瓦解其同盟。大都所有旧属乃颜部的兵卒原地待命,没有朕的命令,一律不允许骑马持弓,违者斩!"

"是。"李庭从未见过圣上如此冷峻。

"你办完此事,速来见朕!"

"臣遵旨!"

李庭起身,跑出了紫檀殿。南必见忽必烈一番命令后,气喘吁吁,便扶他侧倚在锦榻上,宽慰道:"陛下放心,有伯颜在西北,不用着急。"

忽必烈叹道:"这是朕的心腹之患,朕知道早晚会有这一天的。也好,趁朕还能动,去了这块心病。""陛下是要……?""朕要亲征!"

南必大愕:"陛下,千万别存此念,李庭智勇双全,会办好这事的。"

忽必烈道:"你不知这事态的严重性呀,稍有差错,朕这大元帝国江山会转入他人之手哇。"忽必烈深谙兵贵神速的道理,他等不及再征调南方的兵力,便仅率玉昔帖木儿的蒙古军和李庭的汉军,匆匆地开赴了辽东大地。这是忽必烈称汗以来第一次亲征,可见此役对他有多么重要。

临行前,缜密的忽必烈没忘记让不忽木火速从江南调运粮草,随后北下。七十七岁的忽必烈就这样，在南必的泪眼中，出了大都城。乃颜结营于辽河附近，还是用蒙古的传统办法：即以车环卫为军营。

忽必烈的骑军共有三十队，合为三军，每军十队，从两翼去包围敌阵。又安排五百名步兵手执刀矛坐在马背上，一声令下，骑兵发动冲锋时，这五百步兵即随在骑兵身后一同冲。也就是说，最先冲上去的五百骑兵事实上是一千人。一冲入敌阵，步兵就跳下马来，保持着最充沛的体力与勇猛，竞技状态又最佳，所以这一千人的前锋之战斗力，可谓强大之至。同时还做好以防万一的安排，即如果骑兵后退，这五百步兵照旧跃上马背同撤。

忽必烈皇帝自己则高坐在一座由四头大象承托着的木楼之上。像身上也都披挂了坚牢的革甲，革甲的外面又罩上一层锦衣，这座高大而宏伟的木楼，好不气派。皇帝坐在木楼上层的前端居中，高瞻远瞩，指挥若定，对下面的激战情景又一目了然，随时可以做出最合适的具体战术上的新安排。木楼上可容很多人，除了及时传令的官兵之外，还站着许多精锐弓弩手，他们还可听皇上的直接调遣与布置。木楼顶上还高树着皇帝的日月旗。单从这一气派与架势来看，其威慑力已非常之大。加上乃颜军还从来没见过大象，更没见过这庞然大物——木楼，一看到木楼，已被吓矮了三分。

乃颜完全没有估计到老谋深算的忽必烈会如此迅速集结部队，带病亲征，因而军事准备十分草率。

六月三日，忽必烈的亲征军突进到撒儿都鲁。一场突来的暴雨不仅令乃颜部将塔不台、金家奴震慑，连忽必烈本人也被这炸雷惊出一身冷汗。暴雨不停，亲征军疲惫、饥饿地踏着泥泞的道路，冒进泽地后，忽必烈突然发现自己的乘舆周围列阵的竟有六万乃颜叛军。

处境骤危的忽必烈命亲兵环舆列阵，无可奈何地在东北唱了一出空城计。白天的战事异常艰苦，十几名贴身卫士围护着象舆宝座上的忽必烈，流矢不断地落入轩舆内。象舆下的李庭流矢中胸贯肩，裹创复战；接着李庭集中军内百弩，齐发箭矢，才压下塔不台、金家奴的攻势。忽必烈命令大将李庭、博罗欢守阵不动，冷静地等待援兵。

塔不台等觉察到忽必烈驻舆不动，也不主动出击，错认大军必然在后。入夜，李庭引十几位壮士，持火炮，潜入其阵，一时炮声大作。本

已疑惧的塔不台、金家奴军闻炮大惊，自相残杀，六万军尽溃于野。李庭、博罗欢乘势追杀，忽必烈长舒一口紧张之气。

木楼两翼又摆开阵势，还有吹奏各种乐器的，单这乐曲声已把敌军的阵势给打乱了。继之又高奏战歌，在大鸣鼓筝的同时，战斗开始，矢飞如雨，敌人当即被射倒了一大片。

在箭阵之后，一批手执刀矛的战士又冲了上去。这一役，一直杀到月上中天，乃颜被俘，帐下兵卒皆亡。

乃颜被擒后，忽必烈看着面色死灰的乃颜道："你都不能胜朕这古稀之人，还想谋叛！"乃颜一声不吭，他恨只恨自己行动太慢了。"哼！朕只有二万兵马，却打败了你六万大军，服气不服气？"

乃颜仍是一声不吭，忽必烈大怒："来人！用毡子裹住这叛贼，摔死他！"

左右拿出大毡，把乃颜包裹其中，轮番振摇，乃颜即被摇振而死。在平定了乃颜之后，忽必烈把随行的铁穆耳叫到跟前："乃颜余部仍在，哈丹也屯兵于贵烈河畔，朕把这里就交给你了。"

"祖父放心，孩儿一定不辱圣命。"

就在忽必烈起驾回大都后，铁穆耳没用上多长时间，就歼灭了哈丹及其部属，乃颜所有精英至此均魂归西天。乃颜败在了七旬老人的马下。

而西边的海都听闻乃颜六万大军竟被忽必烈的二万兵马打败，他知道自己永远也不是这位比他伟大无数倍的族叔的对手。他没敢调用一兵一卒，远遁到遥远的西域去了，至死也未再回来。

在返回大都的路上，凝望着暮色苍茫的大地，忽必烈的耳边似乎犹在回响着战场上的戈箭撞击声、隆隆战鼓声和人叫马嘶声。他陡然感到浑身充满了力量，感到自己又是那个驰骋在刀光剑影中的青年。

战争，让忽必烈体会到了一股亲切，一股返老还童的朝气，一股想要飞翔在天空之上的冲动……

第二十七章

讨伐安南　肆意征战

安南本为唐朝安南都护府的管辖地，五代后晋时独立出去，建立了瞿越、大越等国号。北宋开宝八年（975年）的时候，被封为交趾郡王，南宋隆兴二年（1164年）的时候，又改封为安南国王，此后该国便独立，地处现今的越南北部。忽必烈即位前后，安南国的统治者为陈氏家族。

元宪宗蒙哥三年（1253年），忽必烈就命令手下的大将兀良合台率领蒙军平定云南，云南平定以后，忽必烈亲自率军北返，兀良合台则留下，继续征服其余并未归降的小国。宪宗七年（1257年），兀良合台率领蒙军准备进攻安南国，出兵前他先派出了两位使者出使安南商议归降的事情。安南不但不从，还用酷刑扣押了蒙古使者。兀良合台不见使者回报，遂驱动大军，攻破王都，安南国王陈日煚逃窜海岛。兀良合台从狱中找到二位使者，解其缚，一人已死。兀良合台大怒，立誓要抓住陈日煚，灭亡安南。但由于天气炎热，蒙军难以适应安南的气候，遂残破王都而返。宪宗八年（1258年），陈日煚将王位传于长子陈光昺，陈光昺摄于蒙古大军威力，遣使向兀良合台贡献方物，以求缓和关系。中统元年（1260年），忽必烈即位以后，派遣孟甲和李文俊等出使安南，令其称臣入贡。忽必烈在国书中写道：

"祖宗以武功创业，文化未修。朕缵承丕绪，鼎新革故，务一万方。适大理国守臣安抚聂只陌丁驰驲表闻，尔邦有向风慕义之诚。念卿昔在先朝已尝臣服，远贡方物，故颁诏旨，谕尔国官僚士庶：凡衣冠典礼风俗一依本国旧制。已戒边将不得擅兴兵甲，侵尔疆场，乱尔人民。卿国官僚士庶，各宜安治如故。"

孟甲等人到达安南，说明世祖忽必烈之意，陈光昺表示愿意称臣纳

忽必烈传
HUBILIEZHUAN

贡，派遣使者随孟甲等人来朝，请求三年一贡，忽必烈当即允准，遂册封陈光昺为安南国王。

中统三年（1262 年），忽必烈命讷剌丁为安南国达鲁花赤，负责监控安南并往来于元朝和安南之间。至元四年（1267 年），忽必烈又下诏安南，"谕以六事：一、君长亲朝；二、子弟入质；三、编民数；四、出军役；五、输纳税赋；六、仍置达鲁花赤统治之。"又诏封皇子忽哥赤为云南王，往镇大理、鄯阐、安南诸国，企图进一步控制安南。

陈光昺不愿意接受这些苛刻条件，"每受天子（指元朝皇帝）诏令，但拱立不拜，与使者相见或燕（宴）席，位加于使者之上"。又上书请求罢去元朝在安南国设置的达鲁花赤，接着又请免赴"中原拜献"等六事。忽必烈虽然不太高兴，但未马上用兵，仅仅派遣使者反复磋商而已。

至元十四年（1277 年），陈光昺死亡，其子陈日烜没有请准元朝就自立为王。次年，忽必烈派遣礼部尚书柴椿等人由江陵经邕州直抵安南，谴责陈日烜不修六事及不请命而自立之罪，并要陈日烜入朝受命。陈日烜称，自己"生长深宫，不习乘骑，不谙风土，恐死于道路"，托故不朝，只遣使臣随同柴椿等赴元报命。至元十六年（1279 年），枢密院臣上奏说："日烜不朝，但遣使臣报命，饰辞托故，延引岁时，巧佞虽多，终违诏旨，可进兵境上，遣官问罪。"请求出兵迫使陈日烜来朝。这时，忽必烈比较沉着冷静，未允其请。复遣柴椿等人出使，再谕陈日烜来朝。陈日烜仍然推托有病不来朝觐，仅遣其叔陈遗爱入元觐见忽必烈。忽必烈十分生气，于至元十八年（1281 年），设立安南宣慰司，以卜颜帖木儿为参知政事、行宣慰使都元帅以控制安南。接着，忽必烈又"诏以光既殁，其子日烜不请命而自立，遣使往召，又以疾为辞，止令其叔遗爱入觐，故立遗爱代为安南国王"。忽必烈要废弃陈日烜，另立陈遗爱，两国关系开始紧张起来。

至元二十年（1283 年），忽必烈准备远征占城（今越南中南部），遣使安南征兵征粮。陈日烜上表，谓安南自从其父"归顺天朝，三十年于兹，干戈示不复用，军卒毁为民丁"，已无兵员可供驱使；至于粮谷，也因国小民贫，"五谷所产不多"，"加以水旱，朝饱暮饥，食不暇给"，只能于钦州界上永安州之地提供少量供应。

至元二十一年（1284 年），忽必烈封皇子脱欢为镇南王，令其领兵往攻占城。脱欢与大将李恒率军出发，请求假道安南，并向安南征粮饷以助军食。陈日炬以其从兄兴道王陈峻领兵迎于境上，婉言拒绝元军假道。脱欢大怒，兵分六路大举进攻安南，于万劫江大败陈峻的部队，乘间绑缚木筏渡过富良江。

至元二十二年（1285 年）初，陈日炬听说陈峻兵败，亲自率军十万来援，沿江布防兵船，树立木栅，见元军至岸，即发炮大呼求战。然安南军队多年不谙战事，很快又败下阵来，陈日炬慌忙率军退走，元军乘胜攻陷安南国都大罗城。陈日炬退守天长，再退长安。这时，元朝大将唆都和唐兀禣率领征伐占城的军队北返，遂与脱欢的军队合为一处，军势大盛。于是，脱欢令李恒、乌马儿和宽彻、忙古禣分别率领水、陆大军，分两路追击陈日炬。陈日炬不敌元军，屡次失败，最后退至安邦海口，丢弃舟楫甲仗，藏匿于山谷间，又遁入清化府。元军虽然屡次获胜，但长期征战，师老兵疲，又因暑雨疾病，战斗力减弱，再加上地形生疏，蒙古兵马无法施展骑兵长技，在安南军队不断集结的形势下，开始逐步失利。脱欢见形势不妙，只好放弃大罗城北撤。安南军队见元军撤退，乘机追袭。当元军撤至册江搭浮桥准备渡江之际，林间伏兵四起，箭发如雨，元军被这突如其来的袭击弄得晕头转向，不知往哪儿躲避才好，死伤无数，李恒也中了毒箭身亡，脱欢在几位士兵的保护下，狼狈逃回恩明州。当时，唆都大军与脱欢大军的营地相去二百余里，不知道脱欢北撤的消息，后来听说脱欢兵败，也率军北撤，于北撤途中在乾满江被歼。忽必烈第一次征伐安南，以大败而宣告结束。

忽必烈听到征南大军失败的消息，恼羞成怒，下诏取消原定的第三次征伐日本的计划，专力讨伐安南。至元二十三年（1286 年），忽必烈诏谕安南官吏百姓，历数陈日炬拒绝来朝、戕害叔父陈遗爱及不纳达鲁花赤不颜铁木儿等罪行，以陈益稷来投，特封为安南国王，赐给符印。陈日炬毫不理会，继续与元朝为敌。

至元二十四年（1287 年），忽必烈诏发江淮、江西、湖广三省蒙古汉军七万人，船五百艘，云南兵六千人，黎族兵一万五千人，第二次大规模征伐安南。征南大军以皇子脱欢为总帅，兵分三路以进，脱欢与奥鲁赤率领东路军进攻女儿关等地，程鹏飞率领西路军进攻永平等地，乌

马儿、樊楫由海路率舟师配合进攻。又以海道运粮万户张文虎等人运粮十七万石以供军食。元军气势汹汹杀向安南，初战连连告捷。安南军见元军来势凶猛，有计划退却，诱敌深入。元军顺利渡过富良江，进逼安南京师大罗城，陈日烜于至元二十五年（1288年）再次逃走入海。同时，安南人民有计划坚壁清野，藏粮逃遁，以困元师。这时，张文虎所率的运粮船在绿水洋受到安南军阻击，所运粮米全部被沉于海，只好退还琼州。元军长驱深入，粮饷得不到接济，再加上连日行军，疲劳过甚，天气转热，疾病发生，元军陷入进退两难的境地。脱欢见处境险恶，士气低落，难于进兵，于是下令全师北撤。这时，安南军已作好截击元军北归的准备。当樊楫等由水道先行退到白藤江时遭到安南军队袭击，全军覆没。安南又在女儿关、丘急岭一线集结重兵三十万，连亘百余里，切断元军退路。脱欢率军且战且退，死伤惨重，脱欢本人也被毒箭伤了脚，勉强从单巳县趋盏州，间道撤至思明州，历尽艰辛，返回云南。忽必烈第二次征伐安南又以失败而告终。

安南反击元朝虽然获胜，但毕竟是一个小国，惧怕元军，为了缓和和元朝的关系，战后，陈日烜即遣使入元，归还俘虏，并进献金人自代以赎罪。

忽必烈两次征伐安南都以失败告终，这让几乎没有战败过的忽必烈非常恼怒，责令领兵征战的皇子脱欢改镇扬州，没有宣召，终身都不能入朝。

到了至元二十七年（1290年），安南王陈日烜死去，他的儿子陈日㷍也没有得到元朝的任免，因此并没有即位，忽必烈在至元三十年（1293年）的时候，下令刘国杰率领元朝水军第三次出兵安南。战争刚刚开始，忽必烈就因病去世。元成宗铁穆耳即位，他的治国方式不同于忽必烈，为了安定朝野上下的不满情绪，他下旨召回出征安南的军队。这使得元朝和安南国恢复了和平交往的关系。

忽必烈发动对宋的战争，一直到了至元十六年（1279年），元军进军闽广地区，将宋朝的残余势力全部清除，至此才宣告了宋朝的灭亡。

元朝的大将唆都在扫荡宋朝残余势力期间，在至元十五年（1278年）的时候就派遣了使者进入占城，进行当地的招抚工作。使者从占城回来以后，说占城的守将有归附之意。于是，忽必烈下诏，将虎符颁布给占城国王并授以荣禄大夫的称号，封其为占城郡王。一直到至元十七年（1280年），占城国王才遣使奉表到元朝觐见，从此正式归顺，向元朝称臣。

占城臣服以后，为了加强对各国的统治，忽必烈颁布了行省制度，命唆都在占城设立行省机构，统一管理。当时，占城国王慑于元朝威力，甘愿称臣，可占城王子补的不服，不愿意受治于元朝。就在占城国王正式向元朝称臣的那一年，元朝派遣何子志、皇甫杰出使暹国（泰国），派遣尤永贤、亚阑出使马八儿国，进行招抚。当元朝使者之船经过占城时，均被占城王子补的所扣留。

忽必烈听说自己派出的使者被扣，大怒，立即发江浙、福建、湖广兵五千，海船百艘，战船二千五百艘，由唆都率领，自广州航海，大举征伐占城。忽必烈声称"老王无罪，逆命者乃其子与一蛮人耳。苟获此两人，当依曹彬故事，百姓不戮一人"。占城听说元朝大军来攻，"兵治木城，四面约二十余里，起楼棚，立回回三梢炮百余座"，严阵以待。占城国王也亲率大军屯于木城之西，以为应援。

至元二十年（1283年）正月，唆都指挥元朝大军三面进攻木城，占城兵虽然奋力抵抗，仍然不是元军对手，木城很快被攻破，占城国王退保大州西北的鸦候山，一面集结兵力，一面遣使诈降。前来诈降的宝脱秃花声称："吾祖父、伯、叔，前皆为国王，至吾兄，今孛由补剌者吾（即占城国王）杀而夺其位。斩我左右二大指，我实怨之。愿禽（擒）孛由补剌者吾、补的父子，及大拔撒机儿（占城大臣）以献。请给大元服色。"元军信以为真。后来，居于占城的唐人曾延前来元营说，占城国王逃于大州西北的鸦候山，聚兵三千余，并招集他郡之兵，遣使安南、真腊、阇婆等国借兵，不日将与官军交战。害怕唐人泄漏其事，将尽杀之。因此，曾延等人才逃出来。元军不相信曾延等人的话，将其交于宝脱秃花，宝脱秃花诬蔑曾延为占城奸细。元军又相信不疑，并随宝脱秃花进讨占城国王，宝脱秃花并非真降元军，而是占城的奸细，他诱使元军深入大州城西林地，突然不见，元军方知上当受骗。这时，占城军兵蜂拥而出，截断元军归路，元军殊死战斗，方得突围而出，驻守待援。忽必烈又令皇子脱欢与李恒等率兵增援，并领导征伐占城之役。脱欢等假道安南，安南不允，于是，脱欢等变征伐占城为征伐安南。征

伐占城的唆都以接济困难，领兵撤还，与脱欢会合共伐安南，结果为安南所败。

唆都撤离占城以后，江淮行省派遣的援军由忽都虎率领到达占城，忽都虎见营舍烧尽，才知唆都大军已经撤回。至元二十一年（1284年）三月，忽都虎派遣百户陈奎招抚占城国王来降。占城军队虽然一度打败元军，但损失惨重，自知难与元军对抗，遂派遣王通事使元，表示愿意纳降。忽都虎见占城愿降，很高兴，但仍按忽必烈的旨意，令占城国王父子奉表进献，占城国王表示来年派遣嫡子入朝。不久，占城国王令其孙奉表归款。占城再次臣服于元朝。

后来，忽必烈曾想再次出兵征伐占城，但没有施行，双方一直保持和平相处的关系。

缅国，即今缅甸。在忽必烈即位前后，缅国势力逐步强盛起来，缅王联合建昌、金齿诸部，成为雄踞西南的一个比较强大的政权。

至元八年（1271年），忽必烈派遣使者出使缅国，诏谕蒲目王朝那罗梯诃波王归附纳贡，没有结果。至元十四年（1277年），金齿千额总管阿禾归附元朝，缅王十分不满，遂提兵进攻，金齿千额阿禾见缅王派兵来攻，自知难敌，赶忙告急于元朝。

忽必烈得讯，即派遣大理路蒙古千户忽都和大理路总管信苴日出兵增援。忽都与信苴日昼夜兼行，很快与缅军相遇于一条河边。当时，缅军约有四五万人，战象八百，马万匹，而忽都和信苴日的军队则只有七百人，力量十分悬殊。缅军很快摆开阵势，乘马在前，接着是象队，最后是步兵。大象皆披铠甲，背负战楼，两旁夹大竹筒，竹筒内放置短枪数十，乘象者可以随意取出击刺。整个布阵严整雄伟，排列有序。元军从来未见过这样的象队，有些害怕。忽都认真观察缅军象队，下令说："贼众我寡，当首先冲击大河北边的军队，等到河北军队一乱，乘势冲杀，可以败敌。"于是，忽都将军队分成三队，他亲自率领二百八十一骑为一队，信苴日率领二百三十三骑傍河而阵为一队，脱罗脱孩率领一百八十七人依山进攻为一队。当各队进入有利地形之后，忽都一声令下，与缅军冲杀起来。元军善射，一排排箭支有计划地飞向象队，象队很快死伤过半，负伤者奔逃，散入林中，楼甲等一切战具尽毁。缅军狼狈败退。信苴日率军追击三里多路，到达一寨门前，突然从南面涌出万余缅军，绕到元军背后，有形成前后夹击之危险。信苴日打马飞快返回忽都处，报告了这一消息，忽都认真分析了两军利弊，又把军人列为三阵，进至河岸，以骑兵快速出击，大败缅军，接着，乘胜追击三十余里，连破十七寨。缅兵与象马自相踩践，死者无数，装满三条大壕沟。元军虽然受伤者较多，但死亡者极少，据《元史》记载，仅死一个蒙古人。

随后，云南行省又派遣纳速剌丁率军三千八百四十余人征缅，兵至江头城，招降磨欲等三百余寨。

至元十七年（1280年），纳速剌丁上奏说："缅国舆地形势都在我的眼中。原来奉旨，如果重庆诸郡平定，然后有事缅国。现在四川已经平定，请增加兵力征讨缅国。"忽必烈征求大臣们意见，皆谓缅国可伐。于是，忽必烈开始积极进行大规模征伐缅国的准备。

至元二十年（1283年），忽必烈准备就绪，特命宗王相吾答儿、右丞太卜、参知政事也罕的斤等率领军队大举进攻缅国，相吾答儿派遣一军取道阿昔江，到达镇西阿禾江，顺流而下，主攻江头城，以切断缅军水路。又遣一军从骠甸直驱其国，与另一支由罗碧甸进军的部队相会合，攻破江头城，接着又拔太公城。元军进展顺利，建都及金齿十二部望风而降。缅王一看形势不好，遣使赴元营准备纳款请和，孟乃甸白衣头目裡塞则反对纳款，阻其道路，不准通行。缅王纳款请和的愿望落了空。

至元二十四年（1287年），反对向元朝纳款请和的缅王庶子不速速古里囚系其父缅王，害死缅王嫡子三人，并杀死云南王所命朝官阿难答等。忽必烈一听大怒，又以秃满带为都元帅、张万为副都元帅，辅助云南王也先帖木儿，再次进军缅国。云南王也先帖木儿与诸将报仇心切，中了缅军诱敌深入之计，进至蒲甘，为缅军伏兵偷袭，死亡七千余人。

缅军虽然小获胜利，但区区小国难以长期与元朝大国为敌，遂乘机遣使向元朝谢罪纳款，表示愿意三年一贡。从此，缅国与元朝建立了朝贡关系，开始走上和平交往的道路。

爪哇国，古称阇婆或诃陵，元时改称爪哇。

忽必烈即位以后，不断派遣使者通好南海诸国，逐步与各国建立了友好往来关系。在通好南海诸国时，忽必烈曾经派遣孟琪出使爪哇，结

第二十七章 讨伐安南 肆意征战

果，爪哇不愿意向元朝称臣，将孟琪刺面以后遣送归朝。

忽必烈如何受得了这般侮辱，下决心用兵爪哇。至元二十九年（1292 年），忽必烈命史弼、亦黑迷失、高兴等率领福建、江西、湖广三省兵二万，战船千艘，运载足够一年的口粮，大举征伐爪哇。征伐爪哇大军带有"虎符十、金符四十、银符百、金衣段百端"，用以奖赏作战有功人员。亦黑迷失等人披挂整齐，向忽必烈辞行，忽必烈对他们说："卿等至爪哇，明告其国军民，朝廷初与爪哇通使往来交好，后刺诏使孟右丞之面，以此进讨。"元军于十二月从泉州出发，远涉重洋，经万里石塘（东沙、中沙、西沙、南沙群岛）等地，至元三十年（1293 年）二月至爪哇杜并足，然后兵分两路以进，由史弼、孙参政率领都元帅那海、万户宁居仁等水军，从水路进军；由高兴、亦黑迷失率领都元帅郑镇国、万户脱欢等马步军，从陆路进军。两路大军约于八节涧相会。

这时，爪哇国王哈只葛达那加剌被邻国葛郎国王哈只葛当所杀，其婿土罕必阇耶为了复仇，率兵进攻葛郎国，没有成功。正在气恼之际，听说元军到来，便派遣使者出使元军，表示愿意归降，并奉献当地山川、户口及葛郎国地理等图籍，请求元军帮助攻打葛郎国。元军见未费一兵一卒就使爪哇国投降了，非常高兴，立即答应了土罕必阇耶的请求，帮助爪哇兵打败了葛郎兵，一直追至葛郎国境，包围了葛郎的答哈城。葛郎国虽经力战，但仍然打不过元朝和爪哇的联军，没有办法，只好出降。

葛郎国投降以后，土罕必阇耶借口回国准备贡品，脱离元军，先行回国。其实，土罕必阇耶并非真心投降元朝，只是迫于两面作战的不利形势，才假装投降元军，然后借助元军之力打败自己的仇敌。当自己的仇敌被打败以后，土罕必阇耶又来对付元军。他在归国途中号召士兵反元，设下埋伏，乘元军不备，袭击元军归路。元军遭此突然袭击，还没有弄清楚是怎么回事，就被爪哇军队打败了。元军死伤惨重，难以再战，遂仓皇撤退。海行六十八日，回到泉州。

忽必烈听说征伐爪哇的军队失败而归，大失所望，处罚了史弼、亦黑迷失等人。曾想再次出兵征伐爪哇，但因年老体衰，最终没有出兵。

元朝时期，南海地区分布许多国家，主要有印度的马八儿、俱兰、须门那（孟买以北索帕拉）、僧急里（科达吉罗）、来来（古查提特）、肯尼亚的马兰丹、那旺，苏门答腊的南无力（亚齐）、苏木都剌，马来西亚的丁呵儿（丁加奴）、急兰亦禪（吉兰丹）等。其中，马八儿和俱兰影响最大。两国分处在印度次大陆南部的东西两侧，马八儿在印度东海岸，临近孟加拉湾；俱兰在印度西海岸，面临阿拉伯海。《元史》记载说："海外诸蕃国，惟马八儿与俱兰足以纲领诸国，而俱兰又为马八儿后障，自泉州至其国约十万里。其国至阿不合大王（指伊利汗国）城，水陆得便风，约十五日可到，比余国最大。"

忽必烈即位以后，在遣使通好各国的同时，积极进行南海诸国的招抚工作。

至元十五年（1278年）八月，忽必烈在基本灭亡南宋的形势下，开始实施他的招抚南海诸国的宏伟计划。他以唆都行省事于泉州，负责"招谕南夷诸国"，特意诏告唆都和蒲寿庚等人说："诸蕃国列居东南岛屿者，皆有慕义之心，可因蕃舶诸人宣布朕意。诚能来朝，朕将宠礼之。其往来互市，各从所欲州拍。于是，唆都等人奉玺书十通，招谕南海诸国。占城、马八儿等国俱奉表入贡，惟俱兰等国未下。"

为了招抚俱兰等国，至元十六年（1279年）十二月，忽必烈又派遣广东招讨司达鲁花赤杨庭璧出使俱兰。杨庭璧受任之后，乘船出海，于次年三月到达其国。俱兰国王必纳的见忽必烈遣使来招，既有受宠若惊之感，又有十分惧怕之意，因令其弟用回回字书写了回书，表示来年遣使入贡。

忽必烈见到俱兰回书，非常高兴，又授哈撒儿海牙为俱兰国宣慰使，令其与杨庭璧再次出使俱兰。至元十八年（1281年），哈撒儿海牙和杨庭璧等人自泉州入海，由于中途遇风乏粮，改从马八儿借路而行。马八儿国宰相见元使来临，曾说道："官人来此甚善，本国船到泉州时，官司亦尝慰劳，无以为报。今以何事至此？"杨庭璧等说明原因，指望通过马八儿，经陆路前往俱兰。马八儿宰相听说元使准备借路，乃托不通为辞。杨庭璧等人迷惑不解。后来才知道，当时马八儿与俱兰关系紧张，正在备战，因此不予借路。杨庭璧等人没有办法，只好折回。

杨庭璧等人回国向忽必烈汇报了情况以后，忽必烈又派杨庭璧率领使团第三次出使俱兰。此次出使，比较顺利，至元十九年（1282年）

二月到达俱兰，受到俱兰国王的盛情相待，表示愿意与元朝结好，正式向元朝称臣纳贡。

当时，也里可温兀咱儿撒里马及木速蛮主马合麻等也在俱兰，听说元使来到，"皆相率来告愿纳岁币，遣使入觐"。苏木达国也遣使通过俱兰向忽必烈臣服。其余小国听说俱兰向元朝纳款称藩，岁岁通贡，也表示愿意向元朝称臣，加强经济文化往来。于是，须门那、僧急里、南无力、马兰丹、那旺、丁呵儿、来来、急兰亦褚、苏木都剌等国都遣使入贡。此后，元朝同南海诸国的交往更加频繁了。

忽必烈在东方连续发动了对日本、安南、占城、缅国、爪哇等国的战争，意欲统一东方，做整个东方的大皇帝。而对西方，他知道隔着钦察和伊利汗国，已经没有办法征服任何一个国家，因此，与西方各国采取了十分友好的态度，频繁与欧洲各国进行往来。忽必烈与欧洲各国友好往来影响最大的事件就是欢迎马可·波罗来华。

马可·波罗是意大利威尼斯人，著名的旅行家。他的父亲尼柯罗和叔父马菲奥都是威尼斯巨商。在马可·波罗出生前不久，尼柯罗与其弟马菲奥就从威尼斯启程前往东方经商去了。两人从君士坦丁堡渡黑海，经克里米亚半岛上的迷克克，进至钦察汗国都城萨莱（今俄罗斯阿斯特拉罕附近），留住一年。后来准备返国，逢钦察汗别儿哥与伊利汗旭烈兀发生战争，归路已不安全，他们索性东行，来到不花剌（今乌兹别克布哈拉），又在那里留居三年。后来遇到旭烈兀派往忽必烈处的使臣经过那里，便应邀与其一起东行。约于至元二年（1265 年）到达上都（今内蒙古正蓝旗东闪电河北岸），忽必烈高兴地接见了他们，并询问了许多西方之事，"先询诸皇帝如何治理国土，如何断决狱讼，如何从事战争，如何处理庶务。复次询及诸国王宗王及其他男爵。""已而大汗详询关于故皇、教会及罗马诸事，并及拉丁人之一切风俗"。忽必烈听了尼柯罗兄弟对西方的介绍以后，很感兴趣，决定派遣使臣随同他们西返，并致书罗马教皇，请求派遣一百名熟知基督教律、通晓七种艺术的教士到东方来，还要他们取回一些耶路撒冷圣墓长明灯的圣油。途中，元使因病停留。尼柯罗兄弟持蒙古国书继续西行，至元六年（1269年）到达地中海东岸阿克拉城（今海法北），适逢教皇死，新教皇未立，遂向教廷呈递了蒙古国书，而后回到威尼斯，尼柯罗第一次见到自己十五岁的儿子马可·波罗。

　　两年以后，尼柯罗兄弟二人携带十七岁的马可·波罗准备到元廷复命，他们先到阿克拉觐见新任教皇格雷戈里十世，教皇派两名教士随同他们东行。接着，又到耶路撒冷取来圣油，与教皇派遣的教士尼古勒和吉岳木等正式踏上了东行的旅程。途中，两名教士畏难不前，将教皇致忽必烈的书信和出使特许状委托给尼柯罗兄弟和马可·波罗以后，便折返而去。于是，马可·波罗等三人取道伊利汗国境内，经过其都城桃里寺（今伊朗阿塞拜疆大不里士），至波斯湾口忽里模子，沿着古代丝绸之路，越过巴达哈伤高原和帕米尔高原，进入元朝辖境，跋山涉水，历尽艰险，于至元十二年（1275 年）到达上都，向忽必烈复命。忽必烈非常高兴，让他们三人做了元朝的官吏。

第二十八章

对外联系　革除弊政

　　马可·波罗聪明谨慎，擅长辞令，很快学会了蒙古语言和骑射，颇得忽必烈的信任。马可·波罗除了在大都供职以外，还经常随从忽必烈巡幸上都，又多次受忽必烈委托巡视各地或出使占城、印度等地。他到过陕西、四川、云南、河南、江浙等行省的许多地方，足迹遍于中国各地。据马可·波罗自述，他还曾奉忽必烈之命在扬州任职三年。马可·波罗善解人意，他见忽必烈特别喜欢了解外地风土人情，每次出使或在外地任职回来，都将外地情况详细向忽必烈奏明，因此，特别得到忽必烈的宠爱。就这样，马可·波罗在中国生活了十七年。

　　马可·波罗及其父、叔父久居中国，不免滋生怀念故土之情，开始上书请求回国。

　　至元二十六年（1289 年），伊利汗阿鲁浑因元妃伯岳吾氏去世，派遣使者来元朝请求续娶其亡妻本部女子，忽必烈答应将伯岳吾氏贵族之女阔阔真嫁给伊利汗国阿鲁浑汗，并答应马可·波罗及其父、叔随同护送伊利汗妃阔阔真的使者回国。当时，正值西北诸王叛乱，陆路很不安全，马可·波罗等人便随同送亲队伍，于至元二十八年（1291 年）由海路启程西行，在海上航行了两年多，历尽艰险，始到达波斯湾口的忽里模子。这时，阿鲁浑汗已死，其弟亦邻真朵儿只（海合都）已经即位。至元三十年（1293 年），马可·波罗和使者又奉亦邻真朵儿只之命，将阔阔真送到阿八哈耳，与阿鲁浑之子合赞成婚。完成送亲任务以后，马可·波罗等三人从桃里寺动身回国，于元贞元年（1295 年）回到威尼斯。

　　1296 年，马可·波罗在参加威尼斯与热那亚的战争中被俘，在狱中，他讲述了游历东方的见闻，引起热那亚人的极大兴趣。同狱的小说家鲁思梯切诺将他口述的内容笔录成游记一书，于1298年完成。最初，这部游记是用中古时期法意混合语写成。后来人们争相传抄，相继被译成拉丁语、意大利各种方言和其他欧洲语言，传抄过程中，原稿丢失。现在流传下来的各种文抄本有一百四十多种。1938年摩勒和伯希和将英译本重新校订出版，题名为《马可·波罗寰宇记》，被认为是最好的本子。其余译本或作《威尼斯市民马可·波罗的生活》《威尼斯人马可·波罗阁下关于东方各国奇事之书》《东方闻见录》《百万先生书》等，通常只称《马可·波罗行纪》。中国先后出过四种汉文译本，以1954年冯承译《马可·波罗行纪》流通最广，影响最大。

《马可·波罗行纪》共分四个部分，第一部分描述马可·波罗东来时所经过的一些国家和地区的情况；第二部分，记述了忽必烈时期的中国政事，描述了北京、西安、开封、南京、镇江、扬州、苏州、杭州、福州、泉州等名城的概况，盛赞中国物产丰富和繁荣昌盛。介绍了中国驿站制度、常平仓制度和使用纸币、煤炭等，也记述了忽必烈同北方诸王的斗争以及阿合马等人理财、宫廷斗争的情况；第三部分，记载中国近邻的一些国家和地区的情况；第四部分，记述成吉思汗之后蒙古诸王汗国之间的战争和俄罗斯的概况。马可·波罗关于中国的记述，包括忽必烈时期的事件、制度、地理、物产、风俗等等，基本上准确可信。当然，也有一些夸张的地方。

《马可·波罗行纪》一书向欧洲人展示了一个全新的东方世界，该书被誉为"世界一大奇书"。这部书最主要的影响人群就是欧洲的航海家和探险家。著名的探险者哥伦布就是其中之一。当他读完了这部书以后，知道东方还有很多文明而发达的国家，比如号称遍地是黄金的中国和日本，这就激发了他对东方各国的兴趣，因此他决心出海航行，去寻找书中记载的奇异世界，结果就发现了新大陆。

马可·波罗在该书中对东方的介绍对加强东西方经济文化交流作出了巨大贡献，但归根结底，这一贡献和忽必烈是分不开的。正是他提倡与各国人民友好往来，汇通有无，才让马可·波罗有机会了解东方，最终著成《马可·波罗行纪》，成为西方了解东方的指路人。

忽必烈进入中原，接触到大量先进的科学文化，但他在吸收汉文化的同时，并没有摒弃本民族优秀的原有文化。其实，这就是忽必烈聪明

第二十八章　对外联系　革除弊政

的地方，文化的交流并不是一味地吸收，而是一个去粗取精的过程，更不应该只单一地学习一家文化，而应该对各家文化中的精华兼容并蓄。忽必烈正是做到了这一点，才让各族文化相互学习、交融，最后形成大元朝独有的灿烂文化。

然而，他哪里想到，各种文化都有其内在的稳固性和排他性，当各种文化发生碰撞时，既有互相吸收的一面，又有互相排斥的一面，当互相排斥的一面向前发展时，就会出现矛盾和斗争。

元初的历史正是这样。当忽必烈敞开胸怀吸收各种文化时，各种文化的矛盾和斗争便接踵而来。那些抱着蒙古族原有文化不放的人，极力反对汉文化；而那些死守着汉文化不让人们加以改变的人，也极力反对蒙古民族保留自己民族中的部分优秀文化；那些痴情于色目文化的人，有时也瞧不起汉文化；而自认为汉文化高人一等的人，也鄙视色目文化，如此等等，不一而足。因此，围绕着各种文化的不同认识、不同的统治方法和政策，矛盾和斗争便逐步展开了。

在不断的矛盾和斗争中，那些死死抱着蒙古旧习不放、反对学习外来文化的人逐渐败下阵来。而其他文化中，想完整地保留自己的文化并使之一成不变的人，也慢慢地没了市场。如此碰撞交融，各种文化开始出现交汇，完全彻底地反对某一种文化的人也渐渐减少了。旧的矛盾似乎有所解决，而新的矛盾又出现了。那就是，相对地以某一种文化为主、吸收其他文化中的部分势力而形成的一种新势力，与另一种文化为主的势力开始出现矛盾并展开斗争。在元朝初年的表现，就是以汉法派中的义理派为主，吸收其他各族倾向于义理派的人员而形成的"义理派"势力，开始同以色目法派中的"功利派"为主，吸收其他各族具有功利思想的人员而形成的"功利派"势力进行斗争。当时，这种斗争愈演愈烈，成为朝野议论的主要话题，严重地影响了治国和理财。

问题是始终是要解决的，忽必烈明白自己不得不在"义理派"和"功利派"两种思想中做出选择，到底应该选择哪一种呢？经过反复考虑，忽必烈还是选择了"义理派"思想。

他认为，"功利派"思想有它的优越之处，但是，不择手段地聚敛搜刮，会招致人们的普遍反对。本来，人就是自私的，如果不用仁义道德等思想加以限制的话，为官者就会以为国理财为借口，大肆敛钱，贪污受贿就会成风。为民者也以敛钱为务，什么诈骗、抢夺在所难免。发展下去，国将不国，民将不民，政权是没有办法巩固的。

而"义理派"的仁义思想则劝人为善，少私寡欲。如果正确引导的话，通过正常手段和正确的途径去理财，仍不失为一种治国的好思想和好方法。

基于上述认识，忽必烈在桑哥理财失败以后，决心不再去找那些善于经商的色目人帮他治国，而想找一些具有"义理"思想的人来帮他理政。忽必烈倾向于"义理派"并不奇怪，因为他早年就接受了儒家义理思想。在"义理派"与"功利派"斗争期间，很少完全听从阿合马、卢世荣和桑哥的意见，去惩治义理派官员，而对阿合马、卢世荣和桑哥则常加限制，以至决定了这些人的最后失败。所以，当忽必烈进行反思以后，很自然地选择了义理思想治理国家。经过一系列变动，忽必烈的统治思想和政策又恢复到中统年间的统治思想和政策中来，这形成了忽必烈晚年政治的一大特色。

忽必烈想重新确立以儒家仁义道德思想治国的方针，开始寻找这方面的人才帮助他治国。经过认真思考，忽必烈决定起用不忽木。

不忽木虽然是西域康里人，属于色目，但他早年给事太子真金之东宫，从学于太子赞善王恂，又从学于理学大师许衡。从政以后，经常为忽必烈讲解四书五经等"古今成败之理"，忽必烈曾高兴地说："仲平许衡不及汝远甚。"认为不忽木所讲的道理比许衡讲的还要深刻。可见，不忽木早就成了儒家思想的忠实信徒，成了真金、许衡等"义理派"的代表人物之一。

阿合马理财失败以后，忽必烈急于寻找理财之人，卢世荣"言能用己，则国赋可十倍于旧"。那时，不忽木就反对通过聚敛的方式增加国家收入。他认为，不择手段地聚敛搜刮，开始时的确可以使国家收入增加。但这种唯利是图的做法，违背儒家"仁义"思想，最终必然导致"国与民俱困"的结局，从而引起社会动荡，导致国家衰弱。所以，他建议忽必烈不要相信卢世荣的话。忽必烈不听，仍然提拔卢世荣为右丞，令其主持理财事务。不忽木因此辞去参议之职。卢世荣理财不到四个月，就在"义理派"的反对下失败了，忽必烈曾对不忽木说："朕甚负愧于卿"，遂提拔不忽木为吏部尚书。

后来，桑哥理财，不忽木仍然极力反对。所以，当桑哥理财失败以后，忽必烈自然想到了不忽木。忽必烈诛杀桑哥以后，罢去尚书省，重新以六部归属于中书省，准备起用不忽木为中书右丞相，赋予皇帝之下的最高权力。不忽木非常谦逊，坚辞不就，并推荐完泽为右丞相，自己则为平章政事。

完泽也是很早充任真金燕王府的幕僚，后任太子詹事，受儒家思想熏陶很深，也是属于真金"义理派"的人物。此外，麦术丁也被任为中书平章政事，何荣祖为中书右丞，马绍为中书左丞，贺胜、高翿为参知政事，彻里为御史中丞。从这时的中央政权的主要领导人来看，以汉儒和真金为代表的"义理派"官员明显压倒以色目官僚为主的"功利派"。

这时，不忽木虽然未任最高官职，但是是忽必烈的心腹，忽必烈"以天下事属之于公"，不忽木实际上掌握了朝中主要大权。忽必烈对不忽木十分信任，他曾对不忽木说："太祖有言，人生理天下，如右手持物，必资左手承之，然后能固"，今我为右手，"卿实朕之左手也"。又曾拍着大腿叹曰："天既生汝为吾辅佐之臣，何不前三二十年，及吾未衰而用之也"。接着又说，"此吾子孙之福也"。

不忽木和完泽同心辅助忽必烈，支撑起忽必烈晚年政局。他们决心革除桑哥弊政，重新整顿朝纲。具体措施如下：

首先，注重选拔人才，"闻人有善，汲汲然求之，唯恐不及"，要求各地"互相荐举，虽毫发之善亦无所遗"。在用人方面，不忽木等人不囿成见，不仅召用了被桑哥所斥逐的旧臣，也擢用了桑哥之党首恶分子以外的才能之士，"待之无间"。不仅选拔了大量的才能之士（成宗朝和武宗朝的知名人士，多为这时选拔上来的），也调解了统治阶级内部的矛盾，"由是人情翕然悦服"，朝廷很快安定下来。

其次，禁止随意搜刮，不断减免赋税。桑哥增加税收，引起民愤。不忽木和完泽改变增加税收的办法，重新实行轻徭薄赋政策。这一时期，有关减免赋税之事，史书记载颇多。比如：至元二十八年（1291年）九月，"景州、河间等县霖雨害稼，免田租五万六千五百九十五石"。"以岁荒，免平滦屯田二十七年田租三万六千石有奇"。"免大都今岁田租。""保定、河间、平滦三路大水，被灾者全免"。至元二十九年（1292年）三月，中书省官员上言："京畿荐饥，宜免今岁田租。上都、隆兴、平滦、河间、保定五路供億视他路为甚，宜免今岁公赋"，忽必烈允准施行。"免宝庆路邵阳县田租万三千七百九十三斛"。六月，"平江、湖州、常州、镇江、嘉兴、松江、绍兴等路水，免至元二十八年田租十八万四千九百二十八石"。闰六月，"辽阳、沈州、广宁、开元等路雹害稼，免田租七万七千九百八十八石。岳州华容县水，免田租四万九百六十二石。"八月，"以广济署屯田既蝗复水，免今年田租九千二百十八石。"至元三十年（1293年）十月，"平滦水，免田租万一千九百七十七石。广济署水，损屯田百六十五顷，免田租六千二百一十三石"等等。多次减免赋税，虽然减少了政府的财政收入，却收买了人心，增强了人们对政府的信任感。

第三，注意发展农业生产。桑哥理财时，把眼光主要放在经商方面。不忽木和完泽执政则把眼光主要放在农业生产方面。由于朝廷几经折腾，社会有所动荡，开始出现流民。忽必烈为了发展生产，曾令地方官将汴梁等地逃难者"男女配偶成家"，由政府发给农具，让他们附在土地上耕种。又曾"敕畸零拔都儿三百四十七户佃益都闲田，给牛种农具，官为屋居之"。"命赵德泽、吴荣领逃奴无主者二百四十户，淘银耕田于广宁、沈州"。这样做，既可以解决那些流入和佃户的温饱问题，又可以为农业生产的发展作出贡献。忽必烈还大力发展屯田事业，"设安西、延安、凤翔三路屯田总官府"，令延安、凤翔、京兆三路被桑哥罢免为民的军士，重新"屯田六盘"。令一般军队，一卫万人中，调二千人屯田。曾于和林汉军四百人当中，"留百人，余令耕屯杭海"，又因"木八剌沙上都屯田二年有成"，"增军千人"。又"括所在荒田无主名者，令放良、漏籍等户屯田"。生活在边疆地区的捏怯烈女真，这时仍以渔猎经济为主，忽必烈下令说："与其渔于水，曷若力田，其给牛价、农具，使之耕。"同时，忽必烈又下令廉访司，让他们"巡行劝课农桑州"，督促发展农业生产。这些政策的施行，又使忽必烈晚年的政策重新回归到中统、至元初年的重农轨道上来。

第四，取消理算，坚持设立肃政廉访司，加强对地方官吏的监察与考核。从阿合马到桑哥，都把理算（或称钩考）作为检查各级机构贪污、积欠，以增加国家财政收入的一项重要措施，他们可以利用理算，打击异己，因此，导致社会动荡不安，官员们纷纷表示反对。至元二十八年（1291年）十二月，御史台臣上奏忽必烈说："钩考钱谷，自中统初至今余三十年，更阿合马、桑哥当国，设法已极，而其余党公取贿赂，民不堪命，不如罢之。"忽必烈令官员们讨论。大概是因为官员们都反对理算吧，忽必烈随即下诏："罢钩考钱谷，应昔年逋负钱谷文卷，聚置一室，非朕命而视之者有罪。"

忽必烈在禁止大规模理算以后，并非对各级官吏放任不管，而是加强御史台、行台和肃政廉访司的职能，让他们加强对各级官员的监察和考核，为了让这些监察官员各尽其职，忽必烈采纳燕公楠的建议，每年岁终，各行省官员赴京汇报一年政绩时，也"令行台臣赴阙，奏一岁举刺之数"，如果这些监察官员没有举刺，那就是不称职的监察官员。为了防止监察官员滥行举劾之权，忽必烈又在真定路达鲁花赤合散的建议下，不仅让廉访司的官员检查民官，也允许"民官复检责廉访司文卷"。这种互相检责、互相牵制的做法，既控制了各级地方官员，又限制了监察官员的胡作非为，对于政府机构的正常运转大有好处。

第五，颁行《至元新格》。忽必烈建立政权以后，即着手进行立法工作，但一直未能制订出比较系统的成文法典。至元二十八年（1291年），忽必烈又令何荣祖编定法律。"何荣祖以公规、治民、御盗、理财等十事缉为一书，名曰《至元新格》"，忽必烈"命刻版颁行，使百司遵守"。这是元朝建立以来颁行的第一部成文法典，使元朝统治正式走上法制管理轨道。

在不忽木和完泽的帮助下，忽必烈实行了以上一系列措施，虽然政府入不敷出的问题没有得到解决，却使桑哥主政时动荡不安的社会迅速稳定下来，经济重新走上正常发展的轨道。一史书记载，"当是时，百官得其人，万事得其理，阴阳调和，年谷屡登，庶民乐业，海内大治"，"以为复见中统、至元初治"。这种评价可能有溢美之处，但也能反映出忽必烈晚年的社会稳定情况。

真金于至元十年（1273年）被立为皇太子，至元十六年（1279年）参决政事，至元二十二年（1285年）十二月因南台御史上章请忽必烈退位并立真金为帝受了惊吓，忧郁而死。其实，真金与忽必烈并非完全对立的两派，真金属于地地道道的义理派，坚决反对功利派。忽必烈主张调和两派的观点及其治国措施，更加适合于国家建设，而在忽必烈的思想实际中，则稍稍倾向于义理派。所以，父子两人并没有根本性分歧，不过是治国主张稍有不同而已。这也是忽必烈没有深究南台御史上章而大加挞伐的主要原因。因此，真金死亡，忽必烈十分伤感，迟迟没有着手重新选立太子。

忽必烈迟迟没有选立太子，还有一个原因，就是没有物色到合适人选。

忽必烈正皇后察必共生四子，长子朵儿只，死得比较早；次子真金因为朵儿只早卒而居长；三子忙哥剌至元九年（1272 年）被封为安西王，至元十年（1273 年）又晋封为秦王，镇守关中，至元十五年（1278 年）死；四子那木罕，至元二年（1265 年）被封为北平王，至元十九年（1282 年）改封为北安王。

据《史集》记载，"合罕（指忽必烈）在数年之前，当海都的军队还未掳去那木罕之时，曾无意中说出了由他继承大位，这个热望一直都存在他心中。但后来，合罕注意到真金很聪明能干时，就很喜欢他。"

那木罕为察必所生幼子，按照蒙古族的风俗习惯，幼子继承家庭财产并有继承汗位的权力，因此，忽必烈可能说过由那木罕继承大位的话。但后来，忽必烈发现真金是更加合适的人选，就立真金为皇太子了。

真金被立为皇太子以后，那木罕想当皇帝之心并没有死。因为，按照蒙古族选汗的习惯看，在召开忽里台选举大汗时，可以有两个候选人，那木罕一直梦想成为另外一个候选人。为了争夺帝位，他曾对忽必烈说："他（指真金）继位后，将怎样称呼你呢？"惹得忽必烈"生了气，把他大骂一顿，从自己身边赶开，并说道：'不许再来见我'"。忽必烈开始对那木罕产生不满。更能使忽必烈不愿意立那木罕为皇位继承人的，还是因为那木罕有着至元十三年（1276 年）被西北诸王俘获的不光彩历史。

第二十九章

储位之争　南必参政

至元二十一年（1284年）那木罕被释还朝，第二年真金死亡，于是，在那木罕心中又燃起了继承帝位的希望欲火。那木罕以为，真金死亡，皇太子之位非他莫属，因此忘乎所以，又干出了"遣使持香祠（祭）岳渎（五岳山神和河神）"的僭越礼分的事情来，受到桑哥的谴责，并想借此整倒安童。这件事，使忽必烈更加不高兴，并最终放弃了选举那木罕为皇位继承人的打算。

那木罕不是合适的人选，其他皇子也没有中意的，因此，皇太子之位就这么虚悬下来。

真金的妻子阔阔真看到忽必烈在选拔皇太子的问题上举棋不定，有意让自己的儿子继承帝位，于是积极地活动起来。

阔阔真是一个很懂礼节的人。据《元史·后妃传》记载，忽必烈早年游猎时，由于未带马奶子和水等饮料，很是口渴，便来到一座蒙古包前，见一女子正在缉理驼茸，便向她寻觅一些马奶子喝。那位女孩子很有礼貌地说："我家有马奶子，但我的父母和兄弟都不在家，我一个小女子很难将马奶子给你。"忽必烈见女孩子不肯给马奶子喝，准备离去。那位女孩子又说道："我一个女孩子独居此地，你自来自去，于理不宜。我的父母很快就回来，请你稍稍等一等。"早就接受了儒家"仁义"思想的忽必烈听了这话，很受感动，便留了下来。不一会儿，女孩子的父母果然回来了，他们拿出马奶子，热情地招待了忽必烈。忽必烈离去，曾十分感叹地说："得此等女子为人家妇，岂不美耶！"后来，文臣们为太子真金选择妻子，选了一个又一个，忽必烈都不中意。一位老臣想起了忽必烈游猎寻求马奶子时见到的那位女孩子，以及忽必烈所说的话，便去寻找问讯那个女孩子，得知那位女孩子还未出嫁，便建议忽必烈娶为太子之妻。忽必烈一听，非常高兴，立即纳为太子妃。这位女子就是阔阔真。阔阔真"性孝谨，善事中宫，世祖每称之为贤德媳妇"。《史集》也说"阔阔真很聪明，合罕对他很赏识，她的一切命令都照执行"。

因此，阔阔真出来为自己的儿子活动太子的位置就优越多了。真金共有三个儿子，即长子甘麻剌、次子答剌麻八剌、幼子铁穆耳。阔阔真有意让自己的幼子继承汗位。

在阔阔真的活动下，忽必烈开始考虑重新立太子的问题了。

这时，赛典赤的孙子伯颜开始得到忽必烈的赏识，据《史集》记载，曾有人告发河南、江北行省平章伯颜挥霍了大量钱财，忽必烈一听，非常生气，便向伯颜索还。伯颜回答道："这些资财，我已发放给人民了，因为在一连三年中都有自然灾害，禾苗不长，臣民贫困。现在，如果合罕有旨，我就去卖他们的妻子和儿女，把钱送给合罕，但国家要因此而被毁了。"忽必烈听了伯颜的话，对伯颜"所流露出的对臣民的同情"十分赞赏，曾感叹地说："所有的大臣和异密都只关心自己，伯颜却关怀国家和臣民。"因此，赏赐伯颜"很多东西，给他穿上了饰有宝石的衣服，并且把一切重要的事都托付给他办"。

阔阔真见伯颜得到忽必烈的宠爱，便把伯颜召来，说道："因为你获得了这样一些奖赏，并且合罕又把国事委托给了你，请你去问一问，真金的宝座被封存九年了，你对此有何吩咐!"伯颜向忽必烈转达了阔阔真的话，请求立铁穆耳为太子。

根据上面所叙述的史实我们不难看出，阔阔真、伯颜都是接受传统儒家思想的影响比较深刻的人，他们尊重儒家礼义，坚持仁政思想，认为君主应该关心臣民，反对对老百姓过于沉重的剥削。这些思想在忽必烈晚年的时候，与他的治国思想一拍而合。因此，忽必烈在同不忽木商议之后就爽快地答应了他们的请求，在至元三十年（1293 年）六月的时候，正式确立了铁穆耳的储君地位。从这一点来看，忽必烈晚年的政治思想已经完全接受了儒家仁义治国的思想。

至元二十七年（1290 年）春节。

洋溢着节日气氛的大都城，正笼罩在一场铺天盖地而来的大雪之中。放眼望去，大都城银装素裹，树披白霜如琼枝，地铺大雪如银毯，

第二十九章 储位之争 南必参政

恰似一个纯净无瑕的仙境。大都城内的街道上，散落着孩童们点燃的花炮碎屑，红红绿绿，如同刻意点缀在雪地上的花瓣一般，让人在一片清新优雅之中，又体味着另一分妩媚与妖娆。

大都皇城西侧，有一幢高屋亮瓦、飞檐精雕的大宅子，宅院漆红的大门外，高悬两盏明亮的大红灯笼，门口人来人往，络绎不绝。相比之东侧的大元皇宫，有几分竞相争辉的兴盛与繁荣。

除夕，汉人们多会围坐在火炉边，全家欢宴，喜庆新春的到来。蒙古人入主中原已有数十载，生性热情奔放的秉性，使他们也溶入了欢度佳节的氛围之中。也都似汉地百姓一般，着新装、点红烛、燃花炮、摆酒宴，热闹非凡。

至元三十一年（1294 年）的正月初一，正是汉人传统的过年之时，龙广天书从忽必烈那里回到居处时已近正午。

邻居的爆竹之声催得龙广天书心浮气躁，她一点儿也不想待在家里。

皇后察必是她的知音，但现在察必已故去了。忽必烈那么快的时间就娶南必为后，这令龙广天书有些不太相信人间有什么天长地久的爱情。

忽必烈命龙广天书承袭了其父的职位，她龙广天书也是为此有好一阵子激动不已的。能统帅三军，是许多豪杰的梦想。龙广天书望着挂在墙上的"老去官情知我胆，闲来道念见君深"的卷轴，心中有几分激动。这是王社教送给她的。送给她这卷轴之时，沈元帅还健在，还有忽必烈陛下和察必皇后，而今，已是物是人非，自己也老态龙钟了。

龙广天书看了一会儿王社教赠的字联，慢慢品味着对联之意，仿佛已逐渐明白了王社教的归隐之意。

忽必烈已是八十岁的人，龙广天书知道，忽必烈是有意将帝位传给铁穆耳的。龙广天书想，在铁穆耳之后呢？谁又能保证不会出现皇位动荡之局势呢？龙广天书翻弄一下书谱，她想，还真的不如学着王社教归去做陶渊明哩。

也就在龙广天书想着的当儿，仆人来报南必皇后来了。当下把龙广天书惊得有些不知所措，她不明白，南必皇后为何突然来此造访。正月初一，在汉人规矩里，是相互拜年的日子。皇后南必在此时来令龙广天书大感不安，她甚至有些受宠若惊了。

"不知是皇后驾到，真是有失远迎，望您恕罪。"龙广天书忙迎出门外，见到已经走上甬道的南必皇后，心中惶惑不已，不自然地行了一个大礼。

"龙广天书不必多礼，"南必扶起龙广天书说，"你与察必皇后，还有忽必烈陛下都是交情深厚，你们相见向无大礼，以后，与我交往也不必有什么大礼。"

"南必皇后，我是不敢坏了规矩的。就是察必皇后在世之时，我也是行此大礼，"龙广天书说，"只是我们交情深厚，有时谈笑自如一些。"

"我也希望如此，"南必说，"陛下常在我面前提起您。"

"多谢忽必烈陛下恩宠，"龙广天书说，"就算是见了忽必烈陛下，我还是要行三拜九叩之大礼的。"

"今日陛下有恙，不然的话，他也会到你这里来转一转的，"南必说，"陛下有意让我来和你聊一聊。"

"忽必烈陛下的恩宠令微臣有些诚惶诚恐。"龙广天书说。"不要这样。""是的，皇后。"龙广天书把南必引到室内，童子上来茶水。龙广天书拭一下额上的汗珠，见南必在偷窥自己，当下心中一惊，荡泼了手中的茶水。南必嫣然一笑。

龙广天书只看南必那笑靥一眼，当下已知忽必烈对南必能迷恋到何种地步。南必妩媚的样子举世罕见，走南闯北戎马一生的龙广天书，只觉得南必的美貌是世间难觅的，难怪忽必烈会封她为后。"我来这里，确是忽必烈陛下之意。"南必轻声说。

"皇后刚才讲到忽必烈陛下有微恙，难道陛下病了吗？"龙广天书说，"早朝我从他那儿告辞之时，他还那样谈笑风生哩！怎会突然有恙呢？"

"是宫中人不小心放了一个爆竹，在他脚边响起，惊吓了一下，"南必说，"只怪那爆竹太大了。"

"受了惊吓？"龙广天书有些惊悸，她搞不明白久经沙场的马上皇帝忽必烈会被一个爆竹吓病，她想，那爆竹一定是大得惊人了。

"也没有什么，他睡一下就会没有事的，"南必说，"只是他还念叨着你，正好我也想到你这里来看一下，所以突然造访。陛下说过，腊月里下过禁汉人军器之令，想问你各地有什么动静，子民有何谏言，陛下想让你了解一下，告知于他。"

"多谢陛下信赖。"龙广天书这回真是有些激动了。早在至元二十九年（1292年）的十二月，忽必烈曾下达缴汉人兵器之令。忽必烈一直忧心此事会激怒汉人，便差南必亲往府邸面谈于龙广天书，望其能在此事上相助忽必烈，为大元帝国之稳固做到鞠躬尽瘁。

"这一次真要有劳大驾。"南必慢慢地喝了一口茶。

"皇后，这没有什么。"龙广天书不知该不该叫下人备饭。

"龙广天书也算重臣了，"南必并没有走的意思，她望了望墙上王社教的书联，像突然发现什么似的说，"这幅字写得真好！好极了。"

"皇后好眼力，此字已被多人夸过。"龙广天书微笑一下。

"龙广天书与此字主人也是同为性情中人吧。"南必皇后想说什么，却又故意不把话儿挑明。

龙广天书微笑一下。

南必皇后见龙广天书只是微笑一下，并不想给自己多谈与王社教之事，便有告辞之意，哪知龙广天书说了一句："皇后，您要不要在此吃饭？"

"吃饭？"南必皇后竟然鬼使神差地点了一下头。

"吃我们汉人的饺子？"龙广天书微笑一下说。

"不，饺子是回族人的，"南必皇后说，"我好像看到过王社教写的《鸳鸯湖》之类的东西，那里面有。"

"皇后看到过《鸳鸯湖》吗？王社教对我说起过：唐朝牛李之争，有安庭都护府、北庭都护府叛乱之说，还有鸳鸯湖兵马集结之奇。是的，那里边倒是真的提过饺子的来源及出处，说得一清二楚。""是嘛！"南必笑了起来，心想，到底还是让我把话题扯到了王社教身上。"你哪里知道，陛下和我都是期望你去转一转，察看民情哩。"南必想，忽必烈汗自前年十二月禁了汉军兵器，一直是坐卧不宁，他不相信一些臣子的表面文章，他很希望能有一个人，去到子民那里，去到最下层那里，把实情搞得真切无误。

龙广天书在南必此次造访之后，一直沉浸在一种难以名状的激动之中，她兀自一个人又在南必走了之后饮了许多酒，昏天黑地，一直到皎月东升，还醉意沉沉。

龙广天书觉得应策马到大都城外转一下，于是，便翻身上马驰出城外。龙广天书被寒风吹醒了几分酒意，越发兴奋，对马儿猛抽几鞭，那马儿便撒着欢儿驰骋起来。

不知不觉地，信马由缰的龙广天书到了安童的宅府。随着一声炸响，接着是万紫千红的火焰，似花儿怒放一般。院落中响起一片叫好之声，还有人高叫着"火树银花太美妙了，妙极了"之类的呼喊声。

叫开安童的宅门，龙广天书进门之后，一时间有些惊诧：忽必烈和南必都坐在甬道尽头，旁边有一群文人雅士，他们评说着焰火如何奇妙，并不停地对忽必烈说一些恭敬应诺之辞。忽必烈只是点一下头，并不理会他们。

又一团焰火在云雾中炸开，似一派绛色的山峰，衬着一团红雾，真美极了，令人仿佛进入神话境界。龙广天书一时间惊诧呆立，如同泥塑木雕一般。

龙广天书看到了王社教正静静地站在甬道另一端，正向她微笑着点头。烟火下的王社教已是须发尽白，如同霜染，依旧清瘦的脸颊也布满了道道皱纹，灰色的衣袍下依旧笔直的腰板……龙广天书实在是激动极了，她已有多年未见这位老朋友了。她情不自禁地迈开脚步，径向王社教走去。

王社教看着自己年轻时魂牵梦绕的那位英姿勃发的龙广天书如今也是鬓发斑白，不禁也迎着龙广天书紧走几步，握着她的手道：

"多年不见，你还好吗？"

"好，好！"龙广天书说着，竟流下了两行清泪。

而王社教也已湿润眼角，道："你还是当年那般英姿飒爽，我却已经老态龙钟了。"

"谁说的，你看，我这眼角也成了小鱼的尾巴了。"

"哈哈哈。"两个老人唏嘘着，叙说着这多年的分别，手拉着手，不肯松开。

当辞别圣上与皇后之后，二人策马到了龙广天书的宅院，二人要彻夜长谈一番了。王社教的学生玉龙悄然跟在后边，不想去打扰这两位老人。

进入屋内，玉龙勤快地沏上香茗，静静地坐在一边，听着二位都历经沧桑的长辈谈话。

龙广天书端起杯子，轻啜一口香茶后，问道：

"这么多年，你都在哪里？"

"还不是云游天下。自从你领命去戍守边关之后，朝中阿合马、卢世荣之流又是那么专横跋扈，横行朝野，我恳请圣上，让我回江南去游览一番。从此再也没有北来。你呢？这些年，你是怎么过来的？"

"还不是统兵打仗。自圣上让我回大都颐养天年之后，我多方打听你的消息，都没有结果，你在江南干什么？"

"我本是一个文人儒士，还不是吟诗作画，教授弟子。""那怎么又回来了？""你跟圣上演了一出双簧，诛杀了奸相桑哥的事，早已传遍天下。我惊闻你已回到大都，怎能不来叙叙旧。再有，就是我这个弟子玉龙，颇有当年赵璧之才，我不想耽误他的前程，领他同来，也是想让他能入朝，为圣上出点力。"

龙广天书看看星目宽额、俊朗倜傥的玉龙，笑着说：

"我看玉龙这孩子，倒满似你年轻时的风采。"

"他比我要强多了，我哪曾有过如此飘逸的气质，否则，你当年也不会婉拒我的情书哪。"

见王社教又提起了当年往事，龙广天书也笑了：

"我这一生，戎马倥偬，竟是没有时间去结情缘，想来有趣。"

王社教这把年纪了，也早对当年之举释怀，他笑道：

"你是没有时间享受情愫，而我呢，也是空怀一腔热情无处倾吐哇。"

两人说着，都大笑起来。

王社教起身，在屋内踱起步来。一抬头，看到了自己早年为龙广天书题的那幅字就挂在墙壁的中央，他凝视许久，方道：

"你还保存着它？"

"是的。"

"在西北打仗时也带在身边？"

"是的。"

王社教昏花的双眼又有些湿润了，半晌才道：

"这么说，你的心中始终还惦念着我？"

龙广天书也走到那幅字前，轻叹道：

"你我是金莲川时结下的友谊，是我的挚友，我怎么能不惦念你呢？我是一刻也忘不了的。"

两位老人的手又紧紧地握在了一起。许久，龙广天书才破涕为笑道：

"两个老人还跟年轻人似的，看让玉龙笑话我们。"

应该说，龙广天书与王社教在安童府上的相逢，是在忽必烈的授意之下，由安童安排完成的。当时，忽必烈目睹二位老人激动地相见的场面，也颇为激动，毕竟都是昔日金莲川藩王府的旧人啊，这么多年来，心与心竟仍然没有一点隔阂，真是令人叹服。

第二天，忽必烈就让南必安排一个精致的酒宴，他要与这些金莲川藩王府所剩无几的老朋友畅怀痛饮一番。南必担心他的身体，便劝道：

"还是由安童出面吧，陛下就休息一段时间吧。"

"不行，朕要见他们。"

"陛下，您……"

"听话，去办吧。"

天刚傍晚，龙广天书与王社教及玉龙就被忽必烈接到了紫檀殿。三人刚迈进大殿，便呆住了。

偌大的殿堂撤去了桌椅，显得空荡荡的，惟有中心铺上了几块斑斓大虎的虎皮，虎皮中央置一矮脚方桌，方桌上珍馐无数，美酒飘香，方桌的四面还摆放了几个锦垫。

就在三人呆呆地发愣时，忽必烈在南必的携扶下，笑呵呵地走了进来。三人赶紧跪下拜见，忽必烈大手一挥：

"快起来，今天咱们就免去那繁文缛节，不再施什么君臣之礼，只是老友聚会如何？"

龙广天书和王社教也笑了，二人起身，与忽必烈一同坐在了方桌边。惟有玉龙跪在地上，垂首不动。

忽必烈招招手：

"你也起来吧，你老师已把你的情况禀奏于朕了，安童会安排

忽必烈传

HUBILIEZHUAN

你的。"

"谢陛下。"

"王先生称赞的人，古今算起来，也没有多少，朕相信他的眼光，好好干，别辜负了朕的期望。""谢陛下。"玉龙饱览古今图书，从没读过堂堂天子跟臣民称"咱们"的，更别提向一位儒士口称"先生"的。玉龙的心中激荡起阵阵波澜，庆幸着泱泱中华终于有了一位尊重知识的帝王。

忽必烈又道：

"今天，朕与你们二位是暮年的老人，就让皇后跟玉龙为我们斟酒，好好地畅饮一回。"

龙广天书忙道：

"陛下，我怎能孤独地一个女性面对两位壮士，还是让南必皇后与我为伴吧。"

龙广天书的玩笑令忽必烈开怀大笑起来：

"想不到我大元帝国的女豪杰也有怯场的时候，也罢，南必就坐在朕身边吧，玉龙，倒酒。"酒过三巡之后，几个人已是面目飞红了，讲话也随便了，气氛也更活跃了。

忽必烈捋着胡须道：

"自金莲川藩王府建立到今天，已是四十余载过去了。回首往来，朕真是一路维艰呢。"

王社教道：

"小民倒不觉得。"

"不许自谦小民，你看龙广天书多敞快，早就'我，我'的了。"忽必烈指着王社教佯怒道。

"是，陛下。我倒是觉得陛下一路走来，路途平坦，光明无限。"

"怎么讲？"

"陛下，大元帝国能有今日之兴盛，全仰仗陛下治国有方。这是长生天的一手安排，陛下想不成就大事都不行啊。"

龙广天书点头道：

"这也是我的感觉啊。先汗四十年未竟的志愿陛下实现了，这是长生天在佑我华夏，得到英明之主啊。"

在一旁把酒的玉龙也忍不住插嘴道："还有我华夏的版图已经囊括了无边的疆域，纵是历史上'贞观之治'的李世民也难与陛下比肩。"

"放肆！"王社教责备着学生的唐突。

"别拦他，让他讲。"玉龙的话让忽必烈很爱听。

"是，陛下。古人曾对秦皇汉武、唐宗宋祖穷尽了赞誉之词，但陛下却令这些历史巨人汗颜。我泱泱大元，已经呈现着华夏五百年都不曾有过的广袤与兴旺，有着西夏、西辽、畏兀儿、金、宋、吐蕃、大理、蒙古、辽左等诸多汇聚在大元麾下的臣民，难道这还不令人称为千古之绝唱吗？"玉龙侃侃而谈。

"说得好。"王社教点点头。

忽必烈也笑了，在玉龙的眼里——不，在天下所有人眼里，他是历史上最伟大、无人比肩的帝王，这样的赞誉还不令他高兴吗？

南必也笑了："你小小年纪，却如此多识，可敬。"

"谢皇后。"

忽必烈又道："你颇有先生当年之风采。说说看，朕这些成就是长生天所赐吗？"

玉龙摇头道："陛下，小民不同意刚才龙元帅及我师之言。"

忽必烈指着他道："你胆子倒不小，敢否定师长的见解。有什么理由吗？"

玉龙点点头。

"说说。"

"是，陛下。小民以为陛下能有超越千古的辉煌，是因为陛下的每一个策略的正确，而每一个正确的策略能被陛下制定，则全是因为陛下有着古今罕见的天才。太阳汗等率蒙古铁骑几十载浴血奋战，宏愿能在陛下手中实现，是陛下的英明与伟大。辽金也是曾入主过中原的人，他们被大汗赶出燕京的根本原因是，他们仅有善战的铁骑，却没有治理国家的能力与政策。陛下推行汉法治国，是我大元朝得以建立的支柱之一，而审时度势则是陛下建元的另一支柱。"

忽必烈越听越爱听，催道："接着说。"

"是，陛下。我蒙古铁骑如雷霆万钧之势，横扫南宋，则充分地显示了陛下不仅深谙治国之精髓，更是尽得战争兵法之根本。先汗王几次

攻宋不果，与其策略不当有关。陛下一改先汗王攻川蜀之旧习惯，而是围襄、樊二城，再东进攻临安，使南宋呈四面楚歌之势。单不说南宋奸相当道，纵是它有强国之势，也是不堪陛下运筹于天下的谋略的。"

龙广天书喝道："说得好！真是一语中的。"

"陛下，小民还有一言。"

"讲。"

"是，陛下。陛下尚有一个盖世之举，就是结束了五百年来，蒙古诸王间互相倾轧、互相拼杀的血腥，陛下使蒙古诸王及其属民都欣喜而甘心地投入到了大元帝国的怀抱，在一个旧的汗国基础上，诞生了由沙陀、契丹、渤海、女真等族组成的新的、极富朝气的新的国家。这不仅是蒙古的一大进步，更是历史的一大进步哇！"

第三十章

卧病在床　抱憾而终

　　忽必烈周身感到有一种说不出的舒畅。是啊，自己这一生不畏生死、呕心沥血的努力，终于得到了回报，终于有了这么多的丰功伟绩，终于在历史的长河中书写了辉煌的一笔。他被玉龙的话深深打动了。

　　王社教满意地看着自己的学生，心道：真是巧舌如簧，好一篇情深意切的赞歌。

　　玉龙却跪拜道：

　　"陛下的丰功伟绩仅言出一二，请陛下恩准小民修书《大元帝国颂》，以使后人皆能仰慕于陛下的光芒之中。"

　　"好！"南必首先拍手道。龙广天书也道："陛下，是个好主意。"此刻忽必烈收敛了笑容，站起身在大殿内徘徊着。忽必烈清楚地知道自己这一生做过什么，知道自己缔造了空前辽阔之国，但他终于摇摇头道：

　　"朕这一生，确实做到了许多先人想做而没有做的事，但是朕的所作所为不是朕能评价得了的，是非功过后人自有定论。"

　　月光如流水一般，静静地泻在紫檀殿外的甬道之上。

　　忽必烈在南必皇后的搀扶下，慢慢地在月光下走着路，很蹒跚，也很缓慢。甬道旁的水塘上水面清洁光亮，细看又如轻纱一样。虽然是满月，却偶尔有淡淡的云，所有的景物也就不是一直明朗着。

　　忽必烈从树隙中望着皎洁的明月，充满了宁静，超逸似水。

　　甬道旁有嫔妃们在毯子上轻歌曼舞，转折扭动着轻柔的腰肢，扬着修长的玉腿。忽必烈也就在这瞬间想起许多，想起与他第一次亲热的女子。

　　女人们一个个像早开早谢的花，一阵绚烂之后，旋即便凋谢了，如

尘土一般。忽必烈想，若是有一种圣水能留住她们的容颜就好了。

眼前漂亮的嫔妃，几年之后，还不是一个个人老珠黄，美艳不再？

南必皇后慵懒地靠着厚裘，脸上似笑非笑，浑如海洋的眼睛停滞不动。

这一切的一切都使忽必烈非常痴迷。

忽必烈突然有一种冲动，想伸手捏一下她那俏脸，想着想着，便把手伸了过去。

忽必烈没有料到南必皇后会捉住他的手，且把他的手放在唇边吻个不停。再看南必，已是泪流满面。

忽必烈问："皇后，你怎么哭了？"

见南必皇后满腮珠泪，忽必烈有些莫名其妙。南必叹了一口气。忽必烈说："南必，你难道不喜欢看这些歌舞吗？""陛下，我很喜欢，"南必皇后笑得很甜，"我只是偶尔想哭而已。很对不起。"

"南必，难道大斡耳朵有何不适？你是我的皇后呀，"忽必烈用手拭一下南必腮边的泪，还是忍不住捏了捏她的脸盘儿，"南必，我要干的事就一定要干好，南必，你是该了解我这点的。现在，我已经是落日余晖了。"

"陛下，你如果不老，那该有多好啊！这大元帝国不能没有你。"

"生老病死是人之常情，为人者都是红尘过客，这正如打仗，哪有不死伤之说。"忽必烈纵声大笑起来。

谁也无法摆脱死神的邀请，忽必烈感到自己在世上的日子不多了，他想起了魂牵梦绕生养了自己的大草原，想起了滋润了自己的母亲河——怯绿涟河。

家乡的大草原，远远看去好像与天际相连。广袤的大草原上，到处翠色欲流，就宛如绿色的地毯，上面点缀着五颜六色的小花儿，就似给绿毯绣上了美丽的图案。草原上随处可见勤劳勇敢的牧马人，这些英勇无畏的牧马人牧养着一群群牛羊和骏马。每天，他们骑着骏马，挥动着鞭子，赶着牛羊徜徉在草原上。骏马在驰骋，牧民在歌唱，碧草和小花儿在专心专意地倾听……啊，这是一幅多么优美迷人的动态画面啊！

忽必烈曾多次向南必提起，他要回到怯绿涟河畔，要去看看他生活过的蒙古包。南必看着日渐衰老的圣上，怎么忍心让他长途跋涉呢。

至元三十年（1293 年），一代天骄忽必烈因为繁重的内政和外交，终于体力不支，卧病在床。无数的朝廷御医和各地名医都过来为忽必烈诊治，但仍然不见其好，反而是越来越重。直到至元三十一年（1294年）的元旦，民间的百姓都在欢欢喜喜过春节，但皇宫之中却显得格外萧条，几乎没有春节的影子。造成这种状况的原因就是忽必烈的病情又恶化了。

　　忽必烈一生辛劳，病倒之前还在接见大臣，讨论国家大事。但此时，忽必烈躺在床上，大夫告诫要静养，于是就有了"非国人勋旧不得入卧内"的规定。但这样的规定唯独对不忽木没有效。忽必烈生病期间，让他时刻陪在身边，照顾着忽必烈的饮食起居。

　　生病期间，忽必烈想了许多许多。他想到自己从即位那一年开始就宣布了要"鼎新革故，务一万方"。他确实也正在进行这样的举措，在这过程中既有成功，也有过遗憾。

　　从"鼎新革故"的方面来看，忽必烈进入中原以后，毅然抛弃了蒙古的旧俗，全民悉心学习汉族文化，这样大胆的社会改革，帮助蒙古确立一套全新的制度，让蒙古的经济文化都得到了有效的发展，应该说，这就是忽必烈在改革途中的成功之处。但这并不意味着忽必烈的改革取得了真正的成功，他杂糅诸法，各法之间矛盾、冲突不断。

　　忽必烈完全任用义理派的思想帮助自己管理国家，虽然这样的做法对控制全国人民的思想和稳定社会起到了一定的好处，但义理派的思想并不能帮助他完全解决政府的财政需求；所以他选择了功利派，虽然确实帮助他解决了政府的财政危机，但这些功利派的人物在管理国家财政的同时，经常会将国家的钱财放到自己的腰包里，再加他们对老百姓永无止境地剥削，让社会变得动荡不安，朝廷也不能安宁。忽必烈意识到这一问题以后，本想让义理派和功利派互相结合，希望能找到一条全新的道路，然而，两个派系针锋相对，根本没有合作的趋势，无奈，忽必烈只好重新回到仁义治国的道路上。

　　仁义治国的思想虽然稳定了社会，但国家财政亏空的问题却得不到有效解决，这样的问题一直困扰着忽必烈。忽必烈本想继续探讨，寻找一个能够两全的方式，但时间对他来说已经成为最大的限制。

　　从"务一万方"方面来看，自从忽必烈即位以后，他就将"统一"

第三十章　卧病在床　抱憾而终

当做自己一生的奋斗目标，他以自己卓越的军事才能运筹帷幄，终于实现了全国的统一，这是他此生最为欣慰的事情。然而，忽必烈的野心太大，他的目标并非局限在统一全中国，而是要统一包括南海在内的整个亚洲地区。所以在他灭掉宋朝以后，不断发动对周边各国的战争，试图平定北方诸王的叛乱。虽然这一想法正确，但北方诸王的骚扰问题并没有得到最终解决，这也成为了忽必烈的未竟之业。至于他对周边各国发动的战争基本都以失败而告终了，这让他的最终目标化为了泡影，让他至死都感到遗憾。

八十岁的忽必烈躺在床上想着这一切，但他哪里知道，要想真正称霸东方，发动战争是行不通的，只有与各国友好交往，才是最佳选择。

1294年的正月，八十岁的忽必烈萎卧病榻，喃喃呓语。一阵痉挛掠过，忽必烈已经衰老的容颜显现着痛苦的表情，他宽阔的额头上的皱纹拧作了一团。

忽必烈睁开双眼，犹如从幻梦的天堂跌入现实的地狱一般，他用一双死神般的双眼模糊地望着跪在榻前的不忽木。当忽必烈终于认清这个人的时候，悲戚、忧伤和感激之情一齐袭上了忽必烈的心头。

从正月一日直到今天，忽必烈躺在床上，好像听到了天堂里的黑色死神拍打翅膀的声音。忽必烈无限伤感，他挣扎着坐起身子，从枕侧摸到了一对白璧，颤抖着双手递给了不忽木，同时开口说道："他日持此以见朕也。"刚刚说出这几句话，忽必烈就再一次昏睡了过去。

1294年正月十二日，忽必烈在沉沉的睡梦中看到了成吉思汗、窝阔台、唆鲁禾帖尼、蒙哥、阿里不哥等亲人，他们依次闯入自己的梦境。四周一片嘈杂，忽必烈迷迷糊糊又看到了自己的几个儿子，首先是真金，他站在自己的卧榻的一侧，身后还站着他的儿子们。忽必烈看着真金那双眼睛，突然感觉四周沉静下来，忽必烈疑惑着大家为什么都不说话呢？真金什么都没说就这样呆看着自己的几个儿子走了。随后忽必烈其他几个儿子也来了，站在他的窗前等待着他的训诫。他本想起身对他们进行一番说教，这才发现自己根本就动弹不了，于是他也就放弃了。忽然看到了站在角落里的四儿子那木罕，忽必烈最喜欢四儿子，他的性子和忽必烈最像。本想让他继承大业，但他竟然沉不住气。忽必烈想起了那次那木罕说漏了嘴，"将来你可以做可罕。"而且这小子太相信暴力，汉儒们都不太喜欢他。

大儿子真金刚走，按理说他聪明能干，朵儿只离世后，真金就是忽必烈的长子了，按照汉人的规矩立嫡立长，这样看来，最好立真金，他还算孝顺，治国道理也懂得比较多。但唯一的缺点就是太自以为是，总是和自己作对，最不应该做的事情就是强逼我退位。想起这事就会让忽必烈恼怒。

忽必烈看着梦中出现的一个又一个人物，将所有想要跟他们说的话都说了一遍。最后忽必烈放弃了自己所有的志愿，纠结在应该传位于谁的问题上。

虽然忽必烈此时处于昏迷状态，但他的神智清醒。他对儿子们一一进行了分析，并没有找到合适的接班人，最后将视线转向了自己的孙子们。皇太子真金的儿子无疑具有得天独厚的优选资格。这还要从真金的正妻说起，她是忽必烈亲自为自己的儿子挑选的儿媳妇，名为阔阔真，她通情达理、谨慎孝顺，这让忽必烈对其非常满意。尤其是她能够左右逢源，因此忽必烈一直称呼她贤德媳妇。阔阔真有三个儿子，长子为甘麻剌，次子为答剌麻八剌，幼子为铁穆耳。这两个儿子中最优秀的就是铁穆耳了，他能征善战，帮助忽必烈平定了乃颜、海都等叛乱，这让忽必烈对其留下了深刻而美好的印象，自然成为继承人的首选。

至此，被尘封了六年之久的太子宝座终于被揭开了，忽必烈对此问题本缄口沉默，曾经命令那木罕任总兵征战漠北，封北安王，对大斡耳朵进行管理。但与此同时，忽必烈还派了很多军队托付给皇孙铁穆耳，其中就包括大元帝国最优秀的将领和政治家伯颜和玉昔帖木儿。1291年帝国的政局的剧变让忽必烈意识到真金的势力有卷土重来的意思。这艘本已经破损了的帝国航船如果继续向传统的草原驶去，无异于是在自毁前途。于是忽必烈调转船头，开始向真金的港湾行驶。1292年甘麻剌被封为晋王，取代了那木罕总军管理的漠北地区。至此，那木罕心中本来存在的希望顿时化为缕缕青烟。

同猛虎雄狮闪电般扑向战场相比，忽必烈在传位的问题上显得过于心慈手软和逡巡不安。他害怕将位置传给阔阔真的儿子，或许因为她的贤德会让天下人受惠，但很难说她的优柔寡断不会影响到自己的儿子们，如此一来，偌大的帝国将会被女性化，那么大元的不可一世将会大打折扣。所以昏睡中的忽必烈头疼了，他不知道自己应该选择谁成为自己的接班人。

蒙古帝国汗位承继的每次抉择都是灾难的象征。忽必烈能够得到汗位，已经经历过一次生与死的较量，而这一次，准定悲剧将要重演。他恍惚间看到了未来汗位之争的刀光剑影，可怕的内讧。忽必烈强撑着自己的身体，一直等待着权力交接的那一刻。

1293 年六月，忽必烈派人将传国玉玺匆匆送到了驻守在漠北的皇孙铁穆耳手里。至于册封的仪式，忽必烈已经没有能力为自己的爱孙主持了，只能由忽里台代劳了。

尽管忽必烈已预感到未来的闪电雷鸣，他也竭尽全力想要阻止这种灾难的发生，但他永远也想不到正是自己敲开了内讧的大门。未来的三十年间，大元朝竟像走马灯似的拼杀出十位皇帝，更迭的暴风骤雨将忽必烈真诚的祷告吹打得无影无踪。

1294 年正月十九日，此时的忽必烈痛苦的表情更显凝重，已经进入了弥留之际。但这位天之骄子迟迟不愿意向自己一手建立起来的大元帝国道晚安。

这个创造了历史的伟人，他的一生都充满了斗争，此时虽躺在病榻上，但仍然和死神进行着较量。忽必烈在徐徐跳动的炭火中缓缓地步入死亡的殿堂，他本想用裘皮大衣裹紧这个充满着希望的帝国，想留给子孙们尽可能多的温暖，但扬起的手却无论如何也不再听使唤，最终沉沉地落下。

1294 年正月二十二日，这个神一般坚毅的男子终于病逝，大元朝也随着他的脚步而逐渐走向了没落的边缘。